上

덕산德山
김수길金秀吉

- 41년 충남 공주에서 출생.
- 7세부터 14세까지 伯父인 索源 金學均선생으로부터 千字文을 비롯하여 童蒙先習·通鑑·四書와 詩經·書經 등을 배움.
- 26세부터 41세까지 국세청 근무. 42세~현재 세무사 개업.
- 89년부터 대산선생으로부터 易經을 배움.
- 『周易傳義大全譯解』책임편집위원.
- 편저에『周易入門』編譯에『梅花易數』,『陰符經과 素書 心書』, 『하락리수』,『오행대의』,『천문류초』,『소리나는 통감절요』, 『집주완역 대학』,『집주완역 중용』 등

건원乾元
윤상철尹相喆

- 성균관대학교 철학 박사.
- 87년부터 대산선생 문하에서 四書 및 易經 등을 수학. 『대산주역강해』·『대산주역점해』·『미래를 여는 주역』·『주역전의대전역해』등의 편집위원.
- 저서에『후천을 연 대한민국』,『세종대왕이 만난 우리별자리』, 『시의적절 주역이야기』,『주역점비결』, 번역에『하락리수』, 『오행대의』,『천문류초』,『매화역수』,『황극경세』,『초씨역림』 등이 있음.

대유역학총서 【1】 하락리수 上

- 초판인쇄 2009년 3월 10일 초판3쇄발행 2022년 10월 24일
- 공역 덕산 김수길, 건원 윤상철 편집 대유연구소
- 발행인 윤상철 발행처 대유학당 since1993
- 출판 등록 1993년 8월 2일 제 1-1561호
- 주소 서울 성동구 아차산로17길 48 SK V1 센터 814호
- 전화 (02) 2249-5630 유튜브 대유학당 TV
- 블로그 http://blog.naver.com/daeyoudang
- 여러분이 지불하신 책값은 좋은 책을 만드는데 쓰입니다.
- ISBN 978-89-88687-15-4 04140(세트)
        978-89-88687-16-1 04140
- 값 30,000원 전문가용 하락리수CD는 550,000원입니다.

上

추 천 사

하락리수의 하락은 하도와 낙서를 같이 말한 것인데, 하도의 수는 55이고 낙서의 수는 45로써 두 수를 합하면 100이 된다. 이 수는 사람의 몸으로 쳐도 최고 최종의 수이기 때문에, 기독백기獨百은 수의 마침(數之終)이라고 했다. 이 수 속에는 깊은 이치가 들어있으니, 수는 상을 이루고, 상을 보아 이치를 아는 것이다. 그러므로 하도 낙서의 100이라는 수가 상을 이룸과 동시에 그 이치를 알게 되니, 하도와 낙서는 곧 주역의 근원이 되는 것이다. 즉 주역에는 괘와 효가 있어서 괘효를 풀이하는 것이고, 이를 하락리수를 통해서 보다 구체적으로 보완해서 아는 것이다.

후대에 와서 날마다 역을 쓰면서도 모르는 일반 백성들을 위해, 눈앞에 두고 손에 쥐어지는 보다 구체적이고도 현실적인 학문이 많은 가지를 치게 되었는데, 그 중 하락리수는 가장 굵은 가지에 해당한다고 할 것이다. 圖南 陳希夷선생이 사람들의 태어난 년월일시 간지로 하도수와 낙서수에 연관시켜 괘를 짓고, 괘사와 효사를 중심으로 역의 해석을 일상생활에 맞게 다시 해석하였으며, 이렇게 해석한 내용을 사주로부터 얻은 하도수·낙서수와 서로 비교함으로써, 인간 개개인에게 부여된 품성과 명운의 厚薄을 알게 만든 것이다. 이렇게 함으로써 성인으로부터 평범한 일반인들에게까지 주역이 널리 퍼지게 되었으니, 정자 같은 대현인도 그의 문하생 윤화정尹和靖에게 "이 수가 극히 정대正大하고, 모든 내용이 다 주역의 경문을 근본으로 하여 화와 복을 말한 것이니, 보통의 음양학설과 비교할 것이 아니다. 용렬한 속인에게 경솔하게 전해서, 천기를 가볍게 누설해서는 안될 것이다"고 할 정도로 귀하게 여긴 것이다.

이런 귀한 학문이 깊이 서가에 묻히고, 일부는 자세하지도 않은 채 술사들에 의해 구전되었던 것을, 德山과 乾元 두 學人이 전해내려온 여러 판본을 상고하여, 여러 갈래로 다른 의견을 보였던 부분은 알기 쉽게 정리하고, 더 자세한 설명이 필요한 곳은 주注를 달고 도표를 만든 것은 물론, 충분한 예를 친절하게 들어서 세상에 내놓게 되었으니, 오늘 그 기쁨을 이루 형언할 수가 없다. 이제 사람들이 자신의 일생운은 물론, 자세히는 1년의 운, 1개월의 운, 1일의 운 더 세분해 1시간의 운을 살피고, 이를 바탕으로 해서 避凶趣吉하고 明哲保身하는 자세로 자신의 행동에 임한다면, 하늘이 부여한 자신의 명운을 좀 더 슬기롭고 편안한 마음으로 영위할 것이라고 믿는다.

蘇東坡가 자신의 명운을 하락리수로 뽑아 산화비괘(䷕) 육이효를 얻고는, "나의 효가 비록 아름다우나, 유년운에 길함과 흉함이 반반이니, 전부 아름다운 것은 아니다."고 하면서, 문장가로 이름을 아름답게 날리고 귀양길에 오르기를 반복하는 일생을 한탄하더니, 죽음에 임하여는 "성인이 나의 마음을 알았으니, 다시 무슨 유감이 있겠는가?"하며 만족했다는 이야기는, 하늘이 부여한 명운에 대한 우리의 자세를 일깨워준다고 할 것이다.

 하도와 낙서의 원리를 규명해서 1000여 년 전 만들어진 이 수가 오늘날에 다시 빛을 발하게 된 것은, 물질문명에 시달리고 급변하는 환경에 자신의 앞길을 몰라하는 답답한 심정이 많은 까닭일 것이다. 이 책으로 자신의 명운을 알아 하늘을 두려워하고, 나아가 앞날에 잘못이 없도록 조심하면서 살아가는 사람들이, 연구하며 볼만한 책이라 믿고 이에 독자 여러분께 추천하는 바이다.

丑年 庚炎에 屯山書齋에서
大山 金碩鎭

축 사

　　그동안 일부 지식인 사회에서만 전승되어 오던 易學이 근래에는 새롭게 인식되어 관심을 끌고 있습니다. 언론사에서 운영하는 문화센터의 강좌에 역학강좌가 있어온 지도 벌써 몇 해가 되었고, 모 대학의 대학원에도 「역학과」가 신설되었으며, 하이텔 천리안 유니텔 등에서도 역학동호회가 생겨 역학의 진면목을 연구하고 있습니다.

　　그동안 역학을 왜곡하여 미신시하던 풍조가 사라지고, 역학을 학문으로 바르게 보는 의식이 생겨난 것입니다. 그렇습니다. 역학은 대단한 학문입니다. 현대에 만연하고 있는 여러 가지 인류의 문제를 해결할 수 있는 유일한 학문인지도 모릅니다. 역학은 참으로 광대하고, 광대한 만큼 종류도 다양하게 발전하였습니다. 이렇게 가지를 뻗은 것 중에 흔히 알려진 학문은 命理學인데, 淵海子平으로부터 滴天髓에 이르기까지 심오한 논리가 전개되어 있습니다. 이 명리학 외에도 六壬 六爻 奇門遁甲 太乙數 紫微斗數 範圍數 焦氏易林 鐵版神數 등등 이루 헤아릴 수 없이 많은 학문이 가지를 치고 있습니다.

　　그중에서도 지금 여러분이 읽고 계신 河洛理數는 역학의 巨山 중에 하나입니다. 주역의 대가이신 陳希夷 邵康節 두 분 선생께서, 높으신 경륜을 바탕으로 象數學을 주역에 접합시켜 완성한 학문으로, 누구나 주역에 가깝게 접근하여 활용할 수 있도록 한 훌륭한 학문체계입니다.

하락리수의 무서운 적중률 때문에 儒學의 대가이신 程伊川선생조차도, 그의 제자에게 "이 학문을 함부로 전파해서 천기를 누설해서는 안된다"고 경계를 할 정도로 공개를 꺼려왔던 것을, 이번에 德山 乾元 두 분 학자에 의해 한국 최초로 완간번역이 되어 나오게 된 것입니다.

두 분은 모두 어려서부터 한학을 공부하신 정통학자라, 번역도 너무 쉬우면서도 학술적으로 잘해 감탄사가 절로 나옵니다. 그동안 몇몇 학자의 금고 속에서, 어렵고 복잡하다는 옷을 입은 채 잠을 자던 학문을, 이렇게 쉽고 체계적인 단장을 해서 江湖로 나올 수 있도록 애써주신 두 분 학자께 역술인을 대표하여 감사히 여기며, 독자 제현께도 감히 일독을 권합니다. 이 책으로 인하여 역학 및 역술의 진일보에 속도가 붙을 것을 믿어 의심치 않습니다.

丁丑年 盛夏에 五行院 學古齋에서
鶴仙 柳來雄 書

서 문

　우주는 언제부터 존재하였을까? 언제 끝나는 것일까? 사람은 어디에서 왔다가 어디로 가는가? 이 모든 것은 어디로 귀일하는가? 하는 문제는 예나 이제나 항상 존재하는 의문이며, 철학의 시발점이었습니다. 이와 같은 문제를 음양이 순환하고 귀일하는 과정으로 보아, 체계적으로 기록하고 미래를 예시한 것이 동양철학의 조종인 주역입니다.

　주역에는 상과 수와 이치를 포함하고 있는데, 맹희孟喜 경방京房 관로管輅 곽박郭璞 진단陳摶 등은 상과 수를 기본으로 주역을 해석하여, 만물의 상을 파악하고 이에 대한 해석을 함으로써, 과거와 현재는 물론 미래도 예지하였습니다. 이와는 별도로 왕필王弼과 정이천(程頤)은 이치를 중시하여 이치를 얻으면 상과 수는 그 가운데 있으니, 상수는 이치를 밝히는 방편이며, 이치만 얻으면 상과 수는 그 가운데 있다고 인문적으로 이치를 해석함으로써, 이학적理學的인 세계관을 정립하여 성리학의 기초를 세웠으며, 인격의 수양과 처세에 많은 교훈을 주었습니다.

　하락리수는 도서상수학파圖書象數學派의 조종祖宗이자, 송나라 역학사의 시원始源으로 추앙받는 진희이(陳摶)선생이 짓고, 역시 주역사에 찬란한 업적을 쌓은 소강절(邵雍)선생이 전수받아 주석한 것으로써, 주역의 모체가 되는 하도와 낙서의 수로써 사람의 사주팔자를 도식화하여 괘卦를 만들고 해석한 것입니다. 이렇게 함으로써 잊혀질 뻔 했던 주역의 근본원리가 살아나고, 나아가서 일반인에게까지 활용되어 사람의 한평생 운은 물론이고, 한해의 운, 한달의 운, 심지어 하루의 운과 한시의 운까지도 알 수 있게 된 것입니다.

또 운명의 흐름에 대한 해석을 음양이 유행하는 원리에 의하였으며, 주역의 괘사 상사 효사를 사물의 이치로 해석하여 그 사람의 운명을 추론하고, 주역의 예지적叡智的인 기능으로 미래를 예시하여, 그 사람의 나아가야 할 바를 가르쳐 주었습니다. 따라서 이는 단순한 상수학象數學이라고만 할 수 없고, 상과 수를 통하여 이치를 규명함으로써 상·수·리象數理를 하나로 귀일시킨 역작인 것입니다.

여기서 우리가 또 생각해야 할 것은, 이 세상의 모든 존재는 혼자서는 독립된 존재라고 할 수 없는 점입니다. 오늘 내가 이 자리에 있는 것은 나의 뜻이 아니고, 우주의 기가 유행하는 가운데서 파생되어 나온 것으로써, 하나의 밀알같은 존재이며, 상호의존적인 존재입니다. 그러므로 나라는 존재는 과연 어떠한 주위의 여건속에서 어떠한 기를 타고 났으며, 앞으로 어디로 나아갈 것인가? 또 어떻게 하면 대자연의 운행에 맞게 인간의 존재가치를 유지해 가며 살 것인가? 하는 것이 우리 인간의 지대한 관심사일 것입니다.

이러한 의미에서 우리가 태어난 상을 알고, 이에 대한 운명의 길을 알아서 바람직한 인간으로 살아가려는 것은, 인간 누구나 하고자 하는 목표일 것입니다. 이와 같은 것을 하락리수가 제시해 주고 있습니다. 그래서 사마온공(司馬溫公)과 같은 대학자도 말하기를 "이 수는 크게 우리들에게 유익하다. 마음을 보존하고 성품을 기르는 글이라고 할 수 있으니, 정성스러이 얻어서 쓰면 복을 오게 하고 화를 피할 수 있다"고 했으며, 부정공(富鄭公)같은 이는 해마다의 운괘인 유년 괘와 그에 딸린 괘사 상사를 벽에 써놓고, 자신의 몸가짐과 자녀들의 몸가짐의 지표로 삼았다고 합니다.

하락리수는 인간의 현재 위치를 가르쳐주고 나아가야 할 바를 예시한 귀중한 글입니다. 이 글에서 우리가 처한 그때 그때의 입장과 바람직하게 나아가야 할 방향을 알고 아울러 옛 성현들의 교훈을 얻는다면, 이보다 보람있는 일이 어디 있겠습니까? 또한 주역을 공부하는 이들은 주역이 활용되는 한 측면을 더 봄으로써, 폭넓은 주역공부에 많은 도움이 되리라 생각합니다.

이와같은 소중한 글이 어려운 한문으로 되어있어 옛 서고에 잠자고 있는 것에 대한 안타까움과, 이 글을 독자 여러분에게 하루빨리 소개하고 싶은 욕심에서, 실력도 헤아리지 못하고 이 글을 번역하게 된 것입니다. 번역에 착수하고 보니, 양이 방대하고 내용은 어려워서, 나름대로는 알기쉽게 체계적으로 해석하려고 노력하였으나, 아직 부끄러운 점이 많음을 양해해 주시고, 잘못된 점에 대해서는 많은 지적과 충고를 해주시기 바랍니다.

1997년 7월

德山 金秀吉

增補版序

　易은 逆數也니 數ㅣ 盡之矣어늘 註易家ㅣ 紛紛 此謂數ㅣ 此謂理ㅣ 此謂理先於數ㅣ 此謂理數合一이라하니 何舛乎아 夫當期之數ㅣ 凡天理之數ㅣ 當萬物之數ㅣ 不聞又有期之理ㅣ 天地之理ㅣ 萬物地理ㅣ 反對也며 天一地二天三地四天五地六天七地八天九地十은 如斯而已矣니 不聞又有自 天一至地十之理하야 爲成變化行鬼神之樞紐也라 數起天地하고 天地之數ㅣ 起參兩하고 參兩之人極이 起易하니 易者는 何오 卽元堂元氣云이라 故로 圖書中五는 五卽數也오 建用皇極은 建之者人耳라 然則數何爲而逆하며 理何爲而順가 極數知來하니 不逆이면 惡乎順也며 不數면 惡乎理也리오 今天下는 非無理之患이요 而無數之患이니 何也오 天尊地卑하고 內健外順은 理如故也나 數非其數矣어늘 奉無數之理면 則不尊陽이요 畏其有理나 陰欺其無數하리니 亂是用長이라 理者는 數而已矣니 奚遁焉이리오 史大夫念翁이 爲刻希夷書也라 堯夫註希夷하고 二程心折矣나 程言理하고 邵言數하니 得無分道角乎아 惜未有以數合倂之者라 雖然이나 相見在午正이요 難求在子中이니 惟反復道乎인저 道有變動故로 曰爻요 列貴賤齊小大는 變易之妙推移니 卽大數乾元之爲上中下元也요 陽爻陰爻之定於有生也며 諸卦之隨時更換也라 可定理執耶아 歲日月時에 爻各稟承하니 可私智殽亂耶아 所貴乎先天者는 爲其超然屈伸之外하야 惟變所適也니 此天地之數는 異於讖緯之數也라 是故得

中數하고 當爻位하며 應時合節이면 吉莫大焉이니 數與時偕行
이면 不以意益損이라도 而有援得勢하야 必因之矣라 黃龍이
晦堂曰 人托陰陽以生하니 豈有逃其數者리오 予雖學出世法이
나 能免形累乎아하고 富鄭公이 書本身卦하고 戒子弟ㅣ 曰 予
今年에 爻象이 不吉하니 汝等은 切勿生事하라하니 夫世外之
人이 與世法으로 同其謹畏하고 士大夫之身도 與士大夫子弟로
同其修省이라야 庶幾无咎哉고저 范文正公이 得大有之九二하
야 以天下爲己任하고 溫公이 曰 圖南此數ㅣ 大有於益吾輩하
니 可謂存心養性之書라하니 知言哉인저 念翁淸貞持己하고 敎
訓正俗하야 思與吳民共臻寡過하고 而約以儉以柔以義三言하
니 三者는 數而已矣라 易以定吉凶而大하고 書以衍忒而信하고
乾坤以易簡而貞一하며 皇極以好德而錫福하야 生天下生萬世
生我하니 吳中父老子弟도 不出此書라 以卜筮小吾易者ㅣ 誰
敢哉아 崇禎壬申季春朔日에 通家治生ㅣ 陳仁錫은 書於介石
居하노라

　　역은 거슬러서 세는 것이니 수로써 다 되는 것인데, 역을 주석하는
사람이 어지럽게 "이것은 수다, 이것은 이치다, 이치가 수보다 먼저
있다, 이치와 수가 하나로 합쳐진 것이다"라고 하니 어찌 말들이 그
리 틀린가? 주역에서 말한 '한 해의 수'와 '하늘땅의 수'와 '만물의
수'가 또한 한돌의 이치와 하늘땅의 이치와 만물의 이치가 있어서 수
와 서로 대립되어 있다는 것을 듣지 못했다. 하늘 하나, 땅 둘, 하늘
셋, 땅 넷, 하늘 다섯, 땅 여섯, 하늘 일곱, 땅 여덟, 하늘 아홉, 땅
열의 수는 이와 같을 뿐이니, 또한 하늘 하나부터 땅 열까지의 이치
가 있어서 변화를 이루고 귀신을 행하게 하는 중요한 기관이 된다는
말은 듣지 못했다.

수가 하늘땅을 일으켰고, 하늘땅의 수가 셋과 둘을 일으켰고, 셋과 둘의 인극(5황극)이 역을 일으켰으니 역은 무엇인가? 곧 원당과 원기라 한다. 그러므로 하도낙서의 가운데 다섯은 다섯이라는 숫자이고, "황극을 세운다"는 것은 세우는 자가 사람인 것이다.

그러면 수는 어째서 거슬러 가며 세고 이치는 어떻게 순하게 되는가? 수를 궁극하게 해서 오는 것을 아니, 거슬러 가지 않으면 어떻게 순히 갈 수 있으며, 수가 아니면 어떻게 이치가 있겠는가? 지금 세상은 이치가 없어서 근심이 있는 것이 아니고 수가 없어서 근심을 하는 것이니 어째서인가? 하늘은 높고 땅은 낮으며, 안은 굳건하고 바깥은 순함은 이치 때문에 그런 것인데, 수는 그 수를 갖추지 못했는데 숫자 없는 이치만을 받들려고 하면 양을 높이지 않을 것이고, 이치는 두려워할지라도 음은 양이 숫자가 없음을 업신여길 것이니 어지러움만 키울 뿐이다.

이치라는 것은 숫자일 뿐이니 어찌 피할 수 있겠는가? 사대부(사응선)와 염옹(염충보)이 그래서 진희이의 글을 출판한 것이다. 소강절은 주석을 하고 두 정씨는 마음 속으로 칭찬했으나, 정자는 이치만을 말하고 소강절은 수를 말했으니 도를 둘로 나누어 놓은 것이 아닌가? 수로써 아울러서 합친 사람이 없는 것이 아쉽다. 비록 그러나 한낮에는 서로 볼 수가 있지만 (깊숙히 들어있는 진리를) 자정에는 보기 힘든 것이니, 오직 도를 반복해야 알 수 있을 것인져!

도가 변동이 있기 때문에 효라 한 것이니, 귀하고 천한 것이 나열되며 크고 작은 괘가 있는 것은 변역됨의 오묘한 옮겨감이니, 곧 건원의 큰 수가 상·중·하원이 되는 것이고, 물건에 음효 양효가 정해지는 것이며, 모든 괘가 때에 따라 바뀌는 것이다. 그런데 이치를 정해서 하나로 고집할 수 있겠는가? 년월일시에 효가 각각 부여되고 기운을 받으니 사사로운 지혜로 어지럽게 섞어놓을 수 있겠는가?

선천이 귀중한 것은 굽히고 펴는 음양작용의 바깥에 초연해서 변하는 것만을 오직 따르기 때문이니, 이 하늘땅의 수는 비결의 숫자와는 틀린 것이다. 그러므로 가운데 수를 얻고 효의 마땅한 자리를 얻으며 시절에 맞으면 이보다 더 길한 것이 없다. 수가 때와 함께 가게 되면 의식적으로 더하거나 덜지 않아도 응원이 있고 세를 얻어서 반드시 그에 따라 번영하게 된다.

황룡이 집문을 잠그고 말하기를 "사람이 음양에 의탁해서 났으니 어찌 이 수를 피할 수 있으리요? 내가 비록 세상을 떠난 사람이지만 어찌 형체의 연루됨을 면할 수 있겠는가?"라고 했고, 부정공이 본신의 괘를 써놓고 자제에게 경계하기를 "내가 금년에 효상이 좋지 않으니 너희들은 절대로 일을 내지 마라"고 했으니, 세상 밖의 사람(僧)도 세상 법과 같이 삼가고 두려워하며, 덕을 갖춘 사대부도 그 자제와 같이 닦고 반성해야 거의 허물을 없게 할 수 있음인져! 범문정공이 대유괘의 구이효를 얻어서 천하를 자기의 책임으로 알았고, 사마온공이 말하기를 "도남의 이 수는 우리들에게 크게 유익하니 마음을 보존하고 성품을 기르는 글이라고 할 만하다"고 했으니, 아는 말인져!

염옹(염충보)이 맑고 곧게 자기 몸을 갖추고 사람들을 가르치며 풍속을 바르게 해서, 오나라 백성들과 함께 허물이 적게 하고자 하여 "검소하고, 부드럽게 하고, 의롭게 한다"는 세 가지의 말로 백성들과 약속을 했으니, 세 가지는 수에서 나온 말일 뿐이다.

주역이 길하고 흉한 것을 정해서 업적을 크게 하고, 글로 의심난 것을 풀이해서 믿게 하고, 건곤은 쉽고 간략한 것으로 하나에 항상하며, 좋은 덕으로 황극을 세워 복을 주어서 천하를 낳고 만세를 낳고 나를 낳았으니, 오나라의 부형과 자제들도 이 글에서 벗어나지 못한다. 점치는 글이라고 해서 우리 주역을 누가 감히 작게 볼 수 있겠는가?

숭정 임신(1632년) 삼월 초하루에 통가에 공부하는 선비 진인석은 개석거에서 쓴다.

六十四卦詩訣 序

夫六十四卦有解矣어늘 玆又附之以詩者는 何也오 蓋易은 變動不拘하야 不可爲典要者也니 苟執卦爻之辭하고 而不知變通以趨時면 幾何而不爲誣易也哉아 是以此詩之作을 皆先正不得已之意하고 中間에 各寓機括ㅣ 如龍蛇興變一陰始升等語하니 各有所指요 非孟浪無根之談也라 學者ㅣ 誠能引而伸之하고 觸類而長之면 又何患乎數之不明不行也哉아 凡欲知切要者는 只玩點處면 便可會意라

64괘에 본래 해설이 있는데, 여기에 또 왜 시를 붙여 놓았는가? 대개 주역은 변해 움직이는 것으로, 한 곳에 구애받지 않아서 일정한 법칙을 정해 놓을 수 없는 것이니, 괘효의 말에만 집착해서 때에 따라 변통할 줄 모르면 주역을 훼손하는 것이 아니겠는가? 그래서 이 시를 지은 것으로, 먼저 괘효의 빠져서는 안 될 바른 뜻을 쓰고, 중간에 "용과 뱀이 변화를 일으킨다. 한 음이 처음 올라간다."와 같은 조짐을 총괄하는 말을 붙였다. 이러한 말들은 각각 가리키는 바가 있고, 근거없는 허무맹랑한 말이 아니다. 배우는 이가 참으로 이 글을 가지고 널리 활용해서 사물의 종류에 따라 유추하여 키워나간다면, 주역의 수가 밝혀지고 행해지지 않음을 근심할 것이 무엇 있겠는가? 요점을 알고자 하는 이는, 다만 점찍어 놓은 곳을 완미하면 곧 알게 될 것이다.

일 러 두 기

 이 책은 5대(五代)말과 북송北宋초의 대학자이자 유儒·불佛·도道의 삼교를 하나로 조화시킨 희이希夷선생 진단陳搏이 짓고, 그의 4전제자인 강절康節선생 소옹邵雍이 찬술한 『하락리수』를 번역한 것이다. 유학의 대학자인 정자程子는 물론 주자朱子도 희이선생·목수穆脩·이지재李之才·소강절邵康節로 내려가는 학통을 정통으로 삼았을 정도로, 주역원리를 도식화하고 현실화하여 응용할 수 있도록 한 역의 실용화 정신은, 송나라의 찬란한 역학사의 기초를 닦는 작업이 되었다. 이 하락리수는 명나라때 이르러 사응선과 염옹에 의해서 증보되어 간행되었는데, 바로 이 증간본이 이 책의 원본이 된 것이다. 그동안 입에서 입으로 구전되고, 또 글로 전해진 것도 여러 사람에 의해 가필加筆되었으며, 심지어 오기와 탈자 등이 생긴 것을 여러 판본을 참정하여 그 옳은 것을 취했다.

 주역의 괘사 및 효사는 주역을 쉽게 풀이하고자 만들어졌지만, 후대로 내려가면서 그 원리는 모른 채 글만 남게 되었다. 결국 주역의 글만 읽고는 우주전체를 운용하고 변화시키는 주역의 크고도 변화무쌍한 근본 뜻을 모르게 된 것이다. 주역의 글에 "길하다" 또는 "흉하다"하는 말들은 모든 사람에게 적용되는 말이 아니다. 아무리 좋은 효사를 받았다 하여도, 그 길운吉運을 받을 자격이 없는 사람이라면 오히려 흉하게 되고, 흉한 운을 받았다 할지라도 슬기롭게 극복해 나갈 수 있는 사람이라면 흉하지 않은 것인데, 이를 일률적으로 적용하여 복을 화로 만드는 우를 범하게 된다. 또 "제 분수를 지키면 길하다"는 말을 얻고는, "길하다"는 말만 생각하여 오히려 분수밖의 일을 저질러 흉하게 되니, 주역의 글이 무지에 가리고 욕심에 가려 피흉취길避凶趣吉이 아닌 피길취흉避吉趣凶의 잘못된 글이 되고 말았다.

이를 안타깝게 여긴 희이선생이 일반인도 쉽게 자신의 분수를 알아서 주역의 길흉점사를 판단 할 수 있도록, 이러한 조건의 사람이라면 효사대로 되고, 이러한 사람이라면 그 효사의 내용을 받을 자격이 없으므로 조심해야 한다는 등 각자의 자격요건을 수로 표시하여 보완한 것이 바로 하락리수이다. 이를 도식화하여 12~14가지 조건을 제시하고, 그러한 조건에 합당한 사람은 '운이 맞는 사람'이 되어 효사대로 될 것이고, 부족한 사람은 한 두가지 흠이 있다고 생각하면 되며, 아주 부족한 사람은 '운이 맞지 않는 사람'이 되어 효사대로 되지 않는 것이다. 또한 각 효마다 '세운歲運을 만나면'이라는 항을 두어, 9년 또는 6년의 대상운大象運과 해마다의 운(年運) 그리고 월운月運과 일운日運을 알 수 있게 하였다.

이 책은 이러한 뜻을 최대한 살리기 위해 다음과 같은 원칙에 의해 쓰여졌다.

❶ 이 책은 집문서국集文書局에서 간행된 『河洛理數』를 저본으로 하고, 서북출판사의 『河洛理數推命學』 공일창孔日昌과 무릉출판사의 『易經推命學』 오명수吳明修 등을 부본으로 하여 총 3권과 별책부록 (하락리수 쉽게보기) 1권으로 구성하였다.

❷ 제 1권은 주역일반 및 원리설명은 본문의 내용번역을 원칙으로 하되, 알기 쉽도록 하기 위해 더할 것은 더하고 뺄 것은 간추려서 재편집하였다.

❸ 이전에 출간된 책은 참평비결을 맨 뒤에 두었으나, 이 책에서는 1권의 뒷부분에 포함시켰다. 제 5장에 나오는 「참평비결」은 하락리수로 뽑은 운명이 맞게 설정된 것인지, 아니면 착각해서 잘못 설정한 것인지를 서로 길흉을 비교함으로써 참고하라는 뜻에서 실었다. 역시 참평비결의 원리는 본문을 싣지 않고 번역편집하였으며, 참평결의 본문만 원문과 함께 번역하였다.

❹ 이 책의 원저자이신 진희이선생과 소강절선생의 약력을 실었다. 증보저자인 사응선과 염옹은 기록이 미비하여 약력을 싣지 못했으나, 진인석이 명明나라 의종毅宗 때인 1632년에 서문을 쓴 것으로 보아, 명나라 말기의 재야학자로 추측할 뿐이다.

❺ 제 2권과 3권은 64괘의 풀이를 실었다. 본문 내용 및 싯귀절 등은 단순히 실용적인 내용으로서의 번역도 중요하지만, 원문한자 자체에 담긴 뜻도 중요하므로 본문을 같이 실었다(예를 들어 본문 한자에 '中'자는 벼슬이름도 되고, 사람 또는 지명의 뜻도 있다).

❻ 본문에서 '운이 맞는 사람' 또는 '운이 맞지 않는 사람'이라는 말은, 주역의 글뜻을 보익하기 위해 설정한 12~14가지 조건에 어느 정도 맞는 자와 맞지 않는 자를 뜻한다(천수와 지수의 많고 적음이 절기에 합당한가 등).

❼ 하락리수에서 설정한 12~14가지 조건에 익숙하지 않은 사람들은, 각 효마다 써놓은 글귀들만 보아도 60~70%는 자신의 운명을 알 수 있으니, 글귀의 내용을 먼저 숙지하는 것이 좋다. 또 자신의 년운과 월운을 적어놓고 그 때 그때 생활의 지표로 삼으면서 공부하는

것도 좋은 방법이 될 것이다.

❽ 본문에서 나오는 '벼슬한 사람, 벼슬길에 있는 사람' 등은 현재 관직官職을 갖고 있거나 중요한 일을 맡은 자를 말하며, '선비'라고 한 것은 벼슬을 하려고 준비하는 사람 또는 어떤 일을 하려고 준비하는 사람을 뜻하며, '일반인'은 자영업을 하는 자 또는 자그마한 직업을 갖고 있는 자를 뜻한다.

❾ 본문에 나오는 평생괘·년괘·월괘·일괘 등은 각 괘의 초효 및 「길흉판단 연습」장에 보는 법이 자세히 나와 있다. 또 이렇게 운행 중에 있는 운들은, 각 효의 설명 끝에 있는 '세운을 만나면'이라는 글 속에 운이 설명되어 있다.

❿ 본문 64괘풀이에 같이 붙어 있는 시는, 「64괘 시결 서」에 나왔듯이 효의 현재 상황 및 진행상황에 대한 글귀로, 특히 칠언절구와 오언절구는 끝의 세글자에, 삼언시는 끝의 글자에 그 정밀한 뜻이 함축되어 있다.

목 차

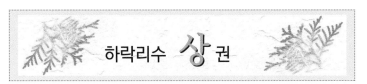
하락리수 상권

추천사	• 3
축사	• 6
서문	• 8
증보판序	• 11
64卦詩訣序	• 16
일러두기	• 17
목차	• 21

제 1장 주역 일반
1. 역의 원류(易源流) • 29
2. 하도와 낙서 • 58

제 2장 평생괘 얻는 법
1. 선천괘 얻는 법 • 67
2. 원당효를 붙이는 법 • 85
3. 후천괘를 얻는 법 • 99
4. 년괘 • 121
5. 월괘 • 128
6. 일괘 • 131

제 3장 길흉 판단법	1. 길흉 판단법	• 139
	2. 원당효와 길흉	• 143
	3. 사주와 길흉	• 147
	4. 천수와 지수의 길흉	• 163
	5. 12월 소식괘와 천수지수의 길흉	• 192
	6. 절후괘節候卦	• 206
	7. 종합적인 길흉판단법	• 214

제 4장 길흉판단의 연습	1. 가상례	• 237
	2. 가상례 4가지	• 260
	3. 수를 보는 요점	• 271
	4. 하락리수에 대한 옛선비들의 생각	• 274

제 5장 참평비결	1. 참평비결 해설	• 283
	2. 참평비결 활용	• 301
	水부 313 / 火부 361 / 木부 411	
	金부 460 / 土부 507	

부록	원저자(소강절) 약력	• 558

하락리수 권

주역상경

1	중천건(重天乾)	• 5
2	중지곤(重地坤)	• 25
3	수뢰둔(水雷屯)	• 44
4	산수몽(山水蒙)	• 63
5	수천수(水天需)	• 81
6	천수송(天水訟)	• 99
7	지수사(地水師)	• 117
8	수지비(水地比)	• 134
9	풍천소축(風天小畜)	• 151
10	천택리(天澤履)	• 168
11	지천태(地天泰)	• 186
12	천지비(天地否)	• 204
13	천화동인(天火同人)	• 222
14	화천대유(火天大有)	• 240
15	지산겸(地山謙)	• 258
16	뇌지예(雷地豫)	• 275
17	택뢰수(澤雷隨)	• 292
18	산풍고(山風蠱)	• 309
19	지택림(地澤臨)	• 327
20	풍지관(風地觀)	• 344
21	화뢰서합(火雷噬嗑)	• 361
22	산화비(山火賁)	• 378
23	산지박(山地剝)	• 396
24	지뢰복(地雷復)	• 413

25	천뢰무망(天雷无妄)	• 429
26	산천대축(山天大畜)	• 446
27	산뢰이(山雷頤)	• 462
28	택풍대과(澤風大過)	• 478
29	중수감(重水坎)	• 494
30	중화리(重火離)	• 510

주역하경
| 31 | 택산함(澤山咸) | • 526 |
| 32 | 뇌풍항(雷風恒) | • 542 |

하락리수 하 권

주역하경
33	천산돈(天山遯)	• 5
34	뇌천대장(雷天大壯)	• 22
35	화지진(火地晉)	• 39
36	지화명이(地火明夷)	• 56
37	풍화가인(風火家人)	• 73
38	화택규(火澤睽)	• 89
39	수산건(水山蹇)	• 107
40	뇌수해(雷水解)	• 126

41	산택손(山澤損)	• 143
42	풍뢰익(風雷益)	• 161
43	택천쾌(澤天夬)	• 179
44	천풍구(天風姤)	• 197
45	택지취(澤地萃)	• 214

46	지풍승(地風升)	• 231
47	택수곤(澤水困)	• 247
48	수풍정(水風井)	• 264
49	택화혁(澤火革)	• 281
50	화풍정(火風鼎)	• 299

51	중뢰진(重雷震)	• 317
52	중산간(重山艮)	• 334
53	풍산점(風山漸)	• 350
54	뇌택귀매(雷澤歸妹)	• 367
55	뇌화풍(雷火豐)	• 384
56	화산려(火山旅)	• 402
57	중풍손(重風巽)	• 419
58	중택태(重澤兌)	• 437
59	풍수환(風水渙)	• 454
60	수택절(水澤節)	• 472

61	풍택중부(風澤中孚)	• 489
62	뇌산소과(雷山小過)	• 507
63	수화기제(水火旣濟)	• 524
64	화수미제(火水未濟)	• 542

제1장
주역일반

1절. 역의 원류(易源流)*

1) 선천역先天易·후천역後天易·중천역中天易

① 선천역 팔괘를 그린 것은 복희씨伏羲氏로부터 시작되었는데, 그림(八卦)은 있고 문자는 없었기 때문에 선천先天의 역이라고 한다.

② 후천역 문왕文王이 8괘를 거듭해서 64괘를 그렸는데, 괘 아래에 괘를 해석한 괘사卦辭가 있으므로 후천後天의 역이라고 한다.**

③ 중천역 괘에 대한 설명은 있었으나(卦辭), 괘를 구성하고 있는 여섯효의 각 효에는 이를 설명하는 글이 없어서 역의 도道를 제대로 알 수 없었다. 그래서 주공周公이 여기에 해석하는 글인 효사爻辭를 붙였다.

그래도 알기 어려운 점이 많으므로, 공자께서 계사전을 비롯한 10익十翼을 지으셔서, 선천과 후천의 역을 모두 총괄해서 설명하셨다. 그래서 이를 충천의 역(中天易)이라고 한다. 이 십익 가운데서 건괘

---

* 여기서는 『하락리수』 원본에 나와 있는 내용을 중심으로, 하락리수 해석에 필요한 부분만을 개략적으로 살피고자 한다. 역에 대해서는 본 출판사에서 나온 『주역입문2』 또는 『대산주역강해』에 자세히 나와 있다.

** 8괘뿐만 아니라 64괘 역시 복희씨가 그리고, 문왕은 각 괘에 괘사만 지었다는 것이 정설이다.

乾卦(☰)와 곤괘坤卦(☷)의 문언전文言傳은 춘추시대 목강穆姜이 이미 말했던 것을 공자께서 인용해서 건괘와 곤괘의 뜻을 밝히신 것이다.*

2) 주역의 괘·효·단·상의 뜻

① 주역의 뜻

■ 주역周易　역易은 복희씨로부터 시작되었는데, 유독 주나라의 역이라는 뜻으로 주역이라고 하는 것은 어째서인가? 역은 네 분 성인에 의해 지어졌는데, 주나라 때 와서 크게 완성되었다. 그러므로 주역이라고 한 것이다. 역이라는 것은 음양의 변화이고 해(日)와 달(月:勿)의 글자 모양을 따른 것이니, 회의會意문자로 이름이 이루어진 것이다.

■ 교역交易과 변역變易　역에는 두 가지 뜻이 있다. 교역이라고 할 때는 음과 양이 서로 교대한다는 뜻이고, 변역이라고 할 때는 음과 양이 변하면서 유행流行한다는 뜻이다.

② 괘卦의 뜻　괘卦라는 것은 건다(掛)는 뜻이니, 물상을 걸어 놓아서 사람에게 보여주는 것과 같다. 괘는 반드시 여섯 획으로 되어 있으

---

* 건괘와 곤괘의 문언전의 내용은 목강이 지은 것이 아니라, 이보다 먼저 세간에 널리 알려진 것을 목강이 인용한 것이다. 이를 다시 공자께서 건괘와 곤괘를 해석하는데 이용하신 것이다.

니, 이는 하늘과 땅의 기운이 각기 여섯으로 되어 있는 것을 본받은 것이다. 획은 반드시 아래로부터 그리니, 음과 양의 기운은 아래로부터 생겨나기 때문이다.

③ 효爻의 뜻 효는 이것과 저것이 서로 사귀어 통한 후에 이루어진 것을 말하며, 또 효에는 천하의 모든 움직이는 것을 본떴다(效)는 뜻이 있다.

④ 단彖의 뜻 문왕이 괘 아래에 쓴 글을 단이라고 한다. 단은 무소(犀)의 형상으로 맹수의 이름이니, 멧돼지 신(豭神)이라고도 한다. 무소의 외뿔이 있는데, 일의 조짐과 상서로운 기운을 알며, 그 어금니가 가장 견고해서 어떤 물건이든지 씹을 수가 있다. 그러므로 이러한 뜻을 취해서 괘의 뜻을 결단하는 이름으로 쓴 것이다.

⑤ 상象의 뜻 주공이 쓴 글을 대상大象 소상小象이라고 한 것은 어째서인가? 코끼리(象)는 큰 짐승이니, 코끼리에는 모든 짐승의 고기가 다 갖추어져 있다. 여러 가지 부류로 나누어져 있는 것이, 효爻가 모든 물상의 이치를 갖춘 것과 같다. 코끼리에는 12종류의 고기가 있으니, 12시진에 배당하면 효를 12월에 배당한 것과 같다. 또 코끼리의 쓸개는 간에 붙어있지 않고, 사계절의 달(月)을 따라 크기가 변동해서 한결같지 않으니, 마치 효가 때를 따라서 지극히 변하는 것과 같다. 그래서 상象이라고 한 것이다.

3) 팔괘의 상과 의미

① **팔괘의 상象** 건(☰)은 세효가 모두 이어졌고(乾三連), 곤(☷)은 세효가 모두 끊어져 여섯획으로 되어 있으며(坤六斷), 진(☳)은 사발을 바로 놓은 것과 같고(震仰盂), 간(☶)은 주발을 엎어놓은 것과 같으며(艮覆碗), 리(☲)는 중간이 비었고(離中虛), 감(☵)은 중간이 꽉찼으며(坎中滿), 태(☱)는 위가 결함이 있고(兌上缺), 손(☴)은 아래가 끊어졌으니(巽下斷), 처음 배우는 사람이 괘를 그릴 때 반드시 이러한 상을 유의해서 살피면 역을 쉽게 깨달을 것이다.

② **팔괘의 의미**

■ 건(☰) 건은 하늘(天), 둥근 것(圜), 임금(君), 아버지(父), 옥(玉), 금(金), 찬 것(寒), 얼음(冰), 크게 붉은 것(大赤), 좋은 말(良馬), 늙은 말(老馬), 마른 말(瘠馬), 얼룩 말(駁馬), 나무에 열린 과일(木果)이 된다.

  ㉠ 天·圜·君·父의 네 뜻은 乾(☰)의 높고 존귀한 뜻을 살린 것이다.
  ㉡ 玉은 순수함을, 金은 質의 純剛함을 취상.
  ㉢ 寒과 冰은 乾이 서북방의 괘로 초冬에 해당함을 취상.
  ㉣ 大赤은 양의 盛한 색이다.
  ㉤ 良馬는 純陽으로 굳건하다는 뜻을, 老馬는 乾이 三奇의 괘로 老陽이므로 굳셈이 오래하였다는 뜻을, 瘠馬는 살은 적고 뼈는 많아 견고하다는 뜻을, 駁馬는 천리마 같이 잘 뛰며 배가 희고 성질을 잘 낸다는 뜻을 살린 것이다(乾은 음양을 모두 포함했다는 뜻으로도 해석한다). 또 詩經 爾雅편이나, 韻會에 '駁'은 호랑이나 표범을 잡아먹는 톱니처럼 날카로운 이를 가진 말과 유사한 짐승이라 하니, 역시 힘이 세다는 乾의 뜻이 있다.

ⓑ 木果 : 나무 열매라는 뜻으로, 음이 깎아 먹지 못하는 단단한 상을 취한 것이다.

■ 곤(☷) 곤은 땅(地), 어머니(母), 펴는 것(布), 가마솥(釜), 인색함(吝嗇), 고른 것(均), 새끼소와 어미소(子母牛), 큰 수레(大輿), 문장(文彩), 무리(衆), 자루(손잡이 : 柄)가 되고, 땅으로 말하면 검은 빛(黑)이 된다.

　㉠ 地와 母는 坤의 낮고 친하며 풍성하는 뜻을 살린 것이다.
　㉡ 布는 땅이 넓고 커서 만물을 널리 편다는 뜻이고, 釜는 땅에서 만물을 담고 만들어 낸다는 뜻이다.
　㉢ 吝嗇은 땅은 하늘에서 받기만 하고, 하늘에 주지는 않는다는 뜻이다.
　㉣ 均이 땅은 만물을 다 고르게 살게 함을 취상.
　㉤ 子母牛는 어린 소와 암소의 순함을 취함.
　㉥ 大輿는 속이 비어서 만물을 다 싣고 있다는 뜻을 취함.
　㉦ 文과 衆은 坤이 偶劃으로 이루어져 많다는 뜻을 살린 것으로, 文은 땅에 山川草木이 무늬를 이루고 있다는 것을, 衆은 백성 또는 많다(곤괘의 爻數가 6개로 괘중에 제일 많다)는 뜻이다.
　㉧ 柄은 하늘은 형이상학적이라 잡을 수 없으나, 땅의 만물의 실체적이라 잡을 수 있음을 말한다.
　㉨ 黑은 純陰의 색으로, 땅을 깊게 파보면 검은 색이라는 뜻을 살린 것이다.

■ 진(☳) 진은 우레(雷), 용(龍), 검고 누름(玄黃), 펴는 것(敷), 큰 길(大塗), 결단하고 조급함(決躁), 맏아들(長子), 푸른 대나무(蒼筤竹), 갈대(萑葦)가 되고, 그 말에는 잘 우는 것(善鳴), 발이 흰 것(馵足), 발을 잘 젓는 것(作足), 이마에 흰털이 많은 것(的顙)이 되고, 심는 것으로 말하면 다시 살아남(反生)이 되고, 궁극적으로는 굳셈(健)이 되고,

번성하고 고운 것(蕃鮮)이 된다.

㉠ 雷와 龍은 그 동하는 성질을 취한 것이다.

㉡ 玄黃은 乾과 坤이 섞인 색으로 푸른빛(蒼色)이 된다. 天玄而地黃(坤文言傳 上六)에서 유래함.

㉢ 敷는 양기가 베풀어지기 시작하는 때이므로, 널리 편다는 뜻을 취했다. 일설에는 蔜로 보아 꽃이 만발한 상태라고 한다.

㉣ 大途는 아래의 양이 위로 나아감에 위의 두 음이 길을 튼 형상이다.

㉤ 艮은 작은길(徑路)임. 決躁는 양이 아래에서 위로 나아감에, 그 기세가 위의 두 음을 조급히 결단한다는 뜻이다.

㉥ 蒼筤竹과 萑葦는, 겉은 實하고 속은 비어 있는 상을 취했고, 특히 창랑은 東方의 만물이 막 생겨나올 때의 푸른색이다.

㉦ 善鳴은 양이 안에서 나감에 밖이 열려서 소리가 잘 울려 나가는 것을, 馵足은 음은 黑色이고, 양은 白色이므로 발(震은 아래가 陽爻)에 흰 털이 많은 말(馬)을, 作足은 두 발을 나란히 하여 잘 뛰는 것을, 的顙은 이마에 흰 털이 많아(위의 두음을 말함, 음은 毛) 눈에 잘 띄는 상을 취한 것이다.

㉧ 反生 : 봄에 싹이 터 나오는 것.

㉨ 健 : 震卦의 근원을 연구해보면 乾卦와 같다(父의 代를 長男이 잇는다).

㉩ 蕃鮮 : 봄에 처음 나오는 싹이 무성하고 곱게 나온다.

■ 손(☴) 손은 나무(木), 바람(風), 장녀(長女), 먹줄(繩直), 목공(工), 흰색(白), 김(長), 높음(高), 진퇴(進退), 관단성이 없음(不果 : 열매가 없음), 냄새(臭)가 되고, 그 사람에는 털이 적음(寡髮), 이마가 넓음(廣顙), 눈에 흰자가 많음(多白眼), 가까운 시장에서 세 배의 이익을 얻음(近利市三倍)이 되고, 궁극적으로는 조급한 괘(躁卦)가 된다.㉠ 木과 風은 巽의 들어가는(入) 성질에서 취상한 것으로, 木은 나무의

뿌리가 땅속으로 들어가는 상과 줄기가 그늘을 찾아들어가는 陰木을, 風은 바람이 하늘로부터 땅으로 내리고 구멍이나 틈으로 들어가는 성질이 있음을 말한 것이다.

ⓒ 繩直과 工은 나무의 성질로 인한 것으로, 승직(노끈)은 陰木에서 얻는 것이고, 노끈의 곧게 뻗을 수 있는 성질로 나무를 다스리니 '공'이 된다. 또 돌아다니지 않고 들어와 하는 일이므로 工이 된다.

ⓒ 白·長과 高는 두 양효가 위에 있음을 말함이니, 陽의 색으로 인해 희게 보이는 것이다. 또 만물이 깨끗이 닦이면(潔齊) 그 德이 희게 된다. 일설에는 長과 高는 아래 음효가 주춧돌 형상으로 밑에서 받치고 있으니, 자연 높아진 것을 취상한 것이라 한다.

ⓔ 進退와 不果는 양은 나아가고 음은 물러나는 성질에서 딴 것으로, 양이 둘이나 있어 나아가고자 하나 주효가 음인 것을 말함이다(음은 의심이 많고, 靜하려 한다).

ⓜ 不果에는 두 가지 뜻이 있다. 즉 과감하지 못하다는 뜻과, 乾卦의 '未果'에 대하는 말로 열매를 맺지 못한다는 뜻이다.

ⓗ 臭는 냄새가 아래에서 흩어지지 못하고 모여 있는 상이고, 때로 바람이 불어 상한 냄새가 날리는 것을 뜻한다. 또 바람이 이르면 그 氣運을 느낄 수 있다는 뜻도 된다.

ⓢ 寡髮·廣顙·多白眼은 두 양이 위에 있고 한 음이 아래에 있는 상을 취한 것으로, 陰은 血이라고 하는데 이것이 震처럼 많은 경우는 蕃鮮이 되고 巽처럼 적을 경우는 寡髮이 된다. 과발이니 광상이 되며, 또 위는 양효가 둘로써 아래의 음효 하나보다 상대적으로 넓으니 이마가 넓은 것이다. 양의 흰 빛이 둘이고 음의 흑빛이 하나니 多白眼이다.

ⓞ 近利市三倍: 음은 利를 주장하고, 시장에서 交易하여 이익을 봄이 세배에 이르렀으니, 그 이익의 큼을 말한 것이다. 參天兩地법에 의하면 위의 두 양은 6(3×2)이고 아래 음효는 2(2×1)이니, 坤의 초효가 乾에게로 와서 그 세배에 해당하는 陽을 얻은 것을

뜻한다.
　ⓒ 躁卦란 바람의 성질이 조급함을 뜻하고, 또 震은 궁극으로 純陽괘인 乾이 되고 巽은 純陰괘인 坤이 되는 것이나, 양을 회복하는 뜻을 써서 '躁'라고 한 것이다.

■ 감(☵)　감은 물(水), 도랑(溝瀆), 숨어 엎드림(隱伏), 굽은 것을 바로 잡음(矯輮), 활과 바퀴(弓輪)가 되고, 사람에 있어서는 근심을 더함(加憂), 심장병(心病), 귀앓이(耳痛), 혈괘(血卦), 붉은 색(赤)이 되고, 말(馬)에 있어서는 아름답게 마름(美脊), 급한 마음(亟心), 머리를 떨굼(下首), 얇은 발굽치(薄蹄), 끄는 것(曳)이 되고, 그 수레(車)에 있어서는 재앙이 많음(多眚), 통함(通), 달(月), 도적(盜)이 되고, 나무(木)에 있어서는 굳고 단단한 심이 많음(堅多心)이 된다.
　㉠ 水는 물의 外柔內剛함을, 溝瀆은 양이 음사이에 빠져 있는 상을, 隱伏은 물이 아래로 흐르는 상과 음 사이에 빠져서 보이지 않는 상을, 矯輮는 물이 굽이쳐 흐르다가 곧게 흐른다는 뜻에서 구부러진 것을 바로잡는다는 것을 형상하고(상하의 구부러진 음이 가운데 바른 양으로 귀속함), 弓輪은 물이 활처럼 굽이쳐 흐르는 상을 취한 것이다.
　㉡ 加憂는 두 음효 사이에 양효가 빠져 있는 것을 근심하는 것이다.
　㉢ 心病과 耳痛은, 양이 가운데에 있어서 막고 있다는 뜻을 취한 것이니, 심장이나 귀는 모두 비어 있어야 그 역할을 하는 것인데 그 중심이 양으로 막혀 있으니 '병'과 '통'이 된다는 뜻이다. 또 한편으로는 그 陽으로 인해 심장과 귀가 되어(판막,고막), 막는 것이 오히려 通이 되니, 易의 이치가 오묘한 것이다.
　㉣ 赤이란, 乾은 大赤인데 그 中爻를 얻었으니 '대적'은 아니고 '적'이며, 또 여자의 經水를 말하기도 한다.
　㉤ 美脊 : 脊은 몸의 중심 뼈를 뜻한다. 또 乾은 '척마'이니 그 中을

얻은 坎은 '미척'이며, 이는 양이 음(美를 상징)속에 빠져 말라(躁) 있는 상을 뜻한다.

ⓗ 亟心 : 양이 음속에 빠져 있어서 조바심을 낸다. 또 일설에는 亟을 極(中正)으로 보아 양효를 뜻하기도 한다.
ⓘ 下首는 감중련의 上爻가 음이므로 머리를 숙인 상을 뜻한다. 또 물이 아래로 흐르는 뜻을 포함한다.
ⓙ 薄蹄는 감중련의 초효가 음이므로 발꿈치가 얇은 것을 형상함.
ⓚ 曳는 下首와 薄蹄이므로 힘이 없어서 끌고 가는 상이니, 물의 흐름과도 같다.
ⓛ 多眚은 험하고 빠지는 것이 坎의 상이므로, 사고가 많다는 뜻이다.
ⓚ 通은 물이 두루 흘러 막힘이 없는 뜻을 취했다. 즉 상하에 막힘이 없는 음이 있다는 뜻이다.
ⓔ 月은 離와는 달리, 밖이 어두운 밤(상하가 음)에 빛을 내니(陽爻) 달의 상이다.
ⓟ 盜 : 물은 은근히 스며드는 性質이 있다. 또한 坎괘가 북방에 위치하며, 북방수는 쥐를 상징하고, 쥐는 도둑을 상징한다. 북방수의 위치는 시간적으로도 한밤중(子時)에 해당한다.
ⓗ 堅多心 : 음 가운데 단단한 양이 있는 것이니, 中心이 견고한 나무가 된다.

■ 리(☲) 리는 불(火), 해(日), 번개(電), 중녀(中女), 갑옷과 투구(甲胄), 창과 군사(戈兵)가 되고, 사람(人)에 있어서는 큰 배(大腹)가 되고, 건괘(乾卦), 자라(鱉), 게(蟹), 소라(蠃), 조(蚌), 거북(龜)이 되고, 나무(木)에 있어서는 속이 비고 위가 마른 것(科上槁)이 된다.

ⓐ 離(☲)는 外明內暗하니 火의 상이요, 해의 상이다(坎과 배합관계). 즉 해는 火의 精髓이고, 달은 水의 정수이다.
ⓑ 電은 火의 빛이라는 뜻이다.
ⓒ 甲胄와 戈兵은, 모두 단단한 양이 바깥을 싸서 안의 음을 보호

하는 것에서 취상한 것으로, 특히 離는 활을 뜻한다.
ㄹ) 大腹은 坤이 地이고 母이므로, 그 中을 얻은 離는 조금 작은 뜻의 '대복'이 된다.
ㅁ) 乾卦는 火就燥하여 離卦 자리로 와서 후천팔괘가 된다.
ㅂ) 鱉·蟹·贏·蚌·龜는 모두 겉이 단단하여 속을 보호하는 상을 취한 것이다.
ㅅ) 科上槁는 속이 비어 있으니 '과'의 상이고, 火가 炎上하여 말리니 '상고'이다.

■ 간(☶) 간은 산(山), 지름길(徑路 : 작은 길), 작은 돌(小石), 작은 문과 큰 문(門闕), 과일과 풀 열매(果蓏), 내시(閽寺), 손가락(指), 개(狗), 쥐(鼠), 부리가 검은 부류의 짐승(黔喙之屬)이 되고, 나무(木)에 있어서는 굳어서 마디가 많음(堅多節)이 된다.

ㄱ) 艮은 단단한 양이 위에서 그쳐 있는 상이므로 山이다.
ㄴ) 徑路 : 震은 앞길이 트여 있으므로 큰 길(大塗)이고, 艮은 더 이상 나아갈 수 없으므로 작은 길(徑路)이다. 또 작다는 뜻에서 지름길이라고도 한다.
ㄷ) 小石 : 간은 산 위에 있는 돌이므로(단단한 양이 위에 있음) 小石이다. 坎은 平地에 있는 돌이므로 大石이며, 震은 땅 속에 있는 보다 큰 바위를 말한다.
ㄹ) 門闕 : 艮上連괘는 아래가 열리고 위가 양으로 덮여 있으므로 門을 상징한다.
ㅁ) 果蓏는 艮의 상을 취한 것으로 나무의 열매는 果(양)이고, 풀의 열매는 蓏(음)이니, 위에 한 양은 '과'이고 아래 두 음은 '라'이다. 震은 초목의 시작이므로 '번선'이라 하고, 艮은 초목의 끝이므로 '과라'라고 하였다.
ㅂ) 閽寺와 狗는 문을 지키는 상을 취한 것이다. 특히 艮은 少男으로, 양기가 미숙한 것이 내시와 비슷하다는 뜻이다.
ㅅ) 指는 사람의 몸에 그쳐 있는 것이 손가락이라는 뜻이다.

ⓞ 쥐(鼠)의 강함은 이빨에 있고, 새의 강함은 부리에 있다. 이는 艮의 양이 위에 있는 것을 취상한 것이다.
ⓩ 黔喙之屬은 이리나 늑대같이 밤에 돌아다니되 숨어 지내는 동물을 뜻하기도 하니, 머리만 단단하고 아래가 허한 동물이다.
ⓧ 堅多節 : 감괘는 그 중심이 단단한 나무이고, 간은 위가 단단하니 나무의 마디를 뜻한다. 즉 艮은 그치는 것이고, 물건이 그치는 것이 節이므로 간략히 하거나 검소히 한다는 뜻이 있다는 것이다.

■ 태(☱) 태는 못(澤), 소녀少女, 무당(巫), 입과 혀(口舌), 해지고 끊어짐(毀折), 붙은 것을 결단하는 것(附決)이 되고, 땅에 있어서는 굳셈과 짠 것(剛鹵)이 되고, 첩(妾), 양(羊)이 된다.

㉠ 澤·少女·巫·口舌은 모두 兌가 기뻐한다는 뜻을 취한 것이다. 즉 만물을 적셔서 기쁘게 하니 '택'이요, 젊은 아름다움으로 남자를 즐겁게 하니 '소녀'요, 신의 뜻을 인간에게 전하여 신과 인간을 기쁘게 하니 '무'요, 말로서 사람을 기쁘게 하니 '구설'이다. 이는 음이 양 위에 있어서 순하게 양을 따르므로, 음은 양위에 있어 기뻐하고, 양은 음이 순함을 기뻐하는 뜻을 취한 것이다.
㉡ 毀折은 乾의 둥그런 덕을 음이 위에서 둘로 나누니 훼절이다.
㉢ 附決은 양은 결단하는 것인데 음이 위에 붙어서 훼절하니 이를 척결한다는 뜻이 있다.
㉣ 剛鹵는 물이 흘러 짠 것이 되니(洪範에 潤下 作鹹), 먼 바다로 물이 흘러가면 단단한 소금이 된다는 뜻이다. 따라서 중앙정부에서 먼 오지라는 뜻도 된다.
㉤ 妾과 少女는 건과 곤이 사귀어서 제일 마지막에 얻었다는 뜻을 취한 것이다. 즉 妾은 남자를 기쁘게 한다는 뜻과 나중에 얻는다는 뜻이 있으니 正室뒤에 얻는 것이고, 少女는 長女와 中女 뒤에 태어나기 때문이다.
㉥ 羊 : 겉은 柔(陰)하고 속은 剛(陽)하다.

4) 팔괘의 변화

① 건乾(☰)

인품으로 본 건의 개론	사람으로는 성질과 기운이 강하고 굳세다. 규모가 광대하고 머리와 이마가 모나면서 둥글며, 지조와 지략이 밝으며, 살리는 것을 좋아하고 죽이는 것을 미워하며, 영명하고 열렬한 현인이 많으며, 옥같이 매끄럽고 얼음같이 맑으며 정신이 굳고 상쾌한 사람이 많다.
초효변	◆ 건괘(☰) 초효가 변하면 손(☰→☴)이 되고, 손巽은 바람이 된다. 봄바람은 부드럽고 화창해서 만물을 이롭게 하고, 여름바람은 비구름을 흩거나 거두며, 가을바람은 물건마다 걷어 들이고, 겨울바람은 물을 차게 해서 얼음을 이루게 한다. * 괘를 얻었을 때, 만일 건괘 초구가 원당이면 후천괘에 이와 같은 성질이 있다. 또 유년괘로 변해 갈 때도 이러한 원리가 적용된다. 아래의 내용도 이와 같이 해석한다.
중효변	◆ 중효가 변하면 리離가 되고, 리(☰→☲)는 불이 된다. 봄의 해는 온화하고 따스한 빛을 주지 않는 곳이 없으며, 여름의 해는 모든 지역이 그 뜨거운 열기를 두려워하고, 가을의 해는 가물고 건조해서 만물이 마르고 타며, 겨울의 해는 사랑스러워서 천하가 다 그 빛나고 밝은 덕을 사모하게 된다.
상효변	◆ 상효가 변하면 태兌가 되고, 태(☰→☱)는 못(호수)이 된다. 봄의 못은 번성하고 불어나는 감미로움이 있고, 여름의 못은 키우고 기르는 이로움이 있으며, 가을의 못은 서쪽에서 이루는 소망(수확)이 있고, 겨울의 못은 춥고 엉겨 얼어붙는(凝) 괴로움이 있다.

② 곤坤(☷)

| 인품으로 본 | 중후하고 살이 쪘으며, 코가 크고 입이 반듯하게 생겼다. 행동 |

곤의 개론	함에 깊이 생각하고 신중하다.
초효변	◆ 곤괘(☷) 초효가 변해서 진(☷→☳)이 되고 우레가 되면, 우레가 땅속에서 나와 빠르게 떨쳐 나가는 것이니, 우레 소리의 위엄이 먼 곳까지 두렵게 한다. 차갑던 나무에 봄이 오는 뜻이 있어서, 만물이 다 형통하고 모든 종류의 물건이 활발하게 움직여 꽃피고 무성하게 되니, 마땅하게 되지 않은 곳이 없다. ◆ 춘분 이후부터 하지 사이에 태어난 사람이 얻으면 더욱 좋으니, 혹 재상이 되고 사헌부 관원이 되어, 명예와 지위 봉록과 수명 등을 다 누리게 된다. 춘분부터 하지까지는 진(☳)이 화공이 된다. ◆ 한겨울에 이 괘를 얻으면 만나도 만나지 않은 것과 마찬가지이니(겨울에는 우레가 행해지지 않는다), 행동이 반드시 어긋나게 되고 재앙이 올까 두렵다. 대개 우레의 행함이 때에 어긋나고 월령을 잃으면 이롭지 못하기 때문이다.
중효변	◆ 중효가 변하면 감(☷→☵)이 되고 물(水)이 된다. 곤괘坤卦는 부리고 일을 하는 것이나, 감(☵)으로 변해서 피로한 것이 되니, 땅은 본래 평평하고 평안한 것이나, 홀연히 기구하고 험준해져서 소임이 무거워 견디지 못하는 것으로, 편안한 가운데 위험이 숨어 있는 상이다. ◆ 봄과 여름에 감(☵)을 얻으면 흙속의 양기가 안에서 활발하게 움직여, 흙이 뜨고 허해져서 빠지고 허물어지니, 은혜 속에서 원망이 나오는 것과 같아, 반드시 무너지고 훼손되는 어그러짐이 있게 된다. ◆ 가을에 감(☵)을 얻어 양기가 물러나게 되면, 흙기운이 뜨고 허해지지 않게 되므로, 조금은 형통하다고 할 것이나 크게 편치는 않으니, 더욱 예측하기 어려운 허물을 방비해야 하고, 다만 상하지는 않게 된다. ◆ 겨울에 감(☵)을 얻으면, 물이 마르게 되어 식물의 뿌리가 말라 힘을 많이 들이게 되니, 없는 것이 더 좋다. 동지 이후에 만나면,

	이것을 화공化工이라고 하니, 일이 피로하고 떨어져 실패한 뒤에, 우연히 횡재하고 발복하는 기틀이 있게 될 것이다. 동지부터 춘분까지는 감(☵)이 화공이다.
상효변	◆ 상효가 변하면 간(☳→☶)이 된다. 땅이 솟아 산이 된 것이니, 아래로부터 위로 올라가고 작은 것을 쌓아서 높은 것을 이루는 형세가 있다. 봄에는 생겨나고, 여름에는 자라서 길고 무성해지며 가지가 뻗으니 부유한 상이다. 가을에 얻으면 만물이 다 이루어지게 되니, 자라 커 올라감은 부족하게 되지만, 속을 차게 하는 데는 충분하고도 남음이 있다. 겨울에 얻으면 풀과 나무가 말라 떨어지니, 때에 따라 칭찬받고 때에 따라 헐뜯음을 당하며, 갑자기 영화롭게 되었다가 갑자기 몰락하게 되며, 바로 사그러졌다가 바로 자라게 되는 등, 모이고 흩어짐이 항상하지 못하다.

③ 진震(☳)

인품으로 본 진의 개론	우레는 백리 밖을 놀라게 하니, 사람으로는 음성이 크고 밝으며, 얼굴과 몸의 골격이 크고 괴이하며, 머리카락과 수염 등이 아름답다. 보는 사람이 두려워하므로 화를 내지 않고도 위엄이 서나, 혹 성질이 이상해서 쉽게 화내고 쉽게 기뻐하는 등 인내심이 없는 경우가 많다. 혹 장사를 하고, 혹은 강호를 호탕하게 놀고 다닌다. 봄과 여름은 귀하게 되고 가을과 겨울은 이롭지 못하다.
초효변	◆ 진(☳)은 초효가 변하면 곤(☳→☷)이 되고 땅이 된다. 우레가 땅 속에 들어간 셈으로, 비와 이슬이 베풀어지지 않으니, 반드시 기근과 황폐함이 있게 된다. 사람으로 치면 아는 것이 없어서, 쓸쓸하고 삭막하며 어긋남으로 인해 많은 장애가 생긴다. 가을과 겨울에는 좋지만, 봄과 여름은 불리하다.
중효변	◆ 진(☳)의 중효가 변하면 태(☳→☱)가 되고 못(호수)이 되니,

	우레와 비가 함께 베풀어지는 뜻이다.
	◆ 봄과 여름에 진이 변해서 된 태(☱)를 얻었다면, 길러지고 불어나 덕을 입게 되니, 만물이 곧게 커 올라간다.
	◆ 가을에 진이 변해서 된 태(☱)를 얻었다면, 우레와 못물이 마른 것들을 적셔주니, 가을의 볕이라도 물건들을 마르게 하지 못한다.
	◆ 겨울에 진이 변해서 된 태(☱)를 얻었다면, 우레와 비가 월령을 잃게 되니(겨울에는 우레와 비가 없다), 만물이 마르고 여윈다.
상효변	◆ 진(☳)의 상효가 변하면 리(☳→☲)가 되고 불이 된다. 따라서 우레가 흩어져 해(日)가 나오는 것이고, 어둠이 극해서 밝음이 나오는 것이 되니, 사람의 됨됨이와 식견이 고매하고, 보고 살핌이 깊고 먼 것을 뜻한다.
	◆ 가을과 여름에 진이 변해서 된 리(☲)를 얻었다면, 우레가 치고 해(日)도 치열하니, 물건을 손상시키고 태우며, 즐거운 곳에서 슬픔이 생겨나고, 아름다운 가운데 부족함이 있는 경우이다.
	◆ 봄하늘에 진이 변해서 된 리(☲)를 얻었다면 우레가 떨치다가 날이 화창해지는 것이니, 만가지 종류의 생명들이 다 발생한다.
	◆ 겨울하늘에 진이 변해서 된 리(☲)를 얻었다면, 우레가 그치고 날이 따뜻해진 것이니, 따뜻하고 배불러 스스로 만족해서 모든 일이 뜻대로 된다.

④ 손巽(☴)

인품으로 본 손의 개론	상체는 크고 하체는 작으며, 얼굴은 뾰족한 편이고 몸은 여위었으며, 안색이 맑고 깨끗하다. 언어가 유순하고 인자한 마음이 있다.
초효변	◆ 손(☴)의 초효가 변해서 건(☴→☰)이 되면, 바람은 걷히고 구름은 고요해지는 격으로, 하늘이 텅빈 것처럼 맑게 된다.
	◆ 봄은 따듯하고 여름은 뜨거우며, 가을은 서늘하고 겨울은 따스해

	서 사시四時가 모두 좋으니, 만물이 모두 형통해서 길하고 이롭지 않음이 없다.
	◆ 바람은 잦아지고 물결이 고요하며, 사람과 만물은 번화繁華하고 티끌은 바람에 날리지 않으며, 해와 달이 밝게 비추고 별들이 빛을 더하며, 높고 낮음에 변화없이 계속 이어지니 처음부터 끝까지 태평해진다.
중효변	◆ 손(☴)의 중효가 변해서 간(☴→☶)이 되면, 바람이 산으로 들어가서 산악山嶽을 움직이고 흔드니, 명령이 위에서 행해져서 사람들이 공경하고 두려워한다.
	◆ 봄바람이 산에 들면 풀과 나무가 영화롭고 무성하니, 어질고 호걸스러운 사람이 많아, 벼슬하면 장수가 되어 병마를 호령한다.
	◆ 여름바람이 산에 들어가면 손목巽木이 숲을 이루어 산봉우리들이 아름답고 울창하게 되니, 귀하고 현달함이 보통이 아닐 것이다.
	◆ 가을바람이 산에 들어가면 바람이 산골짜기에 감추어져서 풀과 나무가 점차로 쇠락하니, 처음은 있어도 마지막은 없으며, 먼저는 현달했다가 뒤에는 곤궁해지므로, 사람이 오래 견디기 힘들다.
	◆ 겨울바람이 차지게 되면 과일은 떨어지고 가지는 말라서 쓸쓸하고 삭막하게 된다. 그러나 처음에는 곤했다가 뒤에는 영달하고, 어려운 가운데 쉽게 되는 뜻이 있다.
상효변	◆ 손(☴)의 상효가 변해서 감(☴→☵)이 되면, 바람이 물 표면에 들어가서 물결이 되고 파도가 된다. 나부끼며 잠겼다 떴다 하니, 피로하고 자리가 편치 못하다. 소인은 더욱 두렵고, 또한 혼탁해지는 병폐가 있어서 맑은 절개를 지키는 사람이 적다. 언덕을 무너뜨리고 배를 엎어지게 하는 근심이 있다.
	◆ 봄바람이 물에 들어오면 물 표면에 무늬가 이루어지니, 기교하고 번잡한 사람이 많고 영화로운 사람이 적다.
	◆ 여름바람이 물에 들어오면 물이 점차로 날마다 마르니, 사람이 반드시 아끼고 탐내며 후회하고 인색한 사람일 것이다.
	◆ 가을바람이 물에 들어오면 물결이 하늘에 넘쳐서 언덕이 무너지고

	배가 엎어지니, 생각하지 못한 근심과 예기치 못한 화가 있을 것이므로, 마땅히 환난을 생각해서 예방해야 할 것이다. ◆ 겨울바람이 물에 들어오면, 물은 마르고 흐름은 더디어져서 물이 얼어붙어 만물이 춥고 괴로워하니, 어렵고 궁핍하여 숨어있고 막히며 정체해있는 사람일 것이다.

⑤ 감坎(☵)

인품으로 본 감의 개론	성품과 정서가 일정하지 않고, 큰 일에는 너그러우나 작은 일에는 급해서, 다른 사람의 꼬임에 잘 넘어가는 경향이 있다.
초효변	◆ 감(☵)의 초효가 변해서 태(☵→☱)가 되면, 물이 못(호수)속에 들어가서 안으로 막혀 흐르지 못하니, 결국 원대해지기 어렵다. 가을과 겨울은 불리하고, 봄과 여름은 장마비가 되고 호수물(澤)이 되어 스스로 가득 차게 되며, 이리 저리 흘러 채우고 넘치게 하니, 온 세상에 다 이익이 있다. 그러나 반드시 성패成敗와 시비是非에 있어서, 처음에는 어렵다가 나중에 쉬워지고, 먼저는 근심스럽다가 뒤에 가서 기뻐진다.
중효변	◆ 감(☵)의 중효가 변해서 곤(☵→☷)이 되면, 물이 땅속으로 들어간 것이니, 스며들어 새면서 허물어짐을 방비해야 하고, 막혀서 통하지 못할 조짐도 보인다. 만사가 처음은 있으나 마침이 없고, 편안하고 빠르면서 순조로이 가는 이로움이 없다. ◆ 봄과 여름은 뜨겁게 말리므로 물(水)에는 이롭지 않으니, 이 괘를 얻은 사람은 요절을 하는 경우가 많고, 가을과 겨울에는 이치에 합당하다.
상효변	◆ 감(☵)의 상효가 변해서 손(☵→☴)이 되면, 물 기운이 바람을 타서 높고도 멀리 날려가니, 만물이 윤택하게 되는 경우가 많다. ◆ 봄과 여름은 이슬이 되니, 자라고 길러지는데 도움이 되고, 가을은 서리가 되니, 만물을 쇠락衰落하게 하고 독을 베풀어 사람을 해치

	므로, 원망과 비방이 많다. 겨울에는 눈이 되니, 사람이 어렵게 되고 고통을 받게 된다.

⑥ 리離(☲)

인품으로 본 리의 개론	얼굴이 윗부분은 좁고 아랫부분은 넓적하다. 정신이 번쩍하고 빛나는 맛이 있어 총명하고 지혜롭다. 언어에 조리가 있고, 문장이 뛰어나다.
초효변	◆ 리(☲)는 불이 되고 해가 되니, 불꽃을 토하고 빛을 발한다. 빛으로 천하를 비추니 태양의 상이며, 어른노릇하고 기르는 임금으로, 삼라만상이 밝음을 의지하게 되며, 만물이 고운 색깔을 입는다. ◆ 초효가 변해서 간(☲→☶)이 되면 해가 산에 들어가서 빛이 늦게 비추니, 초년은 어렵고 손해 보나 말년은 형통하고 태평하다. ◆ 봄의 해는 밝음과 어두움이 서로 교대하니, 기쁘고 성냄을 갑자기 나타내는 사람이 많다. ◆ 여름의 해가 산에 들어가면 풀과 나무가 숲을 이루어 그늘이 생겨 덕을 입게 되니, 혹독한 더위를 이루지 않는다. ◆ 가을의 해가 산에 들어가면 찌고 말리는 것이 지나치게 엄하니, 만물이 마르기 쉽다. ◆ 겨울의 해가 산에 들어가면 찌들고 핍박받는 근심스런 얼굴에 만 가지 일이 늦어지고 비틀거리니, 오래가지를 못한다.
중효변	◆ 리(☲)의 중효가 변해서 건(☲→☰)이 되면 해가 하늘에서 떨어진 격으로, 저녁의 경치라 촉박하고 빛이 감춰지게 되니, 크게 발전하거나 출세할 수 없다. ◆ 봄 하늘에 해가 없으면 구름 끼고 비가 계속 이어져서 만물이 발생하기 어려우니, 영화로운 가운데 욕됨이 있다. ◆ 여름 하늘에 해가 없으면 어둡고 그늘져서 뜨거운 불기운이 소멸되니, 만물이 잘 자라기 어려우며, 한번 햇빛 남에 열 번 추워서

	흉년들고 황폐하게 될 것이다.
	◆ 가을과 겨울에 이런 괘상을 만나면 더욱 어려워서, 비와 눈이 계속 내려 백성들은 근심과 탄식을 많이 할 것이다.
상효변	◆ 리(☲)의 상효가 변해서 진(☲→☳)이 되고 우레가 되면, 구름이 햇빛의 밝음을 가리고 불기운을 가리어 뜨겁지 않다.
	◆ 봄 하늘에 이런 괘상을 얻으면, 우레와 우박이 아울러 행해져 진동震動이 발생한다. 여름과 가을은 우레가 만물에 이로움을 베풀고, 겨울은 마땅치 않다.

⑦ 간艮(☶)

인품으로 본 간의 개론	등은 둥글고 허리는 넉넉하다. 눈썹이 수려하고 눈이 길게 찢어졌다. 성격이 느긋하고 평온하며 신중해서 잘 움직이지 않는다.
초효변	◆ 간(☶)의 초효가 변해서 리(☶→☲)가 되면, 해가 산마루에 나와서 새벽이 되고 아침이 되는 셈이다. 사람으로 치면, 위로 올라가 귀한 사람을 가까이 해서, 훤하게 깨닫고 명철明徹한 사람으로, 높은 사람이나 아랫사람이 다 우러러보며, 복과 녹을 겸비하게 된다.
	◆ 여름과 가을은 태양이 혹독하게 매우니 산과 물이 마르고, 봄과 겨울은 태양이 화창하고 따스하니 산과 물이 뻗어가며 창달할 것이다.
중효변	◆ 간(☶)의 가운데 효가 변해서 손(☶→☴)이 되면, 바람이 바위 골짜기에서 불고, 산은 비어있고 돌은 돌출해 있으며, 높은 데 있으므로 험하게 됨이 많고, 책임이 무거워 위험이 많다.
	◆ 봄과 여름에는 좀먹게 되고, 가을과 겨울에는 물건을 손해 보게 되니, 하늘의 바람은 때에 화합하여야 아름답게 되는 것이다.

상효변	◆ 간(☶)의 상효가 변해서 곤(☶→☷)이 되면, 숭고崇高한 것을 버리고 낮고 아래인 것(卑下)을 따르며, 기구한 것을 벗어나 평탄한 데를 밟아 나가는 것이다. 선비의 운명이 만나면, 온후하고 화평해서 처음과 끝을 다 이루게 된다. ◆ 봄과 여름은 흙이 기름지고 두터워서 만물이 생기고 자라나 꽃이 피니, 대개 산 속의 땅과 땅속의 산은, 지산겸괘(☷☶)의 높으면서 빛나고 낮으면서도 넘보지 못하는 형상으로, 무슨 일을 하든 이롭지 않음이 없는 것이다.

⑧ 태兌(☱)

인품으로 본 태의 개론	얼굴에 결함이 있는 상으로, 언청이 또는 치아가 고르지 못하며, 얼굴이 혹 마비되는 수도 있다. 목소리가 높고 맑은 소리가 난다. 음탕한 것을 좋아하고 간사하나 무능하다.
초효변	◆ 태(☱)는 태兌가 가을의 신으로, 그 상은 못(호수)이 된다. 초효가 변해서 감(☱→☵)이 되면, 감坎은 물이 되니, 물이 쌓여 빠지는 구덩이가 되는 것을 말한다. 하늘의 못이 감의 물과 사귀어 냇물이 흘러 넘쳐서, 이르는 곳마다 모두 적당하고 물건마다 이로움을 얻는다. ◆ 봄에 이러한 괘상을 얻으면, 비와 이슬이 부슬부슬 와서 만물이 번영하고 부귀를 기약할 수 있으니, 뛰어난 사람이 많다. ◆ 여름에 이러한 괘상을 얻으면, 키우고 기르는데 공이 있고 만물을 번영시키며 신장시키니, 이 괘를 얻은 사람은 인생의 기회가 많으며, 구차스럽지도 탐욕스럽지도 않으며, 부유함으로는 금과 비단이 집에 가득하고, 귀함으로는 국가를 보위하는 사람이 될 것이다. ◆ 가을에 이러한 괘상을 얻으면, 물과 이슬이 서로 사귀어 더해짐에 벼이삭이 두 배로 나오는 것이니, 이것을 만난 사람은 백성의 마음을 얻어서 경사가 후손까지 미치게 될 것이다. ◆ 겨울에 이러한 괘상을 얻으면, 물과 못물(澤)이 사귀기는 하나, 사

	람과 물건이 텅비게 되니, 이것은 은혜를 널리 베푼 것이 아니다.
중효변	◆ 태(☱)의 중효가 변해서 진(☱→☳)이 되면, 진은 우레가 되니 비와 이슬에 우레가 더해지는 것을 말한다. 위엄을 발동해서 윤택함을 이루고, 근심스러운 것을 풀어주고 마른 것을 피어나게 하니, 사방이 영화롭고 화기가 있으며 만물이 다 수려하다. 어진 은혜를 비가 흩날리듯(霢霂) 베풀어 하늘의 은택이 쏟아져 흐르며, 작은 것(태 : 소녀)이 가고 큰 것(진 : 장남)이 오니, 지극히 귀한 것이 된다. ◆ 봄에 이런 괘상을 만나면 만물을 생겨나게 하고 번영시키며, 여름에 얻으면 각자에 맞게 잘 기르며, 가을에 얻으면 곡식을 잘 길러 수확하는 등 한 해의 일이 잘 마무리 되나, 겨울에 이를 얻으면 마땅하지 못하다. 겨울에 우레 소리는 숨어 엎드리고 호령은 걷어들이고 감추니, 어떻게 밖으로 나가겠는가? 만약 나간다면 때가 아니라고 할 것이니, 재앙이 올까 두렵다.
상효변	◆ 태(☱)의 상효가 변해서 건(☱→☰)이 되면, 건은 하늘이 되므로 비는 그치고 못(호수)물은 마르게 되며 하늘이 쾌청함을 말한다. 목소리가 청허하고 인물이 조용해서 뭇사람이 기뻐한다. ◆ 봄에 이런 괘상을 얻으면, 빛나고 화합해서 물건마다 기뻐하고 번영하여 고와지고, 사람도 번영하고 꾸밈이 많으며 뭇사람들보다 걸출하여 뜻대로 이룬다. ◆ 여름과 가을에 이러한 괘상을 얻은 사람은, 위로 푸른 하늘만 있어서 비와 이슬이 내리지 않고, 물의 흐름이 고갈되어 부족함이 많으니, 기근 들고 원망이 많아서 꺾이고 상하는 사람이 많다. ◆ 겨울에 이러한 상을 만나면, 추위가 적게 되고, 사람 또한 부유하고 풍요하니, 자연히 형통하고 태평해진다. 팔괘의 상은 사계절에 마땅하게 되면 길하고 거스르면 흉하나, 월령의 기후를 만났다면 이것만을 집착해서 논할 수는 없다.

5) 대성괘의 효 읽는 법

① 효 읽는 법 효爻란 괘를 그릴 때 또는 그렸을 때의 획劃 하나 하나를 가리킨다. '효'는 '본받을 효效'를 의미하며, 고정적인 것이 아니라 변한다는 뜻이 있다. 음효(- -)는 '육六'으로, 양효(—)는 '구九'로 표시하고, 그 자리(位)에 따라 초初·이二·삼三·사四·오五·상上의 차례를 표시한다.

〈효위〉	重天乾	효명	
上位	▬▬	상구	양(九)이 제일 위(上)에 있으므로 상구
五位	▬▬	구오	양(九)이 다섯 번째(五) 자리에 있으므로 구오
四位	▬▬	구사	양(九)이 네 번째(四) 자리에 있으므로 구사
三位	▬▬	구삼	양(九)이 세 번째(三) 자리에 있으므로 구삼
二位	▬▬	구이	양(九)이 두 번째(二) 자리에 있으므로 구이
初位	▬▬	초구	양(九)이 제일 아래(初)에 있으므로 초구

〈효위〉	重地坤	효명	
상위	▬ ▬	상육	음(六)이 제일 위(上)에 있으므로 상육
오위	▬ ▬	육오	음(六)이 다섯 번째(五) 자리에 있으므로 육오
사위	▬ ▬	육사	음(六)이 네 번째(四) 자리에 있으므로 육사
삼위	▬ ▬	육삼	음(六)이 세 번째(三) 자리에 있으므로 육삼
이위	▬ ▬	육이	음(六)이 두 번째(二) 자리에 있으므로 육이
초위	▬ ▬	초육	음(六)이 제일 아래(初)에 있으므로 초육

예를 들어 『주역』에서 상구上九라고 하면 제일 위에 있는(上) 양효(九)라는 뜻이다. 또 육이六二라고 하면 두 번째 있는 효(二)인데 음효(六)라는 뜻이다.

괘의 처음 효와 마지막 효인 초初와 상上은 효의 위(位)를 먼저 말한 후 효의 음양을 나중에 말하며, 다른 효(二·三·四·五)는 그 반대로 한다.

〈효위〉	水雷屯	효명	
상위	▬ ▬	상육	음(六)이 제일 위(上)에 있으므로 상육
오위	▬▬▬	구오	양(九)이 다섯 번째(五) 자리에 있으므로 구오
사위	▬ ▬	육사	음(六)이 네 번째(四) 자리에 있으므로 육사
삼위	▬ ▬	육삼	음(六)이 세 번째(三) 자리에 있으므로 육삼
이위	▬ ▬	육이	음(六)이 두 번째(二) 자리에 있으므로 육이
초위	▬▬▬	초구	양(九)이 제일 아래(初)에 있으므로 초구

본 책에서는 편의상 구와 육을 빼고, 초효·이효·삼효·사효·오효·상효라고 표시하였다.

6) 당위當位와 응應

① **당위當位** 음자리에 음효가 놓이고 양자리에 양효가 놓인 상태를 당위라고 말한다. 여섯 효 중에 초初·삼三·오五는 양수(홀수)이므로 양자리(陽位)가 되고, 이二·사四·상上은 음수(짝수)이므로 음자리(陰位)가 된다.

양자리에 양효가 오고 음자리에 음효가 오는 것을, 바름을 얻었다는 뜻으로 '득정得正', 바른 자리를 얻었다는 뜻으로 '득위得位', 마땅한 자리를 얻었다는 뜻으로 '당위當位'라고 한다. 이와는 반대로 양자리에 음효가 놓이고 음자리에 양효가 놓임을 '실정失正' 또는 '부정不正', '부득위不得位' 또는 '실위失位', '부당위不當位'라 한다.*

주역에서는 정正을 얻지 못한 경우, 바르지 못하게 행동하므로, 후회와 인색함이 따른다고 한다.

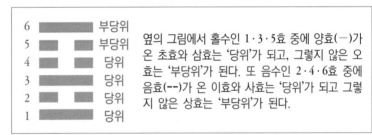

옆의 그림에서 홀수인 1·3·5효 중에 양효(—)가 온 초효와 삼효는 '당위'가 되고, 그렇지 않은 오효는 '부당위'가 된다. 또 음수인 2·4·6효 중에 음효(--)가 온 이효와 사효는 '당위'가 되고 그렇지 않은 상효는 '부당위'가 된다.

② **응應** 대성괘의 여섯 효에서 하괘의 첫효인 초효와 상괘의 첫효인 사효, 하괘의 둘째 효인 이효와 상괘의 둘째 효인 오효, 하괘의 셋째 효인 삼효와 상괘의 셋째 효인 상효가 서로 짝을 지어 응함을 말한다.

---

* 본 책에서는 당위當位와 부당위不當位로 표시한다.

이 관계가 음과 양으로 응하면 이를 '정응正應' 또는 '합응合應'이라 하고, 양과 양 또는 음과 음으로 대치된 경우를 '적응敵應' 또는 '무응无應'이라 한다. 즉 음과 양은 서로 좋아해서 응하지만, 음과 음 또는 양과 양은 서로 합하지 못하고 밀쳐낸다. 이는 주역의 음양이 합덕하는 사상을 표현한 것이다.

7) 호괘互卦

초효와 상효를 가리고 2·3·4효를 하괘下卦로 하고 3·4·5효를 상괘上卦로 하여 이루어지는 괘이다. 또 2·3·4효로 이루어진 괘를 안의 호괘라는 뜻으로 내호괘內互卦라 하고, 3·4·5효로 이루어진 괘를 밖의 호괘라는 뜻으로 외호괘外互卦라고 한다.

윗 그림에서 외호괘는 간(☶)이고, 내호괘는 곤(☷)이다.
정대체(배합괘)와 반대체(도전괘)는 3장(길흉판단법)에서 설명한다.

8) 64괘의 팔궁소속八宮所屬

本宮	八純卦	一世 1변	二世 2변	三世 3변	四世 4변	五世 5변	遊魂 6변	歸魂 7변
일건천 (금)	乾④	姤⑤	遯⑥	否⑦	觀⑧	剝⑨	晉②	大有①
이태택 (금)	兌⑩	困⑤	萃⑥	咸①	蹇⑧	謙⑨	小過②	歸妹⑦
삼리화 (화)	離④	旅⑤	鼎⑫	未濟⑦	蒙⑧	渙③	訟②	同人①
사진뢰 (목)	震⑩	豫⑤	解⑫	恒①	升⑧	井③	大過②	隨⑦
오손풍 (목)	巽④	小畜⑪	家人⑥	益⑦	无妄②	噬嗑⑨	頤⑧	蠱①
육감수 (수)	坎⑩	節⑪	屯⑥	旣濟①	革②	豐⑨	明夷⑧	師⑦
칠간산 (토)	艮④	賁⑪	大畜⑫	損⑦	睽②	履③	中孚⑧	漸①
팔곤지 (토)	坤⑩	復⑪	臨⑫	泰①	大壯②	夬③	需⑧	比⑦

① 건궁(☰) 금에 속하고 곤(☷)과 상대가 되며, 물(☵)과 우레(☳)와 호수괘(☱)가 없다. 중천건重天乾(䷀4월), 천풍구天風姤(䷫5월), 천산돈天山遯(䷠6월), 천지비天地否(䷋7월), 풍지관風地觀(䷓8월), 산지박山地剝(䷖9월), 화지진火地晉(䷢2월), 화천대유火天大有(䷍정월)의 8괘가 이에 속한다.*

② 감궁(☵) 수에 속하고 리(☲)와 상대가 되며, 하늘(☰)과 산(☶)과 바람괘(☴)가 없다. 중수감重水坎(䷜10월), 수택절水澤節(䷻11월), 수뢰둔水雷屯(䷂6월), 수화기제水火旣濟(䷾정월), 택화혁澤火革(䷰2월), 뇌화풍雷火豐(䷶9월), 지화명이地火明夷(䷣8월), 지수사地水師(䷆7월)의 8괘가 이에 속한다.

③ 간궁(☶) 토에 속하고 태(☱)와 상대가 되며, 물(☵)과 우레(☳)와 땅괘(☷)가 없다. 중산간重山艮(䷳4월), 산화비山火賁(䷕11월), 산천대축山天大畜(䷙12월), 산택손山澤損(䷨7월), 화택규火澤睽(䷥2월), 천택리天澤履(䷉3월), 풍택중부風澤中孚(8월), 풍산점風山漸(䷴정월)의 8괘가 이에 속한다.

④ 진궁(☳) 목에 속하고 손(☴)과 상대가 되며, 하늘(☰)과 산(☶)과 불괘(☲)가 없다. 중뢰진重雷震(䷲10월), 뇌지예雷地豫(䷏5월), 뇌수해雷水解(䷧12월), 뇌풍항雷風恒(䷟정월), 지풍승地風升(䷭8월), 수풍정水風井(䷯3월), 택풍대과澤風大過(䷛2월), 택뢰수澤雷隨(䷐7월)의 8괘가 이에 속한다.

---

* 이에 대해서는 제 2편(64괘풀이)의 각기 해당하는 괘에서 다시 설명됨.

⑤ 손궁(☴) 목에 속하고 진(☳)과 상대가 되며, 땅(☷)과 물(☵)과 호수괘(☱)가 없다. 중풍손重風巽(☴4월), 풍천소축風天小畜(☴11월), 풍화가인風火家人(☴6월), 풍뢰익風雷益(☴7월), 천뢰무망天雷无妄(☴2월), 화뢰서합火雷噬嗑(☴9월), 산뢰이山雷頤(☴8월), 산풍고山風蠱(☴정월)의 8괘가 이에 속한다.

⑥ 리궁(☲) 화에 속하고 감(☵)과 상대가 되며, 우레(☳)와 땅(☷)과 호수괘(☱)가 없다. 중화리重火離(☲4월), 화산려火山旅(☲5월), 화풍정火風鼎(☲12월), 화수미제火水未濟(☲7월), 산수몽山水蒙(☲8월), 풍수환風水渙(☲3월) 천수송天水訟(☲2월), 천화동인天火同人(☲정월)의 8괘가 이에 속한다.

⑦ 곤궁(☷) 토에 속하고 건(☰)과 상대가 되며, 산(☶)과 바람(☴)과 불괘(☲)가 없다. 중지곤重地坤(☷10월), 지뢰복地雷復(☷11월), 지택림地澤臨(☷12월), 지천태地天泰(☷정월), 뇌천대장雷川大壯(☷2월), 택천쾌澤天夬(☷3월), 수천수水川需(☷8월), 수지비水地比(☷7월)의 8괘가 이에 속한다.

⑧ 태궁(☱) 금에 속하고 간(☶)과 상대가 되며, 하늘(☰)과 바람(☴)과 불괘(☲)가 없다. 중택태重澤兌(☱10월), 택수곤澤水困(☱5월), 택지취澤地萃(☱6월), 택산함澤山咸(☱정월), 수산건水山蹇(☱8월), 지산겸地山謙(☱9월), 뇌산소과雷山小過(☱2월), 뇌택귀매雷澤歸妹(☱7월)의 8괘가 이에 속한다.

9) 60갑자 납음오행

60갑자에 납음納音을 붙여 오행을 배속하여 그 상생상극하는 것에 의해 길흉을 판별하는 법으로, 『황제내경黃帝內徑』으로부터 『태현경太玄經』『경방역京房易』에 걸쳐 자세히 나와 있다. 양에 속하는 율律과 음에 속하는 려呂를 배합하되, 1률에 12음을 배속하므로, 5률에 60음을 붙게 된다. 그 음은 아래와 같은 도표로 나타낸다. 태어난 년도의 간지와 본괘의 납갑이 합치 되지 않더라도, 태어난 년도 간지의 오행납음과 같은 오행에 해당하는 괘가 있다면 원기가 있는 것으로 봐서 길하다고 한다.

예를 들어 임자년에 태어난 사람이 뇌수해괘(☷☷)를 얻었다면, 해괘의 납갑은 무인·무진·무오·경오·경신·경술이다. 임자년은 해괘의 납갑과 일치하지 않아서 원기가 없다고 생각할 수 있지만, 오행납음으로 상자목桑柘木이므로 목木에 해당한다. 해괘의 상괘는 진(☳☳)으로 같은 목에 해당한다. 따라서 임자년에 태어난 사람도 원기가 있다고 하는 것이다.

육십갑자 납음표

갑자 을축 해중금	병인 정묘 노중화	무진 기사 대림목	경오 신미 노중토	임신 계유 검봉금	갑술 을해 산두화
병자 정축 간하수	무인 기묘 성두토	경진 신사 백랍금	임오 계미 양류목	갑신 을유 천중수	병술 정해 옥상토
무자 기축 벽력화	경인 신묘 송백목	임진 계사 장류수	갑오 을미 사중금	병신 정유 산하화	무술 기해 평지목
경자 신축 벽상토	임인 계묘 금박금	갑진 을사 복등화	병오 정미 천하수	무신 기유 대역토	경술 신해 차천금
임자 계축 상자목	갑인 을묘 대계수	병진 정사 사중토	무오 기미 천상화	경신 신유 석류목	임술 계해 대해수

2절. 하도와 낙서

하락리수에서는 하도와 낙서에서 근본하여 괘를 얻는다. 사주에서 수를 얻을 때 하도의 수에서 지지수地支數를 얻고, 낙서의 수에서 천간수天干數 및 괘상卦象을 얻는 것이다. 따라서 역의 기원이자, 우주 만물의 생성운동을 표현하고 있는 하도와 낙서에 대해서 간단히 알아보고자 한다.

1) 하도河圖

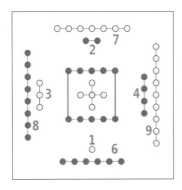

① 하도의 개요   하도는 복희씨가 천하를 다스릴 때에 머리는 용龍이고 몸은 말의 형상을 한 신비로운 짐승이 하수河水에서 출현하였는데, 그 등에 있는 55개의 점(머리의 가마같이 터럭이 휘돌아 친 무늬)이 천지창조와 만물생성의 이치를 담고 있었다고 하는 신비한 그림이다.

용마龍馬가 하도를 짊어지고 나왔음은, 어떠한 기운의 흐름이 하도라는 무늬를 상징적으로 형상하였다는 것 외에도, 상상적 동물인 용으로써 형이상적인 하늘을 상징하고, 실재하는 말로써 형이하적인 땅을 표현하여 천지의 이치가 하도에 있음을 강조한 것이다. 일반적으로 위의 그림같이 55개의 점(흰점 25개와 검은점 30개)이 진을 치듯이 있는 그림으로, 우주대자연의 움직임이 가장 잘 표현된 것이다.

② 하도를 설명함(說河圖篇) 용마가 도면을 등에 지고 나올 때 점이 있었는데, 한 개의 흰색과 여섯 개의 검은 점은 등의 꼬리에 가깝게 있었고, 일곱 개의 흰 점과 두 개의 검은 점은 등의 머리 쪽에 가깝게 있었으며, 세 개의 흰 점과 여덟 개의 검은 점은 등의 왼쪽에 있었고, 아홉 개의 흰 점과 네 개의 검은 점은 등의 오른쪽에 있었으며, 다섯 개의 흰 점과 열 개의 검은 점은 등의 가운데 있었다.

복희씨와 대요씨大撓氏가 1과 6은 아래에 있어 북쪽과 합치되면서 수水를 생하니 해와 자에 속한다고 정하고, 2와 7은 위에 있어 남쪽과 합치되면서 화를 생하니 사와 오에 속한다고 하였으며, 3과 8은 왼쪽에 있어 동쪽과 합치되면서 목을 생하니 인과 묘가 속한다하고, 4와 9는 오른쪽에 있어 서쪽과 합치되면서 금을 생하니 신과 유가 속한다고 하였으며, 5와 10은 중앙에 있어 토가 되니 진·술·축·미가 속한다고 하였다.

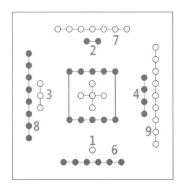

하도와 오행의 완성
- 하늘의 1이 수水를 생하면 땅의 6이 이를 완성하고(天一生水 地六成之)
- 땅의 2가 화火를 생하면 하늘의 7이 이를 완성하며(地二生火 天七成之)
- 하늘의 3이 목木을 생하면 땅이 8이 이를 완성하고(天三生木 地八成之)
- 땅의 4가 금金을 생하면 하늘의 9가 이를 완성하고(地四生金 天九成之)

• 하늘의 5가 토土를 생하면 땅의 10이 이를 완성한다(天五生土 地十成之)

　이렇게 정해져서 8괘와 지지의 수가 시작되었고, 도남圖南 진희이 陳希夷 선생에 이르러 역의 도가 명확하지 못함을 개탄하여서, 사람들의 태어난 년·월·일·시 간지로 낙서의 수를 취해서 배열한 뒤에야 천지가 부여한 운명의 후박厚薄을 알게 되었으니, 대역大易의 도가 다시 찬연하게 밝아졌다. 진실로 선성先聖에게 공이 있다고 할 것이니, 뒤의 학자들이 잘 보고 완미하면 자포자기에 빠지지 않을 것이다.

③ 하도의 운행순서(河圖運行次序)　하도의 차례는 북으로부터 동으로 좌선하면서 상생한다. 그러나 대대對待하는 위치에서는 북방1·6수水가 남방 2·7화火를 극하고, 서방 4·9금金은 동방 3·8목木을 극하니, 상극함이 상생하는 가운데 있는 것이다. 조화의 이치는 생하기만 하고 극하지 않으면, 생하는 것이 제재 받는 것이 없어 문제가 생기니, 하도의 생하고 극함의 묘함이 이와 같다.

2) 낙서洛書

① 낙서의 개요 낙서는 낙수洛水(황하의 지류)에 나타난 신령스런 거북이(神龜)에서 유래한다. 하우씨夏禹氏가 순舜임금의 명을 받아 9년 동안 치수治水할 당시에 신령스런 거북이가 낙수에서 출현하였으며, 그 등에 나타난 45개로 된 점의 무늬에서 신묘한 이치를 깨달아 치수사업에 성공하였다고 전한다. '서書'라고 표현한 것은 문자가 없었던 복희씨 때의 그림으로써 표현한 「하도」와는 달리, 하우씨 당시는 문자를 사용하던 시대였기 때문에 「낙서」라고 이름한 것이다.*

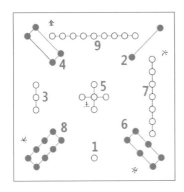

역의 근본바탕을 이루는 하도와 낙서가 모두 하수·낙수 등 물에서 출현한 것은, 물이 만물 생성의 시원이 되는 이치와 상통한다. 또한 하도는 변화무쌍한 용마가 짊어지고 나왔다(龍馬負圖)고 한 것은, 실재하지 않는 용마로써 선천의 형이상적인 도를 나타낸 것이고, 낙서가 신령스러운 거북이의 등에 나타남(神龜背文)은 실존하는 거북이로써 후천의 형이하적인 법을 보인 것이라 할 수 있다.

하도는 1~10까지의 수가 음과 양의 두 수씩 짝을 지어 5행으로 나뉜 뒤, 서로 상생하며 운행하고, 낙서는 1~9까지의 수가 역시 음과 양의 두 수씩 짝을 지어 5행으로 나뉜 뒤, 5토土를 중심으로 서로 상극하며 운행하는 구조로 되어 있다.** 또 하도는 원형圓形으로 하늘

---

* 현재 도서圖書(책, 서적)라고 하는 낱말도 하도의 '圖'와 낙서의 '書'에서 연유한다.
** 하도의 수는 1과 6이 북쪽에 같이 거처하면서 수水를 이루고, 2와 7은 남쪽에

의 운행을 표상한 것이고, 낙서는 방형方形으로 땅의 운행을 표상한 것인데, 하락리수에서는 그 용적인 작용을 중시하여 하도수에서 지지수를 얻고, 낙서수에서 천간수를 얻음으로써, 서로 그 체와 용의 관계를 다하고 있다.*

② 낙서를 설명함(說洛書篇) 하수의 거북이가 글을 지고 나왔다는 것은, 일반 거북이가 아니고 신령스런 큰 거북이다. 그 등에 있는 무늬가 하나의 긴 획과 두 개의 짧은 획이 있었는데, 한 개의 점은 흰색(白)으로 꼬리에 가까웠고, 아홉 개의 점은 자색(紫)으로 머리에 가까웠으며, 두 개의 검은(黑) 점은 등의 오른쪽

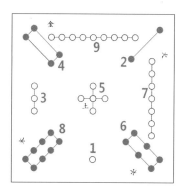

에 있었고, 네 개의 푸른(碧) 점은 등의 왼쪽에 있었으며, 여섯 개의 흰점은 오른쪽 발에 가까웠고, 여덟 개의 흰점은 왼쪽발에 가까웠으며, 세 개의 녹색(綠)점은 갈빗대의 왼쪽에 있었고, 일곱 개의 붉은색

같이 거처하면서 화火를 이루며, 3과 8이 동쪽에 같이 거처하면서 목木을 이루고, 4와 9가 서쪽에 같이 거처하면서 금金을 이루며, 5와 10은 중앙에 같이 거처하면서 토土를 이룬다. 이렇게 짝을 지어 동·서·남·북·중앙에 있으면서, 수는 목을 생하고, 목은 화를 생하며, 화는 토를 생하고, 토는 금을 생하며, 금은 수를 생하는 과정을 순환반복하면서 우주만물을 생성 변화시킨다.

* 낙서의 수는 하도의 수와 같은 구조로 배열하되, 모체수母體數인 10은 우주의 근원으로 남겨두고, 나머지 9개의 수가 운행한다. 따라서 중앙에는 5가 혼자 토土의 역할을 하며 황극皇極의 역할을 하고, 나머지 수는 홀수는 정방향에, 짝수는 사잇방에 자리 한다. 또 하도의 화와 금자리가 낙서에서는 서로 자리바꿈을 함으로써, 오행이 서로 상극작용을 하게 된다.

(赤) 점은 갈빗대의 오른쪽에 있었으며, 다섯 개의 누런(黃) 점은 등의 중앙에 있었으니, 아홉군데의 일곱색이다.

따라서 아홉위치로 방향이 정해졌고, 두 획으로 인해서 효가 만들어졌다. 한 개의 희고 꼬리에 가까운 점은 감괘(☵)가 되고, 두 개의 검고 어깨에 있는 점은 곤괘(☷)에 속하며, 왼쪽의 세 개의 녹색점은 진괘(☳)에 속하고, 왼쪽 어깨의 네 개의 푸른색 점은 손괘(☴)에 속하며, 오른쪽 발에 가까운 여섯 개의 흰색점은 건괘(☰)에 속하고, 오른쪽에 있는 일곱 개의 붉은색 점은 태괘(☱)에 속하며, 왼쪽 발에 가까운 여덟 개의 흰색점은 간괘(☶)에 속하고, 머리에 가까운 아홉 개의 자색점은 리괘(☲)에 속하며, 5라는 숫자는 중앙에 거하여 여덟방향의 벼리가 되니, 팔괘가 이로부터 나온 것이며, 이것이 낙수에서 나온 신령스런 거북이(神龜)가 표상한 것이다.

③ 낙서의 운행순서(洛書運行次序) 낙서의 차례는 북으로부터 서로 우전右轉하며 상극한다. 그러나 대대하는 위치에서는, 동남의 4·9금은 서북의 1·6수를 생하고, 동북의 3·8목은 서남의 2·7화를 생하니, 상생함이 상극하는 가운데 있는 것이다.

조화의 이치가 극하기만 하고 생하지 않으면, 극하는 것이 한계가 있어 끊어지게 되니, 낙서의 생하고 극함의 묘가 이와 같다.

9는 머리고 1은 꼬리이며, 왼쪽은 3이고 오른쪽은 7이며, 2와 4는 어깨이며, 6과 8은 발이 되며, 5와 10은 중앙에 있다.

제 2장
평생괘 얻는 법

1절. 선천괘 얻는 법

하락리수에서 괘를 짓는 법은 생년월일로 사주를 뽑고, 사주의 간지에 해당하는 숫자를 붙인후, 홀수는 홀수대로 합하여 괘(소성괘)를 짓고, 짝수는 짝수대로 합하여 괘(소성괘)를 지은 다음, 이 두 소성괘를 합하여 대성괘를 얻는 방법을 쓴다.

1) 생년월일로 사주를 뽑는 법

사주 중에서 년주 월주 일주는 만세력에서 쉽게 구할 수 있다. 문제가 되는 것은 시주時柱인데, 시주에서 천간은 일주에 따라 바뀌므로 「시 일으키는 법」 도표를 참조해서 구한다.

① 생시의 지지는 아래의 도표에 의한다.*

---

* 우리나라는 동경 135도를 기준으로 표준시를 정하고 있다. 그러나 서울을 기준으로 볼 때 동경 127도 30분이 맞는데, 동경 135도와는 7도 30분이 차이가 난다. 1도에 4분 정도의 차이가 있으므로 30분을 빨리 정한 셈이다. 그래서 위의 도표도 30분씩 늦춰 봐서, 자시는 23시 30분~1시 30분, 축시는 1시 30분~3시 30분,…, 해시는 21시 30분~23시 30분으로 봐야 맞다는 설이 제기되고, 실제로도 그렇게 사용하는 사람이 많다. 여기에 썸머타임(Summer time)까지 생각하면 더욱 복잡해진다. 이에 대해서는 현재 출판되고 있는 만세력을 참고하여, 자신에게 맞는 시간을 정하는 것이 옳다고 본다. 『하락리수』 원문에서도 시각을 정확히 모르는 사람은, 태어난 시간의 전후 시각을 대입해 봐서, 자신의 지나온 운과 맞춰봄으로써

※ 시간 지지地支 숫자 환산표

숫자	1	2	3	4	5	6	7	8	9	10	11	12
시간	23~1	1~3	3~5	5~7	7~9	9~11	11~13	13~15	15~17	17~19	19~21	21~23
지지	자	축	인	묘	진	사	오	미	신	유	술	해

② 생시의 천간은 아래의 시 일으키는 법에 의해 붙인다. 예를 들어 태어난 날의 간지 중에 천간이 갑甲이나 기己일에 해당하는 사람은, 태어난 시의 천간이 갑부터 시작한다. 즉 갑자일 인시에 태어났다면 병인시가 된다. 또 병신일 묘시에 태어났다면 신묘시가 된다.

※ 시 일으키는 법

시\일	子시	丑시	寅시	卯시	辰시	巳시	午시	未시	申시	酉시	戌시	亥시
甲·己일	갑자	을축	병인	정묘	무진	기사	경오	신미	임신	계유	갑술	을해
乙·庚일	병자	정축	무인	기묘	경진	신사	임오	계미	갑신	을유	병술	정해
丙·辛일	무자	기축	경인	신묘	임진	계사	갑오	을미	병신	정유	무술	기해
丁·壬일	경자	신축	임인	계묘	갑진	을사	병오	정미	무신	기유	경술	신해
戊·癸일	임자	계축	갑인	을묘	병진	정사	무오	기미	경신	신유	임술	계해

괘짓는 법에서는 네사람의 사주를 중심으로 예를 들고자 한다. 원래 이 네사람의 사주는 본문에 나오는 예문으로 송宋나라 때에 해당하나, 여기서는 독자들이 알기 쉽게 1900년대로 옮겨서 현재의 만세

정확하게 미래를 알 수 있다고 하였다.
또 하나의 문제는 자시의 계산인데, 24시 정각(24시 30분)을 중심으로 야자시夜子時와 조자시朝子時로 구분하여 야자시일 경우는 그 전날로, 조자시일 경우는 다음 날로 보는 것이 합당하다고 본다.

력을 보고 알도록 하였다. 앞으로의 내용에도 여기에서 예를 들은 네 사람의 사주를 계속해서 활용한다.

예1   예를 들어 1984(甲子)년 2월 25일 진辰시에 태어난 남자의 사주를 만세력을 통해 보면, 년주年柱는 갑자甲子이고, 월주月柱는 정묘丁卯이며, 일주日柱는 경신庚申이다. 「시 일으키는 법」도표에 의하면 시주는 경진庚辰이 된다.

예2   예를 들어 1977(丁巳)년 4월 28일 축丑시에 태어난 남자의 사주를 만세력을 통해 보면, 년주年柱는 정사丁巳이고, 월주月柱는 병오丙午이며, 일주日柱는 임인壬寅이다. 「시 일으키는 법」도표에 의하면 시주는 신축辛丑이 된다.*

예3   예를 들어 1930(庚午)년 9월 5일 해亥시에 태어난 여자의 사주를 만세력을 통해 보면, 년주年柱는 경오庚午이고, 월주月柱는 병술丙戌이며, 일주日柱는 기유己酉이다. 「시 일으키는 법」도표에 의하면 시주는 을해乙亥가 된다.**

예4   예를 들어 1963(癸卯)년 10월 22일 미未시에 태어난 여자의 사주를 만세력을 통해 보면, 년주年柱는 계묘癸卯이고, 월주月柱는 계

---

* 1977년 4월은 을사乙巳월이지만, 망종(4월 20일 寅正)부터 소서(5월 21일 未正)가 절기상으로 5월에 해당하므로 5월의 간지인 병오를 쓴다.
  이 때의 절기란 입춘·경칩·청명·입하·망종·소서·입추·백로·한로·입동·대설·소한 등의 12절기節氣를 말하는 것이고, 우수·춘분 등 12중기中氣는 쓰지 않는다.
** 본문은 무술戊戌월로 되어 있으나, 경오庚午년에는 무술월이 있지 않으므로, 병술월로 고쳐서 예를 들었다.

해癸亥이며, 일주日柱는 갑신甲申이다. 「시 일으키는 법」도표에 의하면 시주는 신미辛未가 된다.*

2) 사주의 간지에 숫자를 붙이는 법

① 천간수天干數

※ 천간의 숫자 환산표

천간	갑	을	병	정	무	기	경	신	임	계	중앙
수	6	2	8	7	1	9	3	4	6	2	5

천간수는 낙서洛書의 수(후천팔괘의 수)에 천간을 배당한 것으로, 무는 1이고 을과 계는 2이며, 경은 3이고, 신은 4이며, 임과 갑은 6이 되고, 정은 7이며, 병은 8이고, 기는 9이며, 중앙은 5이다.

신 4	기 9	을·계 2
경 3	中央 5	정 7
병 8	무 1	임·갑 6

洛書

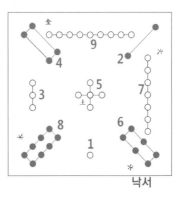

낙서

---

* 위의 예에서 음력으로 1963년 10월은 만세력에서 계해癸亥월이다, 절기상으로 입동(9월 23일 未初)부터 대설(10월 23일 卯初)이 10월에 해당하므로, 10월의 간지를 그대로 쓴다.

이를 도표로 하면 위의 「천간의 숫자 환산표」와 같다.

4巽	9離	2坤
3震	5中	7兌
8艮	1坎	6乾

• 건(☰)의 수는 6인데, 이에 속한 천간은 갑과 임이므로, 그 수는 6이다.
• 곤(☷)의 수는 2인데, 이에 속한 천간은 을과 계이므로, 그 수는 2이다.
• 진(☳)의 수는 3인데, 이에 속한 천간은 경이므로, 경의 수는 3이다.
• 손(☴)의 수는 4인데, 이에 속한 천간은 신이므로, 신의 수는 4이다.
• 간(☶)의 수는 8인데, 이에 속한 천간은 병이므로, 병의 수는 8이다.
• 리(☲)의 수는 9인데, 이에 속한 천간은 기이므로, 기의 수는 9이다.
• 감(☵)의 수는 1인데, 이에 속한 천간은 무이므로, 무의 수는 1이다.
• 태(☱)의 수는 7인데, 이에 속한 천간은 정이므로, 정의 수는 7이다.
• 중앙은 8괘의 방위에 해당하지 않으므로, 5를 배당한다.*

---

* 이렇게 하는 데는 두 가지 설이 있다.
첫번째는 건곤종시설乾坤終始說로 납갑을 붙일 때, 건乾은 만물의 아버지 괘로서 천간 중 양수陽數의 시작과 끝인 갑과 임을, 곤坤은 만물의 어머니괘로서 천간 중 음수의 시작과 끝인 을과 계를 붙여 건과 곤이 천간을 통솔한다는 뜻을 밝힌 것이고, 또 장남과 장녀를 나타내는 진震과 손巽은 끝에서 두번째 천간인 경과 신을(건과 곤이 이미 끝까지 맡았으므로, 진과 손은 다시 돌아와야 한다. 이하 같음), 중남·중녀인 감과 리는 천간의 중간에 놓인 무와 기를, 끝으로 소남·소녀인 간과 태는 처음에서 두번째 천간인 병과 정을 붙인 것이다. 경방京房이 처음으로 납갑을

붙였다고 하며, 이는 연산역連山易에 기반을 둔 것이라고 한다.

두번째는 해와 달의 차고 기울음에 의했다는 설로, 양의 차오름은 3일에 진(☳)의 모습으로 나와 7일에 경庚에서 나오고, 8일에 정丁에서 나와 12일에 태(☱)의 모습으로 나오며, 13일에 건(☰)의 모습으로 나와 17일에 임壬에서 나온다. 음의 극함은 18일에 손(☴)의 모습으로 나와 22일에는 신辛에서 나오고, 23일에 간(☶)의 모습으로 나와 27일에는 병丙에서 나오며, 28일에 곤(☷)의 모습으로 나와 2일에는 계癸에서 나온다.

하도 팔괘에 있어서 납갑의 신묘함은, 본래 달이 해의 빛을 받는데 근원한다. 양은 음의 주인이 되고, 음은 양을 이어받아 나아가고 물러나기 때문이다.

상象으로 관찰하면 월초의 3일은 달이 나오는 것(밝음이 나오기 시작함)이니, 양 하나가 아래에서 생하는 것으로 달의 모습으로 볼 때는 진괘(☳)의 상이다. 저녁때 서방의 경庚의 위치에서 나타나므로 진괘의 납갑은 경이 된다.

8일에는 상현달이 된다. 양이 생겨서 반까지 차오르므로, 달의 모습으로 볼 때는 태괘(☱)의 상이다. 저녁때 남방의 정丁의 위치에서 나타나므로, 태의 납갑은 정이다.

15일에는 보름달이 된다. 양의 세효가 가득 차서 달의 모습으로 볼 때는 건(☰)의 상이 된다. 저녁때 동방의 갑甲의 위치에서 나타나므로, 건의 납갑은 갑임甲壬이 된다. 갑임이라고 한 것은 양의 정수라는 뜻이다.

18일에는 달이 이지러지기 시작한다. 음 하나가 아래에서 생해서 달의 모습으로 볼 때는 손(☴)의 상의 된다. 또 서방의 신辛의 위치에서 지므로 손의 납갑은 신이 된다.

23일에는 하현달이 된다. 음이 생겨서 반까지 차오르므로, 달의 모습으로 볼 때는 간(☶)의 상이 된다. 또 남방의 병丙의 위치에서 지므로 간의 납갑은 병이다.

30일은 그믐달이 된다. 음의 세효가 가득차서 달의 모습으로 볼 때는 곤(☷)의 상이 된다. 또 동방의 을乙의 위치에서 지므로 곤의 납갑은 을乙과 계癸가 된다. 을과 계라고 한 것은 음의 정수이기 때문이다.

무戊는 중앙의 양토이고, 감은 양의 중기中氣를 얻은 것이므로, 감의 납갑은 무이다. 기는 중앙의 음토이고, 리는 음의 중기를 얻은 것이므로, 리의 납갑은 기이다. 대개 음과 양은 각기 같은 동류를 좇게 된다.

② 지지수地支數

※ 지지의 숫자 환산표

지지	자	축	인	묘	진	사	오	미	신	유	술	해
수	1·6	5·10	3·8	3·8	5·10	2·7	2·7	5·10	4·9	4·9	5·10	1·6

지지수는 하도河圖의 수에 지지를 배당한 것으로, 해와 자는 1·6이고, 인과 묘는 3·8이며, 사와 오는 2·7이고, 신과 유는 4·9이며, 진·술·축·미는 5·10이다.

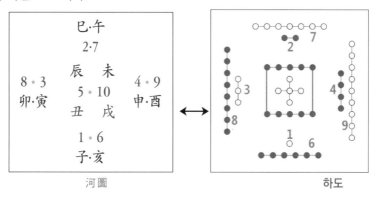

河圖 　　　　　　　　　하도

이를 도표화 하면 위의 「지지의 숫자 환산표」와 같다.

엄밀히 말하면, 자는 1이고 해는 6이며, 인은 3이고 묘는 8이며, 사는 2이고 오는 7이며, 유는 4이고 신은 9이며, 진과 술은 5이고 축과 미는 10이다. 그러나 하락리수에서는 자와 해를 같은 오행(水)으로 보아, 모두 1과 6이 같이 붙어 있는 수로 본다. 나머지 오행에 있어서도 마찬가지로 본다.

즉 1·6(水), 3·8(木), 2·7(火), 4·9(金), 5·10(土)의 숫자 등은, 천간의 형이상적 작용과는 달리, 보다 실질적인 형체를 띠기 위한 지지의 작용이므로, 두 숫자가 합하여야 비로소 오행의 역할을 한다고 보는 것이다.

3) 천수와 지수로 소성괘를 짓는법

※ 천수와 지수의 괘 환산표 1 (1·2·3·4·6·7·8·9)

수	6	2	8	7	1	9	3	4	6	2	5
괘	건	곤	간	태	감	리	진	손	건	곤	·

※ 천수와 지수의 괘 환산표 2 (중앙수 5)

삼원	상원	중원	하원	상원	중원	하원	상원	중원	하원
년도	1504 ~1563	1564 ~1623	1624 ~1683	1684 ~1743	1744 ~1803	1804 ~1863	1864 ~1923	1924 ~1983	1984 ~2043
양남	간괘	간괘	리괘	간괘	간괘	리괘	간괘	간괘	리괘
음남	간괘	곤괘	리괘	간괘	곤괘	리괘	간괘	곤괘	리괘
양녀	곤괘	곤괘	태괘	곤괘	곤괘	태괘	곤괘	곤괘	태괘
음녀	곤괘	간괘	태괘	곤괘	간괘	태괘	곤괘	간괘	태괘

사주의 간지를 수로 환산한 다음, 홀수의 합이 천수가 되고, 짝수를 합한 것이 지수가 된다. 이렇게 합해서 얻은 천수와 지수에서 각기 25와 30을 뺀 나머지로 괘를 짓는 것이다.*

괘를 지을 때는 위에 있는 「천수와 지수의 괘 환산표」를 활용하면 되고, 각각의 실례에 대해서는 아래에 자세히 설명하였다.

---

* 하도수河圖數에서 홀수의 합은 25이고 짝수의 합은 30이 되므로, 천수는 25를 기준수로 하고, 지수는 30을 기준수로 삼는다.
홀수는 1·3·5·7·9이고, 짝수는 2·4·6·8·10이다.

① 천수의 합산

■ **천수가 기준수인 25보다 많은 경우** 천수로 계산되는 홀수를 합산해서, 천수의 기준수인 25를 뺀 나머지수로 괘를 삼는다. 25를 뺀 나머지수에서, 10자리는 쓰지 않고 단자리수만을 쓴다. 단자리수가 0인 경우는 10자리수를 쓴다.*

■ **천수가 기준수인 25이하인 경우** 천수의 기준수인 25 또는 25가 못되는 경우는, 10자리수는 버리고 단자리 숫자만으로 괘를 짓는다. 단자리수가 0일 경우는 10자리수를 쓴다.
 이에 대한 예를 들면 다음과 같다.**

---

* 천수와 지수에서 끝의 수가 0으로 끝나면 버리고 쓰지 않는데, 이렇게 몫만을 쓰는 것을 「끝의 수가 0이면 버리고 쓰지 않는 법」이라고 한다. 즉 천수의 합이 10일 경우는 앞의 수인 1만을 쓰고, 35일 경우 25를 빼면 10이 남는데, 이 때도 앞의 수인 1만을 쓴다. 마찬가지로 지수의 합이 10일 경우는 0을 버리고, 10의 앞수인 1만을 쓰며, 20일 경우는 앞의 수인 2를 쓰며, 30일 경우는 앞의 수인 3만을 쓰는 것이다. 또 40일 경우는 지수의 기준수인 30을 뺀 10에서 앞의 수인 1만을 쓰게 된다.
왜냐하면 역의 수에는 처음부터 5와 10이 없는 까닭에, 단지 1·2·3·4·6·7·8·9만을 쓰는 것이다(팔괘와 수를 대비하는 것에서 5와 10은 해당하는 괘가 없다).

** 천수가 4일 경우 : 4는 25가 못되고, 또 10보다도 작은 수이므로, 4를 그대로 나머지수로 쓴다(4부터 9까지는 천수가 바로 나머지 숫자가 된다). 따라서 괘상은 손(☴)이 된다.
· 천수가 7일 경우 : 이 경우도 앞의 설명과 마찬가지로 7을 그대로 나머지수로 쓴다. 따라서 괘상은 태(☱)가 된다.
· 천수가 18일 경우 : 25는 못되지만 10은 넘는다. 그러므로 10자리수인 1을 버리고, 단자리수인 8을 나머지수로 쓴다. 따라서 괘상은 간(☶)이 된다.
· 천수가 19일 경우 : 역시 25는 못되지만 10은 넘는다. 그러므로 10자리수인 1을 버리고, 단자리수인 9를 나머지수로 쓴다. 따라서 괘상은 리(☲)가 된다.

천수	4	7	18	19	20	21	25	26	30	45	55
나머지수	4	7	8	9	2	1	5	1	5	2	3
괘상	손 ☴	태 ☱	간 ☶	리 ☲	곤 ☷	감 ☵	·	감 ☵	·	곤 ☷	진 ☳

· 천수가 20일 경우 : 25는 못되지만 10을 넘고, 단자리수가 0이므로 10자리수인 2를 나머지수로 쓴다. 따라서 괘상은 곤(☷)이 된다.

· 천수가 21일 경우 : 25는 못되지만 10은 넘는다. 그러므로 10자리수인 2를 버리고, 단자리수인 1을 나머지수로 쓴다. 따라서 괘상은 감(☵)이 된다.

· 천수가 25일 경우 : 천수의 기준수인 25와 같은 수이다. 이 경우도 10자리수인 2를 버리고, 단자리수인 5를 나머지수로 쓴다. 나머지수가 5인 경우는 상원·중원·하원에 따라 괘상이 달라진다. 뒤에 서술되는 「③ 중앙수인 5를 괘에 배당하는 방법」에 따른다.

· 천수가 26일 경우 : 천수의 기준수인 25를 넘어섰으므로, 25를 빼고 남은 1을 나머지수로 쓴다. 따라서 괘상은 감(☵)이 된다.

· 천수가 30일 경우 : 역시 천수의 기준수인 25를 넘어섰으므로, 25를 뺀 5를 나머지수로 쓴다. 따라서 괘상은 상원·중원·하원에 따라 달라진다.

· 천수가 45일 경우 : 천수의 기준수인 25를 넘어섰으므로, 25를 빼면 20이 남는다. 단자리수가 0이므로 10자리수인 2를 나머지수로 쓴다. 따라서 괘상은 곤(☷)이 된다.

· 천수가 55일 경우 : 천수의 기준수인 25를 넘어섰으므로, 25를 빼면 30이 남는다. 단자리수가 0이므로 10자리수인 3을 나머지수로 쓴다. 따라서 괘상은 진(☳)이 된다.

② 지수의 합산

■ 지수의 기준수인 30을 넘는 경우 지수로 계산되는 짝수를 합산해서, 지수의 기준수인 30을 뺀 나머지수로 괘를 삼는다. 30을 뺀 나머지 숫자에서 10자리수는 버리고 단자리수만을 나머지수로 쓴다. 단자리수가 0인 경우는 10자리수를 나머지수로 쓴다.

■ 지수의 기준수인 30이하인 경우 지수의 기준수인 30이거나 30이 못되는 경우는, 10자리수는 버리고 단자리 숫자만으로 괘를 짓는다. 단자리수가 0일 경우는 10자리수를 쓴다.
이에 대한 예를 들면 다음과 같다.*

---

* 지수가 8일 경우 : 지수의 기준수인 30을 넘지 못하고, 10도 안되므로, 지수 8을 그대로 나머지수로 쓴다. 따라서 괘상은 간(☶)이 된다.
· 지수가 9일 경우 : 1과 마찬가지 이유로, 지수 9를 그대로 나머지수로 쓴다. 따라서 괘상은 리(☲)가 된다.
· 지수가 10일 경우 : 지수의 기준수인 30을 넘지는 못하고, 단자리수가 없으므로 10자리수인 1을 나머지수로 쓴다. 따라서 괘상은 감(☵)이 된다.
· 지수가 17일 경우 : 지수의 기준수인 30을 넘지 못하고, 단자리수가 7이므로, 10자리수를 버리고 단자리수인 7을 나머지수로 쓴다. 따라서 괘상은 태(☱)가 된다.
· 지수가 20일 경우 : 지수의 기준수인 30을 넘지 못하고, 단자리수가 0이므로, 10자리수인 2를 나머지수로 쓴다. 따라서 괘상은 곤(☷)이 된다.
· 지수가 21일 경우 : 지수의 기준수인 30을 넘지 못하고, 단자리수가 1이므로 10자리수를 버리고 단자리수인 1을 나머지수로 쓴다. 따라서 괘상은 감(☵)이 된다.
· 지수가 30일 경우 : 지수의 기준수인 30과 합치된다. 단자리수가 0이므로, 10자리수를 버리고 단자리수인 3을 나머지수로 쓴다. 따라서 괘상은 진(☳)이 된다.
· 지수가 34일 경우 : 지수의 기준수인 30을 넘으므로, 30을 빼면 4가 남는다. 따라서 단자리수인 4를 그대로 나머지수로 쓴다. 따라서 괘상은 손(☴)이 된다.
· 지수가 40일 경우 : 지수의 기준수인 30을 빼면 10이 남는다. 단지리수가 0이므

지수	8	9	10	17	20	21	30	34	40	46	55
나머지수	8	9	1	7	2	1	3	4	1	6	5
괘상	간 ☶	리 ☲	감 ☵	태 ☱	곤 ☷	감 ☵	진 ☳	손 ☴	감 ☵	건 ☰	.

③ **중앙수인 5를 괘에 배당하는 방법** 천수 또는 지수에 있어서 나머지가 5일 경우는 중궁(中宮)에 기거하게 된다. 왜냐하면 5와 10은 팔방에 속하지 않아서 중앙인 중궁에 배당하기 때문이다. 수는 1~10까지 모두 10인데 괘는 8이므로, 각 괘에 배당되지 않은 5나 10이 나왔을 경우에 어떤 괘에 배당하여야 할 것인가?

이에는 태어난 해가 상원·중원·하원 중 어디에 해당하냐에 따라 세가지 방안이 있다.

■ **태어난 해가 상원에 해당하는 경우** 남자는 간괘(☶)이고 여자는 곤괘(☷)가 된다. 즉 상원에 태어난 사람이 5를 얻었을 때는, 음명양명에 관계없이, 남자는 간괘를 얻고, 여자는 곤괘를 얻은 것으로 친다.

로 10자리수인 1을 나머지수로 쓴다. 따라서 괘상은 감(☵)이 된다.
· 지수가 46일 경우 : 지수의 기준수인 30을 빼면 16이 남는다. 단자리수가 6이므로, 10자리수를 버리고 단자리수인 6을 나머지수로 쓴다. 따라서 괘상은 건(☰)이 된다.
· 지수가 55일 경우 : 역시 지수의 기준수인 30을 뺀 빼면 25가 남는다. 단자리수가 5이므로, 10자리수를 버리고 단자리수인 5를 나머지수로 쓴다. 따라서 괘상은 상원·중원·하원에 따라 달라진다.

■ 태어난 해가 중원에 해당하는 경우 음녀와 양남은 간괘(☶)이고, 양녀와 음남은 곤괘(☷)가 된다. 즉 중원에 태어난 사람이 5를 얻었을 때, 양남과 음녀는 간괘를 얻은 것으로 치고, 음남과 양녀는 곤괘를 얻은 것으로 친다.

■ 태어난 해가 하원에 해당하는 경우 여자는 태괘(☱)이고 남자는 리괘(☲)가 된다. 즉 하원에 태어난 사람이 5를 얻었을 때는, 음명 양명에 관계없이 남자는 리괘를 얻고, 여자는 태괘를 얻은 것으로 친다.

■ 최근 540년을 상원 · 중원 · 하원으로 나눔 여기서 말하는 상원·중원·하원은 60갑자를 구궁九宮에 배열하되 셋으로 구분하여, 제 1갑자 60년을 상원, 제 2갑자 60년을 중원, 제 3갑자 60년을 하원으로 나눈 것을 말한다. 이를 최근의 540년을 중심으로 구분하면 다음과 같다.

삼원	상원	중원	하원	상원	중원	하원	상원	중원	하원
년도	1504 ~ 1563	1564 ~ 1623	1624 ~ 1683	1684 ~ 1743	1744 ~ 1803	1804 ~ 1863	1864 ~ 1923	1924 ~ 1983	1984 ~ 2043

예를 들어 서기 1504년(甲子)부터 서기 1563년(癸亥)까지가 상원이고, 서기 1564년(갑자)부터 서기 1623년(계해)까지가 중원이며, 서기 1624년(갑자)부터 시작하여 서기 1683년(계해)까지가 하원이다. 다음해(甲子:서기 1684)부터 다시 상원이 시작하고, 서기 1744년(갑자)부터는 중원에 속한다.

④ 천수와 지수의 합산 예

예1 앞의 예에서 갑자년 정묘월 경신일 경진시에 태어난 남자를, 「천간의 숫자 환산표」와 「지지의 숫자 환산표」에 의해서 수를 배당하면 아래의 도표와 같이 된다.

男命

時		日		月		年	
庚	3	庚	3	丁	7	甲	6
辰	5·10	申	4·9	卯	3·8	子	1·6

홀수합 : 1+7+3+3+9+3+5=31
짝수합 : 6+6+8+4+10=34

이 사람의 천수(홀수의 합)는 31이다. 천수의 기준수인 25를 빼면 6이 남는데, 6은 건괘(☰)에 해당하므로, 천수로 건괘를 얻게 된다. 지수(짝수의 합)는 34이고, 30을 빼면 4가 남는데, 4는 손괘(☴)에 해당하므로, 지수로 손괘를 얻게 된다.

예2 앞의 예에서 정사년 병오월 임인일 신축시에 태어난 남자를, 「천간의 숫자 환산표」와 「지지의 숫자 환산표」에 의해서 수를 배당하면 아래의 도표와 같이 된다.

男命

時		日		月		年	
辛	4	壬	6	丙	8	丁	7
丑	5·10	寅	3·8	午	2·7	巳	2·7

홀수합 : 7+7+7+3+5=29
짝수합 : 2+8+2+6+8+4+10=40

이 사람의 천수(홀수의 합)는 29이다. 천수의 기준수인 25를 빼면 4가 남는데, 4는 손괘(☴)에 해당하므로, 천수로 손괘를 얻게 된다. 지수(짝수의 합)는 40이고, 30을 빼면 10이 남는다. 단자리수가 0이므로 10자리수인 1을 쓰는데, 1은 감괘(☵)에 속하므로, 지수로 감괘를 얻게 된다.

예3   앞의 예에서 경오년 병술월 기유일 을해시에 태어난 여자를,
「천간의 숫자 환산표」와 「지지의 숫자 환산표」에 의해서 수를 배당
하면 아래의 도표와 같이 된다.

女命

時		日		月		年	
乙	2	己	9	丙	8	庚	3
亥	1·6	酉	4·9	戌	5·10	午	2·7

홀수합 : 3+7+5+9+9+1=34
짝수합 : 2+8+10+4+2+6=32

이 사람의 천수(홀수의 합)는 34이다. 천수의 기준수인 25를 빼면 9가 남는데, 9는 리괘(☲)에 해당하므로, 천수로 리괘를 얻게 된다. 지수(짝수의 합)는 32이고, 30을 빼면 2가 남는다. 2는 곤괘(☷)에 속하므로, 지수로 곤괘를 얻게 된다.

예4   앞의 예에서 계묘년 계해월 갑신일 신미시에 태어난 여자를,
「천간의 숫자 환산표」와 「지지의 숫자 환산표」에 의해서 수를 배당
하면 아래의 도표와 같이 된다.

女命

時		日		月		年	
辛	4	甲	6	癸	2	癸	2
未	5·10	申	4·9	亥	1·6	卯	3·8

홀수의 합 : 3+1+9+5=18
짝수의 합 : 2+8+2+6+6+4+4+10=42

이 사람의 천수(홀수의 합)는 18이다. 천수의 기준수인 25를 넘지 못하므로, 단자리수인 8만을 사용한다. 8은 간괘(☶) 해당하므로, 천수로 간괘를 얻게 된다. 지수(짝수의 합)는 42이고, 30을 빼면 12가 남는다. 10자리수인 10은 버리고 단자리 수인 2만을 쓴다. 2는 곤괘(☷)에 해당하므로, 지수로 곤괘를 얻게 된다.

4) 천수와 지수에 의해 얻은 소성괘로 대성괘를 짓는 법

양명의 男·음명의 女	천수 ···▶ 상괘	지수 ···▶ 하괘
음명의 男·양명의 女	지수 ···▶ 상괘	천수 ···▶ 하괘

천수와 지수에 의해 얻은 소성괘로 대성괘를 짓는 법은 크게 둘로 나뉜다. 즉 양명陽命의 남자와 음명陰命의 여자는 천수로 얻은 괘를 상괘로 삼고, 지수로 얻은 괘를 하괘로 삼으며, 음명의 남자와 양명의 여자는 천수로 얻은 괘를 하괘로 삼고, 지수로 얻은 괘를 상괘로 삼는다.*

예1 앞의 예에서 갑자년 정묘월 경신일 경진시에 태어난 남자는, 갑자년에 태어났으므로 양남이다. 따라서 천수로 얻은 건괘(☰)가 상괘가 되고, 지수로 얻은 손괘(☴)는 하괘가 된다. 이 두 소성괘를 합하면 천풍구괘(䷪)가 된다.**

상괘와 하괘를 얻으면, 다음 페이지에 있는 「64괘 환산표」에 의해 대성괘로 환산하여 괘명과 괘번호를 찾고, 목차에서 괘순서(괘번호)에 의해 해당하는 쪽을 알아서 찾아간다. 「64괘 환산표」의 가로줄은 상괘를, 세로줄은 하괘를 나타내고, 괘의 그림 밑에 있는 글씨는 괘

---

* 양명의 남자(陽男)·음명의 남자(陰男)·양명의 여자(陽女)·음명의 여자(陰女)를 나누는 기준은, 년주年柱의 천간 중에 홀수번째인 갑·병·무·경·임년에 태어난 사람은 양(양남,양녀)이고, 짝수인 을·정·기·신·계년에 태어난 사람은 음(음남,음녀)이라고 하는 것이다.

** 천수로 건괘(상괘)를 얻었으므로 가로로 다섯 번째인 '6乾'을 짚고, 지수로 손괘(하괘)를 얻었으므로 세로로 네 번째인 '4巽'을 짚어서, 두 좌표가 만나는 점에서 「구·44」를 얻는다. 즉 건과 손을 합하여 구괘를 얻고, 64괘 중 44번째인 구괘를 앞의 목차에서 찾아 해당하는 쪽을 찾아가면 된다.

명과 괘의 순서를 나타내는 숫자이다.

※ 64괘 환산표

상괘\하괘	1 坎	2 坤	3 震	4 巽	6 乾	7 兌	8 艮	9 離
1坎	감·29	사·7	해·40	환·59	송·6	곤·47	몽·4	미제·64
2坤	비·8	곤·2	예·16	관·20	비·12	취·45	박·23	진·35
3震	둔·3	복·24	진·51	익·42	무망·25	수·17	이·27	서합·21
4巽	정·48	승·46	항·32	손·57	구·44	대과·28	고·18	정·50
6乾	수·5	태·11	대장·34	소축·9	건·1	쾌·43	대축·26	대유·14
7兌	절·60	림·19	귀매·54	중부·61	리·10	태·58	손·41	규·38
8艮	건·39	겸·15	소과·62	점·53	돈·33	함·31	간·52	려·56
9離	기제·63	명이·36	풍·55	가인·37	동인·13	혁·49	비·22	리·30

2장 · 평생괘 얻는법

예2 앞의 예에서 정사년 병오월 임인일 신축시에 태어난 남자는, 정사년에 태어났으므로 음남이다. 따라서 천수로 얻은 손괘(☴)가 하괘가 되고, 지수로 얻은 감괘(☵)는 상괘가 된다. 이 두 소성괘를 합하면 수풍정괘(䷯)를 이룬다.*

예3 경오년 병술월 기유일 을해시에 태어난 여자는, 경오년에 태어났으므로 양녀이다. 따라서 천수로 얻은 리괘(☲)가 하괘가 되고, 지수로 얻은 곤괘(☷)는 상괘가 된다. 이 두 소성괘를 합하면 지화명이괘(䷣)를 이룬다.**

예4 계묘년 계해월 갑신일 신미시에 태어난 여자는 계묘년에 태어났으므로 음녀이다. 따라서 천수로 얻은 간괘(☶)가 상괘가 되고, 지수로 얻은 곤괘(☷)는 하괘가 된다. 이 두 소성괘를 합하면 산지박괘(䷖)를 이룬다.***

---

* 천수로 손괘(하괘)를 얻었으므로 세로로 네 번째인 '4巽'을 짚고, 지수로 감괘(상괘)를 얻었으므로 가로로 첫 번째인 '1坎'을 짚어서, 두 좌표가 만나는 점에서「정·48」을 얻는다. 즉 감과 손을 합하여 정괘를 얻고, 64괘 중 48번째인 정괘를 앞의 목차에서 찾아 해당하는 쪽을 찾아가면 된다.

** 천수로 리괘(하괘)를 얻었으므로 세로로 여덟 번째인 '9離'를 짚고, 지수로 곤괘(상괘)를 얻었으므로 가로로 두 번째인 '2坤'을 짚어서, 두 좌표가 만나는 점에서「명이·36」을 얻는다. 즉 곤과 리를 합하여 명이괘를 얻고, 64괘 중 36번째인 명이괘를 앞의 목차에서 찾아 해당하는 쪽을 찾아가면 된다.

*** 천수로 간괘(상괘)를 얻었으므로 가로로 일곱 번째인 '8艮'을 짚고, 지수로 곤괘(하괘)를 얻었으므로 세로로 두 번째인 '2坤'을 짚어서, 두 좌표가 만나는 점에서「박·23」을 얻는다. 즉 간과 곤을 합하여 박괘를 얻고, 64괘 중 23번째인 박괘를 앞의 목차에서 찾아 해당하는 쪽을 찾아가면 된다.
천수와 지수로 얻은 두 괘로 대성괘를 이루는 것을 탕서(盪筮)라고 한다.

2절. 원당효元堂爻를 붙이는 법

 사람의 운명으로 괘를 얻음에 있어서 원당과의 관련이 제일 중요하다. 그 기운의 길함을 얻은 자는 부귀하고 어질며 착하고 오래살며, 그 기운의 흉함을 얻은 자는 빈천하고 크게 어리석으며 요절하게 되니, 원당이 한번 정해지면 털끝만큼도 어긋나지 않는다.
 원당효를 취하는 법은 전적으로 사람의 생시生時에 의한다. 하루에는 자·축·인·묘·진·사·오·미·신·유·술·해의 12시가 있다. 이 중에서 자·축·인·묘·진·사의 여섯시를 상육시(上六時:陽時)라고 하여 양에 속한다고 보며, 뒤에 있는 오·미·신·유·술·해의 여섯시를 하육시(下六時:陰時)라고 하여 음에 속한다고 본다.*

 양시(陽時:上六時)에 태어난 사람은 본괘 중에 양효를 취한 후, 이 효를 자시子時로 보아 수를 일으키고, 음시(陰時:下六時)에 태어난 사람은 본괘 중에 음효를 취한후, 이 효를 오시午時로 보아 수를 일으킨다. 단 괘에 순음괘나 순양괘일 경우, 또는 일음·일양괘일 경우, 또

---

* 여기서 양시라고 하면 상육시(자·축·인·묘·진·사)를 말하고, 음시라고 하면 하육시(오·미·신·유·술·해)를 말한다. 이하 병행해서 쓴다.
 그 사람의 운은 원당효에서부터 시작된다. 예를 들어 수뢰둔괘 삼효가 원당이라면, 삼효에서 1살부터 시작하는 운이 시작되는 것이다. 또 하락리수로 괘를 뽑았을 경우, 원당이 있는 효가 그 사람의 평생운을 뜻하므로 그 중요성은 말할 필요가 없다.

는 이음·이양괘일 경우, 또는 삼음·삼양괘일 경우, 또는 사음·사양괘일 경우, 또는 오음·오양괘일 경우 등, 각기 원당을 취하는 방법이 다르므로, 이를 하나 하나 예를 들고자 한다.

원당을 일으키는 시에 말하기를(起元堂詩曰)

陰陽一二重而寄하고 三位雖重沒寄宮하고 四五無重應有寄하고 純爻男女不相同이라
괘에 음효나 양효가 하나 또는 둘이면 중복해 붙이지만 또한 다른 효에도 붙이고/ 삼음괘나 삼양괘는 각기 음효나 양효에 중복해 붙이고 다른 효에는 붙이지 않으며/ 사음괘 또는 사양괘와 오음괘나 오양괘는 중복하지 않고 서로 붙이며, 나머지 다른 효에도 붙이고/ 순음이나 순양효괘는 남녀가 서로 같지가 않다네*

---

* 일음괘·일양괘·이음괘·이양괘는 양효나 음효에 각각 중복해서 붙이고 또 다른 효에도 붙이며, 삼음괘나 삼양괘에 중복만 하는 것은 음과 양이 각기 반으로 같지 않아서 음은 양에 기거하고 양은 음에 기거하는 것이다. 사음괘나 사양괘와 오음괘나 오양괘는 사음괘와 오음괘는 음효에 사양괘와 오양괘는 양효에 각기 자리를 취해서 계산하며 지나가되 다시 다른 궁에 붙인다(如一二陰陽則重而寄 如三位則可重 因陰陽各半不同 陰寄陽 陽寄陰 如四五則當就本陰陽位算過再寄他宮).

1) 양시(상육시)에 태어난 사람의 납갑 및 원당효

양시에 태어난 사람은 괘중에 제일 아래에 있는 양효부터 위로 올라가며, 상육시(자·축·인·묘·진·사)를 붙인다. 괘안에 양효가 몇 개가 있냐에 따라 붙이는 법에 차이가 있다.

① 일양괘-陽卦를 얻었을 경우   일양괘*는 자·축의 두 시를 함께 양효 자리에 두고, 인시부터는 제일 아래에 있는 음효부터 시작하여 상육시가 차례로 기거하게 한다. 이렇게 상육시를 배열하다가, 그 사람의 태어난 시와 합치되는 시가 들어있는 효를 원당효라고 한다.

예를 들어 상육시에 태어난 사람이 일양괘인 지수사괘를 얻었다면, 자·축의 두 시를 양효인 이효에 같이 두고, 초효에 인시, 삼효에 묘시, 사효에 진시, 오효에 사시를 배열하게 된다.

따라서 자시 또는 축시에 태어난 사람은 이효가 원당이 되고, 인시생이라면 초효가 원당이 되며, 묘시생이라면 삼효가 원당이 되고, 진시생이라면 사효가 원당이 되며, 사시생이라면 5효가 원당이 된다. 이를 괘에 표시하면 다음과 같다.

---

* 여기서 일양괘라고 하면 괘의 여섯효 중에 한효는 양이고 나머지 다섯효는 음효인 일양오음괘를 말한다. 그런데 같은 효의 구성으로 되어있는 오음괘(역시 일양오음괘이다)와 구별한 이유는, 상육시(자·축·인·묘·진·사)에 태어난 사람이 얻었다는 뜻으로, 양을 강조하기 위해서이다. 반대로 하육시에 태어난 사람이 일양오음괘를 얻었을 경우는 오음괘라고 하여 음을 강조하였다.

마찬가지로 일음괘라고 하면 하육시에 태어난 사람을, 오양괘라고 하면 상육시에 태어난 사람을 말하고, 이양괘라고 하면 상육시에 태어난 사람을, 사음괘라고 하면 하육시에 태어난 사람을 말하며, 삼양괘라고 하면 상육시에 태어난 사람을, 삼음괘라고 하면 하육시에 태어난 사람을 각각 강조한 것이다.

② 이양괘二陽卦를 얻었을 경우 이양괘는 양효가 둘이므로 둘 사이를 자·축·인·묘의 네 시가 차례로 왕복한 후, 제일 아래에 있는 음효부터 위로 올라가며 진시와 사시가 기거한다.

예를 들어 양시에 태어난 사람이 이양괘인 택지취괘를 얻었다면, 자시생은 사효가 원당이 되고, 축시생은 오효가 원당이 되며, 인시생은 사효가 원당이 되고, 묘시생은 오효가 원당이 된다. 이상과 같이 두 양효(사효와 오효)를 차례로 왕복한 후, 진시생은 초효가 원당이 되고, 사시생은 이효가 원당이 된다.

③ 삼양괘三陽卦를 얻었을 경우 삼양괘는 단지 양효만 왕래하고 음효에 기거하지는 않는다.

예를 들어 양시에 태어난 사람이 삼양괘인 화산려괘를 얻었다면, 자시생은 삼효가 원당이 되고, 축시생은 사효가 원당이 되며, 인시생은 상효가 원당이 되고, 묘시생 부터는 다시 밑으로 내려와서 삼효가 원당이 되며, 진시생은 사효가 원당이 되며, 사시생은 상효가 원당이 된다.*

④ 사양괘四陽卦를 얻었을 경우 사양괘는 먼저 양효부터 완전히 행한 다음에 음효에 기거한다.

예를 들어 양시에 태어난 사람이 사양괘인 중풍손괘를 얻었다면, 자시생은 이효에 원당이 있게 되고, 축시생은 삼효에, 인시생은 오효에, 묘시생은 상효에 있게 된다. 진시생은 음효인 초효에 원당이 있게 되고, 사시생은 역시 음효인 사효에 원당이 있게 된다.

---

* 양효만 왕복하더라도 상육시를 다 배당하므로 음효로 갈 필요가 없다.

⑤ 오양괘五陽卦를 얻었을 경우 오양괘 역시 먼저 양효를 완전히 행한 다음에 음효에 기거한다.

예를 들어 양시에 태어난 사람이 오양괘인 천화동인괘를 얻었다면, 자시생은 초효에 원당이 있고, 축시생은 삼효에 원당이 있으며, 인시생은 사효에 원당이 있고, 묘시생은 오효에 원당이 있으며, 진시생은 상효에 원당이 있고, 사시생은 음효인 이효에 원당이 있게 된다.

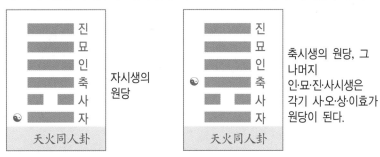

⑥ 육양괘(六陽卦:純陽卦)를 얻었을 경우 육양괘(純陽卦:重天乾卦)는 남과 여가 같지 않으므로, 반드시 자세하고도 신중하게 살핀 후라야 실수가 없다.

■ 상육시에 태어난 남자 남자가 중천건괘를 얻고, 상육시(자·축·인·묘·진·사)에 태어난 사람은, 하괘를 아래로부터 위로 중복되게 원당이 있게 된다.

상육시에 태어난 남자의 원당   상육시에 태어난 남자의 원당

■ 하육시에 태어난 남자 남자가 육양괘(중천건괘)를 얻고, 하육시(오·미·신·유·술·해)에 태어난 사람은, 상괘를 아래로부터 위로 중복되게 원당이 있게 된다.

하육시에 태어난 남자의 원당

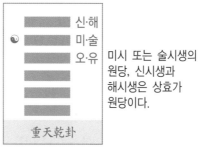

하육시에 태어난 남자의 원당

■ 동지부터 하지의 사이에 태어난 여자 만약 여자가 육양괘를 얻었는데, 동지부터 하지의 사이라면, 마땅히 위로부터 아래로 내려와야 한다. 단 상육시(자·축·인·묘·진·사)에 태어난 여자는 상괘를 중복해서 위로부터 아래로 내려오고, 하육시(오·미·신·유·술·해)에 태어난 여자라면 하괘를 중복해서 위로부터 아래로 내려오며 원당이 있게 된다.*

---

* 여자가 건괘를 얻고 양령(冬至부터 夏至전)을 행하는 것은 도에 합하는 것이므로, 위로부터 아래로 원당이 있게 된다. 또 여자가 중천건괘를 얻어서 음령(하지부터 동지전)을 행하는 것은 때를 순하게 따르는 것이므로 아래로부터 위로 원당이 있게 된다.

상육시에 태어난 여자의 원당

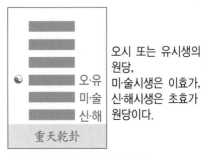
하육시에 태어난 여자의 원당

■ 하지부터 동지사이에 태어난 여자 만약 육양괘를 얻은 여자가 하지부터 동지사이에 태어났다면, 반대로 아래로부터 위로 올라가며 원당이 있게 된다.

즉 상육시(자·축·인·묘·진·사)에 태어난 여자는 하괘를 중복해서 아래로부터 위로 올라가고, 하육시(오·미·신·유·술·해)에 태어난 여자는 상괘를 중복해서 아래로부터 위로 올라가며 원당이 있게 된다.

상육시에 태어난 여자의 원당

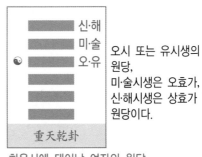
하육시에 태어난 여자의 원당

2) 음시(하육시)에 태어난 사람의 납갑 및 원당효

음시에 태어난 사람은 괘중에 제일 아래에 있는 음효부터 위로 올라가며, 하육시(오·미·신·유·술·해)를 붙인다. 괘안에 음효가 몇 개가 있냐에 따라 붙이는 법에 차이가 있다.

① 일음괘-陰卦를 얻었을 경우 일음괘에서는 오·미의 두 시를 함께 음효자리에 두고, 신시부터 제일 아래에 있는 양효부터 차례로 양효자리에 기거한다.

예를 들어 음시에 태어난 사람이 일음괘인 풍천소축괘를 얻었다면, 오시와 미시에 태어난 사람은 사효가 원당이 되고, 신시에 태어난 사람은 초효가 원당이 되며, 유시에 태어난 사람은 이효가 원당이 되고, 술시에 태어난 사람은 삼효가 원당이 되며, 해시에 태어난 사람은 오효가 원당이 된다.

② 이음괘二陰卦를 얻었을 경우 이음괘는 음효가 둘이므로 두 효 사이를 오·미·신·유시가 차례로 왕복한 후, 제일 아래에 있는 양효부터 술시와 해시가 차례로 기거한다.

예를 들어 음시에 태어난 사람이 이음괘인 천뢰무망괘를 얻었다면, 오시생은 이효가 원당이 되고, 미시생은 삼효가 원당이 된다. 신시생은 다시 이효가 원당이 되고, 유시생은 삼효가 원당이 되며, 술시생은 초효가 원당이 되고, 해시생은 사효가 원당이 된다.

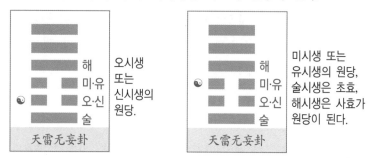

③ 삼음괘三陰卦를 얻었을 경우 삼음괘는 단지 음효만 왕래하고 양효에는 기거하지 않는다.

예를 들어 음시에 태어난 사람이 삼음괘인 수택절괘를 얻었다면, 오시생은 삼효에 원당이 있고, 미시생은 사효에 원당이 있으며, 신시생은 상효에 원당이 있게 된다. 유시생부터는 다시 아래로 내려와서 삼효에 원당이 있게 되고, 술시생은 사효에 있게 되며, 해시생은 상효에 있게 된다.*

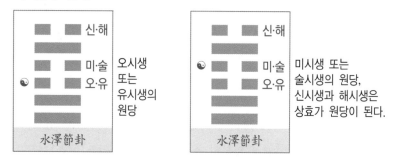

---

* 음효만 왕복하더라도 하육시를 다 배당하므로 양효로 갈 필요가 없다.

④ 사음괘四陰卦를 얻었을 경우 사음괘는 먼저 음효부터 완전히 행한 다음에 양효에 기거하게 된다.

예를 들어 음시에 태어난 사람이 사음괘인 중뢰진괘를 얻었다면, 오시생은 이효에 원당이 있고, 미시생은 삼효에 원당이 있으며, 신시생은 오효에 원당이 있고, 유시생은 상효에 원당이 있으며, 술시생은 양효인 초효에 원당이 있고, 해시생은 역시 양효인 사효에 원당이 있게 된다.

⑤ 오음괘五陰卦를 얻었을 경우 오음괘 역시 먼저 음효를 완전히 행한 다음에 양효에 기거한다.

예를 들어 음시에 태어난 사람이 오음괘인 뇌지예괘를 얻었다면, 오시생은 초효에 원당이 있고, 미시생은 이효에 원당이 있으며, 신시생은 삼효에 원당이 있고, 유시생은 오효에 원당이 있으며, 술시생은 상효에 원당이 있고, 해시생은 양효인 사효에 원당이 있다.

⑥ 육음괘(六陰卦:純陰卦)를 얻었을 경우 육음괘의 경우도 남녀가 같지 않으므로, 반드시 자세하고 신중하게 살핀 후라야 실수가 없게 된다.

■ 상육시에 태어난 여자 가령 여자가 중지곤괘를 얻고, 상육시(자·축·인·묘·진·사)에 태어났다면, 하괘를 아래로부터 위로 중복되게 왕래하면서 원당이 있게 된다.

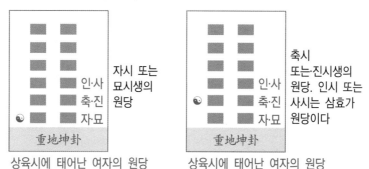

상육시에 태어난 여자의 원당   상육시에 태어난 여자의 원당

■ 하육시에 태어난 여자 여자가 중지곤괘를 얻고, 하육시(오·미·신·유·술·해)에 태어났다면, 상괘를 아래로부터 위로 중복되게 왕래하면서 원당이 있게 된다.

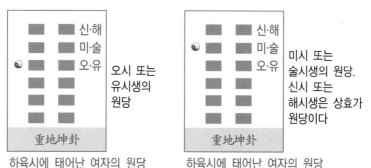

하육시에 태어난 여자의 원당   하육시에 태어난 여자의 원당

■ 하지부터 동지사이에 태어난 남자 남자가 육음괘(중지곤괘)를 얻고, 하지부터 동지사이에 태어났다면, 위로부터 아래로 내려가며 원당이 있게 된다.

단 상육시(자·축·인·묘·진·사)에 태어난 남자는 상괘를 위로부터 아래로 중복되게 왕래하면서 원당이 있고, 하육시(오·미·신·유·술·해)에 태어난 남자는 하괘를 중복하며 왕래하면서 위로부터 아래로 원당이 있게 된다.*

상육시에 태어난 남자의 원당

하육시에 태어난 남자의 원당

■ 동지부터 하지사이에 태어난 남자 남자가 육음괘를 얻고 동지부터 하지사이에 태어났다면, 먼저번 여자의 예에서 처럼 아래로부터 위로 올라가며 원당이 있게 된다.

즉 상육시(자·축·인·묘·진·사)에 태어난 남자는 하괘를 아래로부터 위로 중복되게 왕래하면서 원당이 있고, 하육시(오·미·신·유·술·해)에 태어난 남자는 상괘를 중복하며 왕래하면서 아래로부터 위로 원당이 있게 된다.

---

* 양괘陽卦가 음령을 행함은 도와 합치되는 것이므로, 위로부터 아래로 행한다. 또 남자가 곤괘를 얻어서 양령을 행하는 것은 때를 따르는 것이므로, 아래로부터 위로 행하는 것이다.

 자시 또는 묘시생의 원당, 축·진시생은 이효가, 인·사시생은 삼효가 원당이다

상육시에 태어난 남자의 원당

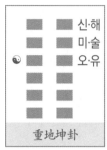 오시 또는 유시생의 원당, 미·술시생은 오효가, 신·해시생은 상효가 원당이다.

하육시에 태어난 남자의 원당

3절. 후천괘를 얻는 법

 선천의 괘가 이루어지면 원당도 정해진다. 이를 후천괘로 바꾸려면, 원당이 있는 효가 양효는 음효로 변하고 음효는 양효로 변하며, 외괘는 내괘로 들어오고 내괘는 외괘로 나간다. 어떤 괘를 얻었나 살펴보니, 하늘은 선회하고 땅은 굴러서 다시 고쳐지는 상이 되니, 이를 후천괘라고 한다.*

1) 예

예1 앞서 예를 들은 갑자년·정묘월·경신일·경진시를 사주로 한 남자는, 진시생이므로 양시에 태어난 사람이다. 선천괘로 천풍구괘를 얻었고, 원당이 상효에 있다.**

 이를 후천의 괘로 바꾸면, 상효에 있는 원당효의 양이 바뀌어 음효가 되니 태괘(☰→☱)가 되고, 또 하괘로 내려오니 후천괘의 하괘는 태괘가 된다. 선천괘에서 밑에 있던 손괘(☴)는 그대로 상괘로 올라가니 후천괘의 상괘는 손괘가 된다. 따라서 원당효가 상효에 있는 천

---

* 하락리수법에 의해 유년운을 얻을 경우에, 선천괘의 여섯효를 차례로 운행한 다음에는, 후천괘로 가서 여섯효를 운행하게 된다. 따라서 후천괘는 후반부의 운을 뜻한다.

** 오양괘를 얻고 상육시에 태어났으므로, 양효인 이효부터 상효까지 자·축·인·묘·진의 다섯 시를 배당하게 된다. 따라서 진시가 배당된 상효에 원당이 있게 된다.

풍구괘를 후천괘로 바꾸면 풍택중부괘가 되고 원당효는 하괘의 상효인 삼효가 된다.* 이를 그림으로 나타내면 다음과 같다.

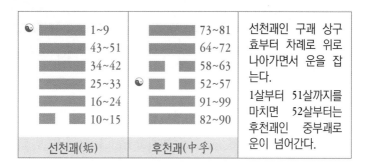

선천괘인 구괘에 원당효가 상효에 있으므로, 상효(1~9살) 초효(10~15살) 이효(16~24살) 삼효(25~33살) 사효(34~42살) 오효(43~51살)의 순으로 운행하여 선천운을 마치게 된다. 52살부터는 후천괘인 중부괘로 넘어가서 운이 전개되는데, 원당효가 삼효에 있으므로, 삼효(52~57살) 사효(58~63살) 오효(64~72살) 상효(73~81살) 초효(82~90살) 이효(91~99살)의 순으로 운행하게 된다. 이러한 운행법은 뒤에 년괘(流年卦)에서 상술한다.

이 사람의 운을 알아보려면, 이렇게 구한 괘와 효를 본문에서 찾아 읽으면 된다. 즉 이 사람의 평생운은 구괘(구괘는 44번째 괘임, 괘의 순서는 대성괘 환산표 참조) 상효이다. 또 이를 세분하면 1~9살까지는 구괘 상효를 찾아 읽으면 되고, 10~15살까지의 운은 구괘 초효를 찾아 읽으면 되며, …, 52~57살까지는 중부괘 삼효를 찾아 읽으면 되

---

* 64괘 환산표를 활용하면 괘를 구하기가 쉽다. 즉 가로로 네 번째인 '4巽'을 짚고, 세로로 일곱 번째인 '7兌'를 짚어서, 두 좌표가 만나는 점에서 「중부·61」을 얻는다. 즉 손과 태를 합하여 중부괘를 얻고, 64괘 중에서 61번째인 중부괘를 앞의 목차에서 찾아 해당하는 쪽을 찾아가면 된다. 이하의 예문에서도 같은 방법으로 구한다.

고, 91~99살까지는 중부괘(중부괘는 61번째 괘임) 이효를 찾아 읽으면 된다. 하락리수법에 의하면 이렇게 6년 또는 9년의 운뿐만 아니라, 몇년 몇월 몇일 몇시의 운까지 자세히 알 수 있다. 이러한 방법은 뒤의 년괘·월괘·일괘 항에 가서 상술한다.

예2 앞서 예를 들은 정사년·병오월·임인일·신축시를 사주로 한 남자는, 축시생이므로 양시에 태어난 사람이다. 선천괘로 수풍정괘를 얻었고, 원당이 삼효에 있다.*
이를 후천의 괘로 바꾸면, 삼효에 있는 원당효의 양이 바뀌어 음효가 되니 감괘(☵→☵)가 되고, 또 상괘로 올라가니 후천괘의 상괘는 감괘가 된다. 선천괘에서 위에 있던 감괘(☵)는 그대로 하괘로 내려가니 후천괘의 하괘도 감괘가 된다. 따라서 원당효가 삼효에 있는 수풍정괘를 후천괘로 바꾸면 중수감괘가 되고 원당효는 상괘에 있는 상효가 된다. 이를 그림으로 나타내면 다음과 같다.

선천괘인 정괘에 원당효가 삼효에 있으므로, 삼효(1~9살) 사효(10~15살) 오효(16~24살) 상효(25~30살) 초효(31~36살) 이효(37~45

---

* 삼양괘를 얻고 상육시에 태어났으므로, 양효인 이효부터 양효를 따라 자·축·인의 세 시를 배당하고, 다시 이효로 부터 양효를 따라 묘·진·사시의 세 시를 배당하게 된다. 따라서 축시가 배당된 삼효에 원당이 있게 된다.

살)의 순으로 운행하여 선천운을 마치게 된다. 46살부터는 후천괘인 감괘로 넘어가서 운이 전개되는데, 원당효가 상효에 있으므로, 상효(46~51살) 초효(52~57살) 이효(58~66살) 삼효(67~72살) 사효(73~78살) 오효(79~87살)의 순으로 운행하게 된다.

이 사람의 운을 알아보려면, 이렇게 구한 괘와 효를 본문에서 찾아 읽으면 된다. 즉 이 사람의 평생운은 정괘(정괘는 48번째 괘임) 삼효이다. 또 이를 세분하면 1~9살까지는 정괘 삼효를 찾아 읽으면 되고, 10~15살까지의 운은 정괘 사효를 찾아 읽으면 되며, …, 52~57살까지는 감괘(감괘는 29번째 괘임) 초효를 찾아 읽으면 되고, 79~87살까지는 감괘 오효를 찾아 읽으면 된다.

예3 앞서 예를 들은 경오년·병술월·기유일·을해시를 사주로 한 여자는, 해시생이므로 음시에 태어난 사람이다. 선천괘로 지화명이괘를 얻었고, 원당이 삼효에 있다.*

이를 후천의 괘로 바꾸면, 삼효에 있는 원당효의 양효가 바뀌어 음효가 되니 진괘(☰ → ☳)가 되고, 또 상괘로 올라가니 후천괘의 상괘는 진괘가 된다. 선천괘에서 위에 있던 곤괘(☷) 그대로 하괘로 내려가니 후천괘의 하괘는 곤괘가 된다. 따라서 원당효가 삼효에 있는 지화명이괘를 후천괘로 바꾸면 뇌지예괘가 되고 원당효는 상괘에 있는 상효가 된다. 이를 도표로 나타내면 다음과 같다.

선천괘인 명이괘에 원당효가 삼효에 있으므로, 삼효(1~9살) 사효(10~15살) 오효(16~21살) 상효(22~27살) 초효(28~36살) 이효(37~

---

* 사음괘를 얻고 하육시에 태어났으므로, 음효인 이효부터 상효까지 오·미·신·유의 네 시를 배당하고, 나머지 술과 해의 두 시를 양효인 초효와 삼효에 차례로 배당한다. 따라서 해시가 배당된 삼효에 원당이 있게 된다.

42살)의 순으로 운행하여 선천운을 마치게 된다. 43살부터는 후천괘인 예괘로 넘어가서 운이 전개되는데, 원당효가 상효에 있으므로, 상효(43~48살) 초효(49~54살) 이효(55~60살) 삼효(61~66살) 사효(67~75살) 오효(76~81살)의 순으로 운행하게 된다.

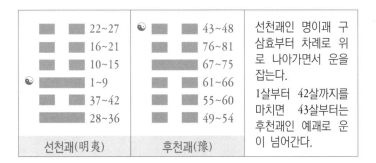

이 사람의 운을 알아보려면, 이렇게 구한 괘와 효를 본문에서 찾아 읽으면 된다. 즉 이 사람의 평생운은 명이괘(명이괘는 36번째 괘임) 삼효이다. 또 이를 세분하면 1~9살까지는 명이괘 삼효를 찾아 읽으면 되고, 10~15살까지의 운은 명이괘 사효를 찾아 읽으면 되며, …, 43~48살까지는 예괘(예괘는 16번째 괘임) 상효를 찾아 읽으면 되고, 76~81살까지는 예괘 오효를 찾아 읽으면 된다.

예4 앞서 예를 들은 계묘년·계해월·갑신일·신미시를 사주로 한 여자는, 미시생이므로 음시에 태어난 사람이다. 선천괘로 산지박괘를 얻었고, 원당이 육이효에 있다.*

이를 후천의 괘로 바꾸면, 이효에 있는 원당효의 음이 바뀌어 양효

---

* 오음괘를 얻고 하육시에 태어났으므로, 음효인 초효부터 오효까지 오·미·신·유·술의 다섯시를 배당하고, 하나 남은 양효인 상효에 해시를 배당하게 된다. 따라서 미시가 배당된 이효에 원당이 있게 된다.

가 되니 감괘(☷→☵)가 되고, 또 상괘로 올라가니 후천괘의 상괘는 감괘가 된다. 선천괘에서 위에 있던 간괘(☶)는 그대로 하괘로 내려가니 후천괘의 하괘는 간괘가 된다. 따라서 원당효가 이효에 있는 산지박괘를 후천괘로 바꾸면 수산건괘가 되고 원당효는 상괘의 중효인 오효가 된다.

이를 도표로 나타내면 다음과 같다.

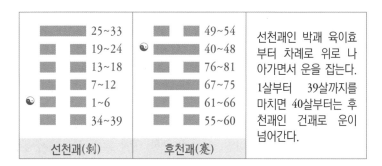

선천괘인 박괘에 원당효가 이효에 있으므로, 이효(1~6살) 삼효(7~12살) 사효(13~18살) 오효(19~24살) 상효(25~33살) 초효(34~39살)의 순으로 운행하여 선천운을 마치게 된다. 40살부터는 후천괘인 건괘로 넘어가서 운이 전개되는데, 원당효가 오효에 있으므로, 오효(40~48살) 상효(49~54살) 초효(55~60살) 이효(61~66살) 삼효(67~75살) 사효(76~81살)의 순으로 운행하게 된다.

이 사람의 운을 알아보려면, 이렇게 구한 괘와 효를 본문에서 찾아 읽으면 된다. 즉 이 사람의 평생운은 박괘(박괘는 23번째 괘임) 이효이다. 또 이를 세분하면 1~6살까지는 박괘 이효를 찾아 읽으면 되고, 7~12살까지의 운은 박괘 삼효를 찾아 읽으면 되며, …, 40~48살까지는 건괘(건괘는 39번째 괘임) 오효를 찾아 읽으면 되고, 76~81살까지는 건괘 사효를 찾아 읽으면 된다.

2) 예외

① 세개의 지극히 존귀한 효는 후천괘로 바뀔 때 예외가 있다

중수감(☵)·수뢰둔(☵)·수산건(☵)의 세 괘는 임금효인 구오효가 좋지 않은 때와 어렵고 험한 시대를 만났을 때이다. 이런 때는 다른 여섯 자식괘와 억조창생이 어려운 것을 가벼운 것으로 바꾸고 변경시키는 것과 같이 해서는 안된다.

구오효는 양陽의 임금이고, 상육효는 음陰의 주인이므로, 지극히 고귀하고 존귀한 효로 반드시 때에 응해서 움직여야지, 소인이나 백성과 같이 경거망동함은 옳지 않다. 그러므로 구오효가 음령陰令일 때는 괘는 변하되 효의 위치는 바뀌지 않고, 양령陽令일 때는 효의 위치도 바뀐다. 상육효도 양령일 때는 괘는 변하되 효의 위치는 바뀌지 않고, 음령일 때는 효의 위치도 바뀐다.*

㉮ 중수감괘 - 구오효의 경우

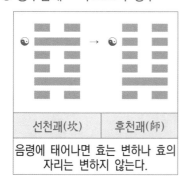

선천괘(坎)	후천괘(師)

음령에 태어나면 효는 변하나 효의 자리는 변하지 않는다.

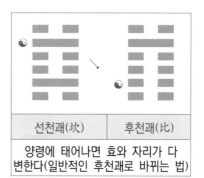

선천괘(坎)	후천괘(比)

양령에 태어나면 효와 자리가 다 변한다(일반적인 후천괘로 바뀌는 법)

---

* 양령陽令이란 동지冬至 이후부터 하지夏至까지의 양의 기운이 생기고 자라서 극성해지는 기간을 말하고, 음령陰令이란 하지 이후부터 동지까지의 음의 기운이 생기고 자라서 극성해지는 기간을 말한다.

상육효의 경우

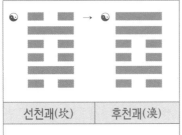

② 수뢰둔괘 - 구오효의 경우

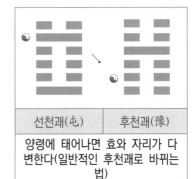

상육효의 경우

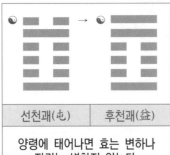

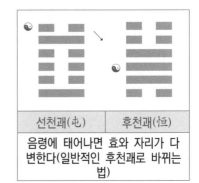

③ 수산건괘 - 구오효의 경우

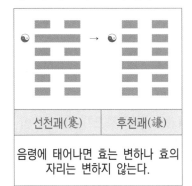

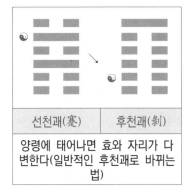

상육효의 경우

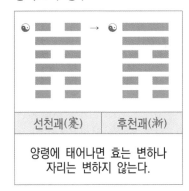

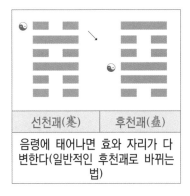

자세한 것은 본문의 해당하는 괘효를 참고하기 바람.

3) 후천괘의 풀이

① **선천괘와 후천괘** 성인(伏羲氏)이 괘를 지으심에 상은 있으되 설명하는 말은 없었으니, 모두 자연의 이치를 본받은 것으로, 사람들로 하여금 말이 없는 가운데 그 뜻을 저절로 알게 하고자 함이다. 이 때문에 정미하고도 정결한 책이라고 하는 것이다. 사람의 운명은 선천의 괘로 얻어지고 후천의 괘로 이루게 된다.

혹은 선천의 괘는 지극히 길한데 후천의 괘는 지극히 흉할 때가 있고, 혹은 선천의 괘는 지극히 흉한데 후천의 괘는 지극히 길할 때가 있으니, 성인은 이치로써 살피고 일반사람은 말로써 깨닫는다.

선천괘와 후천괘 중에서, 만약 순수한 리괘(☲)를 얻은 사람은 병으로 눈을 못 보는 사람이 많이, 산풍고(☴)·택풍대과(☱)·지화명이괘(☷)를 얻은 사람은 해묵은 병을 몸에 갖고 있는 사람이 많으며, 화뢰서합(☲)·천뢰무망(☰)·천수송괘(☰)를 얻은 사람은 싸움을 많이 하고, 만약 유년流年 소상小象에 산풍고·택풍대과괘를 얻은 사람은 백안白眼이 많으며, 화뢰서합·지화명이·천뢰무망·뇌천대장(☳)·화택규(☱)·산지박(☶)·수뢰둔괘(☵)를 얻은 사람은 험한 구덩이가 많으니, 유년流年의 사귀어 만나는 허와 실을 자세히 살펴야 만에 하나도 실수가 없을 것이다.

효의 자리가 비록 좋더라도, 유년의 효상이 다 아름다워서 응하지 않음이 없는 자만은 못하니, 만약 유년에 흉함이 많으면 몸담고 있는 효가 아름답다 하더라도 또한 무엇을 할 수 있겠는가?

만약 후천괘로 가서 세 효가 연달아 길하지 못하면, 반드시 험하고 어려움이 많으며, 만약 네효를 지나서도 흉한 효를 만나면 열에 여덟·아홉은 죽고, 만약에 유년에 계속해서 3년이 불길하고 본괘(本身

卦) 마저 좋지 않으면, 죽는 것으로 판단해도 옳을 것이다.

　스님들 중에는 효가 흉하나, 후천괘의 수數를 다하는 사람이 있으니, 물질에 초월한 사람은 욕심이 없기 때문에 자신의 천수天壽를 다하는 것이다.

② 후천괘 풀이의 예

　■ 예를 들어 어떤 사람이 선천괘로 둔괘(☷)를 얻고, 후천괘로 기제괘(☷)를 얻었다면, 어렵고 힘든 기운데서 잘 구제해서 다스려지는 뜻이니, 어려움이 사라지는 것이다.

　또 후천괘로 비괘(☷)를 얻었다면 비괘는 서로 친하게 돕는 뜻이다. 어렵고 험한 때에는 친하지도 않고 의존하지도 않으니, 도와줌이 없다면 더욱 어렵고 더욱 곤란하게 될 것이다.

　또 후천괘로 수괘(☷)를 얻었다면 어려움을 따른다는 뜻이 되니, 어려움속에서 쉽게 빠져나가지 못하는 것이다.

　또 후천괘로 절괘(☷)를 얻었다면 혹은 달콤하고 혹은 쓴 맛일 것이니 어찌 온전하게 좋으리오?

　또 후천괘로 복괘(☷)를 얻었다면 어렵고 험한 상황에서 회복되어 길함이 있을 것이다.

　또 익괘(☷)를 얻었다면 어려움을 보태서 더욱 증가시킬 것이니 언제 휴식할 수 있겠는가?[*]

---

[*] 위에 들은 것은 단순히 예를 들기 위한 것이지, 실제로 선천괘에서 후천괘로 바뀌는 예는 아니다. 다만 후천괘로 바뀔 때 이러한 뜻으로 바뀜이 발생한다는 것이고, 또 유년괘로의 변화에도 이러한 뜻을 적용하라는 의미에서 든 예문이다. 아래의 예도 마찬가지이다.

■ 가령 어떤 사람이 선천괘로 태괘(☱)를 얻어 작은 것은 가고 큰 것이 와서 형통함을 이루었는데, 후천괘에서 승괘(☷)를 얻었다면, 크게 올라감이 있어 더욱 승진하고 좋아지게 된다.

후천괘로 겸괘(☷)를 얻었다면 크게 형통하게 되어 이미 심하게 가득찼는데, 이제 더욱 겸손함으로써 행동하니 겸손하면서도 빛나게 되는 것이다.

또 후천괘로 곤괘(☷)를 얻었다면, 곤은 앞장서면 잘못을 저지르고 뒤를 따르면 소득이 있게 되는 괘이므로, 도리어 양의 형통함을 잃게 되니, 태괘로부터 곤괘로 가는 것에는 좋은 뜻이 전혀 없다.

또 후천괘로 대장괘(☳)를 얻었다면, 대장괘는 평상적인 괘와는 달라 양이 나아가고 음이 물러나는 것이므로, 양이 더욱 형통하게 된다.

또 후천괘로 쾌괘(☱)를 얻었다면, 쾌는 소인을 척결하는 것이니, 양이 더욱 형통하고, 정치의 중심부에서 큰소리치는 아름다움이 있다.

또 후천괘로 수괘(☵)를 얻었다면 음식을 먹으며 잔치를 즐기니, 이루지 못하는 일이 없게 된다.

또 대축괘(☰)를 얻었다면, 크게 형통하고 크게 축적하는 것이 있으니, 부유하다고만 했지만 귀하게 되기도 하는 것이다. 하물며 효사에 "하늘의 거리를 걷는 것처럼 형통하다"고 했으니, 어찌 부귀가 없겠는가?

이상은 선천괘의 길함이 후천괘에 의해 더욱 길해지거나 흉해지는 상을 말한 것이다. 이 두 괘를 예로 들음으로써, 선천과 후천의 관계를 살폈으니, 나머지 62괘도 선천과 후천을 잘 살피면 괘명만으로도 깨달을 수 있을 것이다. 후학들이 마땅히 이를 자세히 살펴서, 소상小象의 소식消息하는 운행을 따라 팔괘의 뜻하는 바를 취함으로써, 해마다 오는 운의 좋고 나쁨을 말한다면, 천지의 운행과 같이 해서 한치도 어긋나지 않을 것이고, 해와 달의 운행과도 어긋나지 않을 것이다.

팔괘가 하는 바란, 가령 어떤 사람의 당년 대상운에 둔괘(☳)를 얻었다면, 주로 흉하고 편안하지 않을 것이다. 그러나 소상에 복괘(☷)를 얻었다면, 둔괘가 복괘를 만나 화를 면하게 될 것이다. 복괘의 체는 곤(☷)과 진(☳)의 상이 있는데, 곤은 순하고 진은 움직이는 것이므로, 마땅하게 순하고 마땅하게 움직여서 길함을 얻는 것이다. 진은 또한 큰 길이라는 뜻이 있으니, 비록 둔괘로 어렵더라도 나아갈 수 있다. 곤(☷)은 또한 여러 무리가 나아가는 길인데, 이미 순하게 하므로 일에 아름답지 않음이 없고, 일함에 불리함이 없다. 진(☳)은 또한 다시 생해오는 뜻이니, 어렵더라도 죽게 되지 않고 위태하더라도 걱정되지 않는다. 곤은 또한 널리 폄이 되고, 주머니가 되며, 치마가 되니, 주로 의복과 재물이 풍부해지는 기쁨이 있게 되고, 재물을 얻어 주머니에 축적해 넣는 기쁨이 있게 된다.

이상은 흉한 가운데 길함으로 옮겨 나아가는 이치가 있으니, 그러한 이치는 봄과 겨울이 해당한다. 어찌 봄과 겨울에 그러한 이치가 있는 것을 아는가? 대개 둔(☳)은 겨울에 우레가 잠복해 있는 상이고, 복(☷)은 겨울에 양이 나아가는 상이기 때문이다.

대상괘와 정대·반대·상극이 되는 것은 몸이 죽게 되는 예가 많고, 만약 길한 상이고 괘사나 효사가 평이하고 이치에 순하더라도 재앙이 있게 된다. 혹은 송사로 인해 감옥에 들어가거나 부모의 상을 입게 된다.

③ 후천괘 풀이-중천건괘(䷀)의 경우

■ **초구효에 원당이 있었을 경우** 초구 효사에 "잠긴 용이니 쓰지 말라"고 했으니, 사람으로는 일을 하는데 후회하고 인색하며, 이랬다 저랬다 함이 많고, 자잘한 일에 골몰한다. 따라서 현명한 사람이 적으며, 맑고 현달하기 어렵다.

후천괘로 변해서 풍천소축괘(䷀→䷈) 육사효가 되면, 반드시 혈관에 대한 병과 손발(手足)이 다치게 되니, 만약에 하지부터 동지 사이에서 기己·정丁·유酉·신辛·진辰·사巳년의 간지에 태어난 사람이 얻으면 좋고, 그 외에 태어난 사람들은 병이 있고 허리가 부러지는 근심이 있다.*

■ **구이효에 원당이 있었을 경우** 구이는 "나타난 용이 밭에 있으니, 대인을 봄이 이롭다"고 했으니, 군자가 얻으면 흉금이 탁 트여, 어질고 의로우며 충성되고 믿음직스러우며 활달하고 고명하다. 풍모와 자태가 준수하고 민첩할 것이다. 후천괘로 리괘가 밖으로 가서 화천대유괘(䷀→䷍)의 육오효로 변하면, "믿음으로 사귀면 길하다"고 했다. 따라서 하지부터 동지 사이에 기己·오午·정丁·유酉의 간지에 태어난 사람이 얻으면, 반드시 영화롭고 현달할 것이니, 공

---

* 사계절을 크게 양령과 음령으로 나눈다. 양령은 동지 이후부터 하지까지 양이 점차 자라는 시기를 말하고, 음령은 하지 이후부터 동지까지 음이 점차 자라는 시기를 뜻한다. 여기서 하지부터 동지사이라는 것은 춘분부터 하지 사이에는 손(䷸)이 반화공反化工이 되어 흉하므로, 이를 지나 태(䷹)나 리(䷝)가 화공을 받는 때를 예로 든 것이다. 즉 후천괘인 풍천소축괘일 때 다치게 되니, 외호괘인 리(䷝)가 원기가 되는 기己·오午년, 내호괘 태가 원기가 되는 정丁·유酉년, 그리고 상괘인 손(䷸)이 원기가 되는 신辛·진辰·사巳년에 태어나면, 화를 면할 수 있다는 뜻이다. 본문에는 '기己'자 밑에 '오午'자가 빠졌다.

경대부의 높은 벼슬에 오를 것이고, 그 외에 태어난 사람들도 복을 받는다.*

■ 구삼효에 원당이 있었을 경우 구삼은 "군자가 하루종일 굳건히 행동하고도, 저녁에는 두려운 마음을 가지고 반성하면 위태하나 허물이 없다"고 했으니, 사람으로는 측은한 마음을 갖고 있으면서 기미를 아는 선비로, 강하고 밝으며 영웅스럽고 어질다. 크게 귀하게 되고, 하늘 넘치는 복이 있어서 녹과 벼슬이 모두 융성할 것이다. 후천으로 변해서 택천쾌괘(☰→☱) 상육이 되면, "호소할 데가 없으니, 끝내 흉함이 있을 것이다"고 했다. 따라서 만약 정유丁酉 년에 태어난 사람이 추분 후에 얻었다면, 반드시 영웅스럽고 열렬하며 위엄있고 현달하는 조정의 대신이 되고, 그 외에 태어난 사람은 보통 사람이 되므로, 형벌로 상함을 당하고 신체가 부러지거나 다치는 사람이 많다.**

■ 구사효에 원당이 있었을 경우 구사는 "혹 뛰었다가 다시 못에 들어가면 허물이 없다"고 했으니, 이것은 두 빛이 서로 만나서 올라갔다 내려갔다 하여 상도常道가 없으며, 음자리에 양효가 자리하여 두려움이 많으니, 반드시 남따라 잘못되는 허물과 횡액을 만나게 되며, 때로는 비록 귀하고 높게 되나 험난함이 많고, 혹 차나

---

* 후천괘인 화천대유괘가 되었을 때 더욱더 좋게 된다는 예를 든 것이다. 상괘인 리(☲)가 원기가 되는 기己·오午년과 외호괘인 태(☱)가 원기가 되는 정丁·유酉년에 태어나면, 더욱 더 영화롭게 된다는 뜻이다.
** 음령 중에서도 더욱 음기가 극성해지는 추분 이후를 예로 들어서, 후천괘인 택천쾌괘가 되었을 때, 태(☱)가 원기가 되는 정丁과 유酉년에 태어난 사람은 잘되고, 그렇지 않은 사람은 흉하게 됨을 강조한 것이다.

말에서 떨어져 상하게 될 것이다.

후천괘로 천풍구괘(☰→☴)의 초육효로 변하면, 한 음이 괘의 주인이 되니(초육효가 衆宗효가 됨) 나머지 다섯 양들이 높여 준다. 만약에 신후·진辰·사巳년에 태어난 사람이 하지夏至절기에 있으면, 귀하지 않은 사람이 없을 것이니, 이것은 감監·경卿·랑郎·좌佐의 높은 벼슬을 하는 운명이 된다.*

■ 구오효에 원당이 있었을 경우 구오는 "나는 용이 하늘에 있으니, 대인을 보는 것이 이롭다"고 했으니, 임금의 자리로 대인이라는 말이다. 소년때부터 준수하고 뛰어나서, 명리를 얻고 현달하게 된다. 마음이 순수하고 모습이 아름답고 안과 밖이 훤히 밝아서, 특진을 거듭하여 권한이 강하고 중대하게 된다. 음성이 맑고 커서 기개가 크고 원대하니 세상의 영웅이 된다. 후천괘로는 천화동인괘(☲)의 육이효로 변한다. 기己·오午에 태어난 사람이 하지 후에 얻으면 좋고, 그 외에 태어난 사람도 평상시에 부자로 산다.**

■ 상구효에 원당이 있었을 경우 상구는 "지나치게 높아진 용이니 후회가 있게 되고, 귀해도 지위가 없다"고 하였다. 높은 것이 지나

---

* 양령이 가장 성한 하지를 예로 들어서, 선천괘와 후천괘에 하괘인 손(☴)이 원기가 되는 신후·진辰·사巳년에 태어난 사람은 오히려 위험을 극복하여 잘 됨을 말한 것이다. 본문에는 리(☲)의 원기가 되는 '오午'가 더 있으나, 이는 잘못 들어간 글자이다.

** 선천괘나 후천괘가 모두 좋고 효위도 좋으므로, 효가 변해서 된 리(☲)가 원기가 되는 기己·오午년에 태어난 사람이, 선천괘에서 후천괘로 변하는 과도기이자 리가 정백正伯이 되는 하지에 태어나면 극히 좋다는 것을 말하였다. 본문에서는 내호괘인 손(☴)의 원기가 되는 신후·진辰·사巳년이 빠졌다.

쳐 극하게 되면 움직일수록 후회가 있는 것이니, 사람의 성품과 기가 강하고 용맹하며, 편협하고 급하며 정이 적으니, 사람들의 원망과 비방을 많이 받게 된다. 벼슬은 있어도 권한이 없고, 지아비는 있고 지어미는 없으며, 아들은 있고 아내는 없게 된다. 머리와 눈에 병이 있을 것이다.

후천괘로 천택리괘(䷉) 육삼효로 변하면, "호랑이 꼬리를 밟아서 사람을 무니 흉하다"고 했다. 따라서 하지부터 동지 사이에 기己·오午·정丁·유酉년에 태어난 사람이 얻으면, 귀한 벼슬을 잃지 않을 것이다. 단지 아직도 가득 차서 넘치게 되는 근심이 있으니, 또한 그 복을 온전히 받기 어렵다. 그 외에 태어난 사람은 결국 불길해지는 운수이다.*

---

* 선천괘의 위태함이 태(䷹)가 원기가 되는 정丁·유酉를 간지로 하는 해(年)에 태어나면, 원기를 받아 흉하게 되지는 않으며, 또 후천괘로 되어서도 리(䷝:후천의 내호괘)가 원기가 되는 기(己)·오午 또는 태의 원기가 되는 정丁·유酉를 간지로 하는 해(年)에 태어나면 위험하게 되지 않는다는 뜻이다. 본문에서는 내호괘인 손(䷸)의 원기가 되는 신辛·진辰·사巳년이 빠졌다.

④ 후천괘 풀이-중뢰진괘(䷲)의 경우

■ 초구효에 원당이 있었을 경우 초구는 "천둥 번개가 올 때에 두려워하고 조심하면, 웃는 소리가 깔깔 나게 된다"고 했으니, 사람으로는 권위가 있어서 뭇사람들이 두려워한다. 일을 하거나 사물을 상대할 때, 처음은 어려우나 뒤는 쉬워지게 되는 상이다. 춘분 이후에 경庚·묘卯년에 태어난 사람이 얻으면, 부와 귀를 온전히 누리며 맑고 현달한 선비가 된다.

후천괘로 해서 지뢰복괘(䷗) 육사효로 변해 나가면, "중도(中道)를 행해서 홀로 회복함은 도를 따르는 것이다"고 했으니, 우레 소리가 땅속으로 들어가 좋지 않은 것이다. 을乙·계癸·미未·신申년에 태어난 사람이 얻으면 좋게 되니, 총명한 선비로 거부巨富가 되는 사람이다.*

■ 육이효에 원당이 있었을 경우 육이는 "우레가 옴에 위태하다고 한 것은, 강을 탔기 때문이다"고 했으니, 사람으로는 위엄을 망령되이 모독하고, 욕심에 마음이 끌리는 것을 참지 못해서, 호랑이 입에 빠지고도 피할 줄 모르는 것이다. 만약 춘분 이후에 경庚·묘卯에 태어난 사람이 얻으면, 반드시 귀하게 되고, 그 외에 태어난 사람은 평범한 보통 사람이다. 발과 배·심장에 병이 있고, 맑은 절개를 온전하게 지키는 이가 적다.

후천괘로 택뢰수괘(䷐) 구오효로 변하면, "아름다움을 성실하

---

* 춘분 이후는 진(䷲)이 화공이 되고, 또 진이 원기가 되는 경庚·묘卯년에 태어나면 더욱 좋게 된다. 또 후천괘로 지뢰복괘(䷗)가 되면, 곤(䷁)이 원기가 되는 을乙·계癸·미未·신申년에 태어난 사람이 복을 받게 되는 것이다.

게 해서 길함은, 지위가 바르고 가운데 하기 때문이다"고 했다. 따라서 만약 정丁·유酉년에 태어난 사람이 가을에 얻으면, 반드시 어진 사람들끼리 짝을 이룰 것이니, 이는 외호괘인 손방巽方이 크게 길러지는 방위가 되기 때문이다. 또 추분절기에는 태兌가 장원급제가 되니, 정丁·유酉년에 태어난 사람이 얻으면, 세상을 건지고 사물을 구원하는 군자가 된다. 때를 바로 잡고 세상을 돕는 영명한 현인이니, 쓰여서 현달하게 되지 않는 이가 있겠는가?*

■ 육삼효에 원당이 있었을 경우 육삼은 "천둥번개에 까무러침은 자리가 마땅치 않기 때문이다"고 했으니, 처해 있는 자리가 마땅치 않음은 이치에 순한 것이 아니다. 따라서 사람이 망령되이 구하고 구차스럽게 야합하며, 거짓되고 실속이 없을 것이다. 춘분 이후에 태어난 사람은 장원급제하여 혁혁하게 현달하는 사람이니, 경庚·묘卯년에 태어난 사람이 얻으면 복과 녹이 가득하게 된다.

그 외에 태어난 사람은 후천괘로 화뢰서합괘(䷔) 상구효로 변하게 되니, "형틀에 매서 귀를 멸하게 함은, 총명하지 못하기 때문이다"고 하였다. 하지 이후에 태어난 사람은 화공이 스스로 생해주므로, 흉함을 만나도 도리어 길해지고, 그 외는 옥에 갇히고 송사와 구설수가 있다. 추분부터 동지까지에 태어난 사람은 베이고 죽음을 당하는 사람이 많으니, 갇히고 금고형을 당하며 죽임을 당하는 사람으로 단연코 길하고 상서로움은 없다. 만약 부모가 없고 가난하며 눈과 발에 병이 있으면, 위와 같은 일은 없을 것이다.**

---

* 춘분 이후는 진(䷲)이 화공이 되고, 또 진이 원기가 되는 경庚·묘卯년에 태어나면 더욱 좋게 된다. 또 후천괘로 택뢰수괘(䷐)가 되면 상괘인 태(☱)가 화공을 받는 가을이 되었을 때, 또 태가 원기가 되는 정丁·유酉년에 태어난 사람이 복을 받는 것이다.

■ 구사효에 원당이 있었을 경우 구사는 "우레가 드디어 빠짐은 빛나지 아니한 것이다"고 했으니, 지위가 네 음의 가운데에 빠져 있으면서 상괘의 주인이 되기 때문이다. 만약 동지부터 하지 사이에 태어났다면, 부귀하고 밝으면서 현달한 선비로, 기미를 보고 도모함이 깊고 멀어서 일처리를 함이 헤아리기 어렵다(뛰어나다).

후천괘로 뇌지예괘(☳→☷) 초육효로 변하면, "즐거움을 감추지 못해 우는 것이니 흉하다"고 했다. 효사와 효명이 비록 좋지는 않으나, 봄과 여름에 얻으면*, 우레가 소리를 발하게 된다. 따라서 을乙·계癸·미未·신申년에 태어난 사람이 얻으면, 하는 일이 잘돼서 복이 많고 우아하며 편안할 것이다. 그러나 그 외에 태어난 사람의 명운은 좋지 않다.**

■ 육오효에 원당이 있었을 경우 육오는 "우레가 가고 옴에 위태하다고 함은, 행하는 것이 위태하다는 것이다"고 했으니, 응원해주는 사람이 없는 처지가 된 것이다. 사람의 성질이 강해서 그런 것이

** 춘분 이후는 진(☳)이 화공이 되고, 또 진이 원기가 되는 경庚·묘卯년에 태어나면 좋게 된다. 하지에는 리(☲)가 화공이 되므로, 후천괘로 상괘가 리가 되어 화뢰서합괘(☲) 상구효가 되어도 그 흉함을 극복할 수 있다. 다만 내호괘 간(☶)은 감옥과 분묘墳墓 등의 뜻이 있는데, 추분부터 동지사이의 반화공反化工이 되므로 좋지 않은 작용을 한다.

* 봄과 여름에 얻으면 : 본문에는 "가을과 겨울에 얻으면(秋冬得之)"으로 되어 있다. 그러나 우레는 봄과 여름에 소리를 발하고 제 역할을 하므로, "봄과 여름에 얻으면"으로 고쳤다.

동지부터 춘분은 감(☵)이 화공이고, 춘분부터 하지까지는 진(☳)이 화공이다. 따라서 외호괘인 감과 상괘인 진이 화공을 받게 되어 길하게 된다. 또 후천괘로 뇌지예괘(☷) 초육효로 변하여 흉하게 되더라도, 곤(☷)이 원기가 되는 을乙·계癸·미未·신申년에 태어난 사람은 오히려 복을 받게 된다.

니, 우레와 번개가 빈 벼락만 치고 구름과 비가 없는 것이며, 미친 마음에 담만 커서 일이 이뤄지지 않는 것이며, 계교와 꾀를 낸다는 것이 결국 재앙과 화를 부르게 되는 것이다.

만약 동지부터 하지 사이에서 경庚·묘卯년에 태어난 사람이 얻으면, 비록 현달하고 빛이 나며 발복하나, 또한 병이 있을 것이며, 자식의 형극刑剋을 방비해야 한다.

후천괘로 뇌택귀매괘(☱) 구이효로 변하면, "애꾸눈이 능히 보는 것"이니 길하지 못하다. 추분에 태어나는 것이 가장 귀하고, 여름에 얻어도 기쁘며, 봄은 단비(甘澤)가 되고, 겨울은 가장 어긋나게 베푼 것이 되니, 가난하지 않으면 요절한다.*

■ **상육효에 원당이 있었을 경우** 상육은 "우레가 흩어지고 흩어져서 눈을 두리번 거린다"라고 하였으니, 높아서 현달하지 않음이 없는 것이다.

후천괘로 뇌화풍괘(☲) 구삼효로 변하면, "장막을 풍성하게 함이라. 그 오른쪽 팔을 끊으니, 큰 일을 할 수 없다"고 했으니, 봄과 여름에 태어난 사람과 무戊·자子·기己·오午에 태어난 사람은 유익하고, 그 외에 태어난 사람은 귀·눈·손·발 등의 병과, 감옥과 송사의

---

* 동지부터 하지 사이(엄밀히는 춘분부터 하지)에서 경庚·묘卯년에 태어난 사람은 구사효와 마찬가지 이유로 길하다. 그러나 육오효가 동하면 상괘가 태(☱)가 되므로 극을 당하게 되어 병이 나고, 자신(☳)이 변해서 된 괘(☱)에게 극을 당하므로, 자식에게 형극을 당하는 꼴이다.
또 후천괘로 뇌택귀매괘(☱) 구이효가 되면, 하괘인 태(☱)가 화공을 얻는 가을이 제일 좋고, 호괘인 리(☲)가 화공을 얻는 여름이 그 다음이며, 응원하는 효가 들어있는 상괘(☳)가 화공을 얻는 봄이 그 다음이다. 다만 외호괘인 감(☵)이 화공을 얻는 겨울만은 하괘의 기운을 뺏아가고(金生水), 내호괘를 극하므로(水克火), 비록 상괘를 생한다(水生木)고 할지라도 좋지 않은 것이다.

재앙이 있다.*

---

* 상괘인 진(☳)은 봄의 화공이고, 하괘인 리(☲)는 여름의 화공이므로 봄과 여름에 태어난 사람은 유익하다. 또 선천괘(☵)의 외호괘인 감(☵)의 원기가 되는 무戊·자子년과, 후천괘의 하괘인 리(☲)의 원기가 되는 기己·오午년에 태어난 사람은 원기를 받아 좋게 된다는 뜻이다.

4절. 년괘年卦

1) 년괘의 의미

년괘란 해당하는 사람의 해마다의 운을 말한다. 평생괘를 얻으면 그에 따른 해마다의 운이 정해지게 되는데, 이렇게 흘러가는 운을 나타낸 괘를 년괘 또는 유년괘流年卦라 하고, 이 년괘를 살핌으로써 자신이 몇살 때 어떤 괘를 얻어 어떤 운이 되는가를 살필 수 있다.

사람에게는 반드시 가는 길이 있듯이, 괘의 기운에도 반드시 가는 길이 있다. 사람의 좋고 나쁜 기수氣數를 살펴서 이런 길을 안 다음에야, 천지 운행의 상象과, 육허六虛를 두루 유행함과, 복되고 선함 및 화가 되고 악하게 되는 기미와, 귀신이 길흉의 조화를 부림과, 해와 달의 차고 이그러지는 도와, 사시四時의 베풀어짐과, 별자리의 변화하고 바뀌는 운행을 살필 수 있게 된다.

2) 대상大象의 운행

년괘는 본괘의 원당이 있는 효에서 시작하여 아래에서 위로 순환하며 운행하는 것이다. 운이 흘러가는 효가 양효인가 음효인가에 따라서, 양효는 9년을 주기로 운행하고 음효는 6년을 주기로 운행을 한다.

예를 들어 화천대유괘의 이효(양효)에 원당이 있다면, 이 사람의 최초의 운은 9년을 주기로 운행하고, 화천대유괘의 오효(음효)에 원당이 있었다면 6년을 주기로 최초의 운행을 한다. 즉 아래의 도표에서처럼, 대유괘 이효에서 9년(1주기:1~9살), 그 다음효인 삼효에서 9년(2주기:10~18살), 또 그 다음효인 사효에서 9년(3주기:19~27살), 그 다음효인 오효에서 6년(4주기:28~33살, 음효이므로 6년을 맡음), 그 다음효인 상효에서 9년(5주기:34~42살)을 운행하고, 다시 초효로 내려와서 9년(6주기:43~51살)을 운행하게 된다.

선천괘인 대유괘를 마친 뒤로는 후천괘인 리괘로 넘어가 운행을 시작한다. 즉 리괘의 오효에서 6년(52~57살), 그 다음효인 상효에서 9년(58~66살), 그 다음효인 초효에서 9년(67~75살), 그 다음효인 이효에서 6년(76~81살), 그 다음효인 삼효에서 9년(82~90살), 그 다음효인 사효에서 9년(91~99살)을 끝으로 후천괘의 운행을 마치면, 다시 선천괘의 운으로 순환한다.*

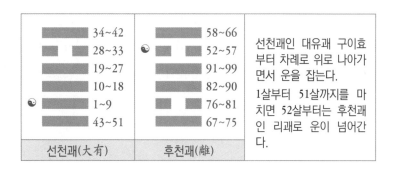

선천괘인 대유괘 구이효부터 차례로 위로 나아가면서 운을 잡는다.
1살부터 51살까지를 마치면 52살부터는 후천괘인 리괘로 운이 넘어간다.

---

* 일반적으로 사주학에서 10년을 주기로 하는 대운법大運法과는 달리, 하락리수에서는 9년운법과 6년운법만을 쓴다. 주역에서 양은 9수로 대표되고, 음은 6수로 대표되어 쓰기 때문에, 대상을 주관하는 효가 양효일 경우는 9년을 주기로 운행하고, 음효일 경우는 6년을 주기로 운행하는 것이다. 이 9년운 또는 6년운을 대상大象이라 하고, 대상에 속한 각 년도의 운을 소상小象이라고 한다.

3) 소상小象의 운행

대상(9년 또는 6년)을 세분하여 해마다의 운을 괘로 표시한 것이 소상이다. 해마다 바뀌는 사람의 운을 알기 위해서는 소상의 운행을 알아야 한다. 소상의 운은 대상을 주관하는 효가 양효인지 음효인지에 따라 그 운행에 차이가 있고, 음효일 경우는 상관 없지만 양효일 경우는 첫번째 주기의 대상 운행과 두번째 주기 이상의 대상 운행이 차이가 있다.

① 대상의 운을 주관하는 효가 양효일 경우는 해당하는 효가 9년을 맡아 운행하게 된다. 즉 원당이 있는 효에서 1년을 맡고, 원당과 응하는 효에서 1년을 맡으며, 다시 원당이 있는 효에서 1년을 맡은 후, 원당의 다음 효부터 차례로 위로 올라가며 1년씩을 맡아 9년을 운행하는 것이다.

위의 예와 같이 사주로 얻은 괘가 대유괘(䷍)이고, 그 사람이 갑자甲子년에 태어났으며 이효에 원당이 있었다면, 원당효(대유괘 이효)에서 1년(1살의 운)을, 그리고 원당과 응하는 효(건괘 오효)에서 1년(2살의 운)을, 그리고 다시 최초의 원당효(동인괘 이효)에서 1년(3살의 운)을 보낸 후, 4년째부터는 최초의 원당효 바로 위에 있는 효(무망괘 삼효)부터 차례로 순환하여 9년까지 마치는 것이다. 물론 해당하는 효가 변하여 이루어진 괘가 년괘(소상괘)가 된다. 이를 도표로 나타내면 다음과 같다.

대유(14)	건(1)	동인(13)	무망(25)	익(42)	이(27)	복(24)	곤(2)	사(7)
1	2	3	4	5	6	7	8	9

대유괘 이효는 1~9살까지의 운을 주관하면서, 동시에 1살의 운을 맡아서 행한다. 또 대유괘 이효의 응하는 효는 오효인데, 대유괘 오효가 변하면 음효가 양효로 되므로 건괘(☰→☰)가 되고, 건괘 오효가 2살의 운을 주관한다. 또 건괘 오효의 응하는 효는 이효이므로, 건괘 이효가 변한 동인괘(☰→☰) 이효가 3살의 운을 주관하는 것이다. 또 동인괘 이효의 다음효는 삼효이므로, 동인괘 삼효가 변한 무망괘(☰→☰)의 삼효가 4살의 운을 주관 한다. 이와 같은 방식으로 계산하여 사괘 이효가 9살의 운을 주관하면, 다시 대유괘 삼효가 10~18살까지의 9년운을 맡아서 운행하게 되는 것이다.

두 번째 주기부터는 대상의 운이 시작하는 해가 양년인지 음년인지에 따라서 효의 변화가 달라지는데, 양년일 경우는 양(양효)이 양(양년)을 만난 것이므로 효가 변하지 않지만, 음년일 경우는 양(양효)이 음(음년)을 만난 것이므로 효가 음효로 바뀌게 된다.*

양효가 음년을 만났을 경우는 소상의 운으로 들어가는 첫번째 효가 변한다. 위의 예에서 10~18살의 운은 대유괘 구삼효가 맡아서 행한다. 그 사람이 갑자甲子년에 태어났으므로, 10살이 되는 해의 간지는 계유癸酉년이 된다. 계유년은 음년이므로, 대유괘 구삼효가 변해서 된 규괘 육삼효가 10살 때의 운이 된다. 즉 양년일 경우는 소상의 운으로 들어가는 첫번째 효가 변하지 않지만, 음년을 만났

---

* 양년陽年은 간지상으로 홀수년인 갑·병·무·경·임년을 말하고, 음년陰年은 간지상으로 짝수년인 을·정·기·신·계년을 말한다.

일설에는 하락리수법에서는 양시(상육시) 음시(하육시), 양월(상육월) 음월(하육월)의 개념과 마찬가지로, 양년을 상육년(자·축·인·묘·진·사년)으로 음년을 하육년(오·미·신·유·술·해년)으로 본다는 견해도 있다. 이 점 독자 여러분이 평생괘를 얻고 유년괘를 뽑아 자신의 운과 맞춰보면서 참고하길 바란다.

을 경우는 처음부터 음효로 바뀌는 것이다.

◆ 음년(을·정·기·신·계년)일 경우

규(38)	귀매(54)	대장(34)	태(11)	수(5)	소축(9)	손(57)	점(53)	관(20)
10	11	12	13	14	15	16	17	18

따라서 위의 도표와 같이 10살 때의 운은 규괘 삼효가 맡아 운행하고, 규괘 삼효의 응효가 변한 귀매괘 상효(☳→☱)가 11살의 운을 맡아 주관하며, 귀매괘 상효의 응효가 변한 대장괘 삼효(☱→☰)가 12살의 운을 맡아 행하고, 대장괘 삼효의 다음효가 변한 태괘 사효(☱→☴)가 13살의 운을 맡아 행하며, …, 관괘 삼효(☷)가 18살의 운을 맡아 행하여 9년운을 마치면, 대유괘 구사효가 19~27살의 9년운을 맡아 행하게 된다.

여기서 문제가 되는 점은 양효의 첫 번째 대상운(1~9살)일 때는, 양년과 음년을 따지지 않고 「양년일 경우」의 운을 보며, 두 번째 대상운부터 양년과 음년을 따져서 괘를 변화하는 운행법을 쓴다는 것이다. 이것은 9살 이전까지는 아직 음양이 크게 분별되지 않은 상태이므로(여자는 7세부터 남자는 8세부터 신기腎氣가 성하기 시작함), 음양의 영향을 상대적으로 덜 받기 때문이다. 또 어린아이일 때는 생생하는 기운이 많고, 역행하는 기운이 적으므로 양효에 양년일 경우와 마찬가지로 보아, 생하는 뜻을 살린 것이다. 그러나 두 번째 대상운부터는(10살 또는 7살부터) 이미 음과 양이 어느 정도 갖추어졌기 때문에 양년운인가 음년운인가를 가려서 괘를 변화시키는 것이다.

반드시 주의할 점은 대상운의 주기가 시작되는 첫해의 양년 또는 음년을 따지는 것이지, 첫해 외의 소상운小象運에 해당하는 년의 양년 또는 음년은 상관없다는 것이다. 즉 이 사람의 예에서도 10살 때의 년도 간지가 양년인지 음년인지를 따지는 것이지, 일단 양년의 운에 들어오면 11살부터 18살 때의 간지 중에 양년이 있더라도「음년일 경우」의 도표대로 운행하는 것이다. 또 다음 ②항에서 설명되는 20살 때의 년도 간지가 음년이었을 경우도,「양년일 경우」의 도표 운행대로 운이 진행되는 것이다.

양효가 양년을 만났을 경우는 소상의 운으로 들어가는 첫번째 효가 변하지 않는다. 위의 예에서 19~27살의 운은 대유괘 구사효가 맡아서 행한다. 그 사람이 갑자甲子년에 태어났으므로, 19살이 되는 해의 간지는 임오壬午년이 된다. 임오년은 양년이므로, 대유괘 구사효가 그대로 19살의 운이 된다.

◆ 양년(갑·병·무·경·임년)일 경우

따라서 대유괘 구사효의 응효인 초효가 변해서 된 정괘 초효가 20살의 운을 맡아 행하고, 정괘 초효의 응효가 변한 고괘 사효(☴)→☶)가 21살의 운을 맡아 주관하며, 고괘 사효의 다음효가 변한 손괘 오효(☴→☴)가 22살의 운을 맡아 행하고, 손괘 오효의 다음효가 변한 정괘 상효(☴→☴)가 23살의 운을 맡아 행하며, …, 수괘 사효(☵)가 27살의 운을 맡아 9년운을 마치면, 대유괘 육오효가 28~33살의 6년운을 맡아 행하게 된다.

일반적으로 양년(갑·병·무·경·임년)에 태어난 사람은 대상운이 시작할 때 홀수살이면 양년을 맞고, 짝수살일 경우는 음년(을·정·기·신·

계년)을 만나게 된다.

② 대상의 운을 주관하는 효가 음효일 경우는 해당하는 효가 6년을 맡아 운행하게 된다. 또 양년 음년을 따지지 않고, 바로 해당효부터 시작하여 아래로부터 위로 변해나가며 각기 1년씩을 맡는다. 즉 양효에 원당이 있는 경우처럼 응하는 효로 갔다가 다시 제자리로 오는 과정이 없는 것이다.*

◆ 양년 음년 같음

건(1)	쾌(43)	대과(28)	함(31)	취(45)	비(8)
28	29	30	31	32	33

따라서 대유괘 육오효가 변해서 된 건괘 오효(☰→☰)가 28살의 운을 주관하고, 건괘 오효의 다음효(상효)가 변해서 된 쾌괘 상효(☰→☰)가 29살의 운을 맡으며, 쾌괘 상효의 다음효(초효)가 변해서 된 대과괘 초효(☰→☰)가 30살의 운을 맡고, 대과괘 초효의 다음효(이효)가 변해서 된 함괘 이효(☰→☰)가 31살의 운을 맡으며, 함괘 이효의 다음효(삼효)가 변해서 된 취괘 삼효(☰→☰)가 32살의 운을 맡고, 취괘 삼효의 다음효가 변해서 된 비괘 사효(☰→☰)가 33살의 운을 맡아 운행여 6년운을 마치면, 대유괘 상구효가 34~42살의 운을 맡아 행하게 된다.**

---

* 양효에 원당이 있는 경우는 9년을 주기로 운행하므로, 음효에 원당이 있는 경우보다, 원당에서 응하는 효로 갔다가 다시 먼저의 원당효로 돌아오는 과정(3년)이 더 있는 것이다.

5절. 월괘月卦

하락리수에 의하면 각 유년운을 더 세분하여 해당하는 월의 운을 알 수 있다. 즉 유년운 한 괘에 12달의 월괘가 파생되어 해당하는 운을 나타내는 것이다.

1) 월괘를 정하는 방법(起月卦定式)

월괘를 정할 때는 홀수달을 먼저 정하고 난 다음에, 그 홀수달에 응하는 효를 취해서 짝수달을 삼는다. 홀수달을 정하는 방법은 유년괘流年卦에서 그 해에 해당하는 원당이 있는 효를 정하고(이 효가 년괘가 된다), 그 원당의 다음효부터 아래에서 위로 차례대로 올라가는 방법을 쓴다.*

** 양효는 9년을 대상이라하여 운행주기로 삼고, 대상의 변화하는 각 단위를 소상이라 한다. 1년에 1년괘年卦를 쓰므로, 양효의 대상에는 소상이 아홉번 있게 된다. 음효는 6년을 대상이라고 하여 운행주기로 삼으므로, 본괘의 한 음효에는 여섯개의 소상이 있게 된다.

* 월괘를 일으키는 방법은 마땅히 유년괘의 원당에서 한 효를 더 나아가서 정월로 삼아야 한다. 예를 들어 상효가 원당이라면 초효부터 정월로 삼고, 초효가 원당이라면 이효부터 정월로 삼는다. 그 순서는 정월·3·5·7·9·11월의 홀수달부터 먼저 정하고, 2월은 정월의 응효로, 4월은 3월의 응효로, 6월은 5월의 응효로, 8월은 7월의 응효로, 10월은 9월의 응효로, 12월은 11월의 응효로 각기 정해서 짝수달을 정한다.

① 홀수달을 정하는 법 유년괘流年卦의 원당 다음효부터 차례로 변하면서 정월·3월·5월·7월·9월·11월의 홀수달괘를 정해 나간다. 즉 유년괘 원당의 다음효가 변해서 된 괘의 효가 정월의 괘효가 되고, 정월괘 원당의 다음효가 변해서 된 괘의 효가 3월의 괘효가 되며, 3월괘 원당의 다음효가 변해서 된 괘의 효가 5월의 괘효가 되고, 5월괘 원당의 다음효가 변해서 된 괘의 효가 7월의 괘효가 되며, 7월괘 원당의 다음효가 변해서 된 괘의 효가 9월의 괘효가 되고, 9월괘 원당의 다음효가 변해서 된 괘의 효가 11월의 괘효가 되는 것이다.

가령 어떤 사람의 유년괘流年卦가 풍지관괘이고 상효가 원당(年卦)이었다면, 관괘의 초효가 변해서 된 풍뢰익괘의 초효가 정월이 된다. 다음에는 익괘 이효가 변해서 된 풍택중부괘의 이효가 3월이 되고, 다음에는 중부괘의 삼효가 변해서 된 풍천소축괘 삼효가 5월이 되며, 다음에는 소축괘의 사효가 변한 중천건괘 사효가 7월이 되고, 다음에는 건괘 오효가 변한 화천대유괘의 오효가 9월이 되며, 다음에는 대유괘 상효가 변한 뇌천대장괘 상효가 11월이 된다.

◆ 홀수달괘

익(42)	중부(61)	소축(9)	건(1)	대유(14)	대장(34)
1월	3월	5월	7월	9월	11월

② 짝수달을 정하는 법 홀수달이 정해졌으면 홀수달의 응효를 취해서 짝수달로 삼는다. 앞서의 예에서 정월이 익괘 초효였으므로, 다음달인 2월(짝수달)은 익괘 초효의 응효인 사효가 변한 천뢰무망괘 사효가 된다. 이 무망괘 사효가 2월의 괘효가 되는 것이다. 또 3월이 중부괘 이효였으므로, 다음달인 4월은 중부괘 이효의 응효인 오효가

변한 산택손괘 육효가 된다.

또 5월이 소축괘 삼효였으므로, 다음달인 6월은 삼효의 응효인 상효가 변한 수천수괘 상효가 된다. 또 7월이 건괘 사효였으므로, 다음달인 8월은 사효의 응효인 초효가 변한 천풍구괘 초효가 된다. 또 9월이 대유괘 오효였으므로, 다음달인 10월은 오효의 응효인 이효가 변한 중화리괘의 이효가 된다. 또 11월이 대장괘 상효였으므로, 다음달인 12월은 상효의 응효인 삼효가 변한 뇌택귀매괘의 삼효가 된다. 이러한 예로써 나아가면 나머지도 유추할 수 있다.

◈ 짝수달괘

무망·25	손·41	수·5	구·44	리·30	귀매·54
2월	4월	6월	8월	10월	12월

2) 본문에서 월괘 찾는 법

홀수달괘와 짝수달괘를 합하여 다음과 같은 1년 12달괘를 얻는다. 이러한 도표는 각 해당하는 괘효에 「월괘月卦」라는 제목으로 정리해 놓았다.

◈ 월괘月卦

익·42	무망·25	중부·61	손·41	소축·9	수·5	건·1	구·44	대유·14	리·30	대장·34	귀매·54
1월	2월	3월	4월	5월	6월	7월	8월	9월	10월	11월	12월

6절. 일괘(日卦)

1) 일괘를 정하는 법(起日卦定式)

일괘를 일으키는 법은 월괘를 위주로 한다. 예를 들어 만력 23년 (서기 1595년) 7월의 월괘가 기제괘 이효였다면, 이 이효 하나만 변하지 않고 나머지 다섯효가 변하면서 6일씩 관장한다(5×6=30).

즉 기제괘 삼효가 변하면 수뢰둔괘가 되므로, 둔괘 삼효가 6일을 관장하는데, 초효부터 상효로 진행하며 한 효가 하루를 취한다. 그러나 일괘는 반드시 월괘의 절기를 고려하며 일으켜야 오차가 없다.

만력 23년의 7월 2일 오시午時가 입추절立秋節이었다면, 둔괘(기제괘 삼효가 변해서 됨) 초효는 2일 오시부터 하루를 관장한다. 둔괘 이효는 3일을 관장하고, 둔괘 삼효는 4일을 관장하며, 둔괘 사효는 5일을 관장하고, 둔괘 오효는 6일을 관장하며, 둔괘 상효는 7일을 관장한다. 이것이 둔괘 여섯효가 아래로부터 위로 올라가며 한효가 하루를 맡아서, 2일부터 7일까지를 관장하는 예이다.

이를 도표로 나타내면 다음과 같다.

기제괘	2일	3일	4일	5일	6일	7일
이효(7월)	기제괘 3효동 ⇨ 수뢰둔괘					

둔괘가 6일을 맡은 후, 8일부터 13일까지의 6일은 기제괘 사효가 변해서 된 택화혁괘가 맡는다. 이 괘가 아래로부터 위로 올라가며 6일을 맡는데, 8일은 혁괘의 초효가 맡고, 9일은 혁괘의 이효가, 10일은 혁괘의 삼효가, 11일은 혁괘의 사효가, 12일은 혁괘의 오효가, 13일은 상효가 각기 맡아서 행한다. 이것이 혁괘의 여섯효가 아래로부터 위로 올라가며 한효가 하루씩 맡아서 6일을 관장하는 예이다.

기제괘	8일	9일	10일	11일	12일	13일
이효(7월)	기제괘 4효동 ⇨ 택화혁괘					

14일에 이르러서는 앞서의 기제괘 오효가 변한 지화명이괘 오효가 맡기 시작한다. 아래로부터 위로 올라가며 한효가 하루를 맡으므로, 14일부터 19일까지의 6일을 맡게 된다. 그 나머지도 이런 방법으로 하여 미루어 나가면 된다.

기제괘	14일	15일	16일	17일	18일	19일
이효(7월)	기제괘 5효동 ⇨ 지화명이괘					

기제괘	20일	21일	22일	23일	24일	25일
이효(7월)	기제괘 상효동 ⇨ 풍화가인괘					

기제괘	26일	27일	28일	29일	30일	1일
이효(7월)	기제괘 초효동 ⇨ 수산건괘					

다만 기제괘 이효는 일괘의 변화에서 제외하는데, 이는 월괘는 변하지 않기 때문이다. 이효를 뺀 나머지 다섯효가 변해서 된 다섯괘가 각기 1괘가 6일씩 맡으므로, 30(5×6)효가 30일을 맡는 것이다. 이와 같이 효를 따라서 길흉을 판단하면 신명의 응함이 메아리가 울리는 것과 같아서 털끝만큼도 오차가 없게 된다.*

2) 시각을 정하는 방법(定時刻法)

하루는 100각刻으로 나뉜다. 하루는 12시진이므로, 각 시진에 8각씩 할당하면 단지 96각뿐이나, 인·신·사·해는 8각이 아닌 9각씩 쓰므

---

* 일괘는 전적으로 절기력에 의존한다. 절기는 대개 30일을 주기로 바뀌지만, 31일 또는 32일만에 돌아올 때도 있다. 따라서 다섯괘가 30일을 관장하는 일괘와는 1일 또는 2일의 차이가 있을 수 있다. 정상적으로 하면 한 효에 1일 1각 7분씩 관장하지만, 절기의 주기가 다름을 고려하여, 해당절기에서 다음 절기까지의 날수와 시간수를 합산하여, 30으로 나눈 몫을 한 효가 관장하는 것으로 계산하면 과부족이 없게 된다.

로 100각이 된다.*

　일괘를 일으킴에 하루에 1각 7분分씩 많게 된다. 왜냐하면 대강의 수로 본 1년은 360일이나, 실제로는 365일이 되기 때문이다. 그 차이가 나는 5일은 60시진에 해당하고, 이 60시진은 특별히 배당할 곳이 없으므로, 1개월마다 5시진씩 더하면 12개월에 60시진이 고루 배당된다. 이렇게 나아가면 하루에 1각 7분씩이 더 많게 된다. 그러므로 6일에 1괘를 배당하면 수數가 1시진씩 많게 된다. 즉 만약 처음괘가 미시未時에 일어났다면, 다음 괘는 그 다음 시진인 신시申時에 일어나게 되는 것이다. 나머지 괘도 이와 같이 한다.**

◆ 일괘

기제(육이)	둔·3	혁·49	명이·36	가인·37	건·39
	6 5 4 3 2 1	12 11 10 9 8 7	18 17 16 15 14 13	24 23 22 21 20 19	30 29 28 27 26 25

　만약에 위의 예처럼 7월 2일 오시午時가 입추절立秋節이었다면, 둔괘 초효(1번 항)는 7월 2일 오시부터 다음날인 3일 오시 1각 7분分까지를 주관하고, 둔괘 이효(2번 항)는 3일 오시 1각 8분分부터 4일 오시 3각 4분(10분은 1각)까지를 주관한다. 이렇게 나가면 혁괘 초효는 8일 미시부터 9일 미시 1각 7분까지를 주관하게 된다(한달에 5

---

* 금金은 사에서 생기고, 화火는 인에서 생기며, 수水와 토土는 신에서 장생長生하고, 목木은 해에서 생기므로, 이 네 시진은 장생長生하는 곳이기 때문에 1각씩 많은 것이다.

** 1개월에 5시진씩 많아지므로, 6일에 1시진씩 늘어나는 셈이다. 따라서 6일에 1괘를 배당하면 1시진씩 밀리게 되는 것이다. 본문에는 각 괘효마다 다음과 같이 도표로 표시되어 있다.

시진씩 늦춰지므로, 둔괘 상효까지 마치면 1시진이 늦춰진다). 또 명이괘 초효는 14일 신시부터 15일 신시 1각 7분까지 주관하니, 각 괘를 마칠 때마다 1시진씩 늦춰보면 되는 것이다.

옛 시각

예를 들어 1967년 망종(5월의 절기)은 4월 29일 유시에 들어오고, 소서(6월의 절기)는 6월 1일 인시에 들어왔다면, 그 사이의 기간은 32일과 5시진(4월 29일유시부터 30일, 5월 1일~30일, 6월 1일 인시)이 되어 총 389(32×12+5)시진이 된다. 이를 30으로 나누면 389÷30≒12.9666시진이 된다. 즉 한 효가 1일과 0.9666시진씩 관장하고, 한 괘는 77.8시진(6일과 5.8시진)을 관장하며, 다섯괘가 389시진(32일과 5시진)을 관장한다고 보는 것이다. 보다 정확하게 나누려면, 다음 항의 시각을 정하는 방법대로 하루를 100각으로 나누고, 또 각 시진에 8각씩 배당하되 인·신·사·해는 8각이 아닌 9각씩을 배당하여 절기가 초에 들어오고 정각에 들어오는 것을 계산하여 배당하여야 한다. 그러나 앞서의 방법과 같이 초와 정을 따지지 않고 하여도 일운을 계산하는데는 무리가 없다.

현대 시간

요즈음의 만세력은 절기가 들어오는 시간을 분과 초까지 나누므로, 24시간 개념으로 바꾸어 계산하면 더욱 정확하게 볼 수 있다. 중요한 것은 절기와 절기 사이의 기간을 30(5괘이므로 30효이다)으로 나누어 한 효가 관장하는 시간을 계산한다는 점이다.

앞의 예에서 1967년 망종(5월의 절기)은 4월 29일 오후 6시 36분에 들어오고, 소서(6월의 절기)는 6월 1일 4시 53분에 들어왔다면, 그 사이의 기간은 32일과 10시간 17분(4월 29일 18시 36분부터 30일, 5월 1일~30일, 6월 1일 4시 53분)이 된다. 이를 30으로 나누면 46,697분(32×24×60+10×60+17)÷30≒1556.57분이 된다. 즉 한 효가 1일과 1시간 56분 57초씩 관장하고, 한 괘는 155.657시간(6일과 11.66시간)을 관장하며, 다섯 괘가 778.285시간(32일과 10.2시간)을 관장한다고 보는 것이다.

제 3장

길흉 판단법

1절. 길흉 판단법

하락리수법에 의해 괘를 얻은 다음에는 그 길흉을 판별해야 한다. 판별하는 기준에는 15~6가지가 있는데, 그 중에서 특히 중요한 「길흉판단 12가지 기준표」에 의해서 길흉을 판별하면 큰 잘못이 없게 될 것이다. 그 과정을 설명하면 다음과 같다.

1) 평생괘를 얻는다.

① 사주를 얻고 천수와 지수를 얻는다.
② 천수와 지수로 괘를 짓는다.
③ 원당효를 얻는다.
④ 대상운을 알기 위해 선천괘와 후천괘를 구한다.

2) 운명을 판단하는 「길흉판단 12가지 기준표」에 맞춰본다.

① 괘명(괘사)이 길한가? 괘명 또는 괘사로 판단

② 효의 자리가 길한가? 오효, 또는 신하자리 중에서도 중을 잡은 이효.

③ 효사가 길한가?

④ 때를 얻었는가(得時)? 12월 소식괘 또는 월괘月卦를 얻음. 예를 들어 9월에 박괘를 얻음, 11월에 복괘를 얻음. 월괘를 얻은 것에는, 생월이 후괘와 일치하는 사람도 포함한다.

⑤ 응원하는 효가 있는가? 원당효가 음효인데 응하는 효가 양효이거나, 원당효가 양효인데 응하는 효가 음효인 경우.

⑥ 수가 때에 순한가? 천수와 지수의 합에 있어서, 음은 적고 양이 많아야 마땅하고, 음이 많고 양이 적더라도 때에 순해야 좋게 된다. 12월 소식괘消息卦와 천수지수의 길흉 참조.

⑦ 괘체를 얻었는가? 토土기운의 사람이 간괘(☶)를 얻었다면, 체를 얻었다고 판단한다. 득체得體 편의 오명득괘五命得卦 참조.

⑧ 자리가 마땅한가(當位)? 양령에 태어난 사람에게 원당이 양효인 경우와, 음령에 태어난 사람에게 원당이 음효에 있을 때를 말함.

⑨ 이치에 합당한가(원기)? 경庚년에 태어난 사람이 진괘(☳)를 얻고 (원기) 봄 또는 여름의 때를 만남(화공). 가령 금金기운의 사람이 태괘(☱)를 얻지 못했더라도, 토土에 해당하는 곤괘(☷)나 간괘(☶)를 얻었다면 상생(土生金)하기 때문에 서로 배신하지는 못한다.
생년의 간지가 괘에 속한 납갑과 일치하는 것이 있는가?
생년의 간지를 육십갑자 오행납음에 맞춰 보았을 때, 같은 오행에 속한 괘를 얻었는가? 또는 상생하는가?

⑩ 이치에 합당한가(화공)?

⑪ 중종(衆宗:종마루를 따름, 즉 다른 효들이 주효를 따름)효인가?
가령 오양일음괘에서 원당이 하나뿐인 음효에 있거나, 오음일양괘에서 원당이 하나뿐인 양효에 자리할 때를 중종이라고 한다. 쾌괘·구괘·박괘·복괘 등에서 이러한 예를 찾을 수 있다.

⑫ 태어난 달이 양령일 때 천수의 나머지수가 홀수인가? 음령일 때 지수의 나머지 수가 짝수인가?
태어난 달이 양령일 때 천수의 나머지수가 짝수이거나, 음령일 때 지수의 나머지수가 홀수이면 좋지않게 본다.

이 12가지 중에서 3~5개를 얻으면 고을의 책임자 정도의 운명이고, 6~8을 얻으면 도道를 깨치는 운명이며, 9~10을 얻으면 중앙의 고관이 되는 정도의 운명이고, 11~12를 얻으면 잘되면 대통령이고 못되어도 대장군이나 국무총리 이상의 고귀한 운명이다. 또 같은 기준이라도 원기나 화공이 있으면, 귀함이 더욱 귀하게 되고 어려운 가운데서도 도움이 있어 풀리는 운으로 본다.

위의 「길흉판단 12가지 기준표」는 선천괘나 후천괘 뿐만 아니라, 유년괘와 월괘 일괘에도 적용된다. 다만 선천괘와 후천괘운의 큰 테두리 안에서, 더 세분된 운들이 그때 그때의 길흉을 관장한다고 보면 되는 것이다. 물론 선천괘나 후천괘 운이 아무리 좋더라도, 유년괘의 운이 좋지 않으면 안좋은 운이 전개 되고, 몇 년 계속해서 좋지 않으면 선천괘나 후천괘 운을 다 마치기 전에 죽을 수도 있다. 또 선천괘나 후천괘의 운행에서 대상괘나 유년괘에 정대체나 반대체가 있으면 흉하게 본다.*

3) 좀더 세부적으로 알기 위해 대상운과 소상운, 나아가서 월운과 일운을 살핀다.

① 유년괘의 운을 살핀다.
② 년운 중 월운을 살핀다.
③ 월운 중 일운을 살핀다.

---

* 제 4장(길흉판단의 연습) 참조

2절. 원당효와 길흉

원당효는 사주 중에 시주時柱와 관련이 있으므로, 시주로 보는 길흉법에 속하나, 그 내용이 중요하므로 독립하여 놓았다.

1) 원당효의 지위와 길흉

사람이 괘를 얻음에, 단지 생시生時에 따라 원당이 자리를 정해지면, 그 원당의 좋고 나쁨에 따라 사람이 부여받은 분수를 알고 사람의 성정性情을 점칠 수 있다. 원당효의 자리 중에서 오효자리는 상괘의 중中을 얻어서 제일 좋고, 이효자리는 하괘의 중中을 얻었으므로 그 다음이며, 삼효와 사효자리가 그 다음이고(중을 못 얻었지만, 활동하는 자리임), 초효와 상효자리가 그 다음이다(중도 못얻고, 초효는 초기단계이고 상효는 끝나가는 단계로 활동이 거의 없음).*

---

* 이를 경방京房의 분류에 의해서 각 계급을 나누면 다음과 같다.
이효와 사효는 같은 유(柔:陰爻)로써 공은 같지만 지위는 다르다. 이효는 명예가 많고 사효는 두려움이 많은 것은, 이효는 임금효인 오효에서 멀고 사효는 오효와 가깝기 때문이다. 유柔는 본래 홀로 설 수 없으므로 임금에게서 먼 것이 불리하지만, 멀리 있는데도 허물이 없다고 한 것은 이효는 중中을 얻어 중덕中德으로 행동하기 때문이다.
삼효와 오효는 같은 강(剛:陽爻)으로 공은 같지만 지위가 다르다. 삼효는 흉이 많고 오효는 공이 많은 것은, 오효는 임금의 귀한 자리이고, 삼효는 신하자리이기 때

2) 원당효의 응원과 길흉

한 괘의 여섯효에서 하괘의 초효初爻는 상괘의 초효(四爻)와, 하괘의 중효(二爻)는 상괘의 중효(五爻)와, 그리고 하괘의 상효(三爻)는 상괘의 상효上爻와 각기 서로 돕는 응원관계에 있다.

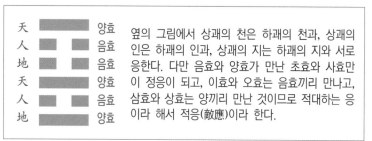

옆의 그림에서 상괘의 천은 하괘의 천과, 상괘의 인은 하괘의 인과, 상괘의 지는 하괘의 지와 서로 응한다. 다만 음효와 양효가 만난 초효와 사효만이 정응이 되고, 이효와 오효는 음효끼리 만나고, 삼효와 상효는 양끼리 만난 것이므로 적대하는 응이라 해서 적응(敵應)이라 한다.

이렇게 응원관계에 있는 효가 음효(--)와 양효(—)로 만난 경우를 상응相應이라하여 좋게 보고, 음효가 음효를 만나고 양효가 양효를 만난 경우를 적응敵應이라 하여 좋지 않게 본다. 주역에서는 음과 양은 서로 화합하고, 같은 음 또는 양끼리는 서로 밀쳐낸다고 보기 때문이다.

따라서 원당효가 양효라면 응원하는 효는 음효이고, 원당효가 음효라면 응원하는 효는 양효라야 서로 음과 양으로 화합하는 것이므

자리	사회
상효	종묘宗廟
오효	임금(대통령)
사효	제후諸侯
삼효	삼공三公
이효	대부大夫
초효	원사元士

문이다. 또 삼효와 오효는 둘다 양자리인데, 그자리에 음효가 오면 책임을 이기지 못해 위태하고, 양효가 오면 능력을 발휘해 책임을 다하는 공이 있게 된다.
원사元士 : 주周나라 때는 선비를 상사上士·중사中士·하사下士로 나누었는데, 이 세 계급을 통칭하는 말이 원사이다.

로 길하게 본다. 그렇지 않고 양효일 때 양효이고, 음효일 때 음효인 경우는 흉하게 본다.

예를 들어 항괘(䷟)의 이효에 원당이 있다면, 이효의 응효는 오효이다. 이효는 양효(━)인데 오효는 음효(╍)이므로, 서로 음과 양으로 화합하는 것으로 길하게 본다. 또 대장괘(䷡)의 초효에 원당이 있다면, 초효의 응효는 사효이다. 초효는 양효(━)인데 사효도 양효(━)이므로, 양끼리 만난 것으로 흉하게 본다.

3) 원당효의 당위當位 여부와 길흉

일반적으로 양월령陽月令에 태어난 사람의 원당효가 양효에 있거나, 음월령陰月令에 태어난 사람의 원당효가 음효에 있을 때를 당위當位라고 하여 길하게 보고, 그렇지 않은 경우를 흉하게 본다. 그러나 이경우는 뒤에 「천수와 지수의 길흉」항에서 설명되듯이, 여자일 경우와 남자일 경우, 그리고 천수와 지수의 다과多寡에 따라서 종합적으로 살펴봐야 한다.

4) 원당효의 중종衆宗 여부와 길흉

괘의 여섯효 중에 다른 효는 모두 양효이고 한 효만 음효이거나, 다른 효는 모두 음효이고 한 효만 양효일 때, 그 하나의 효를 다른 효들이 주인으로 삼아 따르므로, 이를 중종(衆宗:종마루로 따름)이라고 한다. 원당이 중종효에 있을 때를 좋게 여기고, 반대로 중종효를 따르는 다른 효 가운데 하나에 원당이 있을 때를 중질衆疾이라고 하여 좋지 않게 여긴다.*

---

* 중종효는 오양일음괘와 오음일양괘에서 볼 수 있는데, 이를 정리하면 다음과 같다.
① 오양일음괘 : 소축괘(䷈)의 사효, 리괘(䷝)의 삼효, 동인괘(䷌)의 이효, 대유괘(䷍)의 오효, 쾌괘(䷪)의 상효, 구괘(䷫)의 초효에 원당이 있는 경우.
② 오음일양괘 : 사괘(䷆)의 이효, 비괘(䷇)의 오효, 겸괘(䷠)의 삼효, 예괘(䷏)의 사효, 박괘(䷖)의 상효, 복괘(䷗)의 초효에 원당이 있는 경우.

3절. 사주와 길흉

1) 년주와 길흉

① 원기(元氣)

■ 원기

> ≪ 원기를 만난 경우의 시 ≫
>
> 元氣稱爲誥祿星 遇者分明主富盈
> 氣旺更兼居本位 縱然白手振家聲
> 원기는 고명성과 관록성이라고 부르니/ 만나는 자는 틀림없이 부귀가 가득찬다/ 기운이 왕성하고 다시 본자리를 겸했으면/ 자수성가가 틀림없다

원기는 사주 중에 년주年柱의 간지를 살펴서 결정한다. 즉 갑·임과 술·해는 건(☰)에 속하고, 을·계와 미·신은 곤(☷)에 속하며, 병과 축·인은 간(☶)에 속하고, 정과 유는 태(☱)에 속하며, 무와 자는 감(☵)에 속하고, 기와 오는 리(☲)에 속하며, 경과 묘는 진(☳)에 속하고, 신과 진·사는 손(☴)에 속하는데, 년간지年干支에 해당하는 괘를 얻었을 때 원기가 있다고 한다.

원기는 전적으로 부귀와 명예를 주관하므로, 관록성官祿星 또는 고명성誥命星이라고도 부르는데, 남녀를 불문하고 원기를 만나면 길하고 경사스럽다. 여기에 다시 납음의 생하는 기운*을 얻으면 더욱 묘하게 좋다.

원기는 사람이 태어난 해의 간지와 관련이 있고, 나머지 월간지 일간지 시간지와는 아무런 상관이 없다. 천간의 원기를 만난 사람을 천원기天元氣라고 하고, 지지의 원기를 만난 사람을 지원기地元氣라고 한다.

예를 들어 갑자년에 태어난 사람이 천수송괘(☰)를 얻었다면, 송괘는 상괘는 건(☰)이고 하괘는 감(☵)으로 이루어져 있다. 천간인 갑甲은 건(☰)에 속하고, 지지인 자子는 감(☵)에 속한다. 따라서 괘 안에 천원기가 있고, 지원기도 있는 것이어서, 이 사람이 부귀와 명예를 누리게 되는 것이다. 더욱이 납갑으로 갑자는 금에 속하므로, 상괘 건(오행으로는 금에 속함)과 더 잘 어울리게 된다.

또 갑술년에 태어난 사람이 천택리괘(☰)를 얻었다면 괘에 건(☰)이 있는 것이다. 천간인 갑은 건에 속하고, 지지인 술도 역시 건에 속하므로, 천원기와 지원기를 모두 갖춘 것이다.

※ 원기표(간지와 해당괘)

천간	갑·임	을·계	병	정	무	기	경	신
지지	술·해	미·신	축·인	유	자	오	묘	진·사
원기(괘)	건(☰)	곤(☷)	간(☶)	태(☱)	감(☵)	리(☲)	진(☳)	손(☴)

---

* '납음의 기운'이란 갑자년에 태어난 사람은 납음이 금(海中金)에 속한다고 하며, 병인년에 태어난 사람은 납음이 화(爐中火)에 속하다고 하는 것 등을 말한다. 납음의 기운을 알려면, 제 1장의 「60갑자 납음오행표」를 보면 된다. 예를 들어 갑인년 또는 을묘년의 수음(水音:大溪水)에 태어난 사람이, 선천과 후천의 두 괘에는 원기가 없지만, 괘 가운데 금체金體인 건(☰)과 태(☱)를 얻었다면, 금생수金生水의 뜻에서 원기가 있는 것과 같이 본다. 나머지 괘의 오행상생도 마찬가지로 본다.

본괘에 원기가 없으면 호괘를 봐야 한다. 정·유丁酉년에 태어난 사람이 뇌산소과괘(☳☶)를 얻으면, 상하의 두 괘 중에 비록 태兌의 원기는 없으나, 호괘 가운데 태(☱)가 있다. 이미 호괘를 봤으면 또한 피차가 서로 생하는 것을 본다.

■ **득세得勢** 선천괘 또는 후천괘와 납갑納甲과의 관계를 말한다. 팔괘의 효에는 각기 해당되는 간지가 있는데, 이를 간지를 들인다는 뜻에서 납갑이라 한다. 태어난 해의 간지와 얻은 괘의 납갑과 하나라도 일치하면 득세라고 하며, 원기의 일종으로 보아 부귀와 공명을 누린다고 본다.

※ 팔괘의 납갑표

乾	震	坎	艮
임술	경술	무자	병인
임신	경신	무술	병자
임오	경오	무신	병술
갑진	경진	무오	병신
갑인	경인	무진	병오
갑자	경자	무인	병진

坤	巽	離	兌
계유	신묘	기사	정미
계해	신사	기미	정유
계축	신미	기유	정해
을묘	신유	기해	정축
을사	신해	기축	정묘
을미	신축	기묘	정사

괘에는 천간을 들이고 효에는 지지를 들이게 되는데, 양 지지는 순행하고 음 지지는 역행한다(괘에 천간을 들이는 법은 선천괘 얻는

법의 천간수(天干數) 항 참조). 다만 건괘와 곤괘는 천간을 둘씩 들이므로, 건괘의 내괘는 갑을 들이고 외괘는 임을 들이며, 곤괘의 내괘는 을을 들이고 외괘는 계를 들인다.

지지를 들일 때 양에 해당하는 지지인 자·인·진·오·신·술을 건괘의 초효부터 차례로 배당하고, 음에 해당하는 지지인 미·사·묘·축·해·유를 곤괘의 초효부터 차례로 들인다. 여기서 미부터 들이는 것은, 오시부터 음이 자라기 시작하나, 오는 양지이므로 음지인 미부터 시작하여 역행한다.

먼저 양괘를 살피면, 진은 건의 초효를 얻은 장남괘이므로 건괘의 초효 지지인 자를 초효로 삼아 아래로부터 위로 순행하여 쓰고, 감은 건의 중효를 얻은 중남이므로 건괘 중효의 지지인 인을 초효로 시작하여 순행하여 쓰며, 간은 건의 삼효를 얻은 소남이므로 건괘 삼효의 지지인 진을 초효로 시작하여 순행하여 쓴다.

음괘를 살피면, 손은 곤의 초효를 얻은 장녀이므로 곤괘의 초효지지인 미를 상괘의 초효로 삼아 아래에서부터 위로 올라가며 쓰고(음괘는 역행하므로 상괘부터 납갑을 들이되, 지지는 하나씩 올라간다), 리는 곤의 중효를 얻은 중녀이므로 곤괘의 초효를 상괘의 중효로 삼아 올라가고, 태는 곤의 상효를 얻은 장녀이므로 곤의 초효를 상괘의 상효로 삼아 올라간다.

※ 漸卦 납갑표

예를 들어 점괘()에 납갑을 붙이면, 하괘는 간()의 하괘 납갑을 들이고, 상괘는 손()의 상괘 납갑을 들이므로, 왼쪽 그림과 같이 된다. 병진년에 태어났다면 점괘의 초효 납갑과 합치된다. 따라서 부귀와 공명을 누린다고 보는 것이다. 납갑이 붙은 효의 위치와 상관없이 년주年柱의 간지와 합치되는 것이 하나라도 있으면 득세했다고 하는 것이다.

또 림괘에 납갑을 붙이면 하괘는 태(☱)의 하괘 납갑을 들이고, 상괘는 곤(☷)의 상괘 납갑을 들이므로, 다음 그림과 같이 된다. 을유년에 태어났다면 합치되는 납갑이 없는 것 같이 보이나, 건괘와 곤괘는 천간을 둘씩 쓰므로 상괘와 하괘의 천간을 서로 빌려서 쓴다. 따라서 상효의 납갑인 계유가 곤괘의 하괘 천간인 을을 빌려서 쓰면 을유년에 태어난 사람도 납갑에 합치되는 것이 된다.

■ 60갑자 납음오행   태어난 년도의 간지를 60갑자 납음오행에 맞춰봐서, 자신의 본명괘가 년간지의 납음오행을 생하면, 원기의 일종으로 보아 부귀와 공명을 누린다고 한다.

예를 들어 태어난 년도의 간지가 경오년인 사람은 납음오행으로 토(路中土)에 속하는데 화괘(火卦:☲)를 얻고, 수水의 사람(병자년 등)이 금괘(金卦:☰, ☱)를 얻으면, 또한 상생한다고 이른다. 수괘(水卦:☵) 또는 화괘火卦 등을 얻는 것에 있어서, 만약 본명괘本命卦에 원기가 없으나 유년괘流年卦에 원기가 있으면, 이와 같은 해(年)도 또한 일이 뜻같이 된다.

만일 병진년에 태어난 사람은 납음오행으로 토土에 속하는데 손(巽:☴)을 얻고, 금金의 사람(경술년 등)이 리離를 얻으며, 수水의 사람이 토(土:☶, ☷)의 괘를 얻었다면, 괘가 상극하여 흉하게 되나, 단 원기가 있으면 또한 심히 해롭지 않다.   * 57페이지 납음표 참조.

② 반원기反元氣

≪ 반원기의 시(元氣反詩) ≫

祿星主富誥星名 只在干支元氣尋
倘若一朝相反背 頓敎名利化灰塵

복록성은 부유함을, 고명성은 명성을 주관하니/ 단지 생년의 간지에서 원기를 찾는다/ 만약 서로 상반하여 배반함이 있으면/ 돈과 명리가 한 순간에 한줌의 재로 돌아가리라

■ 반원기의 뜻 천간의 갑·임 또는 지지의 술·해가 곤(☷)을 만나고, 천간의 을·계 또는 지지의 미·신이 건(☰)을 만나며, 천간의 병 또는 지지의 축·인이 태(☱)를 만나고, 천간의 기 또는 지지의 오가 감(☵)을 만나며, 천간의 정 또는 지지의 유가 간(☶)을 만나고, 천간의 무 또는 지지의 자가 리(☲)를 만나며, 천간의 신 또는 지지의 진·사가 진(☳)을 만나고, 천간의 경 또는 지지의 묘가 손(☴)을 만나면 원기가 상반된 것이고, 이를 반원기라고 한다.*

※ 반원기표(간지와 해당괘)

천간	갑·임	을·계	병	기	정	무	신	경
지지	술·해	미·신	축·인	오	유	자	진·사	묘
원기(괘)	곤(☷)	건(☰)	태(☱)	감(☵)	간(☶)	리(☲)	진(☳)	손(☴)

사람과 원기가 상반되면 평생하는 일이 뜻대로 되지 않으며, 일은 많은데 안타깝게도 잘 안된다. 단명을 하며 부모와 자손의 극을 받고, 아내와 방탕하게 즐기다가 결국 병이 생기며, 즐거운 곳에는

---

* 예를 들어 천간 또는 지지의 원기가 건(☰)에 속하는데, 괘에 건이 없고 곤(☷)만 있으면 이를 서로 상반된다고 하는 것이다.

우환이 생긴다. 여기에 다시 정대(正對:배합괘)와 반대(反對:도전괘)를 보태면 대개 사망에 이르게 되며, 가볍더라도 고질적인 악창惡瘡에 시달리며, 우매하고 굳세지 못한 사람이니, 극함을 받고 제재를 받는 것을 제일 꺼린다.*

- 반원기의 흉함을 구제하는 비결(反中有救訣)

> ≪ 원기상충을 구제하는 시(反中有救訣) ≫
>
> 元氣雖衝莫作凶 要分節氣淺深中
> 反處氣虛無剋制 應知財壽亦豐隆
> 원기가 비록 상충되더라도 흉함을 짓는다고 단정하지 말아라/ 중요한 것은 절기의 깊고 얕음에 있다네/ 상반하는 곳에 기운이 허하고 극제함이 없으면/ 재산과 수명이 또한 풍성하고 오래감을 알라

- 팔괘와 원기
  - 건(☰)과 상반되면 천도天道를 잃는 것이니, 주로 요절과 관련
  - 곤(☷)과 상반되면 지도地道를 잃는 것이니, 주로 빈곤과 관련
  - 감(☵)과 상반되면 귀머거리가 많은 것이니, 주로 귀에 병
  - 간(☶)과 상반되면 등창 등 악창惡瘡이 많은 것이니, 기운이 막힘
  - 리(☲)와 상반되면 봉사가 많으니, 눈이 병을 얻은 것
  - 태(☱)와 상반되면 입술과 치아에 결함이 많으니, 입술과 치아병
  - 진(☳)과 상반되면 절름발이가 많으니, 발에 질병
  - 손(☴)과 상반되면 고질병(巽은 손과 발등이 된다).

---

* 예를 들어 갑술甲戌년에 태어난 사람이 림괘(☷☱)를 얻었다면, 상괘는 곤(☷)이고 하괘는 태(☱)로 이루어져 있다. 갑과 술은 모두 건(☰)에 속해 있는데, 건은 없고 상반된 원기를 뜻하는 곤만 있으니, 좋지 않은 운이 되는 것이다.

2) 월주와 길흉

① 화공化工

> ≪ 화공을 만난 시(逢化工詩) ≫
> 當生月令化工逢 名譽芬芳子息隆
> 縱使銜茅終發達 若居富貴愈亨通
> 생월에서 화공을 만났으니/ 명예가 아름답고 자식이 흥성하네/
> 처음에는 어렵다가도 끝에 가서 좋아지며/ 만약 현재 부귀하다
> 면 더욱 더 형통해지네

■ 화공의 뜻 동지부터 춘분 직전까지는 감(☵)에 화공이 있고, 춘분부터 하지 직전까지는 진(☳)에 화공이 있으며, 하지부터 추분 직전까지는 리(☲)에 화공이 있고, 추분부터 동지 직전까지는 태(☱)에 화공이 있으며, 매계절의 계월*에는 곤(☷) 또는 간(☶)에 화공이 있다.

화공과 년주年柱 일주日柱 시주時柱의 간지는 상관이 없고, 단지 월주의 간지에서만 취한다. 사람이 동지부터 춘분 전에 태어났다면 수水가 왕성할 것이므로 화공이 감(☵)에 속한다. 바로 춘분의 직전 1일에서 멈추고, 만약 선천괘나 후천괘 중에서 감이 있으면 화공이 있다고 말하는 것이다. 감괘의 예에 따라서 나머지 괘도 유추하길 바란다.

---

* 계월(季月:계절의 후반부 18일) : 24절기 중 입춘·입하·입추·입동은 각 계절의 시작을 알리는 절기이다. 그러므로 이 네 절기가 오기 직전의 18일씩이 계월에 해당한다. 예를 들어 입춘이 1월 8일에 들었다면, 그 전년 12월 19일부터 입춘 전날까지가 겨울의 계월이 된다.

※ 절기와 화공표

절기	동지~춘분 전	춘분~하지 전	하지~추분 전	추분~동지 전	계월季月
화공(괘)	감(☵)	진(☳)	리(☲)	태(☱)	곤(☷)·간(☶)

화공은 전적으로 명예를 주관하니, 시험보는 이가 얻으면 시험에 장원으로 합격하고, 이미 취직자리에 있는 자(또는 합격된 자)가 얻으면 하늘의 도움을 얻어 출세를 하며, 여자가 얻으면 어질고 정숙한 현모양처가 된다.

■ 화공에 상반되는 예(化工反例)

> ≪ 반화공 시(化工反詩) ≫
>
> 夏至以後秋分前逢坎 秋分以後冬至前逢艮
> 冬至以後夏至前逢離 春分以後夏至前逢巽
> 每季月十八日逢乾兌
>
> 하지부터 추분 직전까지에 감(☵)을 만나고/ 추분부터 동지 직전까지에 간(☶)을 만나며/ 동지부터 춘분 직전까지에 리(☲)를 만나고/ 춘분부터 하지 직전까지에 손(☴)을 만나며/ 매 계절의 후반부 18일에 건(☰) 또는 태(☱)를 만나면 화공에 상반된다

사람이 사주팔자로 된 괘에서 화공을 얻지 못하고 오히려 상반되면, 재앙과 횡액이 있으며, 은혜가 변해 고뇌가 되며, 아무리 높은 자리에 있더라도 일을 이룰 수 있는 권한을 빼앗기게 되니, 이렇게 되는 것은 소상운(1년운)이나 대상운(9년 또는 6년운)이나 간에 같이 본다. 가볍게는 송사에 휘말려 옥에 들어가고, 무겁게는 횡액과 재앙이 예측할 수 없다. 제일 꺼리는 바는 극을 받고 깎임을 받는 것이니, 서로 생해줌이 있으면 길한 것이다.

※ 절기와 화공상반표

절기	하지~추분 전	추분~동지 전	동지~춘분 전	춘분~하지 전	계월季月
화공(괘)	감(☵)	간(☶)	리(☲)	손(☴)	건(☰)·태(☱)

■ 상반된 화공에 대한 비결(化工反訣)

> 當生月令化工違 嗣續功名化作灰
> 若是氣虛無剋制 縱反還堪着力爲
> 생월이 화공과 어긋나니/ 얻었던 공명이 한줌의 재가 되네/ 만약 어긋난 기운이 허하고 극제받음이 없으면/ 어려움을 딛고 뜻을 세우네

■ 려잠부厲潛夫가 풀이한 선후천 화공원기의 뜻   선천괘가 주체가 되는데 마땅히 주역경문에 의해서 해석하고, 수(천수와 지수)를 참고해서 살피되, 이치에 맞으면 길하고, 이치에 거슬리면 흉하다. 후천괘로 되면 효가 변화되고 자리가 바뀌니, 선천괘와 이치와 뜻이 한결같지 않게 된다. 길하고 흉함에 효가 나뉘고 가는 길과 지위가 다르기 때문에, 후천괘에 길함이 있게 되는 것이니, 어찌 밝히지 않을 수 있겠는가?

선천괘에서 화공과 원기를 만나면 부귀와 영화가 있다가, 후천괘로 바꿨을 때 화공과 원기를 잃으면 복이 사라지고 화가 찾아오는 것이니, 더욱 잘 살펴야 할 것이다.

혹 선천괘에는 화공과 원기가 없는데, 효사와 이치 및 지위(효의 자리)가 다 길하면 큰 어려움이 없는 것이고, 효사와 이치 및 지위가 다 안좋으면 반드시 빈천하게 되나, 후천괘로 바꿨을 때 괘 가운데 있는 것이 크게 길하다고 하면, 빈천한 가운데 갑자기 놀라울 정도의 부귀가 오는 것이다. 이와 같이 풀어 나가면 비로소 역의

수리를 알아서 천지의 이치를 따라간다고 할 것이다.

② 득시得時 선천괘나 후천괘가 태어난 월의 후괘候卦와 일치하는 것을 득시라고 하며, 득시한 사람을 부귀와 공명을 누린다고 보는 것이다. 예를 들어 2월에 태어난 사람이 선천괘로 대장괘(☳)를 얻었다면, 대장괘는 2월에 속하므로 득시하였다고 하며, 이 사람이 공명과 부귀를 누린다고 보는 것이다.

후괘와 소속된 달과의 관계를 도표로 나타내면 다음과 같다.

월명	괘월
1월(입춘)	태(11) 동인(13) 대유(14) 고(18) 함(31) 항(32) 점(53) 기제(63)
2월(경칩)	송(6) 무망(25) 대과(28) 대장(34) 진(35) 규(38) 혁(49) 소과(62)
3월(청명)	리(10) 쾌(43) 정(48) 환(59)
4월(입하)	건(1) 리(30) 간(52) 손(57)
5월(망종)	예(16) 구(44) 곤(47) 려(56)
6월(소서)	둔(3) 돈(33) 가인(37) 취(45)
7월(입추)	사(7) 비(8) 비(12) 수(17) 손(41) 익(42) 귀매(54) 미제(64)
8월(백로)	몽(4) 수(5) 관(20) 이(27) 명이(36) 건(39) 승(46) 중부(61)
9월(한로)	겸(15) 서합(21) 박(23) 풍(55)
10월(입동)	곤(2) 감(29) 진(51) 태(58)
11월(대설)	소축(9) 비(22) 복(24) 절(60)
12월(소한)	림(19) 대축(26) 해(40) 정(50)

3) 일주와 길흉

① 득체得體 일주日柱의 천간 및 지지와 선천괘 또는 후천괘와의 오행관계를 말하는 것으로, 다섯 명운命運이 괘를 얻었다는 뜻에서 오명득괘五命得卦라고도 한다. 일주日柱의 천간 및 지지를 오행에 배속하고, 선천괘와 후천괘에 속한 소성괘 역시 오행에 배속하여, 서로간의 상생·상극관계를 살펴 길흉을 정하는 것이다.

■ 금金 일주의 간지로 경·신庚辛과 신·유申酉를 얻은 사람은 금金의 명운命運을 얻은 것이다. 따라서 선천괘나 후천괘의 내용에 따라 다음과 같이 달라진다.

㉠ 건괘(☰)를 얻으면 기운이 왕성해지므로(같은 金) 부귀하게 된다. 득체

㉡ 감괘(☵)를 만나면 부침浮沈이 있는 상으로(金生水) 복과 화가 서로 이어진다.

㉢ 간괘(☶)를 만나면 산림에 은둔하는 상으로, 비록 기운을 더해주기는 하나(土生金), 또한 감추고 걷어들이는 빛과 색일 뿐이다.

㉣ 진괘(☳)를 만나면 재궁財宮에 들어가는 격으로, 움직이는 대로 뜻을 이룬다(金克木). 득체

㉤ 손괘(☴)를 만나면 찬바람이 소소히 부는 상으로, 가을이나 겨울에는 기쁜 일이 있지만, 봄이나 여름에는 좋지 않다.

㉥ 리괘(☲)를 만나면 몸체가 극을 당하는 형상으로(火克金), 처음에는 좋다가 나중에는 궁하게 된다.

㉦ 곤괘(☷)를 만나면 자신을 포태하고 있는 어머니이자, 근원을 따르는 격으로(土生金), 복과 경사를 많이 얻는다. 득체

◎ 태괘(☱)를 만나면 같은 처지의 괘(같은 金)로 서로 돕는다.

■ 목木 일주의 간지로 갑·을甲乙과 인·묘寅卯를 얻은 사람은 목木의 명운命運을 얻은 것이다. 따라서 선천괘나 후천괘의 내용에 따라 다음과 같이 달라진다.

㉠ 건괘(☰)는 양陽이 건장하다는 뜻이 되므로, 나무(木)가 무성하고 꽃이 번성하게 되나, 겉은 무성하고 실속은 적다(金克木을 당하므로).

㉡ 감괘(☵)를 만나면 감(坎)은 빠진다는 뜻이 있으니, 나무의 뿌리가 크게 되지도 오래가지도 못하는 상이다. 그렇지만 감은 목을 생하고 자라게 하는 궁이 된다(감의 본래 뜻으로는 생장을 막지만, 한편으론 水生木의 기능으로 도와준다). 득체

㉢ 간괘(☶)를 목木기운의 사람이 얻을 때는, 반드시 때와 합치되어야 좋게 된다. 즉 봄과 여름에는 길하고(木克土하며 성장) 득체, 가을과 겨울에는 불리하며(艮에는 그치게 한다는 뜻이 있다), 여기에 바람을 더한다면 더욱 심해진다.

㉣ 진괘(☳)를 얻었다면 같은 목기운으로 서로 의지함이 마땅하므로, 영화롭게 되고 행동함에 잘못됨이 없다. 득체

㉤ 손괘(☴)를 얻었다면 뿌리와 줄기를 흔들어 놓는다(살살 불어 자극을 주어 성장을 돕기도 하고, 세게 불어 고통과 위험을 주기도 한다).

㉥ 리괘(☲)를 얻었다면 꽃답고 영화로운 삶에 손실을 준다(木生火하느라고 泄氣됨).

㉦ 곤괘(☷)를 얻었다면 뿌리가 건장하고 굳게 성장하게 하나, 기다렸다가 발흥해야 되니, 성공이 더디다. 음수陰數가 많다면 더욱 느려져 크게 성공하기가 힘들다.

◎ 태괘(☱)는 가을을 뜻하니, 가을을 조심하면 된다.

■ 수水 일주의 간지로 임·계壬癸와 해·자亥子를 얻은 사람은 수水의 명운命運을 얻은 것이다. 따라서 선천괘나 후천괘의 내용에 따라 다음과 같이 달라진다.

㉠ 건괘(☰)는 물(水)이 발원하는 곳으로(金生水), 근본을 감싸고 근원을 따르는 상이다. 따라서 수고하고 자잘하게 사는 고통이 없다. 득체

㉡ 감괘(☵)는 함정에 빠지는 뜻이다. 혹 나아갔다가 혹 그치니, 길과 흉에 정해진 것이 없다.

㉢ 간괘(☶)는 산 아래에 험한 것(水)이 있어서, 큰 산자락에 찬 물이 흐르는 상이 된다(산세에 따라 흘러야 하기 때문에 굴곡이 많지만, 크게 막힘이 없고 자신의 길을 가는 것이다).

㉣ 진괘(☳)를 만나면 물이 동쪽(震은 동방)으로 흐르는 형태로, 세력은 빠르게 움직이나 맑지 못한 상이다.

㉤ 손괘(☴)를 얻었다면 바람이 일어 물위에 파랑이 이는 상이다. 가을과 겨울에는 두려워할 만하다.

㉥ 리괘(☲)를 만났다면 서로 다투고 극을 해서, 혹 이루기도 하고 파멸하기도 한다(水克火).

㉦ 곤괘(☷)를 만났다면 물이 땅의 형세를 따라 순조롭게 흐르는 상으로, 아래로는 풍요롭게 불려주며 위로는 거스르지 않는다. 득체

◎ 태괘(☱)를 만났다면 물이 나오는 근원으로(金生水, 兌는 샘 또는 호수에 해당한다), 뜻과 근원이 같게 된다. 득체

■ 화火 일주의 간지로 병·정丙丁과 사·오巳午를 얻은 사람은 화火
의 명운命運을 얻은 것이다. 따라서 선천괘나 후천괘의 내용에 따
라 다음과 같이 달라진다.

㉠ 건괘(☰)를 만났다면 타오르는 불꽃으로 위로 오르는 것을 좋
아하며, 광명光明하고 초월적이다. 효가 길하면 보통을 넘는
사람이다. 득체

㉡ 감괘(☵)를 만나면 밝음과 어둠이 서로 다툰다. 혹 사그러지
고 혹 자라나며, 혹 단점이 있고 혹 장점이 있어서 서로 반복
하는 상이다.

㉢ 간괘(☶)를 만나면 급하게 타오르다가 다 타게 되면 버림을
받는다. 나무(木)가 있으면 잡아당겨 불을 지피니, 자신을 이
롭게 하고 상대방을 손해보게 한다.

㉣ 진괘(☳)를 만나면 움직이는 불로 화톳불을 사르나, 불이 움
직이면 오래가지 못한다.

㉤ 손괘(☴)를 만나면 바람으로 인해 불이 나서(巽은 바람이자,
나무에 해당한다), 언덕을 태워 밝히는 상이다. 득체

㉥ 리괘(☲)를 만나면 위로 타올라 크게 성해지나, 허한 기운은
많고 실질은 적다. 타오르는 기운이 많아서 기쁨과 화냄에 가
림이 없고, 밖은 간사하고 안으로는 실질이 없어 허하다.

㉦ 곤괘(☷)를 만나면 불이 음기운陰氣運을 포용하니, 둘이 서로
뜻이 통한다. 득체

㉧ 태괘(☱)를 얻으면 의심스럽고 의혹스러움이 되니, 남방인 리
(☲)의 자리로써 서방의 체인 태를 만나기 때문이다(결국 의
심하고 어긋난다는 괘인 화택규괘(䷥)의 상을 이룬다).

■ 토土 일주의 간지로 무·기戊己와 진·술·축·미辰戌丑未를 얻은 사람은 토土의 명운命運을 얻은 것이다. 따라서 선천괘나 후천괘의 내용에 따라 다음과 같이 달라진다.

㉠ 건괘(☰)를 만나면 기쁨과 분노가 섞여서 길흉이 반반이 된다.

㉡ 감괘(☵)를 만나면 결함이 생겨 높고 두터워지지 못하니, 흙이 패여서 된 구덩이의 상이 된다.

㉢ 간괘(☶)를 만나면 흙에 흙(陽土)을 더하니, 산악山嶽을 이루어 높고 두터운 형세가 된다. 진·술·축·미의 달에 태어난 사람은 부유하면서도 후중한 복을 받는다. 득체

㉣ 진괘(☳)를 만나면 목기운(木氣運)에 상하고(木克土), 상대방이 이로와진다. 수고롭기만 하고 이루지 못하니 흉함이 많다.

㉤ 손괘(☴)를 만나면 먼지가 날리듯이 흙이 흩날리게 된다.

㉥ 리괘(☲)를 만나면 불과 흙이 서로 의지하고 도와주니, 음과 양의 기운이 갖추어져서 복이 두텁게 된다. 득체

㉦ 곤괘(☷)를 만나면 흙에 흙(陰土)을 더하니, 흙이 실해져서 두터운 덕으로 만물을 기르게 되므로, 기르고 키우는 일이 좋다. 득체

㉧ 태괘(☱)를 만나면 건(☰)을 만났을 때와 같은 이치가 된다.

4절. 천수와 지수의 길흉

 사주의 간지로 얻은 천수와 지수의 많고 적음이 월령과 합치되고 합치되지 아니함, 얻은 사람의 성별(남녀 구분), 원당효의 위치 등에 따른 길흉을 살피는 법이다.
 역의 수는 양은 기수이고 음은 우수이다. 기수는 홀수이고 우수는 짝수가 되니, 바로 음양을 말하는 것이고, 계사전에 "하늘은 하나, 땅은 둘, …, 하늘은 아홉, 땅은 열"이라고 한 것이 이것이다. 이 수가 크게는 천지天地부터 작게는 티끌까지를 포함하여, 모든 물건의 이치와 정상(情狀)을 총괄했으니, 땅속의 뿌리까지도 모두 포함해서 총괄하지 않음이 없다.
 즉 이 수로 변화를 이루고, 귀신의 행동을 알며, 사시를 분별하고, 만물의 이치를 아는 등, 실제로 천지의 도와 같이 흐르니, 비록 성인의 도일지라도 이 수에서 벗어나지 않는다. 또 안위를 살피고, 존망을 알며, 궁하거나 활짝 핀 운을 구분하며, 깊이 감춰지고 은밀한 이치를 환하게 알지 않음이 없다. 이 수로써 사람의 복받고 복받지 못한 나눔을 판별하면 천하 사람들과 후세 사람들이 일을 미리 알 수 있는 것이니, 공자께서 말씀하시길 "천명을 모르면 군자가 되지 못한다"고 하신 것이 이 말이다.
 이 수를 자세히 추론하면, 1·2·3·4·5·6·7·8·9·10이니, 곧 천지의 사시 및 절기를 나타낸 것이다. 천지와 사시의 기氣에는 맑고 탁함이 있고, 허물있는 것과 상서로운 것이 있으며, 길함과 흉함 후회와 인색함이 있으며, 마땅함과 마땅하지 못함이 있으니, 터럭끝 만큼의 잘못도 허용하지 않는다.

오직 그 얻은 수가 마땅하면 만사가 뜻대로 되고, 모든 일이 상서로와서 따라와 모이게 되며, 마땅치 못하면 많은 일이 있더라도 하나도 이룰 수가 없게 된다. 만약 태어난 때가 사시의 절기와 순조롭고, 또 괘와 효가 다 때에 마땅하면, 부귀영화와 명예와 지위 및 장수를 누릴 것이며, 만약 태어난 때가 사시의 절기와 어그러지고, 또한 괘와 효가 때와 합치되지 않으면, 박복하고 고통스러운 삶으로 근심과 슬픔 속에 살게 된다. 이를 천명天命이라고 하니, 경에 말하기를 "천명이 이미 정해짐에 귀신도 고치지 못하니, 이를 분수가 이미 정해졌다고 하는 것이다"고 하였다. 분수가 이미 정해지면, 천지天地도 고치지 못하니, 하물며 귀신이나 사람이 고칠 수 있으며, 또한 기교로써 고칠 수 있겠는가?

1) 월령은 때를 어기지 않아야 한다는 설(月令非時論)

음과 양이 아직 분화되지 않았을 때, 조화가 깊이 감추어져서 한덩어리 기운의 운용이 현묘하게 숨어 있었다. 그러다가 하수에서 용마龍馬가 하도河圖를 등에 지고 나오고, 낙수에서 신구神龜가 낙서洛書를 등에 지고 나오니, 복희씨가 이에 의거해서 괘를 그렸다.

하늘을 우러러 관찰하고 땅을 잘 살펴서, 가볍고 맑은 것과 무겁고 탁한 것을 나누어 팔괘를 판단하였다. 그러나 근본이 되는 뜻이 아득해서 근원이 밝혀지지 않았으니, 만약 1·2·3·4·5·6·7·8·9·10의 수가 아니었다면 어떻게 밝힐 수 있었겠는가? 상고시대 성인이 창안하신 법을 고찰해서 백세百世의 궤도를 삼고, 지나간 일을 밝히고 미래의 일을 살피며, 두루 연습하고 연마하여 촌각의 시간이라도 헛되이 쓰지 않아서, 이 하락리수의 학문을 이룰 수 있었다.

잘 살피는 사람은 천지를 경위하며 귀신을 살피고 온세상을 구제할 수 있으니, 현명한 사람이 아니라면 그 처음과 끝을 다 말할 수 없다. 배우는 자가 마음을 고요하고도 깊이 해서 구하면 성경(주역)의 뜻을 거의 깨달을 수 있을 것이니, 길함을 향해 나아가고 흉함을 피하는 이치는 「월령은 때를 어기지 않아야 한다는 설」을 얻음에 있다. 뒤에 이를 예시할 것이니, 배우는 자들이 잘 살피면 그 뜻을 얻을 것이다.

① 봄(정월,2월,3월)에 태어난 사람 봄의 3개월은, 바로 하늘은 기운을 베풀고 땅은 만물을 생하여 모든 만물이 유행하는 때이다. 양수陽數가 많은 것이 좋으나 지나치게 성하면 안된다. 25부터 35가 적당하다. 음수는 적은 것이 좋으나 지나치게 적으면 좋지 않다. 30부터 34가 적당하다.

　① 화火가 성한 자는 목木을 사용해 없애면서 화를 생하니, 자손이 번창하고 영화로울 것이다(봄의 목기운이 자손에 해당하는 화기운을 생함).*
　② 금金이 성한 자는 목이 금에게 극을 당하니, 형을 받아 다치거나 파괴되고 손실됨이 있다.
　③ 수水가 성한 자는 목이 수를 통해 길러지니(水生木), 무궁하게 발전하고 생해줌이 있다.
　④ 목木이 성한 자는 목이 때를 얻은 것이니, 명성과 지위가 다 높아진다.

---

* 봄의 기운인 목을 체로 생각한 것이다. 여름에는 화를 체로 하고, 가을에는 금을 체로 하며, 겨울에는 수를 체로한다.

⑤ 토土가 성한 자는 목이 기운을 빼며 극을 하니, 모든 일에 지체되며, 된 일도 굳지 못하다. 만약에 진월辰月이라면 월령에 토가 있으니 해가 되지는 않는다.

② 여름(4월,5월,6월)에 태어난 사람 여름의 3개월은 해가 중천에 뜨고 화성이 남중하며, 볕이 가장 잘드는 기후이다. 양수陽數가 성한 것이 마땅하고, 25이상 이어야 하고 35나 45 또는 55까지도 지나치게 많다고 하지 않는다. 음수는 30이하가 적당하고, 2~3이 더 적어도 지나치게 약하다고 하지 않는다.
　① 수水가 성한 자는 여름의 화가 수에게 극을 당하므로, 기세가 꺾이고 외롭게 되거나 이별할 수이다.
　② 화火가 성한 자는 화가 더욱 때를 얻은 것으로 많은 이득과 순조로운 성공을 얻는다.
　③ 목木이 성한 자는 계절의 기운인 화를 생해주니, 성질이 호탕하고 인품이 뛰어난 영재이다.
　④ 금金이 성한 자는 화가 힘을 빼며 금을 극하니, 잔인하거나 몸에 병이 있고 하는 일이 잘 안된다.
　⑤ 토土가 성한 자는 계절의 기운인 화가 자신은 사라져 가며 생해주니, 명성과 잇속을 함께 얻는다.

③ 가을(7월,8월,9월)에 태어난 사람 가을의 3개월은 만물이 결실을 맺는 계절이다. 금의 기운이 숙살지기肅殺之氣를 발휘한다. 음수陰數가 많은 것이 당연하나 지나치게 성하면 좋지 않으니, 30~40이 적당하다. 양수는 적은 것이 마땅하나 지나치게 약하면 좋지 않으니, 25~34가 적당하다.
　① 수水가 성한 자는 금기운이 사라지며 생해주니, 협력해서 서로 잘 다스리게 되므로 만사가 성공을 한다.
　② 화火가 성한 자는 금이 화의 극을 받으니, 노고만 많고 또 상해

를 입는다.
③ 토土가 성한 자는 금이 토의 생함에 힘입으니, 잇속과 명예를 드날린다.
④ 목木이 성한 자는 금이 기운을 빼며 극을 하니, 근심걱정이 있고 어긋나는 아픔이 있다.
⑤ 금金이 성한 자는 자신의 때를 얻은 것이니, 꾀하는 일이 순조롭고 복과 덕이 넘친다.

④ 겨울(10월,11월,12월)에 태어난 사람 겨울의 3개월은 양의 기운이 숨고 감춰지는 때이고 천지의 기운이 막히는 때이다. 음수가 성한 것이 마땅하니, 30이상이어야 하고 50 또는 60이라도 지나친 것이 아니다. 양수는 적은 것이 마땅하니, 25이하여야 하고, 2~3이 적어도 모자란 것으로 치지 않는다.
① 금金이 성한 자는 수가 본래 금의 생함을 받는 것이니, 광휘가 넘쳐난다.
② 목木이 성한 자는 수생목水生木을 하니, 서로 합심하여 원하는 바를 모두 이룬다.
③ 수水가 성한 자는 때를 만난 것이니, 풍성하게 형통하고 즐거움이 넘친다.
④ 토土가 성한 자는 수가 토의 극함을 받으니, 빈곤과 걱정이 있고 어렵고 고통스럽다.
⑤ 화火가 성한 자는 수가 힘을 빼며 극을 하니, 움직이면 후회가 따르고 인仁과 의義가 없는 뜻이 된다.

이상이 때를 얻고 절(節候)에 순히 따르게 되면 신묘함을 얻게 되고, 때를 거슬리고 월령에 위배되면 쓸모없이 됨을 말하였다. 또 괘의 모든 효를 참조하여 그 길흉소장의 도리를 연구하면, 거의 천지의 운행과 같이 맞아들어가서 틀림이 없을 것이다.

2) 얻은 괘수의 길흉을 논함(論所得卦數吉凶)

천수와 지수를 얻어 여러 방식으로 제한 후, 동지부터 우수까지 양이 자라나는 시기일 때는, 천수의 나머지수(소성괘를 짓는 수)가 홀수면 좋지만 짝수면 좋지 않다. 또 하지부터 처서까지 음이 자라나는 시기 일 때는, 지수의 나머지수가 짝수면 좋지만 홀수면 좋지 않게 보는 길흉판별법이다.

① 천수의 나머지수가 짝수일 경우(동지부터 우수까지) 하늘은 셋, 땅은 둘의 수를 붙이고, 음양의 변화를 봐서 괘를 세우며, 이치를 궁리하고 성품을 다 연구해서 강과 유로 분류한다. 동지이후부터 우수 직전까지가 한 양으로부터 세 양까지 열려 커지고 넉넉해지는(通泰) 때(괘로는 지뢰복괘(䷗)부터 지천태괘(䷊)까지)이니, 천수에서 천수의 기준수(25)로 뺀 나머지수가 홀수면 군자와 합하는 상이 된다.
그러나 천수의 나머지수가 짝수라면 군자를 버리고 소인을 따르는 것이 되니, 국량이 좁은 그릇으로 어질지 못한 자이며, 속이기를 좋아하고 간사하며 탐욕스럽다. 양년陽年을 만나면 때와 어긋나서 꺼리게 되는 것이고, 음이 성하면 흉악하고 요절하는 횡액을 만나기 쉬우니, 반드시 죽게된다.

■ 나머지수가 2인 경우 천수의 나머지수가 2나 4가 되면 그 좋지 않음이 가벼우나, 6이나 8이 되면 심하게 좋지 않게 된다. 2는 곤(䷁)이 되니, 죽이게 되더라도 자애로운 어머니가 자식을 애석하게 여기는 마음이 있으며, 백성을 걱정하는 뜻이 있다.*

---

* 예를 들어 양년에 태어난 남자의 사주로 천수는 22를 얻었다면, 천수의 나머지수는

- 나머지수가 4인 경우 4는 손(☴)이 되고, 손은 순하고 들어가는 뜻(入)이 있다. 그러므로 숨기고 참는 마음이 있어 심한 해가 되지 않는다.
- 나머지수가 6인 경우 6은 건(☰)이 되고, 건은 굳건하다는 뜻이 있으므로, 강명剛明해서 결단력이 있다. 여러 자식들을 다스림에 주저함이 없다. 양년陽年에 양령(동지부터 하지까지)을 만나면 형벌의 화를 입게 되고, 심한 자는 흉한 횡액을 입는다.
- 나머지수가 8인 경우 8은 간(☶)이 되고, 간은 그치는 뜻이니, 법을 집행함에 지나치게 엄한 위엄이 있다. 그러므로 반드시 다투고 체포되는 조짐이 있게 된다. 그렇지 않으면 스스로 목을 매거나 넘어지는 흉함이 있게 된다. 또 횡액이 없다면 폭행으로 인한 상해를 입게 되니, 이러한 흉액은 열에 아홉꼴로 맞는다.

② 지수의 나머지수가 홀수일 경우(하지부터 처서까지) 하지부터 처서 직전까지는 음 하나가 자라 세 음까지 점차 자라는 시기이다(괘로는 천풍구괘(☰)부터 천지비괘(☷)까지). 따라서 얻은 지수에서 지수의 기준수(30)를 뺀 나머지가 홀수(陽數)라면 해害와 화禍가 미친다. 앞서의 예와 마찬가지 인데, 다만 그 좋지 못함의 정도가 9와 7은 가볍고 1과 3은 무겁다.

- 나머지수가 1인 경우 1은 감(☵)이고, 감은 빠지는 것이니, 빠트리고 해를 주는 사람에 해당하고, 마음 또는 심장의 병이 되며, 걱정과 근심이 많게 되고, 혈액순환에 대한 병이 된다. 또한 일 또는

20이다. 이 사람이 동지후 10일이 지나 태어났다면, 양이 막 발아하는 시기에 나머지수로 음수(2)를 얻은 것이기 때문에 좋지 않은 것이다.

사물의 잘못된 것을 바르다고 주장하는 것이 되며, 자의든 타의에 의해서든 재앙이 많게 된다.

- 나머지수가 3인 경우 3은 진(☳)이 되고, 진은 움직이는 것이다. 그러나 음이 성한 때를 맞아서 소인들이 분수에 넘치는 일을 저지를 것을 생각하고, 죽이기를 당연시하니, 이런 사람들과 어떻게 서로 더불어 다툴 것인가? 또 벼락을 맞는 화를 뜻한다. 가령 추분부터 음력 9월 10월에 이르면, 좋지 않게 죽고, 횡액을 입는 액운이 닥치며, 팔다리가 성치 못하게 된다. 이 수數를 얻은 자는 모든 일에 신중해야 하고, 소인배의 침해와 능멸을 조심해야 하니, 삼가해서 잘 피하면 길하게 된다.

- 나머지수가 7인 경우 7은 태(☱)이고, 태는 기쁨의 뜻이 있다. 교언영색(巧言令色)이 많고 어질지 못한 마음을 품고 있으므로, 반드시 구설수나 훼손을 당하는 우환이 있게 된다. 태는 한 가을에 해당한다. 따라서 소인이 점차 자라나고 군자는 물러나 피하는 때가 된다. 이런 때에 어찌 구설과 음모로 인한 피해가 없으며 진실과 거짓이 서로 이해다툼을 하지 않겠는가?

- 나머지수가 9인 경우 9(☷)는 양이 지나치게 성한 것이다. 노음(老陰)의 월령을 만나면 항상 소인에게 깎여나가는 근심이 있어서 같이 사귀거나 거처하지 못하니, 소인이 군자를 해치는 상이다. 흉함이 많고 길함은 적다.

3) 천수와 지수의 길흉

① 천수 25 천수는 양에 속하니, 남자에게 유리하다. 양효를 만나면 기쁨이 있다. 남자는 하늘의 양기수陽氣數를 받아 생하므로, 태어난 때에 합당하게 천수를 얻으면, 부귀하게 되는 근본기틀이 된다. 남자는 양으로 주인을 삼기 때문이다. 일반적으로 남자의 명은 양수가 많고 음수가 적으면 복이 되지 않음이 없다. 경에 말하기를 "양은 귀하고 음은 천하니, 양은 군자가 되고 음은 소인이 된다"고 하였으니, 양은 높고 음은 낮으므로, 남자가 얻으면 유리하고, 여자가 얻으면 불리한 것이다.

역에 말하기를 "소인이 군자의 기구를 탔으니, 도적이 빼앗을 것을 생각한다"고 하였으니, 여자가 타게 되어(여자가 양수가 많아서) 잘못되지 않은 것을 들은 적이 없다. 그러나 진실로 양에게 이로운 때는, 11월의 동지에 양이 하나 생긴 후부터 4월까지다.

② 지수 30 지수地數는 음에 속하니, 여자에게 유리하다. 음효를 만나면 기쁨이 있다. 여자는 땅의 음기수陰氣數를 받아 생하니, 태어난 때에 합당하게 지수를 얻으면 복과 덕택의 근원이 되는 것이다. 여자는 음을 주인으로 삼기 때문이다. 일반적으로 여자의 명에 음수가 많고 양수가 적으면, 복이 되지 않음이 없다.

역에 말하기를 "땅의 도이고, 아내의 도이며, 신하의 도이다"고 했으니, 여자가 얻으면 유리한 것이고, 남자가 얻으면 불리한 것이다.

경에 말하기를 "음이 양을 의심하면 반드시 다투고, 다투면 상하기 때문에 피(血)라고 말한 것이다"고 했으니, 남자가 지수가 많으면 형벌을 만나거나 천하게 되고, 일에 어려움이 많으며, 몸은 간난艱難속에 헤매게 됨이 너무나 확실하다. 그러나 진실로 음에게 유리한 때는, 음이 하나 생기는 5월의 하지부터 10월에 이르기까지다.

③ 천수가 지극히 약한 경우 천수의 기준수는 25인데, 단지 4·5·6·7·8의 수만을 얻었을 때를 지극히 약하다고 말한다. 판단해서 말하기를 "양수陽數가 부족하니, 남자는 마땅하지 않다. 간난과 신고辛苦가 많으며, 지나온 일에 고통이 많다. 어려서는 독립심이 없으며, 친척과 사이가 좋지 않고, 장래의 희망 또한 높지 않다. 움직이면 비행을 저지르고, 혹 승려나 수도하는 사람이 되며, 사회에 나아가더라도 낮고 천한 직책으로 산다.

음의 월령에 태어났으면 다행스럽고, 양의 월령에 태어났으면 때가 좋지 않다. 따라서 양이 극성할 때에 태어났다면 요절하고, 양이 적을 때 태어났다면 무너지고 이지러지며, 음이 극성할 때 태어났다면 적절하고, 음이 적을 때 태어났다면 위태하게 된다.*

양이 너무 약하므로 음이 양을 의심하여 다투게 되니, 슬프다 할 것이다. 남자는 도적이 되고, 여자는 기생이나 웃음을 파는 여자가 된다."

④ 지수가 지극히 약한 경우 지수는 30인데, 단지 8·9·10·11·12 만을 얻었을 때를 지극히 약하다고 한다. 판단해서 말하기를 "음수가 지극

---

* 음의 기운은 5월에 생기기 시작하여 10월에 극성해지고(음월령), 양의 기운은 11월에 생기기 시작하여 4월에 극성해진다(양월령). 따라서 생기기 시작하는 초기에는 그 기운이 적고, 극성할 때는 강한 것이다. 양수인 천수가 지극히 부족하므로, 양의 기운이 지극히 미약할 때, 즉 음이 극성할 때(10월~11월)가 오히려 때에 합당하게 되는 것이다.

천수는 노양수인 9를 기준으로 많고 적음을 구별한다. 즉 9의 1배수(9)가 안될 경우를 지극히 약하다고 하는 것이다.

히 약하니, 여자가 감당치 못한다. 어려서는 부모가 없고, 일가친척이 편안치 않다. 그 가정을 얻지 못하며, 혹 비천하고 추운 곳에 처하며, 남편궁을 여러번 극하고(남편복이 없고), 자식은 더욱 어렵다. 몹시 탐내고 인색하기를 그치지 않으며, 너그러움이나 여유가 없다. 장년에는 헛되게 살다가, 만년에는 고독하게 홀로 산다. 즐거움이 있으면 곧 우환이 생기고, 근심과 걱정이 항상 따른다. 우환과 어려움이 자주 있으며, 죽음에 이를 경우도 자주 있다. 양이 극성할 시기에 태어났다면 오히려 좋으나, 음이 성할 때 태어났다면 흉하다."*

⑤ 천수가 부족한 경우   천수는 25인데 9 또는 11·12·13·14·15·16부터 24에 이르기까지의 수를 얻은 경우를 부족하다고 한다. 양의 1책인 9부터 18미만을 1책의 나머지라고 한다. 18이상을 2책의 나머지라고 하는데, 천수의 기준수인 25에서 6이 부족한 것부터는(2책인 18이상부터는) 「지극히 약한 것」에 비유하지는 않고, 오히려 「거의 되었다」고 한다.

일반적으로 양수(천수)가 부족한 경우를, 남자가 얻으면 복이나 수명에 손실이 많고, 일찍이 아버지를 잃는데, 양남陽男일 경우는 말할 것도 없이 잘 맞고, 음녀陰女일 경우에도 같은 이론이 적용된다.**

---

* 지수는 노음수인 6을 기준으로 많고 적음을 구별한다. 단 양수는 한 방향으로 나가므로 1은 1이 되고, 3은 3이 되며, 5는 5가 되어 그 수가 줄지 않으나, 짝수는 쌍방향으로 나가므로 2는 1(2는 1과 1의 합)이 되고, 4는 2가 되며(4는 2와 2의 합), 6은 3이 되어 그 수가 반으로 줄어든다. 따라서 천수는 9의 배수를 그대로 적용하고, 지수는 6의 쌍배수를 적용한다. 즉 6의 쌍배수(2배수)인 12까지가 지극히 약한 수가 된다.

음수인 지수가 지극히 부족하므로, 음의 기운이 지극히 미약할 때, 즉 양이 극성할 때(음 3월~4월)가 오히려 때에 합당하게 되는 것이다.

** 9의 1배수인 9부터 3배수인 24까지를 부족하다고 하되, 9부터 9의 2배수인 18

일반적으로 부족한 수는 또한 시령(時令:월령)의 소장消長과 성쇠가 어떠한가를 같이 살펴야 한다. 11월은 양이 하나 발생하는 때이므로, 양수가 지극히 약한 것이 이치에 당연하다. 12월은 양이 둘 발생하는 때이므로, 양수가 부족한 것이 역시 당연하다. 이러한 경우를 때의 마땅함과 합치된다고 말하니, 길흉회린이 어떻게 생길 것인가?*

만약에 세 양이 사귀어 커지고 넉넉해지는 시기라면**, 양기가 상승하고 음기가 하강하며, 군자의 도는 자라나고 소인의 도는 사그러지니, 만물이 발양하여 영화롭다. 이러한 때에 만약 양수가 부족하거나 오히려 지극히 약하면, 즉 곤하지 않을 곳에서 곤한 경우라서 명예가 반드시 욕을 당할 것이고, 웅거하지 않을 곳에서 웅거하는 까닭에 몸이 반드시 위태롭게 되니, 이것이 행하고 멈춤에 때가 아닌 것이고, 움직이고 그침에 적절하지 않은 것이다. 백번의 기회에도 나아가지 못하니, 어느 곳에 의지할 것인가?

만약 괘와 효의 위치가 응원함이 없으면서 꺼리는 것을 범하면***,

미만을 부족하다고 하고, 9의 3배수(18)이상부터 24(천수의 기준수인 25에는 못 미침)까지를 크게 부족하지 않다는 뜻에서 「거의 되었다」고 한다.

갑·병·무·경·임 등 양년의 간지에 태어난 남자를 양남陽男이라 하고, 을·정·기·신·계 등 음년의 간지에 태어난 여자를 음녀陰女라고 한다.

* 11월은 양이 하나 발생하는 때로 괘로는 복괘(䷗)이고, 12월은 양이 둘 발생하는 때로 괘로는 림괘(䷒)이다. 이 때는 양이 아직 미약한 때이니, 천수가 부족한 것이 오히려 때에 맞음이 되어 좋은 것이다.

** 이미 양이 셋(여섯효이므로 셋은 그 절반임)이나 발생한 정월달로 괘로는 태괘(䷊)이다.

*** 꺼리는 것을 범하면
① 지위와 거처함이 부당함(不當位) : 양효가 음자리에 있고, 음효가 양자리에 있음을 말한다. 예를 들어 몽괘(䷃)의 이효와 상효는 양효가 음자리에 있는 것이고,

평범하고 볼품없으며 빈천하게 됨을 알 수 있다. 즉 지위와 거처함이 부당하고(不當位:양효가 음자리에 있고, 음효가 양자리에 있음), 또 양효의 윗자리에 거한다면(乘剛:음효가 양효의 위에 있음), 반드시 형벌을 받거나 갑자기 요절할 것이니, 또한 유년流年의 소상小象운을 상세히 참고하여야 할 것이다.

⑥ **지수가 부족한 경우** 지수가 부족하다는 것은 13부터 29를 얻었을 때를 이른다.* 따라서 음수의 3책인 18(6×3)수 이상과 지극히 약한 수(12수 이하)와는 별차이가 없다. 이 수를 여자가 얻으면 복과 힘이 반드시 덜어질 것이다. 만약 자·오·묘·유(子午卯酉) 일과 시에 태어났다면, 반드시 어렸을 때 어머니를 극할 것이고, 혹 아버지가 나이 많고 어머니가 젊었다면 한쪽 부모만 살아남게 되거나 이별을 하며, 자신은 먼 타향에서 다른 사람에게 기름을 받게 되며, 친척과 흩어져 이별하게 되는 운이다.

하지부터 입추 직전까지는, 아직 세 음까지 자라지 못해서 성하지 못하니, 때와 더불어 합치되는 것이어서 복과 수명에 별 탈이 없다. 그러나 추분 이후에 태어났으면 반드시 요절할 운이거나, 반드시 때를 잃어 천하고 방탕한 사람이다. 음수가 부족한 사람이 또 어찌 온전한 마음과 뜻을 이루는 아름다움이 있겠는가? 마땅히 먼저 모친상을 당할 것이니, 양남이라면 말할 것도 없고, 음녀 역시 같은 이치다.

초효·삼효·오효는 음효가 양자리에 있는 것이다.
 ② 양효의 윗자리 거함(乘剛) : 음효가 양효의 위에 있는 것으로, 예를 들어 몽괘의 삼효는 음효가 양효(이효)의 위에 있는 것이다.
* 본문에는 "18부터 29를 얻었을 때를 이른다"로 되어 있다. 이 때에도 6의 2배수(12)를 넘은 수부터 6의 4배수(24)까지를 부족하다고 하며, 같은 부족한 수라도 25부터 29(지수의 기준수 30보다는 적음)까지는 「거의 되었다」고 한다.

> 訣曰 不足之數亦堪咻 事旣成時不到頭 滿溢高危深可慮 是
> 非相絆卒難休 望多得少因玆數 廣求不稱乃其由 每知不足
> 因地數 仁義成乖恩變仇
>
> 비결에 말하기를, "부족한 수는 또한 버티기 어렵다/ 일이 이미 이루어진 뒤에 끝까지 가지 못하니/ 차고 넘치며 높아서 위태하니, 심히 염려된다/ 시비가 서로 얽히면 아름답게 끝나기 어려우니/ 바라는 것은 많고 얻음은 적은 것이 수로 인한 것이라네/ 널리 구해도 얻지 못함이 그런 이유니/ 매번 지수가 모자라서 그런 줄 아시게/ 인의(仁義)가 어그러지고, 은혜가 변해 원수가 되네"

⑦ **천수가 태과한 경우** 때의 월령이 수가 적어야 하는데도 수가 많은 것을 태과太過라고 하니, 40이상부터 50 또는 60을 말한다. 3월부터 4월 사이에 태어난 사람은 무방하나, 때가 아닌데 이런 수를 얻으면 너무 많고 높아서 지나치게 된다. 즉 중천건괘(☰) 상효처럼 "지나치게 높아진 용이니, 후회가 있다(亢龍有悔)"의 상이 된다.

지나치게 많고 높으면서 때를 얻지 못하면, 움직이나 머무르나 후회가 있게 된다. 흉포하고 잔학한 성격이며 요절하는 일이 생기니, 이에 해당하는 사람은 마땅히 깊이 삼가하며 살아야 한다.*

⑧ **지수가 태과한 경우** 지수의 기준수는 30이므로, 50이나 60이상의 수를 얻은 것을 "지수가 태과하다"고 한다. "서리를 밟으면 굳은 얼음이 된다(履霜堅氷至)"는 것이니, 하늘이 차가와지고 땅이 얼어붙는 때로, 마땅히 굴복시키고 걷어들이는 엄숙한 상이다.

---

* 3월부터 4월까지는 양이 극성한 때이므로, 천수가 지극히 많더라도 때에 맞는 것이 된다. 그러나 그 외에 태어난 사람은 천수가 태과太過한 경우를 감당하지 못해 흉한 것이다.

> 訣曰 陰陽至太過 過則百事傷 性暴應多狠 福去有餘殃 未滿
> 先添溢 方高危續張 患難時時至 驕倨總難富 狠戾多奸狡 浮
> 躁性剛强 行輕招怨誹 言過恣强梁
>
> 비결에 말하기를, "음과 양이 지극히 태과하니/ 지나치면 모든 일
> 이 상하게 되네/ 성질이 포악하고 사나운 사람이 많으며/ 복은 사
> 라지고 재앙은 많네/ 차기도 전에 넘치고 흘러버리니/ 높아지면
> 위태함이 계속 따르네/ 환난이 때때로 찾아오고/ 교만하고 거만
> 하여 부유하기 어렵네/ 마음이 비뚤어지고 간교함이 많으며/ 중
> 심이 없고 조급한 성미에 강포함만 있네/ 행동이 경망스러워 원
> 수를 부르며/ 말이 지나치고 행실이 지나치네"

이러한 수를 얻은 자는, 형벌을 받고 난리에 다치게 되어 끝까지 잘 보전하기 어렵다. 만약 10월부터 11월, 즉 입동 후부터 동지 직전이라면 해가 없으니, 음령陰令이 극히 성할 때이므로, 때와 더불어 같이 행하는 것이다. 따라서 괘명과 효위爻位가 길하고, 응원해 주는 이치가 있으며, 거처하는 괘체가 함정에 빠지지 않으면, 반드시 관직이 영화롭고 지위가 높아져 드날리게 된다.

⑨ 득중得中한 수 음수와 양수는 시령時令과 합하는 것을 귀하게 여기며, 한쪽으로 많거나 적게 치우치는 병폐가 없음을 중히 여기니, 이를 득중得中이라고 한다. 여기에 효위爻位까지 마땅하다면, 모든 일에 불리함이 없고, 부귀를 누리지 않음이 없게 된다.

천수의 기준수 및 지수의 기준수와 큰 차이가 없으며, 월령의 때에 얻은 수가 합치되고, 두 수의 차이가 크지 않은 경우를 득중한 수라고 한다.

> 訣曰 爻位名體吉 勢援理優長 爻時數合節 辭理十分良 富貴簪纓列 赫奕自非常 官榮位更顯 撫衆必登堂
>
> 비결에 말하기를, "효위와 괘명 및 괘체가 길하고/ 형세와 응원하는 효가 좋으며/ 효의 시時와 수가 절기와 합하며/ 효사의 이치가 좋으면/ 부귀하고 높은 벼슬에 이르러서/ 크게 빛나기가 비상(非常)하며/ 관직의 영화로움이 더욱 높아지고/ 대중을 위무하니 반드시 당상에 오르네"

⑩ 세 등급의 수와 때의 손익損益

양수(陽數, 천수)와 때의 손익

■ 양수 부족 11월의 동지부터 정월의 우수 직전까지는 양기가 막 생겨나는 때이므로, 양수가 부족한 것이 이치에 맞다.

■ 양수 득중 정월의 입춘후부터(우수부터) 2월의 춘분 직전까지는 양기가 형통하는 때이므로, 양수가 중을 얻는 것(득중한 수)이 이치에 맞다.

■ 양수 태과 3월의 청명부터 4월의 소만 직전까지는 양기가 지극히 장성한 때이므로, 양수가 태과太過해야 이치에 맞다.

음수(陰數, 지수)와 때의 손익

■ 음수 부족 5월의 하지부터 7월의 처서 직전까지는 음기가 아직 미약한 때이므로, 음수가 부족한 것이 이치에 맞다.

■ 음수 득중 7월의 입추후부터(처서부터) 8월의 추분 직전까지는 음기가 자라나는 때이므로, 음수가 중을 얻는 것(득중한 수)이 이치에 맞다.

■ 음수 태과 9월의 한로부터 10월의 소설 직전까지는 음기가 극성한 때이므로, 음수가 태과한 것이 이치에 맞다.*

세 등급의 수와 다른 조건의 손익損益

㉠ 만약에 수가 득중하고, 응하는 때가 절기와 합하며, 괘명이 좋고 거처하는 효가 마땅하며, 응원하는 효가 세력을 얻었고 효사가 길하며, 또한 이치가 합당하면 부귀한 사람이다.

㉡ 그러나 득중했다 하더라도 때와 이치에 어긋나면, 가난하고 곤궁하며 천한 사람이며, 요절하거나 흉포하고 횡액을 당하는 사람에 해당한다.

㉢ 망령되이 합하거나 억지로 합해진 수가 득중했다 하더라도, 효가 마땅하지 않은데 있으면 하층관리나 장삿꾼이 되며,

㉣ 여기에 효의 자리가 때를 잃으면 중이나 수도하는 사람이 되며,

㉤ 더욱이 효사까지 좋지 않으면 홀아비·과부·고아 또는 늙도록 자식이 없는 사람이 된다.

㉥ 수가 득중하고 괘명이 좋으며, 효사는 흉하더라도 이치가 길하면, 팔좌八座*의 귀함이 있다. 그러나 대를 잇기가 힘들고, 또 끝이 좋게 되기가 힘들다.

---

* 일반적으로 태어난 때의 수는 때와 더불어 행하게 되니, 때가 더해야 할 때면 수가 많아야 하고, 때가 덜해야 할 때면 수가 적어야 좋다. 월령月令으로 볼 때 수가 많아야 할 때를 당했는데도 수가 많지 않고, 적어야 할 때를 당했는데도 적지 않은 경우는 좋지 않다.
수가 많아야 하는데도 적으면 '불급(不及:미치지 못한다)'이라 하고, 적어야 하는데도 많으면 '태과(太過:지나치게 많다)'라고 하며, 적으나 약한 데까지는 이르지 않고, 많으나 강한 데 까지는 이르지 않은 것을 '득중(得中:적절함을 얻었다)'이라고 한다.
불급한 수는 일생동안 모든 일이 부족하게 되고, 태과한 수는 일생동안 지나치게 강하게 되며, 득중한 수는 자연스럽게 영화를 누리게 되니, 이 때문에 태과와 불급이 득중보다 못한 것이다.

* 왕조마다 조금씩 다르나, 중국 후한後漢이나 진晉왕조에서는 육조六曹의 책임자(尙書)와 령令 1명 및 복야(僕射) 1명을 팔좌라고 하였다.

ⓢ 그러나 응원하는 효가 없고 효위爻位가 세력을 얻지 못했으면, 마땅히 지방에 남아 감독관이나 하는 것이 낫다.
ⓞ 그 수가 불급하거나 태과하지만 효위가 체를 얻은 괘에 있고, 효가 세력을 얻었으며, 이치 또한 좋으면 큰 도시의 책임자나 군관구 사령관이 된다.
ⓩ 그러나 응원하는 세력이 없고 효위가 부당하면, 자잘하게 살면서 항상 가난하고 어려움에서 빠져나가기 힘들다.
ⓩ 만약 응원하는 세력과 효위 중에 하나는 길하고 하나는 흉해서 서로 반반이면, 구차하게나마 벼슬길에 오를 수 있다.

이 10가지 중에서 한 두 가지라도 얻으면, 즉 열에 한 두가지의 복을 얻게 되는 것이다.

⑪ 불급 · 태과 · 득중을 논함(論不及太過得中)
 ■ 양수가 불급한 때는 11월의 동지부터 12월의 대한 직전까지로, 이 때는 양기가 아직 건장하지 못한 때이니, 양수가 불급한 자에게는 마땅한 때이다. 그러나 태과한 자는 양기가 처음 이르러 미약한 때인데도 먼저 성극해지는 자이므로, 이를 흉포한 용맹이 온다고 하니, 강해서 부러뜨리며 지나쳐서 어긋나는 우려를 면할 수 없다. 만약 세 양이 서로 사귀어 형통해서 태평해진 후라면, 양기에 여유가 있게 되어 양수가 중화中和의 도를 얻은 것이니, 이를 중절中節이라고 한다. 만약에 양수가 오히려 약하다면 굽혀져서 펴지 못한다고 말하니, 어찌 떨쳐 일어나며 피어날 수 있겠는가?
만약에 3·4월의 하지 직전에 양기가 극성할 때면 양수가 비록 많다 해도 태과한데는 이르지 않으니, 이 또한 때와 절기가 합치되는 것이다. 이 때가 되면 득중보다 양수가 많은 것이 나은 것이고, 불급 또한 기쁨이 있는 수가 아니니, 양이 성해야 하는데도 도리어 수가 불급해서 좋게 되는 것은 없다. 여기에 효위와 효사 그리고 이치가 합당하지 않으며, 응원함도 없다면 복이 있는 사람이라고 할 수 없고, 효사가 설사 좋더라도 복이 반밖에 없는 것이다.

■ 음수가 부족한 때는 5월의 하지부터 6월의 대서까지로, 이 때는 음기가 아직 극성하지 못한 때이니, 음수 불급한 자가 얻으면 마땅하다. 태과한 자라면 음기가 처음 이르러 미약한 때에 홀로 먼저 강해진 것이므로, 이를 빠르게 이르러 졸지에 임한다고 하니, 아부하고 간사스러워 손해보고 잘못되는 우려를 면할 수 없다. 만약에 세 음이 점차 자란 후라면, 음기에 여유가 있어서 음수가 평상시의 베푸는 도를 얻으니, 이를 중절이라고 한다.

만약에 음수가 도리어 약하면, 이를 나약해서 떨치지 못한다고 하니, 어찌 흥성하게 일어날 수 있겠는가? 만약에 9·10월에 음기가 극성해지면, 음수가 많다고 하더라도 태과함이 되지 않으니, 때와 절기가 맞는 것이다. 이 때가 되면 득중이 그 다음이고, 불급 또한 좋아할 만한 수가 못되니, 음이 성해야 하는 때인데도 불급한 자가 좋게 되는 경우는 없다. 여기에 다시 효위와 효사와 이치가 합당치 않고 응원함도 없으면, 유복한 사람이라고 할 수 없으니, 효사가 설사 좋더라도 복이 반밖에 없는 것이다.

⑫ 고양불우수(孤陽不耦數:짝이 없어 외로운 양수) 천수는 26이상부터 40이하면서 천수의 기준수인 25를 뺀 나머지가 짝수가 아니고, 지수는 단지 30밖에 안될 때를 말한다. 따라서 양수에는 남음이 있고(기준수인 25보다 많고), 음수는 여유가 없는 것이다(기준수인 30과 딱 맞는다). ⑭번의 고양자우수孤陽自耦數 참조.

> 訣曰 孤陽不耦本非宜 值者刑妻及害兒 女犯刑夫更傷子 若
> 非遺腹定孤兒 更有陽爻陽極亢 剛强好辯是和非 人情寡合
> 多招怨 浪語狂言少定期 女子悍淫無婦道 男人鬪狠暗瞞欺
> 貴賤賢愚均一理 陰違陽極愈乖違 陰爻陽令方爲順 爻吉辭
> 安福壽奇
>
> 비결에 이르기를, "고양불우수(짝이 없어 외로운 양수)는 본래 좋은 것은 아니니/ 이를 얻는 자는 아내와 자식에게 형벌과 해가 미치며/ 여자가 여기에 해당되면 남편을 극하고 다시 자식을 상하게 한다/ 만약에 유복자가 아니면 고아가 되며/ 더욱이 원당이 양효에 있다면 양이 지나치게 극한 것이니/ 강하고 강해서 시비를 가리기를 좋아하고/ 인정이 적어서 원한을 부르며/ 헛되고 미친 말로 기약하기가 어렵네/ 여자는 사납고 음탕해서 부도부도를 버리고/ 남자는 사납고 싸우기 좋아하며 남 속이기 잘하네/ 귀천貴賤과 현우賢愚는 한가지 이치이니/ 음은 여유가 없고 양은 성극하면 더욱 괴리되어 어긋나며/ 음효에 원당이 있고 양령陽令에 태어났으면 순조로우며/ 효위와 효사가 길하고 안정되면 복과 수명이 보장되네"

일반적으로 고양불우수는 양은 있는데 음은 없는 격으로, 양이 지나치게 건조해서 만물이 고갈된다고 한다. 예를 들어 한해로 치면 가뭄이 드는 형상이고, 인사로 치면 임금에게 신하가 없고, 남편에게 부인이 없는 형상이니, 중천건괘(䷀) 상구효와 같이 지나치게 높아서 후회가 따르는 형국이다.

또 말하기를 "양은 음이 없으면 생하지를 못하고, 음은 양이 없으면 이루지를 못한다"고 하니, 생성하는 이치는 반드시 음과 양이 서로 도와주는데 있으므로, 양이 음 없이는 생하지 못하는 것이다. 따라서 고양불우수를 만난 사람은 아내를 잃고 자식을 극하는 자가 많으며, 성질이 강하고 조급하며, 시비를 가리기를 좋아하는 사람이 많다. 여자가 이런 수를 얻었다면 책략을 꾀함이 남자보다 더하고, 가는 곳마다 후회와 인색함을 부르면서 다닌다. 그러나 음효에 원당이 있다면 너무 지나치게 됨은 면한다.

⑬ 고음배양수(孤陰背陽數:외로운 음이 양을 배반하는 수)   지수(음수)가 32이상부터 50·60이하를 얻었으면서, 지수의 기준수인 30을 뺀 나머지가 짝수(음수)이고, 양수(천수)는 단지 25만 얻게되니, 양수는 남음이 없고 음수만 남음이 있게 된다.

고음배양수는 음기운이 응결되어 양을 의심하는 상으로, 지극히 낮고 지나치게 부드러운 음이 극성한 수이다. 서리와 눈이 꽁꽁 얼어붙어, 곤하게 엎드려 숨어 있으면서 일어나지를 못하니, 중지곤괘(䷁) 상육효의 "그 도道가 궁하다"가 된다. 음의 수가 쌓였더라도 양이 없으면 이루지를 못하니, 남편과 자식을 손상시키고 형벌과 해악이 거듭된다. 남자가 이러한 수를 얻으면, 허虛함은 많고 실질(實)은 적다. 보고 배운 바가 적어서 막히고 통하지 못하며, 심지어는 홀아비나 고아 또는 음란에 빠지기 쉽다. 만약에 양과 조화가 된다면 복을 받게 될 것이다. ⑮번의 고음향양수孤陰向陽數 참조.

訣曰 孤陰背於陽 富貴豈無殃 男子遭妻抑 婦人主夫亡 若非孤獨漢 亦合在離鄉 陰無陽作主 女子守空房 福至終難穩 安榮未必長 陽爻男曉達 陰令女尼娼 爻辭位不吉 安得顯忠良 男子得此數 凡百少安康

비결에 말하기를, "외로운 음이 양을 배반하니/ 부귀에 어찌 재앙이 없으리오/ 남자라면 처의 압제를 받고/ 부인婦人이라면 남편이 죽게 된다/ 고독한 인생이 아니라면/ 또한 고향을 떠나 사네/ 음이 주인으로 삼을 양이 없으니/ 여자가 독수공방하고/ 복이 이른다해도 끝내 사라지니/ 영화가 오래 가지 못하네/ 양효에 원당이 있다면 남자는 문득 현달顯達해지고/ 음령陰令에 태어났다면

> 여자는 수도승이나 기생일세/ 효사와 효위가 좋지 않으면/ 어찌 충성과 어짊으로 알려지겠는가?/ 남자가 이런 수를 얻으면/ 모든 일에 편안함이 적네"

⑭ 고양자우수(孤陽自耦數:외로운 양이 스스로 짝을 짓는 수)

천수는 30·40·50을 얻고 지수는 단지 30인 경우를 말한다.*

고양자우수는 본래 응해줄 음이 없어서, 양이 극성해짐에 스스로 음을 생하는 것이니, 이를 양이 극성하면 음을 생한다고 하는 것이다. 즉 양이 지나치게 높아지면 오히려 잘 조화되는 상이다.

이 수를 음령陰令에 태어난 사람이 얻으면, 처음에는 어렵다가 나중에 쉽게 되며, 처음에는 빈천했다가 나중에는 부귀하게 되니, 처음은 없다가 끝은 좋은 것이다. 육친도 처음에는 헤어졌다가 나중에 모여살게 된다.

진·술·축·미辰戌丑未의 시에 태어났다면, 반드시 어려서 아버지를 극하게 되니, 외롭고 고통스럽게 된다. 만약에 효위爻位가 길하고, 때(時)를 얻고 응원하는 효가 있으며, 효사와 괘체가 좋다면, 우연히 발흥하게 되어 처와 재산을 얻게 된다. 여자가 이런 상을 얻으면 반드시 재혼하게 된다.

> 訣曰 孤陽自耦也勞神 自立應難得六親 壯歲艱辛勤苦後 晩年得勢始榮新 男兒起自卑微顯 女子從卑漸貴身 陽令陰爻多顯赫 陰爻陽令吉凶頻
>
> 비결에 말하기를, "외로운 양이 스스로 짝을 지어 정신이 피로하니/ 자립해야 하고, 육친六親을 얻기 어렵네/ 장년까지의 어려움

---

* 고양불우수孤陽不耦數와 비슷한 경우이나, 천수가 더 많고 또 천수의 기준수인 25를 뺀 나머지가 짝수인 경우를 말한다.

> 을 다 겪은 후/ 만년에는 세력을 얻어 영화가 시작되네/ 남자는 낮고 한미한데서 입신출세하고/ 여자도 비천한 신분에서 점차 귀하게 되네/ 양령陽令에 태어나서 원당이 음효에 있으면 혁혁하게 뛰어난 사람이 많고/ 음효에 원당이 있고 양령에 태어났으면 길흉이 서로 빈번하네"

⑮ 고음향양수*(孤陰向陽數: 외로운 음이 양을 향한 수)

천수는 25인데, 지수는 40에서 60까지를 얻었을 때를 말한다.

> 訣曰 孤陰獨向陽 令人好是非 妄語不堪信 行短豈宜依 狡猾無仁義 憑托必瞞欺 有陽多改過 陰多竊盜隨 女則爲娼妓 男多配徒宜 陰陽相允合 歲晚見光輝 男子猶云可 女子最非宜 若人得此數 未必肯循規
>
> 비결에 말하기를, "외로운 음이 홀로 양을 향해 있으니/ 사람으로 하여금 시비 가리기를 좋아하게 하네/ 망령된 말은 신의가 없고/ 생각없는 행동 또한 신의가 없네/ 교활하여 인仁과 의義가 없고/ 믿고 맡긴 일을 반드시 속이네/ 양이 많으면 잘못을 고치게 되나/ 음이 많으면 은밀히 도적을 따르네/ 여자는 몸을 파는 기생이 되고/ 남자는 첩을 여럿 둘 것이네/ 음과 양이 서로 돕고 합하면/ 늦게나마 광휘光輝를 날리네/ 남자라면 오히려 좋지만/ 여자라면 가장 나쁘다네/ 만약 이러한 수를 얻는다면/ 규칙을 따르려 하지 않네"

고음향양수(외로운 음이 양을 향한 수)는 본래 응하는 양이 없는 것이나, 음이 극성해지면 스스로 양을 생하니, 이를 음이 극하면 양을 생한다고 하는 것이다. 즉 심한 추위가 지나 봄을 맞는 뜻이다. 이러한 수를 양령陽令에 태어난 사람이 얻는다면, 우연히 발흥하고

---

* 고음배양수孤陰背陽數와 비슷한 경우이나, 지수의 기준수인 30을 뺀 나머지가 홀수인 경우를 말한다.

우연히 이루게 된다. 재산 역시 조금 잃고 많이 얻는 뜻이며, 육친(六親)이 모두 외롭게 흩어져서 자수성가하는 상이다.

여자가 얻었다면, 아무 남자나 좋아하며 다닐 염려가 있다. 즉 산수몽괘(䷃)에서 말한 "돈이 많은 남자를 보고 몸을 함부로 하니, 이로울 바가 없다"의 뜻이다. 만약 음효에 거하면서 음의 월령月令에 태어났다면, 여자이더라도 상관 없으나, 만약 양효에 거하면서 양의 월령에 태어났다면 음란하고 항시 구설수에 오르는 상이다.

⑯ 유음무양수(有陰無陽數:음은 있고 양은 없는 수)

천수의 기준수는 25인데, 천수는 단지 4·5·6부터 24까지의 수만 얻고 지수는 기준수인 30을 채운 경우를 말한다. 따라서 양수는 부족하고 음수는 족하니, 이를 유음무양수(음은 있고 양은 없는 수, 또는 양이 기운다는 뜻으로 陽偏數라고도 한다)라고 한다. 여자에게 이롭고 남자에게 불리하다. 택풍대과괘(䷛) 구오효에서 말한 "마른 버드나무에 꽃이 피고, 늙은 여자가 젊은 남자에게 시집을 가니, 또한 보기 좋은 일은 아니다"의 경우와 같은 뜻이다.

이러한 수를 얻은 자는 복은 있으나 수명은 짧고, 직위는 있으나 권한이 없으며, 아내는 있으나 자식이 없고, 자식이 있다면 아내를 해롭게 하며, 일은 많고 댓가는 적다. 괘가 길하고 효가 좋으면 보통 정도이고, 효가 흉하고 효위까지 잃었다면 크게 흉한 사람이니, 패역한 짓을 해서 크게 놀랄 화를 부르며, 험하고 위태한 액운을 당하게 된다.

訣曰 重濁輕淸禍福微 喜中生怒是和非 名虛利失全無益 福壽妻兒必不齊 男子遇之貧且夭 女人得此尙依稀 陰令得中尤可喜 若生陽令必孤睽

비결에 말하기를, "탁한 것은 많고 맑은 것은 적어서 화와 복이

> 미미하니/ 기쁨 가운데 노할 일이 생기고 옳은 것도 그른 것이 되네/ 이름은 헛되고 이익은 잃으니 하나도 도움이 안되고/ 복과 수명, 처와 자식이 모두 좋을 수는 없네/ 남자가 얻었다면 가난하고 요절하며/ 여자가 얻었다면 오히려 의지할 희망있네/ 음령陰令에 태어나 득중得中했다면 기쁨이 더할 것이고/ 양령에 태어난 사람이 얻었다면 반드시 외롭고 어그러지네"

⑰ 유양무음수(有陽無陰數:양은 있고 음은 없는 수)

　지수의 기준수는 30인데 단지 18에서 28사이를 얻고, 천수는 기준수인 25를 얻었다면, 음수는 부족하고 양수는 족한 것이니, 이를 양은 있고 음은 없다고 말한다(또는 음이 기울었다는 뜻으로 陰偏數라고도 한다). 남자에게 이롭고 여자에게는 불리하다. 택풍대과괘(䷛) 구이효에서 말한 "마른 버드나무에 잎이 난다"와 같은 상이다.

　양의 월령에 태어난 사람이 얻었다면 부귀를 누리는 뜻이 많고, 음의 월령에 태어난 사람이 얻었다면 빈천하게 사는 뜻이 많다. 효위와 괘명이 좋다면 심하게 가난하게 살지는 않는다.

> 訣曰 陽數輕淸氣自全 不欺陰耦獨私偏 男人得此刑傷母 若不刑傷禍患牽 女子犯之須不剋 恐他婚嫁不當年 陽令得之多富貴 陰令逢之百禍纏
> 비결에 말하기를, "양수는 가볍고 맑아서 기운을 스스로 온전하게 하니/ 음의 짝이 되지 않고 홀로 편중되네/ 남자가 얻었다면 어머니를 해롭게 하고/ 직접 해롭게 하지 않더라도 화와 환난을 이끄네/ 여자가 얻었다면 극하지 않는다 하더라도/ 다른 날 혼인이 늦어지지 않을까 근심되네/ 양령에 태어난 사람이 얻었다면 부귀한 자가 많고/ 음령에 태어난 사람이 얻었다면 백가지 화가 따르네"

⑱ 강함으로써 약한 자를 복종시키고 세력으로써 백성을 능멸함(以强伏弱 以勢凌民)

　　천수가 30·40·50 등이고 지수는 30이하일 경우를 말한다. 만약에 양의 월령에 태어난 사람이 만났다면 상관없지만, 음의 월령에 태어난 사람이 만났다면 세력을 믿고 함부로 행동하다가 흉하게 되는 상이다.

　　대개 양이 음을 이기는 것이 본래의 이치이다. 이치로써 이긴다면 백성이 그 다스림에 복종하고 따를 것이나, 만약에 이치가 아닌 것으로 이긴다면 거스려서 어긋나게 될 것이다. 그러므로 귀하고 부유하다고 하더라도 끝까지 좋게 되지는 않는다.

> 訣曰 陽道眞君子 勝陰乃治民 逢之無不貴 爻吉廟堂人 陰令如逢此 以勢下於民 爻辭而失位 暴敗也須貧
> 비결에 말하기를, "양의 도를 행하는 진정한 군자가/ 음을 이겨서 백성을 다스리니/ 하는 일마다 귀하게 되며/ 효가 길하다면 묘당(廟堂)에 오를 것이네/ 음령에 태어난 사람이 이러한 운이라면/ 세력으로 백성을 누르려고 하니/ 효사가 좋지 않고 효위爻位마저 잃었다면/ 포악부리다 잘못되어 빈천하게 된다네"

⑲ 약한 것으로써 강한 것을 대적하고, 포악함으로써 윗사람을 범하면 크게 잘못(以弱敵强 以暴犯上 主於滅頂)

　　지수가 30에서 40·50·60까지이고, 천수는 24이하를 얻었을 때를 말하니, 지수는 지나치게 많은 것이고, 천수는 부족한 것이다. 음의 월령에 태어난 사람이 만나면 오히려 괜찮으나, 양의 월령에 태어난 사람이 만났다면 반드시 크게 다치는 흉함이 있다. 이른바 "소인이 군자를 범하고, 음은 순조롭고 양은 곤궁하게 되는 경우"이다.

　　대개 임금은 하나이고 백성은 둘(많음)인 경우가, 군자의 도이며,

천리天理에 합당한 것이다. 그런데 이런 경우는 음이 양을 이기니, 어찌 아래에 있는 자가 윗사람을 속박함이 용납될 것이며, 어찌 신하가 임금을 범하는 것이 용납될 것인가? 참살당할 것이 당연하다.

혹은 힘으로 약탈하고, 패역을 저지를 것이며, 심지어 절도를 하기도 한다. 만약에 양의 월령에 태어났다면 근심거리이며, 더욱이 효위爻位와 괘체 및 이치가 좋지 않고, 응원하는 효가 없으며, 괘명 마저 좋지 않으면, 반드시 화가 미칠 것이다. 만약에 음의 월령에 태어나서 효위爻位와 괘체 및 이치가 좋고, 응원하는 효가 있으면, 무관으로 용맹을 발하는 직책에 임명되어 권세와 명성을 떨친다. 혹 송사를 즐겨하며 더러운 돈으로 부를 축적하는 무리가 되기도 한다.

> 訣曰 陰道爲民下 何堪得勝陽 勞而無寸益 福祿亦難昌 陰令憂危少 陽時有大殃 爻位俱不吉 斬戮在邊疆
> 비결에 말하기를, "음의 도는 백성이고 아래하는 것이니/ 어찌 양을 이기는 경우를 감당할 것인가/ 수고롭기만 하고 조그만 이익도 없으며/ 복록福祿 또한 얻기 힘드네/ 음령에 태어난 사람은 근심과 위태함이 적으나/ 양령에 태어난 사람은 큰 재앙이 있다네/ 효위爻位마저 불길하다면/ 참살당할 일이 지척에 있다네"

⑳ 안정되고 조화로우며, 스스로 편안한 수(安和自寧數)

천수가 25이고 지수는 30인 경우로, 천수와 지수가 남고 모자람 없이 딱 맞는 경우이다. 이런 경우는 천수와 지수가 평화로운 것이니, 효위와 괘명이 모두 길하고 응원하는 효가 있으며, 때에 맞고 체(得體:日柱의 오행卦)를 얻었다면, 부귀영화를 누리며 모든 사람의 우러름을 받을 것이다. 가령 효위와 괘명이 모두 흉하고 응원함이 없으며 때를 잃었다 해도, 편안하고 착한 사람으로, 결단코 흉악한 자는 아니다.

> 訣曰 二數無餘無不足 禍不深兮福不偏 爻位名佳多富貴 定
> 須遐邇具民瞻
> 비결에 말하기를, "천수와 지수가 남지도 모자라지도 않으니/ 화도 심하지 않고 복도 편중됨이 없네/ 효위와 괘명이 좋다면 부귀하고/ 멀고 가까움 없이 백성이 우러르네"

㉑ **천수와 지수가 모두 조금씩 모자란 수(天地俱羸數)** 천수가 기준수인 25에 못미치고, 지수도 기준수인 30에 못미칠 경우로, 음수와 양수가 모두 약한 경우이다.

이런 수를 얻은 자는 뜻이 낮고 장애가 있으며, 하는 일이 천하고 더러운 경우다. 혹 형리刑吏를 맡더라도 각박하게 하며, 자신에게는 이롭게 하고 남은 손해를 입힌다. 남자라면 중(僧)이나 도를 닦는 삶이고, 여자라면 비구니나 기생 또는 남의 첩으로 들어서는 경우가 많다.

만약에 효위와 괘명이 길하고, 때를 얻고 응원하는 효가 있다면 출세하는 경우도 있다. 그러나 은혜를 저버리고 의리가 없으며, 자신에게는 후하게 하고 다른 사람에게는 몰인정하게 하니 천리天理가 아니다.

만약에 효위가 좋지 않고 응원하는 효가 없으며, 때를 잃고 꺼리는 것(乘剛, 不當位 등)을 범하며 괘명조차 흉하다면, 형을 살거나 남의 종이 되며, 혹 모든 일이 어긋나고 요절할 수며, 삶이 어렵고 가난하여 생존하기조차 힘들게 된다.

> 訣曰 二數俱贏不固堅 須知名利不能全 有官難顯福難尋 又恐天年不久延
>
> 비결에 말하기를, "천수와 지수가 모두 모자라 견고하지 못하니/ 명예와 잇속이 온전하지 못함을 알겠네/ 관직에 있어도 뛰어나기 어렵고, 복 또한 찾기 어려우며/ 수명조차 오래가지 못할 것이 근심되네"

㉒ 음양이 서로 다투는 수(陰陽戰勝數) 천수와 지수가 모두 기준수보다 너무 많아서 맑고 탁함이 서로 다투어 빼앗는 경우이다.

 이러한 경우는 온전하게 길함이 없다. 음과 양이 서로 다투어 서로 간에 상처를 주기 때문이다. 음이 커져서 양을 의심하면 반드시 다투게 되고, 양이 음을 이긴다해도 반드시 어지러워진다. 다투고 어지러워짐이 계속되니, 어찌 아름답게 될 수 있겠는가?

> 訣曰 陰陽相戰必然傷 二親兄弟剋離鄉 妻子難全財不積 人事浮沉福繼殃 貴者遇之多毀折 富人値此訟難防 爻位不佳軍吏輩 爻佳位當却爲祥
>
> 비결에 말하기를, "음과 양이 다투면 반드시 상하니/ 부모형제가 서로 극하여 고향을 떠나며/ 아내와 자식을 보전하기 어렵고, 재물도 쌓이지 않네/ 떠도는 인생, 복에는 재앙이 따르고/ 귀한 자라도 천해지기 쉬우며/ 부유한 자라도 송사를 면하기 어렵네/ 효위가 좋지 않으면 하급군인이고/ 효위가 좋다면 좋아지게 되네"

5절. 12월 소식괘消息卦와 천수지수의 길흉

월	괘	내용
정월	䷊	1월에 태어난 사람은, 천수(양수)가 천수의 기준수 25와 합치되는 것이 가장 좋다. 지수는 30~36이 좋다.
2월	䷡	2월에 태어난 사람은, 천수(양수)가 음수보다 9·10을 더 많지 않고, 또한 천수의 기준수인 25를 9·10이상 넘지 않는 것(26~35)이 가장 좋다. 지수는 30~36이 좋다.
3월	䷪	3월에 태어난 사람은, 천수(양수)가 25이상 특히 36이상인 것이 좋다. 지수는 30내외가 좋다.
4월	䷀	4월에 태어난 사람은, 천수(양수)가 25이상 특히 36이상의 태과한 수가 좋다. 지수는 30미만이 좋고, 13이하라도 그렇게 나쁘지는 않다.
5월	䷫	5월에 태어난 사람은, 지수(음수)가 13부터 18인 것이 좋으며, 13이하라도 그렇게 나쁘지는 않다. 천수는 25이상 태과한 수라도 좋다.
6월	䷠	6월에 태어난 사람은, 지수(음수)가 19부터 29인 것이 좋다. 천수는 25~45가 좋다.
7월	䷋	7월에 태어난 사람은, 지수(음수)가 30인 것이 좋다. 천수는 25~36이 좋다.
8월	䷓	8월에 태어난 사람은, 지수(음수)가 31이상 42인 것이 좋다. 천수는 25~36이 좋다.
9월	䷖	9월에 태어난 사람은, 지수(음수)가 31이상 특히 42이상인 것이 좋다. 천수는 25내외가 좋다.
10월	䷁	10월 달에 태어난 사람은, 지수(음수)가 31이상 특히 42이상인 것이 좋다. 천수는 25미만이 좋으며, 9이하라도 그렇게 나쁘지는 않다.
11월	䷗	11월에 태어난 사람은 천수(양수)가 9부터 12(17까지도 좋다)까지의 득중한 수가 된다. 지수는 30이상부터 태과한 수라도 좋다.
12월	䷒	12월에 태어난 사람은 천수(양수)가 13부터 24까지가 득중한 수가 된다. 지수는 30이상 48까지가 좋다.

1) 양이 자라는 달(月)

① 11월(䷗)

> 11월에 태어난 사람은 천수(양수)가 9부터 12(17까지도 좋다)까지가 득중한 수가 된다. 지수는 30이상부터 태과한 수라도 좋다.

지뢰복괘(䷗)는 11월괘로 동지 뒤에 한 양이 자子에서 생겨나니*, 이때는 만물이 싹트는 기미가 있다. 천수天數는 너무 많아서는 안되고, 지수地數도 남음이 있어서는 안된다.

만약 양이 처음 생기는 때인데도 양수가 너무 많거나, 혹 너무 지나쳐 극에 이르게 되면, 그 사람은 반드시 기울어지고 패망하며, 횡사하거나 요절하며, 훼손되고 꺾이는 근심이 있게 되니, '한결같이 겨울의 영令만 행한다'고 함이 이것이다.

한 양이 이미 생겨났으면, 양이 마땅히 음보다 성해져야 하는데, 그런데도 수가 부족해서 4·5이하인 사람은 너무 약해서 실패하게 된다. 그런 사람이 어떻게 굳세게 성취하는 이치가 있고, 복이 두터워지는 수가 있겠는가? 오직 중中을 얻게 되면, 곧 천지의 중화中和를 이루는 기운을 잃지 않을 것이니, 그 사람은 반드시 즐거움 속에 거처하고 숭고한 자리에 있게 되리라.

처음 생긴 양**은 8·9부터 11·12까지 이르는 것을 아름답게 여기고, 18까지 이르면 너무 많은 것이 되며, 19~25는 너무 지나친 것이 되니, 배우는 이가 마땅히 때로써 움직임과 고요함을 보면, 길하고

---

* 자월子月의 자시子時에서 양이 생겨나기 시작한다.
** 복괘復卦가 주관하는 11월달을 의미한다. 이 때는 양이 처음 생겨나서 기운이 미미한 때이므로, 9부터 17까지가 적당하며, 9의 2배수인 18은 감당하기가 어려운 것이다. 본문은 8~12라고 하였으나, 8은 지극히 약한 수이므로 좋지 않다.

흉하며, 뉘우치고 인색함이 자연히 어긋나지 않을 것이다.

② 12월(䷒)

> 12월에 태어난 사람은 천수(양수)가 13부터 24까지가 득중한 수가 된다.
> 지수는 30이상 48까지가 좋다.

지택림괘(䷒)는 12월괘로 양이 축표에서 생겨나니* 두개의 양이 이미 생겨난 때이다. 만물이 안에서 번영하고 밖으로 새어나오지 않으니, 안은 실하고 밖은 허하며, 안은 영화롭고 밖은 욕된다. 감추고 웅크렸던 것이 몸을 뒤척이고, 굽히고 엎드렸던 것이 조금씩 진동하며, 양기는 점차로 굳건해지고 음기는 안으로 채워진다. 그러므로 흙(土)은 안이 허하고 밖은 굳으며, 물(水)은 기운이 위로 올라간다. 그러므로 더럽고 탁한 것은 아래에 있고 맑은 것은 위에 있어서, 봐도 보이지 않으니, 이 때에는 양기가 너무 적어서도 안되고 너무 지나쳐서도 안된다.

양의 수는 점차 성해지고 음의 수는 점차 약해지니, 만약 괘 가운데 양효가 많고 또 너무 성해서 25수 이상인 사람은, 비록 길하더라도 끝내는 반드시 화가 있게 되고, 비록 귀하고 현달하더라도 끝에 가서는 수명이 길지 못할 것이며, 비록 편안하더라도 끝내 위태함을 면치 못할 것이니, 오직 중中을 얻은 것이 때의 차례를 순히 한 것이 된다.**

---

* 림괘는 12월괘로 지지상으로는 축표에 해당한다.

** 양의 기운이 커지고 있으나, 아직 음과 대적하기에는 모자란다. 따라서 13이상 24수까지가 적당하다. 수가 때보다 많으면 지나친 행동을 하게 된다.

③ 정월(1월:☰☷)

> 1월에 태어난 사람은, 천수(양수)가 천수의 기준수 25와 합치되는 것이 가장 좋다. 지수는 30~36이 좋다.

태괘(☰☷)는 정월에 속하는 괘로 세 양이 인寅에서 나오니, 세 양이 와서 태평한 도가 이루어진다.* 작은 것(소인,음)은 가고 큰 것(군자,양)이 오며, 위와 아래가 사귀어 통하고, 풀과 나무가 다 촉이 터 나오며, 기운은 맑고 상쾌하며 밝으니, 이 때에는 양수가 부족해서는 안되고, 마땅히 굳세어서 음과 대적이 되어야 한다.

만약 음수가 많고 양수가 적으며, 또 얻은 수가 단지 12·14·16·18 등만 있는 사람으로, 괘를 지었을 때 원당이 음효자리에 있으면, 너무 약해서 실패하게 된다. 사람은 반드시 때와 합치되어야 하니, 혹 귀한데 있어도 천해지고, 혹 요절하고 횡사하게 되며, 혹 승려나 도인이 되니, 부유해도 편치 못하고 귀해도 오래가지 못한다.

오직 양수가 못 미치거나 너무 지나친 허물이 없어야, 귀하고 현달하며, 맑고 고상하며, 풍성하고 충실할 것이니, 그 사람은 반드시 하류下流가 아닐 것이다.** 만약 그 수가 25수를 넘은 사람이나, 혹 곱절 또는 다섯배가 되는 사람은 너무 높아지는 흠이 있게 될 것이다. 즉 반드시 교만하고 높은 체 하며, 오만하고 사치하며, 강하고 외람되며 음욕이 있으며, 용맹을 좋아하고 싸움질 할 것이니, 좋은 것이 못된다. 만일 음수가 너무 많으면 반드시 봄인데도 추운 징조가 있는

---

* 태괘(☰☷)는 정월에 속하고 지지로는 인寅월이다. 이미 양이 세 효나 나왔으므로, 음과 대등하다(음효도 셋).

** 태괘(☰☷)의 때에는 양효와 음효가 3:3으로 동등하다. 따라서 양수는 많지도 적지도 않아야 되니, 천수의 기준수 25와 합치되는 것이 가장 좋다.

것이니, 백가지 작업이 모두 더디다. 동풍이 얼음을 녹이는 기후에, 아직도 음이 많고 양이 적은 것이 바로 봄추위가 아닌가?

④ 2월(䷯)

> 2월에 태어난 사람은, 천수(양수)가 음수보다 9·10을 더 많지 않고, 또한 천수의 기준수인 25를 9·10이상 넘지 않는 것(26~35)이 가장 좋다. 지수 는 30~36이 좋다.

대장괘(䷡)는 2월괘로, 양이 땅에서 나와 네 양효가 된 것을 씩씩하다(壯)고 하니, 임금이 진震에서 나오는 때이다. 중춘仲春의 때로 기상이 따뜻하고 화창해서, 만물이 꽃피어 예쁘고 고우며, 천둥과 번개가 쳐서 웅크리고 감추고 있던 것이 나오며, 굽히고 엎드렸던 것이 펴지며, 양기가 매우 씩씩해지고 음의 도가 사그러져 죽으니, 만물을 생해주는 바람(仁風)이 화창하게 통달하는 날들이다.

천지가 발생하는 절후이니, 음수는 많은 것이 마땅치 않고 양수는 적은 것이 마땅치 않으니, 오직 중中을 얻어야 마땅하게 된다. 중을 얻는다는 것은, 양수가 음수보다 9·10을 더 많지 않고, 또한 천수의 기준수인 25를 9·10이상 넘지 않는 경우이다. 미치지 못한다는 것은 (不及者) 9·10수로 그치는 것이며, 크게 지나친다(太過)는 것은 그 차이가 20이상을 넘어서 25·30이상에 이르는 것이니, 양수가 너무 지나친다는 것이다.

봄에 여름의 영(令)을 행하면, 반드시 큰 가뭄이 들고 혹독한 더위가 일찍 와서, 벌레와 벼멸구의 해가 있게 된다. 이렇게 양수가 지나친 수를 얻으면, 봄에 여름의 영(令)을 행하는 것과 같아서 영화가 없을 것이니, 처음은 길했더라도 마침내 흉해지고, 처음은 부귀영달했더라도 뒤에 가서 반드시 이름을 욕되게 하고 덕을 상실해서, 그릇

되고 망령된 화가 있을 것이다.

  수가 미치지 못한다는 것은(不及者) 음의 추위가 아직도 많은 것이다. 봄에 겨울의 영을 행하게 하면, 그때의 물건이 반드시 어긋나 상하게 될 것이니, 처음 필 때는 화려하나 열매 맺지를 못한다. 사람이 이런 상태를 당하면, 길함이 이루어지기 전에 흉함이 이뤄지고, 일이 다 되기 전에 허물어지게 된다. 만일 봄에 화기和氣로운 기쁨이 있을 때, 그 화기를 뺏지 않으면 효의 위치가 아름답고 효사와 이치가 합치될 것이다.

  다시 말하면 부귀영화와, 재주가 높고 업적을 널리 이룸과, 육친이 정이 있음과, 만사가 화목한 것은 천지의 지극히 상서로운 기수氣數인 것이다. 이렇게 때문에 중을 얻음(得中)이 귀한 것이 된다.

⑤ 3월(☰)

> 3월에 태어난 사람은, 천수(양수)가 25이상 특히 36이상인 것이 좋다. 지수는 30내외가 좋다.

  쾌괘(☰)는 3월괘로, 다섯 양이 진辰에서 생겨난다.* 다섯 양이 이미 생겨났다면 정기精氣가 있고 용맹스럽게 결단하며, 꽃이 맺혀 열매를 맺고, 음의 도가 사그러지고 양의 도가 자라나며, 군자가 많고 소인은 외롭게 된다.

  이때는 양의 기운이 성할 때이므로, 양수가 비록 많더라도 너무 지나친 것이 되지 않는다. 만약 음수가 너무 많아 양과 대적하면, 반드

---

* 3월달은 양효가 다섯이나 자라 이미 성해진 때로, 12월괘로는 쾌괘(☰)에 속하고, 지지로 표시한 달이름은 진辰월이다.

시 기를 상하고 때에 손해가 되니, 경사가 오래갈 수 없다.

이런데다가 (음수는 많은데) 양수가 미치지 못해서 부족한 쪽으로 치우치게 되면, 또한 때에 적응하고 절후에 합치되는 것이 아니니, 그 사람이 선비나 평민이나 할 것 없이 이루어지는 일이 없을 것이다. 또한 효의 자리와 괘체가 때에 맞는다 하더라도, 태과한 음수의 응원을 받아 스스로 붙어 살아서는 안된다.

대개 양수가 때에 미치지 못해 적은데, 또 음효가 자리하고 있으면, 군자가 소인의 대열에 끼인 것이다. 명예와 이익에 모두 손실이 될 것이니, 군자의 수數가 아니다. 반드시 춥고 따뜻함이 어지럽게 되고, 성공과 패망이 서로 섞이는 데까지 이를 것이니, 적과 싸우고 다투는 데는 이롭지 못한 때이고, 빈천하고 곤궁하게 됨은 말할 필요도 없다.

오직 음은 적고 양은 많아야, 때와 합치되는 것이 되어서 기쁘지 않음이 없을 것이고, 여기에다가 괘효가 길하고 괘체의 이치가 편안하다면, 그 사람이 총명하고 귀하며 현달하게 될 것은 의심할 필요가 없다.

⑥ 4월(☰)

> 4월에 태어난 사람은, 천수(양수)가 25이상 특히 36이상의 태과한 수가 좋다. 지수는 30미만이 좋다.

중천건괘(☰)는 4월괘로 여섯 양이 사巳에서 생겨나니,* 즉 순전한 양의 달이다. 이때를 당하면, 비록 양수가 많더라도 크게 지나침

---

* 4월을 주관하는 괘는 중천건괘(☰)이고, 지지로 나타낸 달이름은 사巳월이다.

이 되지 않는다. 하늘의 운행이 굳세니, 굳센 수를 얻는 것이 무슨 불리함이 있겠는가?

얻은 수가 이미 마땅하고, 더욱이 바른 위(位)를 얻어 권세를 잡으며, 응원하는 효가 있어 굽히지 않으면, 그 효사가 흉하더라도 이치가 길한 것이니, 부귀와 명리를 얻을 사람이라는 것은 모를 것이다. 만약 여기에 효사도 길하고 이치 역시 합당하다면, 이것은 특별하게 통달하고 고명해서, 우주를 돌리고 천지의 이치에 크게 순응하는 어진 선비, 또는 나라를 다스리고 세상을 구제하는 철인일 것이니, 어찌 보통 사람이겠는가?

이 때에 양수가 미치지 못하면 유약한데 빠지게 되니, 만 가지 일이 이루어지기 어렵다. 만일 양수가 너무 지나치게 많고, 괘의 이름과 자리가 오히려 양의 기운을 이기는 자는, 강한 도적이 되거나 형을 받고 귀양가는 사람이 된다. 여기에다가 이치가 흉하고 괘체가 나쁘면, 반드시 모반하다가 죽임을 당하고, 역적질하다가 참형당하는 무리가 된다.*

양수가 이에 이르면 비록 성해야 하지만, 입하나 소만 전이면 좋지만, 망종 이후로는 지나치게 높아짐이 되어 마땅치 않으니,** 비록 효사가 길하고 이치가 아름답더라도, 부귀가 오래가지 못한다. 대개 양이 이미 극해서 음이 장차 생겨나려고 하는 때니, 기미를 제대로 알지 못하면 재앙과 환난을 어떻게 면할 수 있겠는가?

---

* 양수가 지나치게 많은데다가, 괘명에 양이 강한 뜻을 내포하고(대장괘 대과괘 등), 양효가 양자리에 있는 등, 온통 양으로만 이루어지면, 비록 때가 건괘의 4월이더라도 그 지나침을 감당하기 힘들게 된다.

** 망종부터는 양이 극성한 시기를 지나 음이 하나 생긴 구괘(☰)가 주관하는 절기가 된다.

2) 음이 자라는 달(月)

① 5월(䷫)

> 5월에 태어난 사람은, 지수(음수)가 13부터 18인 것이 좋으며, 13이하라도 그렇게 나쁘지는 않다. 천수는 25이상 태과한 수라도 좋다.

천풍구괘(䷫)는 5월괘로, 하지에 음 하나가 오午의 뒤에서 생겨나면, 태양의 운행도수가 초각初刻을 이루고, 음기가 아래에서 점차 자라나게 되니, 괘의 이름을 구姤라고 한 것이다. 양의 도가 점차 사그러지고 음의 도가 날로 자라나니, 만물이 열매 맺고 걷어들이는 것으로, 다시 번영하는 이치가 없다. 하늘의 도는 왼쪽으로 돌고, 땅의 도는 오른쪽으로 굴러가니, 양의 기운은 이미 거슬러 가기 시작하고 음의 기운은 이로부터 순하게 가는 까닭에, 음양의 기운이 이에 이르면, 조화의 작용을 교대하는 것이다.

군자는 여기서 마음을 평안히 하고 기氣를 쉬게 함으로써, 하늘의 기운을 순하게 따른다. 이 때를 당하면, 양수가 너무 많아서는 안되고, 음수도 너무 성해서는 안된다. 만일 음이 성하고, 이룬 괘의 효사와 이름 및 이치가 불길하면, 반드시 남자는 홀아비이고 여자는 과부이며, 친척(九族)이 떠나고 흩어져서 평생토록 곤궁하니, 반드시 경박한 뭇 소인배다.

음수가 너무 지나친데 이르지 않고, 양수가 스스로 와서 음을 응원하게 되면(양수에서 천수 25를 뺀 나머지수가 짝수일 경우를 말함), 반드시 부귀하고 절개있으며 중요한 현인賢人이고, 만약 효의 자리와 이치 및 효사가 길하다면, 이것은 더욱 좋으니, 반드시 영화롭고 현달을 누리는 숭고하고도 이름난 신하가 된다. 대개 양수가 남거나 부족한 근심이 없이 중中을 얻은 경우를 귀하게 여긴다.

② 6월(☰☷)

> 6월에 태어난 사람은, 지수(음수)가 19부터 29인 것이 좋다. 천수는 25~45가 좋다.

천산돈괘(☰☷)는 6월괘로 두 음이 미未에서 생겨난다. 두 음이 이미 커졌다면, 따뜻한 바람이 기승을 부리고, 풀이 썩어 개똥벌레가 나오며, 양의 도는 도망가 숨으니, 돈괘의 월령이 되는 것이다.*

이런 때에 군자는 피해서 잠적하면 허물을 피할 수 있을 것이고, 만약 마음대로 달리고 쫓으며 앞장서서 가면 후회와 인색함을 면키 어려울 것이다. 이러한 일은 천지의 상도常道를 거스리는 행동이니, 어찌 편안하고 경사스럽겠는가?

이때에 태어나서 돈괘를 만나고, 양수는 적고 음수는 중을 얻으며, 괘효의 이치와 괘체가 다 마땅하면, 백가지 일이 뜻을 이루고 만가지 일이 마음대로 되어서, 반드시 공경대부의 반열에 설 것이며, 효의 자리爻位가 비록 흉하더라도 의식衣食이 풍족한 사람이 될 것이다.

만일 음수가 너무 지나치고, 효의 자리가 마땅치 않다면, 반드시 가난하고 곤궁하며, 고통받고 천하며 흉악하고 험한 사람이 될 것이니, 대개 세 음이 자라려 하는 때는 음이 너무 성해서는 안되기 때문이다.

③ 7월(☰☷)

> 7월에 태어난 사람은 지수(음수)가 30, 천수는 25~36이 좋다.

천지비괘(☰☷)는 7월괘로 세 음이 신申에서 생겨난다. 세 음이 이

---

* 6월은 돈괘가 주장하므로, 돈괘의 월령이라고 하였다. 지지로는 미未에 해당한다.

미 자랐으니, 막히는 도(否道)가 이뤄지게 되었다. 천지가 사귀지 않아서 만물이 쓸쓸하고 삭막하며, 위와 아래가 화합하지 않아서 뜻과 기운이 통하지 않으니, 그 도가 궁하게 되어, 군자가 녹祿을 받고 영화롭게 있을 수 없다.

이 때를 당하면, 양수가 너무 많아서는 안되고 음수는 많아야 하나, 성한 것이 양보다 지나쳐서는 안되고, 그 마땅함을 얻어야 반드시 부귀하고 현달하는 선비가 된다. 만약 음수가 오히려 약해서 양보다 못 미치고, 괘체와 효사가 다 양의 기운을 이기지 못하면, 빈천하고 요절하며, 홀아비·과부·고아·독신의 명운으로, 평생동안 환난과 재앙 그리고 허물을 면치 못할 것이다.

④ 8월(䷓)

> 8월에 태어난 사람은, 지수(음수)가 31이상 42인 것이 좋다. 천수는 25~36이 좋다.

풍지관괘(䷓)는 8월괘로 네 음이 유酉에서 생겨난다. 네 음이 이미 자란 것을 관괘라고 이름하니, 그 징후를 관찰하는 것으로, 즉 일하기를 바라는 상이다. 그러므로 유酉는 태兌에 속해서, 엄숙하고 살벌한 때가 되고, 낮과 밤의 길이가 고르며, 우레소리가 나지 않게 되며, 개구리가 겨울잠을 자러 들어간다. 양은 날로 쇠퇴하고 음은 날로 점차 성해져서, 백가지 물건을 걷어들이고, 초목이 누렇게 낙엽지며, 물이 곧 마르게 된다.

이 때를 당하면, 음수는 마땅히 융성해야 하나 너무 많아서도 안된다. 만일 양수가 많고 음수가 적다면, 이것은 가을에 여름의 명령을 행하는 것이니, 개구리·벌레 등이 칩거하지 않고, 오곡이 결실맺기 힘들다. 이 수를 얻은 사람은 반드시 잠시 부유로왔다가 금시 가난하게 되고, 때로 발전하고 때로 훼손되며, 여기에다가 괘효의 이치와 괘체가 마땅함을 얻지 못하면, 흉하고 패망하게 되어 구제할 수 없게 된다.

음수가 많고 양수가 적으면, 때를 순히 따라서 마땅함이 되니, 오곡이 풍년들고 만물이 결실을 맺게 된다. 이 수를 얻은 사람은 반드시 현달하고 풍성하며 부귀영화를 누린다. 더욱이 괘효의 이치와 괘체가 마땅함을 얻으면, 길하고 상서로움을 말할 필요 없을 것이다.

그러나 음은 마땅히 성하고 왕성해야 하지만, 결국 양보다 지나쳐서는 안되니, 만약 이러한 기틀을 알지 못하고 크게 성한 것만 추구하면, 그 음의 복이 어찌 오래갈 수 있겠는가?

⑤ 9월(䷖)

> 9월에 태어난 사람은, 지수(음수)가 31이상 특히 42이상인 것이 좋다. 천수는 25내외가 좋다.

산지박괘(䷖)는 9월괘로 다섯 음이 술戌에서 생겨난다. 다섯 음이 자라고 양이 깎여서 없어지면, 기러기가 오고 제비가 날아가며, 참새가 물에 들어가 조개가 되며, 천지가 닫혀 막히고, 서리가 내리고 물이 말라서, 물건의 결실이 뿌리로 돌아온다.*

이 때를 노음의 땅(老陰之地)이라고 말하니, 음수는 응당히 부족해서는 안되고, 양수는 크게 지나쳐서는 안된다. 만일 양수가 너무 많고 오히려 음수가 부족하면, 이것은 월령月令이 때를 잃은 것이다. 따라서 음년생의 사람은 반드시 버림받고 실패해서 떨치지를 못하니, 할 수 있는 일이 없을 것이다. 또 양년생의 사람은 반드시 망령

---

* 월령가月令歌에 나오는 말로, 후괘候卦 참조 바람.

되이 행해서 곤경을 자초하고 험한 일을 행하며 요행을 바라니, 잠깐 부자가 되었다가 잠깐 가난해지고, 혹 일을 이루기도 하고 망치기도 할 것이다. 여기에다가 괘효와 이치 및 괘체가 모두 합당하지 않으면, 흉하고 해로울 것을 측량할 수도 없을 것이다.

음수가 많고 양수가 적으면 때의 질서에 맞게 순히 베풀어진 것이니, 그 사람의 음명(陰命:음년생)과 양명(陽命:양년생)을 나눌 것 없이 다 복을 얻어서, 일반인은 반드시 풍성한 부자가 될 것이고, 벼슬을 한 사람은 반드시 공경대부가 될 것이다. 더욱이 괘효와 이치 및 괘체가 모두 길하다면, 길하고 상서로움을 계산할 수 없을 것이다. 또한 미약한 양이 음을 응원하면(양수의 끝자리수가 짝수인 것) 가장 맑고 길할 것이다, 그러나 만약 성한 음이 오히려 양을 응원하면(지수의 기준수인 30을 뺀 나머지수가 홀수인 것), 이는 구차스럽게 용납받고 망령되이 의지하는 것이 되어 바른 이치가 아니니, 이런 수가 있는 사람은 반드시 좀도둑·개도둑이거나 흉악한 무리가 된다.

또한 음양의 수는 중을 얻음을 귀하게 여기니, 그렇지 않으면 양없이 음 홀로(孤陰)는 자립할 수 없을 것이다.

⑥ 10월(䷁)

> 10월 달에 태어난 사람은, 지수(음수)가 31이상 특히 42이상인 것이 좋다. 천수는 25미만이 좋으며, 9이하라도 그렇게 나쁘지는 않다.

중지곤괘(䷁)는 10월괘로 여섯 음이 해亥에서 생겨나니, 여섯 음이 이미 자라나면 순전한 음의 때가 된다. 엄숙하고 살벌한 기운이 여기에 이르면, 음이 극에 가게 되니, 음기가 얼음(氷)을 이루어 땅속에 들어간 개구리와 벌레가 겨울잠을 자며, 무지개가 나타나지 않고, 꿩이 물에 들어가 대합조개가 되며, 천지가 서로 통하지 않고 음양이 닫혀 막히게 된다.

  이 때를 당하면, 음이 비록 많더라도 너무 지나친 것이 되지 않는다. 만일 양수가 음보다 많고, 또 양효에 원당이 있으며, 효사가 흉하고 이치가 맞지 않는 자는, 반드시 천박하고 때를 잃은 사람이니, 마침내 그 재앙을 부르고 백가지 하는 일이 모두 이롭지 못할 것이다.

  음수가 양수보다 많고, 또 원당이 음효에 있으며, 효사가 길하고 이치가 합당한 자는, 반드시 귀하고 현달해서 이름을 날리는 사람일 것이니, 마침내 그 사업을 이루고, 꾀하는 일이 이루어지지 않음이 없을 것이다. 그러나 수가 많아도 되는 것은 오직 입동부터 소설까지라야 좋고, 만약 대설 이후부터 동지 직전까지는 음수가 지나치게 성한 것이 심히 마땅치 않다. 어째서인가? 대개 음수가 여기에 이르면 세력이 극도로 성해서, 음이 극함에 양이 생겨나려고 하는 때이니, 마땅히 전쟁을 하거나 상해서 피가 나게 되는 허물이 있다. 그러므로 중을 얻는 것이 마땅하고, 절대로 너무 지나쳐서는 안된다. 배우는 이는 마땅히 깊이 새겨들어야 할 것이다.

  성인이 음양과 사시를 헤아리고 본받아서, 월령에 합치되고 때에 맞지 않음이 없는 것은, 오직 위대한 역易과 하도河圖·낙서洛書 뿐이다. 또한 유일하게 대쪽으로 엮은 글(易)이 진秦나라의 분서焚書의 화를 만나지 않고 보존된 것은, 하늘이 그렇게 한 것이고, 사람이 할 수 있는 일이 아니다. 그 길하고 흉함, 뉘우침과 인색 등과, 동정動靜과 득실得失, 빈부貧富와 천수를 누리고 요절함, 궁하고 통함, 날카롭고 둔함 등을 성현이 아니면 그 누가 알 수 있겠는가?

  배우는 이는 신중히 하여 가볍게 누설하지 말 것이며, 반드시 옳은 사람을 얻은 뒤에야 전해야 할 것이다. 그렇지 않으면 하늘에 죄를 얻을 것이니, 어찌 재앙을 면할 수 있겠는가?

6절. 절후괘(節候卦)

1) 절후괘를 정하는 방법(定節候卦說)

1년에는 춘하추동의 사계절이 있고, 기氣에는 입춘立春·춘분春分·입하立夏·하지夏至·입추立秋·추분秋分·입동立冬·동지冬至의 8절節이 있어서 감·진·리·태의 4괘가 이끈다. 후候에는 72후가 있으니, 5일이 1후가 되고, 1개월이 6후가 되며, 1년이 72후가 되는 것이다. 이를 자세히 나누면 그 해당하는 괘가 60이 된다.*

2) 절괘節卦

1년 365일을 24절기로 나누고, 이를 후천팔괘의 4정괘四正卦인 감(☵)·진(☳)·리(☲)·태(☱)의 4괘가 주관한다.

이를 세분하면 아래와 같은데, 크게는 동지절부터 경칩절까지(춘분 하루 전)를 감괘가 맡고, 춘분부터 망종절까지(하지 하루 전)를 진괘가 맡으며, 하지절부터 백로절까지(추분 하루 전)를 리괘가 맡고, 추분절부터 대설절까지(동지 하루 전)를 태괘가 맡아 주관한다.

이를 각기 수기水氣가 왕성한 수왕절水旺節, 목기木氣가 왕성한 목

---

* 동지에 산뢰이괘 사효가 맡고, 지렁이가 땅속으로 숨는 때가 되는 것이 그것이다.

왕절木旺節, 화기火氣가 왕성한 화왕절火旺節, 금기金氣가 왕성한 금왕절金旺節이라고 하여, 이 기간 안에 태어난 사람이 해당하는 괘를 얻으면 화공化工이 있다고 하는 것이다.*

① 감괘(☵)의 초효에 동지가 일어나고, 이효에 소한이 해당하며, 삼효에 대한이 해당하고, 사효에 입춘이 해당하며, 오효에 우수가 해당하고, 상효에 경칩이 해당된다.

② 진괘(☳)의 초효에서 춘분이 일어나고, 이효에 청명이 해당하며, 삼효에 곡우가 해당하고, 사효에 입하가 해당하며, 오효에 소만이 해당하고, 상효에 망종이 해당된다.

③ 리괘(☲)의 초효에서 하지가 일어나고, 이효에 소서가 해당하며, 삼효에 대서가 해당하고, 사효에 입추가 해당하며, 오효에 처서가 해당하고, 상효에 백로가 해당된다.

④ 태괘(☱)의 초효에서 추분이 일어나고, 이효에 한로가 해당하며, 삼효에 상강이 해당하고, 사효에 입동이 해당하며, 오효에 소설이 해당하고, 상효에 대설이 해당된다.

이상의 감·리·진·태의 네 괘를 절괘節卦라고 한다. 1괘당 각기 90일씩 관장하므로, 초효부터 상효까지 1효당 각기 15일씩 관장하는 셈이다. 이를 도표로 나타내면 다음과 같다.

감괘	진괘	리괘	태괘
경칩	망종	백로	대설
우수	소만	처서	소설
입춘	입하	입추	입동
대한	곡우	대서	상강
소한	청명	소서	한로
동지	춘분	하지	추분

---

* 화공으로 볼 때는 소성괘로 본다. 제 3장의 화공 참조.

3) 후괘(候卦)

태어난 달과 월괘 또는 12소식괘 또는 후괘가 합치되는 사람은, 때를 얻었다고 하여 부귀와 공명을 누린다고 본다.

① 후괘를 정함(候卦定局)

4節卦	12월괘	절기	60候卦	시작효	절후에 따른 변화 작용
坎	復	동지	頤·27	육사	지렁이가 땅속으로 숨는다
			中孚·61	초구	큰 사슴이 뿔을 가는 때
			復·24	초구	샘물이 풀리기 시작하는 때
	臨	소한	屯·3	초구	기러기가 북에서 돌아오고, 까치가 둥지를 틀기 시작하는 때
			謙·15	초육	꿩이 암컷을 찾으며 울기 시작한다
		대한	睽·39	초구	닭이 알을 낳기 시작할 때
			升·46	초육	매나 솔개 등이 매우 사나워지는 때
			臨·19	초구	호수 등의 물이 견고하게 얼어 붙는 때
	泰	입춘	小過·62	초육	동풍이 불어서 얼음이 풀리고, 칩거했던 벌레들이 움직이기 시작한다
			蒙·4	초육	물고기가 얼음 위로 나온다
		우수	益·42	초구	수달이 물고기를 주욱 펼치며 제사 지내는 때
			漸·53	초육	기러기가 북으로 돌아가는 때
			泰·11	초구	초목이 자라기 시작하는 때
	大壯	경칩	需·5	초구	복숭아 꽃이 피기 시작하고, 꾀꼬리가 울기 시작하는 때
			隨·17	초구	새매가 비둘기 같이 순하게 된다

208

4節卦	12월괘	절기	60候卦	시작효	절후에 따른 변화 작용
震	大壯	춘분	晉·35	초육	제비가 돌아온다
			解·40	초육	우레가 치기 시작함
			大壯·34	초구	번개가 치기 시작함
	夬	청명	豫·16	초육	오동나무에 꽃이 피기 시작함
			訟·6	초육	무지개가 보이기 시작함
		곡우	蠱·18	초육	마름이 생기기 시작한다
			革·49	초구	비둘기가 울며 날개짓을 함
			夬·43	초구	오디새가 날아와 뽕나무에 앉음
	乾	입하	旅·56	초육	청개구리가 울고, 지렁이가 출현하기 시작함
			師·7	초육	쥐참외가 생기기 시작함
		소만	比·8	초육	씀바귀가 더욱 잘 자람
			小畜·9	초구	냉이가 죽는다
			乾·1	초구	보리가 익게 됨
	姤	망종	大有·14	초구	당랑벌레가 나오고, 때까치가 울기 시작한다
			家人·37	초구	효두꺼비가 울지 않는다

4節卦	12월괘	절기	60候卦	시작효	절후에 따른 변화 작용
離	姤	하지	井·48	초육	사슴이 뿔갈이를 함
			咸·31	초육	매미가 울기 시작함
			姤·44	초육	반하가 생기기 시작함
	遯	소서	鼎·50	초육	따뜻한 바람이 불고, 귀뚜라미가 벽 속에 생긴다
			豊·55	초구	새매의 새끼가 사냥을 배운다

		절기	60候卦	시작효	절후에 따른 변화 작용
否 ䷋		대서	渙·59	초육	썩은 풀에서 반딧불이 생긴다
			履·10	초구	땅이 윤택해져서 젖고 더워짐
			遯·33	초육	큰 비가 때때로 내림
		입추	恒·32	초육	서늘한 바람이 불어오고, 흰 이슬이 내림
			節·60	초구	쓰르라미가 운다
		처서	同人·13	초구	새매가 잡은 새들을 늘어놓아 제사 지내는 것처럼 함
			損·41	초구	천지에 숙살의 기운이 돌아 소슬해진다
			否·12	초육	벼가 익기 시작한다
觀 ䷓		백로	巽·57	초구	큰 기러기가 북에서 돌아오며, 제비가 남으로 돌아간다
			萃·45	초육	온갖 새들이 겨울동안 먹을 먹이를 저축한다

4節卦	12월괘	절기	60候卦	시작효	절후에 따른 변화 작용
兌 ䷹	觀 ䷓	추분	大畜·26	초구	우레가 소리를 거두기 시작함
			賁·22	초육	벌레들이 땅속으로 칩거하며 구멍을 막기 시작한다
			觀·20	초육	물이 말라붙기 시작한다
	剝 ䷖	한로	歸妹·54	초구	큰 기러기가 북으로부터 와서 머물며, 참새가 바다로 들어가 같은 기운의 무리인 조개가 된다*
			无妄·25	초구	국화는 노란꽃이 핀다
		상강	明夷·36	초구	승냥이가 조수를 잡아놓고 제사를 지낸다
			困·47	초육	초목의 잎이 누렇게 떨어짐
			剝·23	초육	칩거한 곤충이 모두 그 틈을 막는다

坤 ䷁	입동	艮·52	초구	물이 얼기 시작하고, 땅이 얼기 시작한다
		旣濟63	초육	꿩이 바다로 들어가 큰 조개가 된다
	소설	噬嗑21	초구	무지개가 감춰져 보이지 않게 된다
		大過28	초육	하늘의 기운은 올라가고 땅의 기운은 내려오므로 천지의 기운이 통하지 않게 된다
		坤·2	초육	천지의 기운이 막혀서 겨울이 되었다
復 ䷗	대설	未濟64	초육	할단새가 울지 않으며, 호랑이가 교미를 시작한다
		蹇39	초육	여정**이 나옴

이상의 60괘가 한 괘당 각기 6일씩을 관장한다. 가령 동지가 11월 20일이라면, 20일은 이頤괘 사효에 해당하고, 21일은 이괘 오효에, 22일은 이괘 상효에, 23일은 이괘 초효에, 24일은 이괘 이효에, 25일은 이괘 삼효에 각기 해당하는 것이다.

사람의 태어난 때가 절괘를 만난 것을 화공化工이 있다고 하며, 생월에 후괘를 만난 것을 월괘를 얻었다고 하는데, 둘다 천지간에 지극히 길하고 지극히 건장한 기운으로 본다. 단 기후에는 가득차고 허한 것이 있고, 괘에는 초접超接*이 있으므로, 잘 살펴 정해야 한다.

---

* 『공자가어:孔子家語』에는 "새와 물고기는 음에서 생겨나지만 양에 속한다. 그러므로 둘다 알에서 생겨나는 것이다. 물고기는 물에서 놀고, 새는 구름에서 노는 까닭에 입동이 되면 참새가 바다에 들어가 조개가 되는 것이니, 본래 같은 류이기 때문이다"고 되어 있다.

** 여정(荔挺) : 미상. 혹 여지풀(荔枝)이 아닌가 한다.

그 방법은 갑자·갑오·기묘·기유의 간지로 2분(춘분과 추분)과 2지(동지와 하지)의 중기中氣를 정하고, 2분과 2지의 효가 정해진 후에 나머지를 추론해서 알 수 있다. 1년은 총 384효인데 24효(절괘가 모두 네 괘이고, 한 괘에 여섯효가 있음)가 8절을 낳으므로, 나머지 360효를 360일에 나누면 하루당 한효가 배당된다. 또한 월괘에서 살폈듯이 하루에 1각 7분씩 더 많아지므로, 6일이면 1시진이 더 많게 된다. 국운國運을 살필 때도, 단지 정월 초하루에 어떤 괘를 얻었냐에 따라 1년간의 비색하고 태평함을 알 수 있는 것이다.

② 괘기가(卦氣歌)

卦氣初起立春節	괘의 기운이 입춘절에서 시작함에
小過蒙益漸泰發	소과·몽·익·점·태괘가 차례로 발하네
二月驚蟄及春分	2월의 경칩부터 춘분까지에
需隨晉解大壯列	수需·수隨·진晉·해·대장괘가 줄을 이었네
三月淸明時季春·	3월이라 청명부터 계춘季春에
豫訟蠱革夬相親	예·송·고·혁·쾌괘가 서로 친하네
四月立夏陽位遊	4월이라 입하에 양기운이 성함에
旅師比小畜乾求	려·사·비·소축·건乾괘를 부르네
五月陰生芒種後	5월에 음이 생겨 망종의 뒤에
大有家人井咸姤	대유·가인·정井·함·구괘가 차례하네

* 후괘의 계산에서 해가 바뀌고 절기가 바뀌는 때를 맡은 괘가 있다. 즉 1괘를 여섯 효로 나눌 때, 세효는 해가 끝날 때 있고 세효는 새해에 해당할 때를 초접이라고 한다.

六月小暑鼎與渙	6월의 소서에 정鼎괘와 환괘가 자리하고
豐履遯卦亦相伴	풍·리·돈괘 역시 서로 짝을 이루네
七月立秋流火金	7월이라 입추절에 화와 금이 작용하니
恒節同人損否臨	항·절·동인·손損·비(否)가 차례로 임하네
八月白露巽與萃	8월의 백로절에 손巽괘와 취괘가 서니
大畜賁觀相總會	대축·비(賁)·관괘가 서로 모이네
九月寒露霜初落	9월의 한로에 서리가 내리니
歸妹无妄夷困剝	귀매·무망·명이·곤困·박괘가 줄을 짓네
十月立冬艮旣濟	10월의 입동에 간·기제괘가 서니
噬嗑大過坤相繼	서합·대과·곤坤괘가 서로 이었네
小雪交來未濟始	소설이 와서 미제괘와 사귀니
蹇頤中孚復而已	건蹇·이·중부·복괘일 뿐이네
小寒季冬屯與謙	소한부터 계동季冬까지 둔괘와 겸괘가 맡으니
睽升臨卦徹手尾	규·승·림괘가 대미를 장식하네

7절. 종합적인 길흉판단법

1) 효를 중심으로 보는 법*

① 원당이 오효 또는 이효자리를 얻고, 괘의 뜻이 좋고 두 수(천수와 지수)가 충분하며, 원기가 있고 화공이 때를 얻었으면, 어질고 현명하며 크게 귀하게 되는 운명이다.

② 원당이 오효자리를 얻고 괘의 뜻은 좋으나, 두 수가 부족하며, 원기가 없고 화공이 때를 얻지 못했다면, 처음에는 어렵고 고통스러우나 뒤에 가서는 크게 형통하게 되는 운명이다. 승려나 수도자가 이러한 괘를 얻으면 크게 일가를 이루며, 시험보는 사람이면 차석으로 뽑히며, 여자라면 고생끝에 집안을 일으킨다.

③ 임금의 자리(오효)를 얻었으나, 괘와 효사가 다 길하지 못하며, 또 원기가 없고 화공 또한 때를 얻지 못했다면, 자기 혼자 우뚝서서 고통스럽고 힘들다가, 나중에야 쓰이게 되는 운명이다.

④ 만약에 두 수(천수와 지수)가 충분하며, 원기가 있고 또한 때를 얻었으며, 괘의 뜻도 좋은데 효의 자리만 길하지 못하면, 처음에는 부귀하다가 뒤에 가서는 빈천하게 되는 운이다.

⑤ 만약에 두 수가 충분하고 원기도 있으나, 단지 때를 얻지 못했

---

* 원당이 있는 효는 그 사람의 평생의 운과 자질을 뜻한다. 따라서 다른 조건이 다 나쁘더라도 효의 자리가 좋으면, 늦게라도 빛을 보게 된다. 그러나 다른 것이 모두 좋더라도 효의 자리가 좋지 않으면, 처음에는 부귀하더라도 끝내 좋지 않게 된다.

고, 아울러 괘도 길하지 못하지만 효의 자리가 각별히 좋다면, 부유하고 유복한 운명이다.

⑥ 만약에 두 수는 충분하지만, 원기가 없고 때도 얻지 못했으며, 또한 괘도 길하지 못하나, 효의 자리가 각별히 좋다면, 항상 어렵고 힘든 끝에 무언가를 이루고, 처음에는 빈한하다가 후에는 부귀하게 되며, 처음에는 천하다가 뒤에는 귀하게 되는 운명이다.

⑦ 만약에 두 수가 부족하고 원기가 없으며, 또한 때를 얻지 못했고 아울러 괘도 길하지 못했으나, 효의 자리가 좋다면, 어렵고 힘든 끝에 우뚝 서는 운명이다.

2) 괘와 수 및 때를 합할 때 효의 자리가 마땅하고 마땅치 않음의 예(釋卦合數合時爻位當否例)

① 음수가 성한데, 괘중에 음효가 많고, 음월령에 태어났으며, 원당이 음효에 있다면, 때를 따르고 있는 것이다. 여자가 얻었다면 길하다.
  양수가 성한데, 괘중에 양효가 많고, 양월령에 태어났으며, 원당이 양효에 있으면, 때를 따르고 있는 것이다. 남자가 얻었다면 길하다.

② 음수가 성한데, 괘중에 양효가 많고, 양월령에 태어났으며, 원당이 양효에 있으면, 때를 거스르는 것이다.
  양수가 성한데, 괘중의 음효가 많고, 음월령에 태어났으며, 원당이 음효에 있으면, 때를 거스르는 것이다.

③ 남자가 양월령에 태어났고, 원당도 양효에 있으며, 양수를 성하게 얻었다면 순한 것이다(여자가 얻었다면 거스르는 것이다).

여자가 음월령에 태어났고, 원당도 음효에 있으며, 음수를 성하게 얻었다면 순한 것이다(남자가 얻었다면 거스르는 것이다).

④ 남자가 음월령에 태어났지만 원당이 음효에 있으며, 음수를 성하게 얻었고 때를 얻었으며(得時), 득세(得勢)하고 원당효에 응원하는 효가 있으며 효사가 길하다면, 부귀롭게 된다.
여자가 양월령에 태어났지만 원당이 양효에 있고, 양수를 성하게 얻었고 때를 얻었으며(得時), 득세하고 원당효에 응원하는 효가 있으며 효사가 길하다면, 부귀롭게 된다.*

⑤ 남자가 음월령에 태어났고, 원당이 음효에 있다면, 심기가 유약하여 일에 시작하고 끝맺음이 없으며, 여자가 양월령에 태어났고 원당이 양효에 있다면, 심성이 강하고 고집이 세서 뜻이 장부보다 더한 사람이다.**

⑥ 양수가 약하지만 응원하는 효가 있고, 양월령에 태어났으나 원당이

---

* 이상은 천지의 사계절의 이치이니, 때(時)로써 길흉을 살피고, 때와 대응해서 동정을 알아야 한다.

** 경經에 말하기를 "때에 순한 자는 번창하고, 때를 거스른 자는 망한다"고 했으니, 때에 순하는 괘와, 때에 부합되는 효와, 때의 월령月令을 얻음과, 또 효사가 길하고, 괘명이 좋으며, 제자리를 얻은데다 응원하는 효가 있다면, 이런 운은 부와 귀를 같이 얻는 운명이다.
때에 거슬리는 괘와, 때와 반대되는 효와, 때의 월령을 위배함과, 그리고 효사가 흉하고, 괘명이 좋지 않으며, 제자리를 잃은데다 응원하는 효가 없다면, 가난하고 천하며 어긋나서 구걸하는 운명이다.
역에 말하기를 "귀하고 천함을 베풂은 효의 자리에 있고, 작고 크게 됨은 괘에 있으며, 길흉을 판단함은 효사에 있다"고 하였으니, 믿어야 할 것이 아니겠는가?

양효에 있으면, 미래에 영화를 누리게 된다. 처음은 비록 불리하나, 괘의 뜻과 원당효의 효사가 다 길하다면 늦게 귀하게 된다.*

　양수가 약한데도 응원하는 효가 없고, 음월령에 태어났으나 원당이 음효에 있으면, 일생동안 가난하고 천하게 되어 영원히 나아지지 않는다. 여기에다 괘의 뜻과 효사가 좋지 않으면 천하면서도 요절한다. 음령(하지 이후부터 동지 사이에 태어남)에 태어난 것은 큰 해가 안되지만, 원당효인 음효가 판가름하는 것이다.**

⑦ 음수가 약하지만 응원하는 효가 있고, 음월령에 태어났으나 원당이 음효에 있다면, 미래에 복을 누리게 된다. 처음은 비록 제대로 통하지 못하지만, 괘의 뜻과 원당효의 효사가 다 길하다면 늦게나마 뛰어나게 된다. 여자가 얻었다면 봉호封號를 받을 정도로 뛰어나게 된다.***

　음수가 약한데도 응원하는 효가 없고, 양월령에 태어났으며, 원당이 양효에 있으면, 일생동안 가난하고 천하게 되어 영원히 나아지지 않는다. 여기에다 괘명과 효의 자리가 좋지 않으면 천하면서도 요절한다. 양령(동지 이후부터 하지사이에 태어남)에 태어난 것은 큰 해가 안되지만, 원당효인 양효가 판가름하는 것이다.****

---

* 양수가 약할 때는 음월령에 태어나야 좋으나, 응원하는 효가 있고, 양효에 원당이 있으므로 도움이 된다.
** 본래 음월령에 태어난 사람은 음효에 원당이 있어야 좋지만, 양수가 약할 때 원당이 음효에 있으면, 잇속을 중히 여기고 명예를 가볍게 여긴다.
*** 음수가 약할 때는 양월령에 태어나야 좋으나, 응원하는 효가 있고, 음효에 원당이 있으므로 도움이 된다.
**** 본래 양월령에 태어난 사람은 양효에 원당이 있어야 좋지만, 음수가 약할 때 원당이 양효에 있으면, 잇속을 중히 여기고 명예를 가볍게 여긴다.

⑧ 후회(有悔)와 허물(有尤) 음수陰數가 양수보다 성하고, 괘중에 음효가 많으며, 또 음령에 태어나 음효자리에 있다면, 이를 '후회가 있다(有悔)'고 이른다. 이럴 경우에 가난하고 요절하며 일이 잘 안되는 가운데 죽게 된다.

양수陽數가 음수보다 성하고, 괘중에 양효가 많으며, 또 양령에 태어나 양효자리에 있으면, '허물이 있음(有尤)'*이라고 한다. 이럴 경

대개 양수가 약하고 음수가 약하면서 응원하는 효가 없는 자도, 양수가 약한 자가 음월령에 태어나고, 음수가 약한 자가 양월령에 태어났으면, 처음에는 궁하다가 나중에는 이롭게 되며, 양수가 약한 자가 음효에 원당이 있고, 음수가 약한 자가 원당이 양효에 있으면, 잇속을 중히 여기고 명예를 가볍게 여긴다.

만약 양수가 약한 자가 음령에 태어났으면서 또 음효에 원당이 있거나, 음수가 약한 자가 양령에 태어났으면서 양효에 원당이 있다면, 빈천하고 불리하다. 사라지고 불어나는 소식消息의 이치는 오직 사계절에 있는 것이니, 한가지로 풀이 하는 것은 어렵다.

* 본문의 후회와 허물이 있음을 평한 내용 : 만약에 음과 양이 과불급이 없다면 괘안에서 길흉을 판단해야 한다. 여러가지 수數 중에서 이 수가 가장 길흉판단에 어긋남이 없으니, 이 수는 원래 주역에 근원해서 파생된 것으로서, 성인聖人의 폐부 깊숙한 곳에서부터 발현된 것이기 때문에, 한 터럭의 거짓도 용납을 안한다.

그리고 그 수는 한치의 오차도 없이 정해졌지만, 다만 사람의 출생시가 정확치 못한 것이 우려될 뿐이다. 가령 유년流年에 있어서 화와 복이 잘 맞지 않을 경우는 출생시의 앞시간과 뒷시간을 살펴서 궁리해야 된다. 겨울과 여름의 낮과 밤은 길고 짧음이 있고, 효의 기운에는 깊고 얕음이 있어서, 출생시가 전시간에 있지 않으면 뒷시간에 있으니, 판단함에 한 터럭의 차이도 없을 것이다.

이 수는 첫째로 역易에 의지하나, 역의 풀이만으로는 운명을 쉽게 알 수 없음을 안타깝게 여겨서, 천수와 지수의 길흉 보는 법으로 역의 수를 보익했으니, 단지 곱하고 나눔에 차이가 있을 뿐, 모든 일과 사물이 다 64괘의 안에 있는 것이다.

사용하는 사람이 그 바름을 얻는다면 장자莊子가 말한 "천지가 나와 더불어 같이 살고, 만물이 나와 같이 자란다"는 말과 같이 될 것이다. 단지 이 384효가 귀하고 천한 사람에 따라 다르고 받은 등급도 다르니, 가령 귀한 사람이 하나의 길한 효를 얻었다면, 곧 형통해서 뜻을 이루지만, 천한 사람이 하나의 길한 효를 얻었다면 기쁜 일이 있을 뿐이다.

우에는 재앙과 위태함이 따르고, 몸에 상처가 있거나 불구가 된다.

　장마비가 크게 내리면 강·호수·계곡 등 크고 작은 물들도 모두 고무팽배하며 흘러서 바다를 향해서 나아간다고 하며, 한말들이도 안되는 작은 그릇들도 가득차서는 모두 큰 바닷물과 비교하려고 하는 것과 같다. 그러나 결단코 이런 이치는 없으니, 가슴 속에 역易을 깨치지 못했으면 역의 수를 말할 수 없으며, 팔괘를 그린 뜻을 알지 못하면 어찌 변통의 도를 알 수 있겠는가?
　이 때문에 호환하는 기틀을 아는 자는 참으로 적다. 항차 숨어 있는 괘와 호괘를 참조하는 것과, 사체·팔체와, 비괘(☷)·태괘(☱) 및 손괘(☴)·익괘(☳)의 원리와, 반대괘의 유무와, 때로 행하고 때로 그침과, 음양의 동정과, 강과 유의 취하고 버림과, 억제하고 북돋우며 이기고 지는 이치를 알겠는가? 때에 따라 권도를 부릴 줄 알면, 아름답고 허물이 있음을 분별할 수 있을 것이며, 가볍고 중요한 것을 알면 백번을 판단해도 백번을 다 맞출 것이다.

3) 귀한 운명이 되는 10개의 길한 체(貴命十吉體)

① 괘명이 길함(괘명 또는 괘사로 판단함)

② 효의 자리가 길함 예를 들어 임금자리인 오효, 또는 신하자리 중에서도 중을 잡은 이효.

③ 효사가 길함

④ 때를 얻음(得時) 12월 소식괘 또는 월괘月卦를 얻음. 예를 들어 9월에 박괘를 얻음, 11월에 복괘를 얻음.
월괘를 얻은 것에는, 생월이 후괘와 일치하는 사람도 포함한다.

⑤ 응원하는 효가 있음 원당효가 음효인데 응하는 효가 양효이거나, 원당효가 양효인데 응하는 효가 음효인 경우.

⑥ 수가 때에 순함 천수와 지수의 합에 있어서, 음은 적고 양이 많아야 마땅하고, 음이 많고 양이 적더라도 때에 순해야 좋게 된다.

⑦ 체를 얻음 토土기운의 사람이 간괘(☶)를 얻었다면, 체를 얻었다고 판단한다. 득체得體 편의 오명득괘五命得卦 참조.

⑧ 자리가 마땅함(當位) 양령에 태어난 사람에게 원당이 양효인 경우와, 음령에 태어난 사람에게 원당이 음효에 있을 때를 말함.

⑨ 이치에 합당함(원기와 화공) 경庚년에 태어난 사람이 진괘(☳)를

얻고(원기) 봄 또는 여름의 때를 만남(화공). 가령 금金기운의 사람이 태괘(☱)를 얻지 못했더라도, 토土에 해당하는 곤괘(☷)나 간괘(☶)를 얻었다면 상생(土生金)하기 때문에 서로 배신하지는 못한다.
생년의 간지가 괘에 속한 납갑과 일치하는 것이 있는가?
생년의 간지를 육십갑자 오행납음에 맞춰 보았을 때, 같은 오행에 속한 괘를 얻었는가?

⑩ 중종(衆宗:종마루를 따름, 즉 다른 효들이 주효를 따름) 가령 오양일음괘에서 원당이 하나뿐인 음효에 있거나, 오음일양괘에서 원당이 하나뿐인 양효에 자리할 때를 중종이라고 한다. 쾌괘·구괘·박괘·복괘 등에서 이러한 예를 찾을 수 있다.

　이 10가지 중에서 3~4개를 얻으면 고을의 책임자 정도의 운명이고, 5~6을 얻으면 도道를 깨치는 운명이며, 7~8을 얻으면 중앙의 고관이 되는 정도의 운명이고, 9~10을 얻으면 잘되면 대통령이고 못되어도 대장군이나 국무총리 이상의 고귀한 운명이다.
　이상의 10가지 체에 다시 화공이나 원기를 겸하면, 귀함이 더욱 귀하게 되고, 직위가 더욱 높아지며, 부유함이 더욱 부유해지고, 장수함이 더욱 오래 수명을 누리며, 5복을 고루 갖추게 되니 또한 큰 덕이 있는 사람이다.
　여기에 나오는 「3) 귀한 운명이 되는 10개의 길한 체」와 「4) 천한 운명이 되는 10개의 불길한 체」는 본문에 나오는 내용이다. 이와 아주 유사한 내용인 3장의 「길흉판단 12가지 기준표」는 본문을 종합하여 만든 기준표이다. 화공과 원기는 길흉판단에도 쓰이지만, 다른 길흉판단 기준에 있어서 길한 것은 더욱 길하게 하고, 흉한 것은 덜 흉하도록 보완해주는 역할도 한다.

4) 천한 운명이 되는 10개의 불길한 체(賤命十不吉體)

① 괘명이 흉함
② 효의 자리가 흉함
③ 괘사 또는 효사가 흉함
④ 때를 얻지 못함
⑤ 응원하는 효가 없음
⑥ 천수와 지수가 때를 거스림
⑦ 체를 얻지 못함
⑧ 자리가 부당함(不當位)
⑨ 이치에 어긋남
⑩ 중종효를 따르는 많은 효 중에 하나가 됨(衆疾)

　이상의 10개의 불길한 체는 대략 앞서 말한 10개의 길한 체와 서로 상반되는 것이다. 3~4가지를 얻으면 수도승이나 수도자 중에서도 이단(九流)으로 흐르거나, 기술자 또는 예술가가 된다. 5~6을 얻으면 말단관리나 거간꾼으로 고독하게 되며, 7~8을 얻으면 요절하거나 횡사하며 흉과 화가 항상 따르게 되고, 9~10을 얻으면 거지나 형을 받아 죽는 운명이 된다.
　이상의 10가지 체는 요절하지 않으면 천하게 되는 불길한 운을 말하는 것이니, 그 경중을 헤아려서 길흉을 정해야 한다. 혹 때를 잃거나 꺼리는 것을 범한 것 중에, 흉함만 많은 것은 거지 또는 형을 받아 죽임을 당하는 사람들이다. 흉함은 많고 길함이 적은 것은 이단에 빠지는 수도승이나 수도자의 운명이다. 만약 화공과 원기를 온전히 겸했으면, 어렵고 고통스러운 중에서도 복을 얻을 수 있고, 지독한 고생속에서도 편안함을 얻을 수 있다. 만약 이러한 것이 전혀 없으면 크게 흉하고 자잘하게 살 뿐이다.

5) 극한 수(極數)

　천지의 도는 궁하면 변하고, 변하면 통하며, 통하게 되면 오래가는 것이니, 무릇 사람이 태어나 얻은 수 중에는 육합六合 밖으로 빠져 나온 자도 있는 것이다. 이러한 수를 극한 수(極數)라고 하니, 이러한 수를 얻은 사람은 반드시 신선의 자태와 도인의 풍골로, 일찍이 좋은 인연을 갖고 있으므로, 의당히 잘 연구해봐야 한다.
　후천괘로 바뀐 후 오효(九五·六五)와 상효(上九·上六)에 이른 사람이 응원하는 복체伏體가 있고, 원기元氣와 화공化工이 있으며, 효사와 이치가 좋다면 극한 수(괘에 나와있는 수대로 천수를 누린다)가 되는 것이다.

　구오·상구·육오·상육효에서 유년流年의 운을 잘 추론해 봐야 한다. 만약에 반대괘(도전괘)를 만나고, 효가 흉하며, 이치를 잃었다면, 목숨이 끊어지는 일이 있을 것이다. 이것이 유혼복체(游魂伏體)의 방법이다. 비색하게 되면 자손에게까지 많은 재앙을 보게 될 것이다. 그 사람도 질병을 앓지 않으면 반드시 고독하게 되니, 이른바 극한 수는 큰 도시에 사는 사람에게도 있고, 산림에 숨어 사는 사람에게도 있는 것이다. 다만 큰 도시에 사는 사람은 복이 있고, 산림에 사는 사람은 고통이 따르나, 큰 도시에 사는 사람은 수명이 줄어들고, 산림에 사는 사람은 숭고崇高하게 되니, 날개가 있는 것은 이(齒)가 없고, 다리가 둘인 것은 날개가 둘있는 것과 같이(한가지가 좋으면 한가지가 나쁘고, 한가지가 나쁘면 한가지가 좋은 것이다), 복있는 사람은 빨리 죽고 오래 사는 사람은 받들어 주는 것이다.
　가령 후천괘의 기수氣數가 임금의 효(오효)에까지 이르면 이는 수가 족한 것이다. 이에 이르면 반드시 죽게 될 것이고, 하늘이 돕지 않았다면 오효에 이르기 전 1,000일에 이미 죽었을 것이다. 가령 소상小象괘를 만났을 때 대상大象괘와 반대체(도전괘)라면, 죽을 것이 의심할 나위 없으며, 하늘이 돕는 자라서 임금의 자리가 양효라면, 9년을 더 산 후에 죽을 것이다.

수뢰둔괘(䷂)와 수산건괘(䷦)는 요절하고 재앙을 부르는 근심이 있으므로, 임금의 효(오효)에 이르더라도 또한 더이상 가지 못한다. 극한 효인 상효에 이르면 목숨이 따르지 못하고, 혹시라도 여기까지 온 사람은 반드시 큰 변고에 의한 화에 흉포하게 휘둘림을 당한다. 혹 생소한 병에 걸리고, 혹 재앙이 자손에게 미치며, 혹 근본으로 돌이켜 처음의 상태로 돌아가는(反本復始) 실패가 있게 된다.

'근본으로 돌이켜 처음의 상태로 돌아간다'고 함은, 처음에 관직이 없었다가 나중에 관직이 생긴 경우에는, 반드시 그 관직을 돌이켜 처음의 관직이 없었던 상태로 돌아감을 말한다. 또 처음에는 재물이 없었다가 나중에 재물이 생긴 경우에는, 그 재물을 잃는 경우를 말한다.

다른 사람에게 손실을 입히고 식구들을 다치게 하며, 어린애가 죽게 되고 비천하게 울며, 100가지 종류 1,000가지 다른 일들이 괴이한 재앙과 더불어 같이 발생한다. 대개 운수가 이와 같으면, 먼저는 잘 되다가 나중에는 그르게 되고, 다스려진 세상이 뒤집혀 어지러워지니, 물건이 궁하면 변하게 되고 변하면 극하게 되는 것이다.

이렇게 극에 있는 상효를 지나는 사람은 마땅히 세속을 초월한 선비니, 세상을 피해사는 현인이다. 선천과 후천의 운명에서 빠져나오면, 수에 구애되지 않으며, 천지간에 매인 구차함에 속하지 않으니, 선인의 자태와 도인의 풍골이 아니면 어찌 이런 것에 능할 수 있겠는가? 이른바 육합 밖으로 빠져나와 명운이 최고로 좋은 사람만이 이를 같이 의논할 수 있을 것이다.

6) 원당효와 길흉의 종합(論應其時合其用)

① 원기가 있는 효와 원당효가 일치하면 좋다 사람의 생시生時가 거처하는 효의 위치를 원당元堂이라고 한다. 이 원당이 본명괘本命卦 납갑과 합치되는(원기가 있으면) 사람은 높은 직책에 오르고, 일마다 성공을 하며, 벼슬길이 순조롭고, 직위가 더욱 높아지며, 권세가 더욱 커지는 등 부귀하고 일이 잘 풀리는 사람이다. 만약에 효가 좋지 않아서 효사가 위태롭고 순조롭지 않으면, 부귀하지만 자신도 모르게 새고 넘치는 우환이 있게 되며, 직위가 높아지면 위태해진다. 혹 효의 위치가 좋고 효사가 평이하며 또 이치에 맞고 순조로우면 학식과 문벌이 뛰어난 사람이 할 수 있는 높고 귀한 직책, 또는 능통하고 형통한 재야의 학자가 될 것이다. 본괘(正體:본체괘)가 좋은 데다가, 호괘(互體) 역시 좋음을 보탠다면 더욱 귀하게 될 것이다.*

② 일주日柱 및 년주年柱가 때를 얻음(得時) 때를 얻었다는 것은, 일주日柱가 임·계(壬·癸)일인 사람이 겨울에 태어났거나, 갑·을(甲·乙)일인 사람이 봄에 태어난 경우와 같은 것이니, 쓰임에 응하고 때와 합치되어 마땅하게 된 것이다.

때와 합치되어 마땅하다는 것은, 신후년에 태어난 사람이 손괘(☴)를 얻고 봄 또는 여름에 생월이 있어서, 만물을 잘 자라게 하는 바람을 얻은 것을 말하며, 경庚년에 태어난 사람이 진괘(☳)를 얻고 봄 또는 여름에 있어서, 때를 다스리고 물건을 고동치게 하는 우레를

---

* 호괘에서 얻은 내용은 예기치 않은 만남을 말한다. 우연한 기회로 혹 갑작스럽게 발생하여 급히 이루어진다. 때를 얻고 쓰임에 응하게 되면 헤아리지도 못할 정도로 빠르게 떨쳐 일어나고, 비록 때를 얻지 못하고 쓰임에 응하지 못했더라도 반드시 피어나고 커지게 되나, 단 크고 멀리가지 못할 뿐이다.

만난 격을 말하니, 어찌 기쁨이 없겠는가? 만약에 가을 또는 겨울에 얻었다면 때에 응하지 않음을 알아야 한다(바람이나 우레는 가을이나 겨울에는 별 소용이 없다). 나머지 상도 이와 준해서 해석한다.

③ 년주年柱가 때를 얻음 만약에 효의 뜻이 확실하지 않아서 이러한 내용을 잘 모르겠거든, 그 쓰임에 응하는 것을 봐서 그 때가 마땅한지를 살피면 된다. 만약 여기에 다시 효사가 좋고 효의 자리가 마땅하며, 응원이 있고 중종衆宗이 되면 부귀하고 현달顯達하지 않은 자가 없다.

■ 효사가 좋을 때의 예 어떤 사람이 중천건괘(☰)를 얻고 구이효에 원당이 있는데, 임壬년 또는 갑甲년에 태어난 사람이 얻었다면 기쁘지 않은 바가 없게 된다. 만약 봄 또는 여름에 태어났다면, 효사에 "나타난 용이 밭에 있으니…"라고 한 말이 이치에 길하고, 그 쓰임에 응한 것이 된다.*

만약에 하지 이후에 태어난 경우를 후천괘로 살피면, 선천괘의 하괘는 구이효가 변해 리괘(☰→☲)가 되고, 또 외괘인 건(☰)의 밖으로 나가게 된다(☰→☲). 즉 구이효의 신하가 밝은 덕이 있는 자로써, 세상으로 나아가 임금을 보필하여 모든 것을 크게 소유하게 되는 형세가 된다. 반드시 이윤伊尹이나 주공周公과 같이 큰 공이 있는 신하이니, 그 귀하게 되고 현달함을 알 수 있다. 더구나 하지 이후에 태어난 사람은 리괘(☲)가 정백(正伯:화공)이 되니, 제왕帝王의 신임을 받아 모든 일을 전권으로 처리하며 잘 다스리

---

* 건(☰)은 천간으로는 갑·임甲·壬년, 지지로는 술·해戌·亥년이 원기元氣임. 더욱이 건괘 구이효의 효사가 좋은 데다가 봄 또는 여름이라는 계절과 내용이 합치됨.

니, 그 귀하게 되고 현달하게 됨이 극에 이르게 된다.*

■ 효사가 좋지 않으나, 때를 얻은 예 어떤 사람이 중지곤괘(☷☷)의 초육효를 얻고 을·계乙·癸년과 미·신(未·申)년에 태어난 사람이라면, 좋지 않음이 없게 된다. 만약에 겨울 또는 봄에 태어났다면, 을은 봄이고 계는 겨울이니, 원기와 때를 얻은 것이다. 효사에 "서리를 밟으면 굳은 얼음이 된다"고 하였으니, 때에 맞는 것이다. 얼음은 녹을 것이고 서리는 사라질 것이니, 점차 형통해지는 아름다움이 있다.**

여기서 효사가 비록 좋지 않더라도 이치가 유익하다면, 현달하고 부귀하게 되는 운을 잃게 되지 않음을 알 수 있다. 후천괘로 중지곤괘의 초육이 변해서 진(☷☷→☷☳)이 되면서 외괘로 나가니(☷→☳), 우레가 땅밖으로 떨치며 나아가는 것이다. 즉 "서리를 밟으면 얼음이 된다"가 밖으로 떨치고 나아가서, 기쁘고 즐거운 예괘(☳☷)의 주효가 되니, 반드시 순임금·우임금 또는 명재상인 이윤·주공의 대업을 이룰 것이므로, 그 귀하고 현달하게 됨을 헤아릴 수 없다. 더욱이 진(☳)은 봄의 화공이 되고, 호괘인 감(☵)은 겨울의 정백(화공)인데 거처한 자리가 예괘의 중종衆宗이 되니, 임금이 어질어서 하늘의 추천을 받아 천자가 되는 운이다. 역리에 밝지 않으면 어찌 이런 사실을 알 수 있겠는가? 이와 같은 사실이 나온 것은 천지天地의 조화가 베풀어짐이니, 어찌 효사에만 이런 사실이 있겠는가? 한 때의 제재를 받던 것이 도리어 쓰임이 되는 것이 아니겠

---

* 후천괘로 대유괘 오효(중종효)가 원당이 되고, 하지 이후에 태어났다면 리괘(☲)가 화공이 되며, 효사 또한 좋음.

** 곤(☷)은 천간으로는 을·계乙·癸년, 지지로는 미·未·申년이 원기이다. 또 24절기로 볼 때 을은 청명(淸明)에 해당하고, 계는 소한에 해당한다.

는가? 또한 봄과 겨울의 때가 여기에 맞는 것이다.*

■ **효사가 좋지 않고, 때도 얻지 못한 예 1**   또 어떤 사람이 곤괘(䷁)를 얻고 원당이 초효 자리에 있으면서, 정월의 절기안에 태어났다면, 효사에 "서리를 밟으면 굳은 얼음이 된다"고 하고, 또 소상전에 "서리를 밟음은 음이 처음 엉기는 것이니, 그 도를 잘 길들여서 굳은 얼음에 이르게 하니라"고 하였으므로, 효사의 좋지 않음이 심한 것이다. 그리고 정월은 세 양이 열려 통태通泰하는 때이므로, "서리를 밟으면 굳은 얼음이 된다"는 처지에 있음은, 음이 엉겨붙어 추워진다는 것이니 좋은 일이 아니다.**
그러나 선천괘의 운을 마치고 변해서 후천괘로 가면 예괘(䷏) 구사효가 된다. 우레소리 한번에 얼음이 풀리고 추위가 해소되니, 융성한 화기가 정월의 월령과 꼭 합치되며(정월에 태어났음), 호령하여 만물을 진작시키고 영화롭게 하니, 그 공이 큰 것이다. 크게 소유한 것이 예괘 구사효의 대신과 같으니, 여러 음들의 사표가 되고 여러 효의 중종衆宗이 되는 것이다. 높고 낮은 사람들이 모두 모여드니, 귀하고 현달한 사람이 아니면 어찌 감당하겠는가?***

---

* 선천괘로 원당이 곤괘 초효에 있어서 효사의 내용은 극히 불리하나, 원기와 때를 얻은 까닭에 점차 형통해진다. 그러다가 후천괘로 예괘 사효(중종효)가 원당이 되니, 그 귀하게 됨을 이루 말할 수 없게 되었다. 때를 얻은 데다가 원기·화공·중종을 모두 얻게 된 결과이니, 단지 효사만으로 불리하다고 볼 수 없는 것이다.

** 12월 소식괘消息卦로 볼 때 정월은 이미 밑에서 세 양이 자란 태괘(䷊)에 해당하므로, 효사의 "굳은 얼음이 얼게 된다"와는 때가 맞지 않는다.

*** 선천의 운일 때는 효사도 좋지 않고 때도 얻지 못해서 극히 불리하다가, 후천의 운으로 넘어 오면서 때를 얻고 화공·중종 등을 얻어 극히 귀하게 된 예이다.

선천괘와 후천괘의 변화하는 묘한 이치가, 어찌 사람의 힘으로 만들어 할 수 있겠는가? 더욱이 선천괘인 곤괘에 "땅의 도이며, 아내의 도"라고 했으니, 그 낮음을 알 수 있고, 또 태어난 달인 정월은 겨울의 령이 되니, 얼음과 서리를 만나는 고통이 된다. 그런데 후천괘로 변화해서 뇌지예괘가 됨에, 분연히 형통하고 발현해서 비천한 것이 존귀하게 되고, 빈한한 것이 부유하게 되며, 어리석은 것이 현명하게 되니, 이로써 살피면 한 괘를 예로 든 것이지만, 64괘를 모두 미루어 볼 수 있다.

■ 효사가 좋지 않고, 때도 얻지 못한 예 2 어떤 사람이 산지박괘(䷖) 육이효를 얻음에, 효사에 말하기를 "상의 언저리를 깎음이니, 바른 것을 없앰이라. 흉하도다"고 했다. 기축(己丑)년에 태어난 사람이 4월에 얻었다면 좋지 않음이 심한 것이다.*

후천괘로 변하면, 박괘 육이효가 변해서 감괘(☵→☱)가 되고, 이 감괘가 외괘로 나와서 건괘(☰)가 된다. 4월에 건괘를 얻었으니, 마땅히 기쁨이 없게 된다고 말한다면, 이는 박괘의 육이효가 밖으로(외괘로) 나와서 건괘의 구오효가 된 것(☰→☰)을 모르기 때문이다.

효사에 "크게 어려움에 도와줄 벗이 찾아 오도다"고 했으니, 외호괘에 리괘(☲)가 있기 때문이다. 리괘는 해의 상으로 임금이 된다. 더욱이 리괘에 해의 밝음이 있고, 또 기己년에 태어난 사람에게 리괘는 원기가 되니, 현인을 알아보는 임금의 안목이 남다른 것이다. 감괘(☵)와 리괘도 또한 사그러지게 하고 길러주는(消長) 주체가

---

* 축표은 상괘인 간(☶)의 지원기地元氣가 된다. 그러나 효사가 흉하고, 4월의 화공은 진(☳)인데 상하괘는 물론 호괘에도 진이 없으므로, 심하게 좋지 않은 것이다

된다.*

또 축표에 태어난 사람에게 간괘(☶)는 원기가 되는데, 내괘가 간괘로, 시작과 마침을 조절하는 자루가 된다. 간괘는 손(手)을 뜻하므로 자루를 잡는 것이다. 이 사람이 맑은 빛을 가까이 하지 않는 적이 없으니, 훗날에 귀하게 되어, 생살生殺의 권한을 잡은 사람이 될 것이다. 어찌 효사에만 의존하겠는가? 변화와 동정이 어떠한 가를 살펴야 그 사람의 귀하게 됨을 알 수 있는 것이다.

④ 효사 및 괘상에 따른 화공원기 등의 경중을 살펴야 한다

이로써 살펴보면, 괘효에 있어서 변화와 승강昇降을 알아야 지극히 오묘한 이치가 있다 할 것이다. 효사를 잘 알더라도 괘상 및 효상에 익숙하지 못하면, 지극한 묘리를 알기가 어려운 것이다.

대개 효의 참가치를 깊이 살피고 익숙하게 분별하면, 하늘과 땅의 광대함과, 화공의 교묘함을 알기 어렵지 않을 것이니, 성인이 전하지 않은 오묘함이 바로 여기에 있는 것이다. 배우는 자들이 중천건괘의 상 하나만 잘 연구하면, 처음과 끝을 알 수 있을 것이다. 화공을 제대로 만나고 호괘의 덕을 만나는 것은, 다 복덕福德이 됨을 꼭 알아야 한다.

또 화공이나 호괘의 덕이 처음(선천괘)에는 얻었더라도 나중(후천괘)에는 잃게 되고, 나중에는 있지만 처음에는 없는 것이 있으니, 이럴 경우에는 그 복이 반감되는 것이다. 또 화공이 본명本命의 상이 되면 반드시 좋게 되고(본괘의 상하괘와 화공괘가 같음), 또 화공정백正伯만을 얻은 것도 있으니, 그 경중을 따져서 말해야 된다. 변화

---

* 천간으로는 기리, 지지로는 오우가 리괘(☲)의 원기이다. 감괘(☵)는 겨울의 화공으로 사그러지게 하고, 리괘(☲)는 여름의 화공으로 길러준다.

의 이치는 본래 자연스러운 것에 있으니, 억지로 구하려하면 안되며, 또 원기를 파하는 것이 화공이 되는 것도 있으니, 자연의 이치를 배우는 자가 깊이 공부해서 천지의 흐름과 더불어 같이 흐르면, 길과 흉이 조짐이 되어 나오지 않음이 없게 된다. 천하의 지극한 기틀을 아는 자가 아니면, 그 누가 여기에 참여하겠는가?

7) 정대체와 반대체(正對反對體)

정대체(正對體:배합괘 또는 錯卦) : 박(䷖)과 쾌(䷪), 환(䷺)과 풍(䷶) 등은 서로 음과 양이 상반되게 놓였다. 이를 정대체 또는 정대괘라고 한다.

반대체(反對體:도전괘 또는 綜卦) : 박(䷖)과 복(䷗), 사(䷆)와 비(䷇)는 서로 뒤집어진 상태이다. 이런 관계를 반대체 또는 반대괘라고 한다.

운을 따라 소상괘小象卦가 흐르다가, 대상괘 또는 소상괘가 본명괘인 선천괘·후천괘와 정대체 또는 반대체를 이루었을 때를 말한다. 정대괘와 반대괘는 불길함을 말한다. 다만 괘에 상생함이 있고, 월괘가 도와주며, 원기가 서로 믿음이 있으면 흉으로 되지는 않는다. 제일 꺼리는 것은 서로 극하며 다투는 것이다.

반대괘(反卦:도전괘)가 머리와 꼬리에 있으면(초효나 상효가 변해서 선천괘나 후천괘에 반대체가 되면), 재앙이 있더라도 가볍고, 만약 중간효(이·삼·사·오효)에 있고 더한 숫자가 모자란데다가 양년陽年을 만나면, 더욱 심하게 흉해서 구원할 수 없다.

예를 들어 선천괘로 태괘(䷹) 사효를 얻었다면, 6살 때의 소상괘(년괘)는 비괘(䷇) 삼효가 된다. 비괘는 태괘와 정대체이자 반대체가 되는 괘로, 불길하다고 보는 것이며, 더욱이 상효와 초효가 아닌 중간효(삼효)에 있으므로 더 안좋다. 다만 괘가 건(☰)과 곤(☷)으로 이루어져 있어 상생하므로(土生金), 여기에 원기나 월괘의 도움이 있으면 크게 흉이 되지는 않는다.

정대체(배합괘)

건·1	곤·2	태·58	간·52	리·30	감·29	진·51	손·57
구·44	복·24	곤·47	비·22	려·56	절·60	예·16	소축·9
돈·33	림·19	취·45	대축·26	정·50	둔·3	해·40	가인·37
비·12	태·11	함·31	손·41	미제·64	기제·63	항·32	익·42
관·20	대장·34	건·39	규·38	몽·4	혁·49	승·46	무망·25
박·23	쾌·43	겸·15	리·10	환·59	풍·55	정·48	서합·21
진·35	수·5	소과·62	중부·61	송·6	명이·36	대과·28	이·27
대유·14	비·8	귀매·54	점·53	동인·13	사·7	수·17	고·18

반대체(도전괘)

둔·3	몽·4	수·5	송·6	사·7	비·8	소축·9	리·10
태·11	비·12	동인·13	대유·14	겸·15	예·16	수·17	고·18
림·19	관·20	서합·21	비·22	박·23	복·24	무망·25	대축·26
함·31	항·32	돈·33	대장·34	진·35	명이·36	가인·37	규·38
건·39	해·40	손·41	익·42	쾌·43	구·44	취·45	승·46
곤·47	정·48	혁·49	정·50	진·51	간·52	점·53	귀매·54
풍·55	려·56	*손·57	태·58	환·59	절·60	기제·63	미제·64

제 4장
길흉판단의 연습

1절. 가상례

1) 1941년 12월 2일 12시에 태어난 남자의 운은?

① 사주를 얻고 천수와 지수를 얻음 만세력에 의해 사주를 뽑아보면, 1941년은 신사辛巳년이고, 12월은 신축辛丑(생월이 12월의 절기인 소한과 1월의 절기인 입춘 사이에 있음)이며, 2일은 신미辛未일이고, 12시는 시 일으키는 표에 의하면 갑오甲午가 된다. 이를 도표로 하면 다음과 같다.

時		日		月		年	
甲	6	辛	4	辛	4	辛	4
午	2·7	未	5·10	丑	5·10	巳	2·7

천수 : 7+5+5+7=24   지수 : 4+2+4+10+4+10+6+2=42

② 천수와 지수로 괘를 지음 천수는 24이므로 앞의 10자리 수 2를 빼면 4가 남고, 지수는 42이므로 지수의 기준수인 30을 빼고 다시 앞의 10자리 수 1을 빼면 2가 남는다. 남자가 신사년(음년)에 태어났으므로 음남이다. 따라서 지수로 얻은 곤(2坤)이 상괘가 되고, 천수로 얻은 손(4巽)이 하괘가 된다. 「64괘 환산표」에 의하여 「승·46」을 얻는다.

③ 원당효를 얻는다 승괘(☷)는 양효(━)가 둘이고 음효(╌ ╌)가 넷인 괘인데, 태어난 시가 하육시에 해당하므로 사음괘四陰卦의 원당효를 일으키는 법에 의해 초효에 원당이 있게 된다.

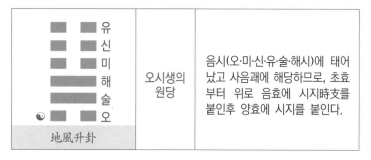

④ 대상운을 알기 위해 선천괘와 후천괘를 구한다 이미 승괘 초효를 원당으로 하는 선천괘는 구해졌다. 후천괘로 바뀌는 법에 의해 해도 좋지만, 본 책을 활용하면 더욱 쉽게 구할 수 있다. 즉 46번째 괘인 승괘를 목차에서 찾아 초효항을 찾아 읽으면 된다.

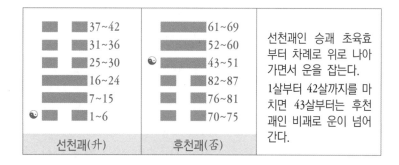

사주의 숫자로 괘를 만들어서 승괘 초효에 원당이 있다면, 1~6살까지는 승괘 초효 항을, 7~15살까지는 승괘 이효 항을, …, 37~42살까지는 승괘 상효 항을 가서 살펴 보면 된다. 43~51살까지는 후천괘인 비괘 사효 항을, 61~69살까지는 비괘 상효 항을, …, 82~87살까지는 비괘 삼효 항을 살펴보면 그 사람의 운이 된다(☯나 ●표시 한

곳이 해당하는 효를 가리키고, 밑에서부터 초효·이효·삼효·사효·오효·상효로 나눈다).

이렇게 찾으면 후천괘는 비괘이고, 원당효는 사효에서 시작한다는 것을 알 수 있다. 또 대상운도 각 효마다 자세히 나와있는 것을 참조하며 운을 풀어갈 수 있다.

⑤ 운명을 판단하는 12개의 기준에 맞춰본다.
- 괘명이 길한가? ○ 승괘는 나무가 위로 성장하듯이 위로 올라간다는 괘로, 승괘升卦의 총론편을 읽어보면, 괘사 및 총괄한 내용이나 싯귀 등이, 덕을 순히 닦고 작은 것을 쌓아서 점차로 크고 높게 만드는 군자라고 풀이하였으니 괘명은 길한 편이다.
- 효의 자리가 길한가? × 중을 얻은 오효나 이효도 아니고, 크게 활동하는 삼효나 사효도 아니므로 좋은 편은 아니다.
- 효사가 길한가? ○ 괘사는 "크게 형통하니, 대인을 보되 걱정하지 말고 남으로 가면 길하리라"고 하였고, 효사에 "믿고 올라감이니 크게 길하니라. 상에 말하기를 '믿고 올라감이니 크게 길함'은 위와 뜻을 합함이라."하였으니, 길한 것이다.
- 때를 얻었는가? △ 12월은 림괘(☷)에 해당하는데, 승괘(☷)를 얻었으므로 비슷하기는 하나, 때를 얻지는 못한 것이다.
- 응원하는 효가 있는가? △ 원당효가 있는 초효는 음효인데, 그 응효인 사효도 음효이므로 응원하지를 못한다. 다만 승괘는, 진궁의 4세괘로 제후諸侯괘에 해당한다. 즉 육사효(제후)가 세효世爻가 되고, 원사元士에 해당하는 초육효는 응효이다. 서로 음양으로 응하지는 못하지만, 육사효의 지지인 축(丑土)이 자신을 도와주는 응효(초육효)의 지지인 축(丑土)과 서로 같은 토기운으로 서로 도우니 길한 뜻이 있다. 따라서 직접적으로 응하지는 않지만, 은연중에

응원하는 기운이 있다고 보아야 할 것이다.

■ 수가 때에 순한가? ○ 천수는 24이고 지수는 42이다. 천수와 지수의 관계에 있어서 천수는 많고 지수는 적어야 좋게 되나, 여기서는 천수가 기준수인 25에 못미치고 지수는 기준수인 30을 넘어서고 있다. 얼핏 보면 좋지 않은 것 같으나, 태어난 달인 12월달은 음의 기운이 아직 성한 때로, 천수는 13부터 24까지가 득중한 수고, 지수는 30~48까지가 좋은 때이므로, 때에 순하고도 합당한 수를 얻은 것이다.

■ 괘체를 얻었는가? ○ 일주가 신미辛未일이므로, 천간인 신은 금체金體에 속하고 상괘인 곤(☷)을 얻었으니, 득체得體한 것이 되어 복과 경사가 있으며, 지지인 미는 토체土體에 속하고 상괘인 곤을 얻었으니, 득체한 것이 되어 두터운 덕으로 만물을 기르고 키우는 일에 좋게 된다.

■ 자리가 마땅한가(當位)? △ 12월생이므로 동지 이후에 태어난 것이다. 동지부터 하지까지는 양령인데, 원당효가 음효에 있으므로 당위는 아니다. 그러나 동지 이후 한달이 채 못되는 때이므로 큰 영향을 주지는 않는다.

■ 이치에 합당한가(원기)? ○ ㉠ 신사년에 태어난 사람이 하괘에 손(☴)을 얻었으므로, 천원기(辛이 巽을 얻음)와 지원기(巳가 巽을 얻음)를 얻은 것이다.

계유 ▨	을유 ▨
계해 ▨	을해 ▨
계축 ▨	을축 ▨
신유 ▨	
신해 ▨	
신축 ▨	
(納甲)	(借用)

※ 升卦 납갑표

㉡ 승괘의 납갑은 옆의 도표와 같은데, 태어난 해의 간지인 신사년이 납갑에 없으므로 서로 합치되지는 않는다.

㉢ 생년의 간지를 육십갑자 납음오행으로 보면 금(白臘金)인데 상괘는 토

(☷)이고 하괘는 목(☳)으로 일치하지 않는다. 그러나 상괘가 생년의 간지를 생해주고 있으므로(土生金) 역시 원기를 얻었다고 본다. ㉠㉡㉢ 중에 하나만 얻어도 원기가 있다고 보는데, 2가지 조건을 얻었으므로 더욱 원기가 있는 것이다.

■ 이치에 합당한가(화공)? × 동지부터 춘분 사이는 감(☵)이 화공이므로, 화공은 얻지를 못했다.

■ 중종衆宗爻인가? △ 승괘에는 중종효衆宗爻도 중질효衆疾爻도 없으므로 해당이 안된다.

■ 태어난 달이 양령일 때 천수의 나머지수가 홀수인가? 음령일 때 지수의 나머지 수가 짝수인가? × 태어난 달이 양령일 때 천수의 나머지수가 짝수이거나, 음령일 때 지수의 나머지수가 홀수이면 좋지 않게 본다. 천수의 나머지수가 짝수④이므로 좋지 않으나, 다행히 4를 얻어 손순하게 참는 마음이 있으므로 크게 해될 것은 없다.

이상의 12가지 질문에서 5가지를 얻고, 3가지는 얻지 못했으며, 4가지는 길하지도 흉하지도 않게 되었으니, 귀한 운이라고 할 수 있다. 더욱이 천원기와 지원기를 얻었으므로, 어려울 때마다 도움을 받게 된다. 또 음수가 양수보다 성하나, 괘중에 음효가 많고, 원당이 음효에 있으므로 때에 순하고자 하는 마음이 많다. 이상이 선천괘로 본 운명의 대강이다.

⑥ 유년괘의 운을 살핀다.

예를 들어 26살(1966년)의 운을 알고자 한다면, 25~30살까지는 승괘(선천괘)의 사효운에 해당한다. 본 책에서 승괘 사효항을 찾아가면, 효사에 "육사는 왕이 기산에서 형통하듯 하면 길하고 허물이 없으리라. 상에 말하길 '왕이 기산에서 형통하듯 함'은 일에 순함이라"고 하였으며, 총괄적인 내용에도, "벼슬한 사람은 임금의 마음을 얻어 반드시 높이 승진하고, 선비는 국빈(國賓), 또는 외국에서 큰 벼슬을 함)이 되어 이름을 날리며, 일반인은 반드시 산림山林으로 인한 이익을 얻고, 은거하는 사람은 산수山水를 즐기며, 승려와 도인은 제사를 지내어 이익을 얻는다"고 하였다. 따라서 25살부터 30까지는 아주 좋은 운이 된다.

승괘 육사효 대상운을 좀더 세부적으로 살피면, 음효이므로 양년 음년에 상관없이 승괘 육사효의 년괘인, 아래와 같은 「◈ 양년 음년 똑같음」의 도표를 활용하게 된다.

◈ 양년 음년 똑같음

항(32)	대과(28)	구(44)	건(1)	동인(13)	무망(25)
1	2	3	4	5	6

즉 25살은 1번항인 항괘 사효의 운이고, 2번항인 26살은 대과괘 오효의 운이며, …, 29살은 5번항인 동인괘 이효의 운이고, 30살은 6번항인 무망괘 삼효의 운이 된다. 따라서 26살은 대과괘 오효의 운이 된다. 대과괘는 64괘 중 28번째 괘이므로, 앞의 목차에서 대과괘를 찾아 오효항을 보면 26살의 운을 알 수 있다.

대과괘 구오 효사에 "구오는 마른 버들이 꽃을 피우며 늙은 지어미가 젊은 지아비를 얻음이니, 허물이 없으나 명예도 없으리라. 상에 말하기를 '마른 버들이 꽃을 핀 것'이 어찌 오래갈 수 있으며, '늙은 지어미와 젊은 지아비'도 또한 추한 것이다"고 하였다. 따라서 새로이 생기는 것이 있어 좋으나, 썩 마음에 내키는 것은 아닌 운이다.

⑦ 년운 중 월운을 살핀다.

26살의 운은 대과괘 구오효인데, 26살의 운 중에서 4월달의 운을 알고 싶을 때는 다시 대과괘 구오효 항의 「◆ 월괘」 항을 살펴보면 된다. 즉 위와 같은 도표에서 4월의 운은 소축괘(☰) 사효임을 알 수 있다. 효사에 "육사는 믿음을 두면 피(험한 것)가 사라져가고 두려움에서 나와서 허물이 없으리라"고 하고, 상사에 "'믿음을 두면 피(험한 것)가 사라져가고 두려움에서 나옴'은 위와 뜻이 합함이라"고 어려운 가운데서도 풀리는 운임을 알 수 있다.

◆ 월괘

구·44	송·6	건·1	소축·9	동인·13	리·30	무망·25	수·17	익·42	관·20	이·27	손·41
1월	2월	3월	4월	5월	6월	7월	8월	9월	10월	11월	12월

⑧ 월운 중 일운을 살핀다.

26살의 4월달 운은 소축괘 사효이다. 이를 더 세분해서 일운을 알고 싶으면, 「◆ 일괘」 항을 살펴보면 된다.

예를 들어 4월 10일의 운이라면, 4월의 절기인 입하가 윤3월 16일 8시 30분에 들었으므로, 다음 절기인 망종(4월 18일 12시 50분)까지 32일과 4시 20분의 기간이 있다. 32일과 4시 20분은 모두 46,340분(32×24×60+4×60+20)이므로 이를 30(5괘가 맡으므로 모두 30효이다)으로 나누면, 한 효당 1,544.7분(1일과 1시간 44.7분)씩 관장하고, 한 괘당 약 9,268.2분 즉 6일과 10시 28.2분씩 관장하게 된다.

따라서 대축괘 초효①는 윤3월 16일 8시 30분부터 17일 10시 14.7분까지 관장하고, 손괘 초효⑬는 29일 5시 26.4분부터 30일 7시 11.1분까지 관장하며, 손괘 사효⑯는 4월 2일 10시 40.5분부터 3일

12시 25.2분까지를 관장한다. 가인괘 오효(23)가 되어서야 9일 22시 53.4분부터 11일 새벽 38.1분까지 관장하게 되니, 가인괘 오효가 4월 10일의 운에 해당한다.

◈ 일괘

	6	12	18	24	30
	5	11	17	23	29
●	4	10	16	22	28
	3	9	15	21	27
	2	8	14	20	26
	1	7	13	19	25
소축(육사)	대축·26	수·5	손·57	가인·37	중부·61

이렇게 윤달에 상관 없이 절기력을 사용하여 월을 정하고, 그에 의해 일운(日運)을 운행한다. 즉 일운은 전적으로 절기의 시작과 관계가 있는 것이다.

⑨ 후천괘의 운을 살핀다.

앞서 살폈듯이 43살부터는 후천괘로 운이 넘어간다. 「길흉판단 12가지 기준표」에 맞춰보면,

■ 괘명이 길한가? × 비괘는 비색하게 막힌다는 뜻으로, 군자는 좋지 않고 소인이 기승을 부리는 때이다. 군자라면 자신의 능력이나 덕을 밖으로 드러내지 않으면서 살아야 화를 피할 수 있는 상이므로 좋지 않다.

■ 효의 자리가 길한가? ○ 중을 얻은 오효나 이효는 아니지만, 크게 활동하는 삼효나 사효에 속하며, 특히 선천괘에서는 크게 활동하지 못하는 초효(元士자리)에 있다가, 후천괘로 와서 대신의 자리로 높게 되었으니 크게 좋게 된 것이다. 또 음효가 양효로 되었으니, 더욱 좋게 됨을 알 수 있다.

■ 효사가 길한가? ○ 괘사는 "비괘는 사람의 도가 아니니, 군자의

바름이 이롭지 않으니, 큰 것(양)이 가고 작은 것(음)이 오느니라"
니 좋지 않으나, 효사에 "임금의 명이 있으면 허물이 없어, 동료가
모두 복을 받을 것이" 상에 말하기를 "'임금의 명이 있으면 허물이
없다'고 함은 뜻이 행하는 것이다"고 하였으니, 자신의 포부를 펴
게 되어 길한 것이다.

■ 때를 얻었는가? △ 12월은 림괘(䷒)에 해당하는데, 비괘(䷋)를 얻었으므로, 때를 얻지는 못한 것이다.

■ 응원 효가 있는가? ○ 원당효가 있는 사효가 양효인데, 그 응효인 초효는 음효이므로 응원하는 효가 있다.

■ 수가 때에 순한가? ○ 천수는 24이고 지수는 42이다. 천수와 지수의 관계에 있어서 천수는 많고 지수는 적어야 좋게 되나, 여기서는 천수가 기준수인 25에 못미치고 지수는 기준수인 30을 넘어서고 있다. 얼핏 보면 좋지 않은 것 같으나, 태어난 달인 12월달은 음의 기운이 아직 성한 때로, 천수는 13부터 24까지가 득중한 수고, 지수는 30~48까지가 좋은 때이므로, 때에 순하고도 합당한 수를 얻은 것이다(선천괘와 같다).

■ 괘체를 얻었는가? ○ 일주가 신미辛未일이므로, 천간인 신은 금체金體에 속하고 하괘인 곤(䷁)을 얻었으니, 득체得體한 것이 되어 복과 경사가 있으며, 지지인 미는 토체土體에 속하고 하괘인 곤을 얻었으니, 득체한 것이 되어 두터운 덕으로 만물을 기르고 키우는 일에 좋게 된다.

■ 자리가 마땅한가(當位)? ○ 12월생이므로 동지 이후에 태어난 것이다. 동지부터 하지까지는 양령인데, 원당효가 양효에 있으므로 당위가 된다.

■ 이치에 합당한가(원기)? ○ ㉠ 신사년에 태어난 사람은 손(䷸)이 원기가 되는데(천원기:辛이 巽을 얻음, 지원기:巳가 巽을 얻음), 본

※ 좀괘 납갑표

괘에는 원기가 없다. 그러나 내호괘에 손(☴)이 있으므로 어느 정도는 좋은 것이다.

ⓒ 비괘의 납갑은 옆의 도표와 같은데, 태어난 해의 간지인 신사년이 납갑에 없으므로 서로 합치되지는 않는다.

ⓒ 생년의 간지를 육십갑자 납음오행으로 보면 금(白臘金)인데 상괘에 건(☰)이 있어서 일치하고, 더욱이 하괘가 생년의 간지를 생해주고 있으므로(土生金) 역시 원기를 얻었다고 본다. ㉠㉡㉢ 중에 하나만 얻어도 원기가 있다고 보는데, 하나 이상(1.5)의 조건을 얻었으므로 더욱 원기가 있는 것이다.

■ 이치에 합당한가(화공)? × 동지부터 춘분 사이는 감(☵)이 화공이므로, 화공은 얻지를 못했다.

■ 중종衆宗효인가? △ 비괘에는 중종효衆宗爻도 중질효衆疾爻도 없으므로 해당이 안된다.

■ 태어난 달이 양령일 때 천수의 나머지수가 홀수인가? 음령일 때 지수의 나머지 수가 짝수인가? × 태어난 달이 양령일 때 천수의 나머지수가 짝수이거나, 음령일 때 지수의 나머지수가 홀수이면 좋지않게 본다.

천수의 나머지수가 짝수(4)이므로 좋지 않으나, 다행히 4를 얻어 손순하게 참는 마음이 있으므로 크게 해될 것은 없다(선천괘와 같음).

이상의 12가지 질문에서 7가지를 얻고, 3가지는 얻지 못했으며, 2가지는 길하지도 흉하지도 않게 되었으니, 크게 길한 운이라고 할 수 있다. 더욱이 천원기와 지원기를 얻었으므로, 어려울 때마다 도움을 받게 된다. 특히 선천괘에 비해서 효의 자리 및 이치가 크게 길해졌으므로, 모든 일에 추진력과 힘이 붙는다고 볼 수 있다.

즉 선천괘인 승괘에 있을 때는 원당이 가장 낮은 초효에 있으므로 아래에서 위로 올라가려는 마음이 많고, 후천괘인 비괘에 있을 때는 원당이 대신자리인 사효에 있으므로 아래를 위해 무언가를 해줄 수 있는 위치에 있는 것이다. 그런데 원당이 있는 괘는 바람(☴)을 뜻하므로 다른 사람을 진작시키는 것이고, 상괘는 백성(☷)을 뜻한다. 원래는 바람(官吏)이 땅(백성) 위에 불면서 자신의 의도대로 다스리는 것이지만, 지위가 백성보다 낮게 있으므로 단지 작은 도움을 줄 뿐이다(하급관리 등). 그러나 후천괘로 변하면 대신의 높은 자리에 있게 되므로, 큰 도움을 주며 다스릴 수 있는 위치가 된다. 다만 위와 아래가 막혀서 서로 통하지 못하는 비괘에 있으므로, 백성과 위정자(政府)의 사이에서 서로간에 막힌 것(民願)을 풀어주는 역할을 하게 된다. 또한 선천괘와 마찬가지로 음수가 양수보다 성하나, 괘중에 음효가 많고, 원당이 음효에 있으므로 때에 순하고자 하는 마음이 많으므로, 큰 무리없이 일을 해 나간다.

비괘는 괘명이 비색하여 좋지 않지만, 비색함이 시작하는 때(상괘)가 아니라 끝나가는 하괘에 원당이 있으므로 차츰 좋아지는 뜻이 있다. 그러나 상괘의 운이 끝나고 하괘로 와서 효사의 내용이 안좋아지는 이효(76~81살)나 삼효(82~87살)에 와서 유년괘마저 안좋은 괘를 만나면 명을 마치게 될 것이다.

이상의 예에서, 선천괘와 후천괘의 경우만 12가지 기준에 의해서 설명하였다. 이러한 내용은 유년괘의 대상운(9년 또는 6년운)은 물론 소상운(1년운), 더 세분해서 월괘 및 일괘에 까지 적용할 수 있다. 다만 선천괘나 후천괘 운의 큰 테두리 안에서, 더 세분된 운들이 그 때 그때의 길흉을 관장한다고 보면 되는 것이다. 물론 선천괘나 후천괘 운이 아무리 좋더라도, 유년괘의 운이 좋지 않으면 안좋은 운이 전개되고, 몇 년 계속해서 좋지 않으면 선천괘나 후천괘 운을 다 마치기 전에 죽을 수도 있는 것이다.

2) 1970년 1월 24일 오후 4시에 태어난 여자의 운은?

① **사주를 얻고 천수와 지수를 얻음** 만세력에 의해 사주를 뽑아보면, 1970년은 경술庚戌년이고, 1월은 무인(戊寅:생월이 1월의 절기인 입춘과 2월의 절기인 경칩 사이에 있음)이며, 24일은 경진庚辰일이고, 오후 4시는 시 일으키는 표에 의하면 갑신甲申이 된다. 이를 도표로 하면 다음과 같다.

時		日		月		年	
甲	·6	庚	3	戊	1	庚	3
申	4·9	辰	5·10	寅	3·8	戌	5·10

천수:3+5+1+3+3+5+9=29   지수:10+8+10+6+4=38

② **천수와 지수로 괘를 지음** 천수는 29이므로 천수의 기준수인 25를 빼면 4가 남고, 지수는 38이므로 지수의 기준수인 30을 빼면 8이 남는다. 여자가 경술년(양년)에 태어났으므로 양녀이다. 따라서 지수로 얻은 간(8艮)이 상괘가 되고, 천수로 얻은 손(4巽)이 하괘가 된다. 「64괘 환산표」에 의하여 「고·18」을 얻는다.

③ **원당효를 얻는다** 고괘(䷑)는 양효(—)가 셋이고 음효(- -)가 셋인 괘인데, 태어난 시가 하육시에 해당하므로 삼음괘三陰卦의 원당효를 일으키는 법에 의해 오효에 원당이 있게 된다.

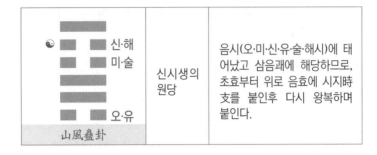

④ 대상운을 알기 위해 선천괘와 후천괘를 구한다. 이미 고괘 오효를 원당으로 하는 선천괘는 구해졌다. 후천괘로 바뀌는 법에 의해 해도 좋지만, 본 책을 활용하면 더욱 쉽게 구할 수 있다. 즉 18번째 괘인 고괘를 목차에서 찾아 오효항을 찾아 읽으면 된다.

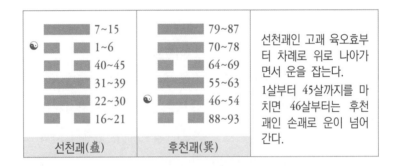

사주의 숫자로 괘를 만들어서 고괘 오효에 원당이 있다면, 1~6살까지는 고괘 오효 항을, 7~15살까지는 고괘 상효 항을, …, 40~45살까지는 고괘 사효 항을 가서 살펴 보면 된다. 46~54살까지는 후천괘인 손괘 이효 항을, 79~87살까지는 손괘 상효 항을, …, 88~93살까지는 손괘 초효 항을 살펴보면 그 사람의 운이 된다(☯나 ●표시 한 곳이 해당하는 효를 가리키고, 밑에서부터 초효·이효·삼효·사효·오효·상효로 나눈다).

이렇게 찾으면 후천괘는 손괘이고, 원당효는 이효에서 시작한다는 것을 알 수 있다. 또 대상운도 각 효마다 자세히 나와있는 것을 참조하며 운을 풀어갈 수 있다.

⑤ 운명을 판단하는 12개의 기준에 맞춰본다.
■ 괘명이 길한가? △ 고괘는 바람이 산에 불어 낙엽지고 과실을 떨어뜨리며, 안정되었던 사회에 새로운 바람이 불어 기존의 질서를 바꿔나가는 뜻이 있다. 잘 영위하면 큰 보람과 이익이 있지만, 그렇지 않은 경우는 여러 가지 불상사가 생긴다. 그러므로 좋다고도 나쁘다고도 보기 어렵다.
■ 효의 자리가 길한가? ○ 중을 얻고 가장 존귀한 임금자리이므로 길하다.
■ 괘사 또는 효사가 길한가? ○ 괘사는 "고괘는 크게 착하고 형통하니 큰 내를 건넘이 이로우니, 갑으로 먼저 사흘하며 갑으로 뒤에 사흘하니라. 상에 말하기를 산 아래 바람이 있는 것이 고괘니, 군자가 본받아서 백성을 진작시키고 덕을 기르느니라"고 하였고, 효사에 "육오는 아버지의 일을 주관하여 처리함이니 명예로우리라. 상에 말하기를 '아버지의 일을 주관하여 명예가 있음'은 덕으로써 이은 것이다"하였으니, 길한 것이다.
■ 때를 얻었는가? △ 1월은 태괘(☱)에 해당하는데, 고괘(☶)를 얻었으므로 같은 삼양 삼음괘로 비슷하기는 하나, 때를 얻지는 못한 것이다.
■ 응원하는 효가 있는가? ○ 원당효가 있는 오효는 음효이고, 그 응효인 이효는 양효이므로 음양으로 응원한다. 더욱이 오효의 지지인 자子와 이효의 지지인 해亥는 둘다 수水에 속하므로 서로 돕는다.

■ 수가 때에 순한가? △ 천수는 29이고 지수는 38이다. 정월에는 양이 셋이나 커서 양기운이 앞으로 성하려고 하는 때이다. 천수는 25정도가 적당하고(35까지도 무방) 지수는 30~36이 좋은데, 지수가 조금 많은 편이다. 그러나 두 수가 다 지나치게 많은 것이 아니니, 때를 어겼다고는 볼 수 없다.

■ 괘체를 얻었는가? ○ 일주가 경진庚辰일이므로, 천간인 경은 금체金體에 속하므로 해당하는 괘가 없으나, 지지인 진은 토체土體에 속하고 상괘인 간을 얻었으니, 득체得體한 것이 되어 부유하면서도 두터운 복을 받는다.

■ 자리가 마땅한가(當位)? ○ 1월생이므로 동지 이후에 태어난 것이다. 동지부터 하지까지는 양령인데, 원당효가 양효에 있으므로 당위다.

■ 이치에 합당한가(원기)? △ ㉠ 경술년에 태어난 사람은 진(☳:경년과 묘년의 원기)과 건(☰:갑년,임년,술년,해년의 원기)이 있어야 하는데, 본명괘는 간(☶)과 손(☴)으로 이루어졌다. 따라서 본명괘 원기는 없으나, 외호괘로 진(☳)이 있으므로, 원기가 아주 없는 것은 아니다.

※ 蠱卦 납갑표

㉡ 고괘의 납갑은 옆의 도표와 같은데, 태어난 해의 간지인 경술년이 납갑에 없으므로 서로 합치되지는 않는다. 만약에 합치되었다면 크게 힘을 얻어 활동적인 사람이 되었을 것이다.

㉢ 경술庚戌년은 오행납음으로 금(釵釧金)에 속하는데, 내호괘로 태(☱)가 있으니, 이 또한 숨어있는 원기로 작용한다.

㉠㉡㉢ 중에 하나만 얻어도 원기가 있다고 보는데, 2가지의 조건

을 얻었지만 호괘에 있는 것이므로, 항상 도와주지는 못하고 때에 따라 도와주게 된다.

■ 이치에 합당한가(화공)? × 동지부터 춘분 사이에는 감(☵)이 화공인데, 본명괘는 물론 내외호괘에도 감은 없으므로, 화공은 없는 것이다.

■ 중종衆宗효인가? △ 고괘에는 중종효衆宗爻도 중질효衆疾爻도 없으므로 해당이 안된다.

■ 태어난 달이 양령일 때 천수의 나머지수가 홀수인가? 음령일 때 지수의 나머지 수가 짝수인가? × 태어난 달이 양령일 때 천수의 나머지수가 짝수이거나, 음령일 때 지수의 나머지수가 홀수이면 좋지 않게 본다.
천수의 나머지수는 짝수④이므로 좋지 않으나, 다행히 4를 얻어 손순하게 참는 마음이 있으므로 크게 해될 것은 없다. 더욱이 음수와 양수가 고르게 많고, 괘중에 음효와 양효가 반반이며, 절기가 양과 음이 반반인 때이므로 큰 무리가 없는 사람이다.*

이상의 12가지 질문에서 5가지를 얻고, 5가지는 길하지도 흉하지도 않으며, 2가지는 좋지 않으니, 귀한 운이라고 할 수 있다. 원당효가 임금의 자리인 오효에서 중과 정을 잡고 있으므로, 하는 일에 추진력과 힘이 있는 것이며, 더욱이 숨어있는 원기를 얻었으므로, 어려울 때마다 도움을 받게 된다.

이상이 선천괘로 본 운명의 대강이다.

---

* 여자가 양월령에 태어났고 원당이 양효에 있으므로, 심성이 강하고 고집이 센 편이어서 자칫 지나치기가 쉽다. 그러나 ⑫의 조금 안좋은 조건들이 오히려 강하고 고집센 심성을 중화시키는 요건이 된다.

⑥ 유년괘의 운을 살핀다.

예를 들어 28살의 운을 알고자 한다면, 22~30살까지는 고괘(선천괘)의 이효운에 해당한다. 본 책에서 고괘 이효항을 찾아가면, 효사에 "구이는 어머니의 일을 주관함이니 곧게만 할 수는 없느니라. 상에 말하기를 '구이가 어머니의 일을 주관함'은 중도를 얻은 것이다"고 하였으며, 총괄적인 내용에도, "큰 재주와 중정한 도로 어떤 일이든지 잘 경영하고, 옛 것을 고치고 새로운 것을 만듦에 뜻대로 되지 않음이 없다. 여자일 경우는 근면하고 검소하여 집안을 지탱하며, 성품이 충직忠直하고 부유롭게 되는 자가 많다"고 하였다. 따라서 22살부터 30까지는 아주 좋은 운이 된다. 고괘 구이효 대상운을 좀더 세부적으로 살피면, 양효가 음년(22살인 해는 신미년으로 음년임)을 만난 경우이므로 고괘 구이효의 년괘 중에서 '◈ 음년(을·정·기·신·계년)일 경우'의 도표를 활용하면 된다.*

◈ 음년(을·정·기·신·계년)일 경우

간(52)	점(53)	손(57)	환(59)	송(6)	미제(64)	해(40)	귀매(54)	진(51)
1	2	3	4	5	6	7	8	9

즉 22살은 1번항인 간괘 이효의 운이고, 2번항인 23살은 점괘 오효의 운이며, …, 29살은 8번항인 귀매괘 초효의 운이고, 30살은 9번항인 진괘 이효의 운이 된다. 따라서 28살은 7번항인 해괘 상효의 운

---

* 태어난 해가 양년일 경우는 짝수의 나이로 시작하는 대상은 음년이 되고, 홀수의 나이로 시작하는 대상은 양년이 된다.

이 된다. 해괘는 64괘 중 40번째 괘이므로, 앞의 목차에서 해괘를 찾아 상효항을 보면 28살의 운을 알 수 있다.

해괘 상효 효사에 "상육은 공이 새매를 높은 담 위에서 쏘아서 잡으니, 이롭지 않음이 없도다" 상에 말하기를 "'공이 새매를 쏨'은 거스림을 푸는 것이다"고 하였으니, 막히고 어려웠던 일이 단번에 풀려 나가는 운이다. 혹은 자식을 해산할 운이다.

⑦ 년운 중 월운을 살핀다

28살의 운은 해괘 상육효인데, 28살의 운 중에서 10월달의 운을 알고 싶을 때는 다시 해괘 상육효 항의 「◆ 월괘」 항을 살펴보면 된다. 즉 아래와 같은 도표에서 10월의 운은 수괘(☵) 이효임을 알 수 있다.

효사에 "구이는 모래에서 기다림이라. 조금 말을 들으나 마침내 길하리라"고 하고, 상에 말하기를 "'모래에서 기다린다'는 것은 너그러움으로 가운데 있음이니, 비록 조금 말을 들으나 길함으로써 마치리라"고 하였고, 이를 풀이한 「세운을 만나면」 항에 "벼슬한 사람은 간언하는 직책이나 언론계에 들어가 정론을 펴게 된다. 혹 사악한 사람들에 의해 뜻이 막히게 될 경우가 있다. 선비는 너무 깐깐하게 비교하며 다 밝히다가 말(言)에 의한 견책을 받지만, 욕을 당하는 화는 면한다. 일반인은 시비를 가리고 유치한 다툼에 말려드는 소요가 있게 된다. 대개 관용과 여유를 갖고 사람을 기다리면, 판결이 안나던 모든 일이 스스로 밝혀지는 뜻이 있다"고 하였으니, 대체로 무난하게 길한 편이다.

◈ 월괘

귀매·54	림·19	진·51	수·17	풍·55	리·30	명이·36	겸·15	기제·63	수·5	가인·37	익·42
1월	2월	3월	4월	5월	6월	7월	8월	9월	10월	11월	12월

⑧ 월운 중 일운을 살핀다

28살의 10월달 운은 수괘 이효이다. 이를 더 세분해서 일운을 알고 싶으면, 「◈ 일괘」항을 살펴보면 된다.

◈ 일괘

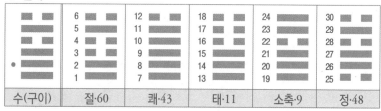

수(구이)	절·60	쾌·43	태·11	소축·9	정·48

예를 들어 10월 17일의 운이라면, 10월의 절기인 입동이 10월 8일 18시 21분에 들고, 다음 절기인 대설(11월 8일 10시 59분)까지 29일과 16시간 38분의 기간이 있다. 29일과 16시간 38분은 모두 42,758분(29×24×60+16×60+38)이므로 이를 30(5괘가 맡으므로 모두 30효이다)으로 나누면, 한 효당 1,425.27분(23시와 45분)씩 관장하고, 한 괘당 약 8,551.62분(=142.527시=5일 22시 31.62분)씩 관장하게 된다. 그러므로 절괘 초효(1)는 8일 18시 21분부터 9일 18시 6분까지 관장하고, 쾌괘 삼효(9)는 16일 16시 23.16분부터 17일 16시 8.16분까지 관장하며, 쾌괘 사효(10)는 17일 16시 8.16분부터 18일 15시 53.16분)까지 관장하게 되는 것이다. 따라서 10월 17일의 운은 쾌괘 삼효와 쾌괘 사효에 걸쳐 있다고 보면 된다.

⑨ 후천괘의 운을 살핀다

앞서 살폈듯이 46살부터는 후천괘인 손괘巽卦로 운이 넘어간다. 「길흉판단 12가지 기준표」에 맞춰보면,

■ 괘명이 길한가? ○ 손괘는 풍속을 쇄신한다는 뜻으로, 괘사에 "손은 조금 형통하니, 가는 바를 둠이 이로우며 대인을 봄이 이로우니라"고 하였고, 대상전에 "따르는 바람이 손괘니, 군자가 본받아서 명을 거듭해서 일을 행하느니라"고 하였으니, 손순하게 윗사람의 명을 받들어 백성의 풍속을 쇄신하는 뜻이 있다.

■ 효의 자리가 길한가? ○ 중을 얻은 이효에 원당이 있고, 후천괘로 변할 때 음효가 양효로 되었으니, 더욱 좋게 됨을 알 수 있다.

■ 효사가 길한가? ○ 괘사의 내용도 좋고, 효사에도 "구이는 겸손해서 평상 아래 있음이니, 사와 무를 씀이 많게 하면(정성껏 열심히 설득하면) 길하고 허물이 없으리라" 상에 말하기를 "'많게 해서 길함'은 중을 얻었기 때문이다"고 하였으니, 길한 편이다.

■ 때를 얻었는가? △ 1월은 태괘(☱)에 해당하는데, 손괘(☴)를 얻었으므로, 때를 얻지는 못한 것이다.

■ 응원하는 효가 있는가? △ 원당효가 있는 이효는 양효이고, 그 응효인 오효도 양효이므로 음양으로 응원하지 못한다. 더욱이 이효의 지지인 해(水)가 자신의 응효의 지지인 사(火)를 극하므로 좋지 않다. 다만 이효와 오효는 모두 중을 지키고 있으므로 해롭게 되지는 않는다.

■ 수가 때에 순한가? △ 천수는 29이고 지수는 38이다. 정월에는 양이 셋이나 커서 양기운이 앞으로 성하려고 하는 때이다. 천수는 25정도가 적당하고(35까지도 무방) 지수는 30~36이 좋은데, 지수가 조금 많은 편이다. 그러나 두 수가 다 지나치게 많은 것이 아니니, 때를 어겼다고는 볼 수 없다(선천괘와 같음).

■ 괘체를 얻었는가? × 일주가 경진庚辰일이므로, 천간인 경은 금체金體에 속하고, 지지인 진은 토체土體에 속하므로, 괘체를 얻지 못했다.

■ 자리가 마땅한가(當位)? ○ 1월생이므로 동지 이후에 태어난 것이다. 동지부터 하지까지는 양령인데, 원당효가 양효에 있으므로 당위다.

■ 이치에 합당한가(원기)? × ㉠ 경술년에 태어난 사람은 진(☷:경년과 묘년의 원기)과 건(☰:갑년,임년,술년,해년의 원기)이 있어야 하는데, 본명괘는 손(☴)으로만 이루어졌다.

※ 巽卦 납갑표

㉡ 손괘의 납갑은 옆의 도표와 같은데, 태어난 해의 간지인 경술년이 납갑에 없으므로 서로 합치되지는 않는다.

㉢ 경술庚戌년은 오행납음으로 금(釵釧金)에 속하는데, 내호괘로 태(☱)가 있어서 숨어있는 원기로 작용한다.

㉠㉡㉢ 중에 하나만 얻어도 원기가 있다고 보는데, 1가지의 조건을 얻었지만 호괘에 있는 것이므로, 항상 도와주지는 못하고 때에 따라 도와주게 된다.

■ 이치에 합당한가(화공)? × 동지부터 춘분사이에는 감(☵)이 화공인데, 본명괘는 물론 내외호괘에도 감은 없으므로, 화공은 없는 것이다.

■ 중종衆宗효인가? △ 손괘에는 중종효衆宗爻도 중질효衆疾爻도 없으므로 해당이 안된다.

■ 태어난 달이 양령일 때 천수의 나머지수가 홀수인가? 음령일 때 지수의 나머지 수가 짝수인가? × 태어난 달이 양령일 때 천수의 나머지수가 짝수이거나, 음령일 때 지수의 나머지수가 홀수이면 좋지

않게 본다. 또 천수의 나머지수는 짝수④이므로 좋지 않으나, 다행히 4를 얻어 손순하게 참는 마음이 있으므로 크게 해될 것은 없다. 더욱이 음수와 양수가 고르게 많고, 괘중에 음효와 양효가 반반이며, 절기가 양과 음이 반반인 때이므로 큰 무리가 없는 사람이다 (선천괘와 같음).

이상이 후천괘로 본 운명의 대강이다. 이상의 12가지 질문에서 4가지를 얻고, 4가지는 얻지 못했으며, 4가지는 길하지도 흉하지도 않게 되었으니, 귀한 운이라고 할 수 있다.

선천괘인 고괘에 있을 때는 원당이 오효에 있으면서 중을 잡고 있으므로, 어떤 일을 하든지 크게 길하게 된다. 아래에서는 바람(☴)이 불어 이리저리 흔들리나 위에서 중을 잡고 그쳐있으니(☶), 조금 말썽이 생길지라도 길한 쪽으로 흘러가게 된다. 다만 존귀한 자리에서 음효로 있는 것이 유약한 흠이라고 할 것이다. 후천괘인 손괘로 변해서 원당이 이효로 내려갔지만, 역시 중을 잡고 있고 또 음효가 변해서 양효로 된 것이니 선천괘의 유약함은 많이 보완된 것이다.

원당효가 간(☶)에 있는 사람은, "대개 등은 둥글고 허리는 넉넉하다. 눈썹이 수려하고 눈이 길게 찢어졌다. 성격이 느긋하고 평온하며 신중해서 잘 움직이지 않는다"이고, 손(☴)에 있는 사람은 "상체는 크고 하체는 작으며, 얼굴은 뾰족한 편이고 몸은 여위었으며, 안색이 맑고 깨끗하다. 언어가 유순하고 인자한 마음이 있다"가 된다. 이 사람은 간의 특성과 손의 특성을 조합한 상이고, 간의 특성에서 손의 특성으로 변화해 가는 상이라고 보면 된다.(1장 팔괘의 변화 참조) 또 이렇게 후천괘의 원당이 하괘에서 시작하는 사람은 대개 오효를 넘기지 못하고 명을 다하는 수가 많다.

2절. 가상례 4가지

1) 소흥紹興 경오庚午년 7월 22일 유시생의 남자

사주로는 경오庚午 · 갑신甲申 · 병신丙申 · 정유丁酉인 조제치趙制置의 운명은?*

時		日		月		年	
丁	7	丙	8	甲	6	庚	3
酉	4·9	申	4·9	申	4·9	午	2·7

천수 : 3+7+9+9+7+9=44   지수 : 2+6+4+8+4+4=28

두 편의 책수에서 양수(천수)는 44로 천수天數의 기준수 25를 빼면 19수가 남는데, 10수는 쓰지 않고 9수만을 쓰니 리괘(☲)가 된다. 음수(지수)는 28수를 얻었는데, 지수地數의 기준수 30이 안되므로, 앞의 10단위 수 2는 빼고 단지 8수만을 쓰니 간괘(☶)가 된다. 양수와 음수의 두 괘를 합하면 화산려괘(䷷)를 얻고, 생시生時인 유酉시는 원당이 초효에 있다. 초효 효사에 말하기를 "나그네가 비열하고 자잘하니 재앙을 취한다"고 했고, 소상전에 "나그네가 비열하고 자잘한 것은, 뜻이 궁해서 재앙을 받는 것이다"고 했다.

---

* 소흥紹興 경오庚午년 : 소흥은 남송南宋 고종高宗의 두번째 연호로 경오년은 서기로 1150년에 해당한다.

홀수년에 태어난 양남陽男이므로 천수로 얻은 리괘가 상괘가 되고, 지수로 얻은 간괘는 하괘가 된다.

「64괘 환산표」에 의해서 찾으면 「려·56」이 나오므로, 책 앞의 목차에서 56번째 괘인 려괘를 찾아 해당하는 쪽을 보면 된다.

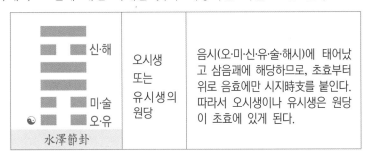

풀이 7월 21일이 처서니, 22일에 태어난 사람은 처서의 하루 뒤에 태어난 것이므로, 리離가 화공이 된다.* 또 월령은 비괘(否卦:☰)에 속하므로 음효가 셋이다.** 그 사람이 얻은 괘가 음효 셋 양효 셋인 괘이나, 구삼·구사·상구의 세 양효는 다 득시(得時 : 때를 만남)가 아니고, 오직 초육·육이·육오의 세 음효만이 득시한 것인데, 그 사람은 원당이 초효에 있으니 음괘와 맞는다.***

그 효사가 좋지 않고, 음이 양자리에 있어 자리가 마땅치 않으며, 그 수도 양수가 많고(44) 음수가 적어서(28) 좋지 못하다. 단 화산려괘(☰)의 초육효는 구사효가 응원을 하니,**** 구사효는 리체(☰)에 있

---

* 태어난 달이 하지부터 추분사이에 속한 사람은 리(☰)가 화공이 된다.

** 12달 소식괘로 보면 7월은 음이 셋이나 자란 비괘에 해당한다.

*** 태어난 시인 유酉시는 음시에 해당하므로, 음괘를 얻은 것이 되어, 시지時支가 음효에만 붙게 된다. 더욱이 이 사람은 원당이 음효에 있으므로, 음괘가 음효를 얻은 것이라서 좋게 된다.

**** 려괘에서는 초육효와 구사효가 유일하게 응원을 하고 있다. 더욱이 구사효는

어서 화공괘인 리와 합치되고, 구사효는 대신大臣의 자리에 해당한다. 따라서 초육을 응원해 주는 것은, 다름아닌 대신이 도와주는 것이니, 귀하게 된다는 것을 알 수 있다. 그런데다가 리(☲)는 곧 오午로 생년 지지의 원기가 된다. 만약 원기가 자신을 직접 응원했다면, 더욱 묘하게 될 것이다.

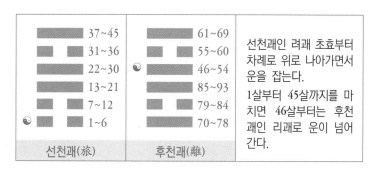

선천괘인 려괘 초효부터 차례로 위로 나아가면서 운을 잡는다.
1살부터 45살까지를 마치면 46살부터는 후천괘인 리괘로 운이 넘어간다.

46세에 후천으로 바뀌어 중화리괘가 된다. 화산려괘(☲)의 초효가 올라가 중화리괘(☲)의 구사효가 되면, 구사효는 대신의 자리이면서 화공과 원기를 얻게 되니, 귀하고 현달해져서 권세를 잡는다. 그러나 리(☲)는 지지인 오午의 원기이다. 모든 천간의 원기는 죽이기를 좋아하나, 이 사람은 순수한 리(중화리괘)로 상괘·하괘가 모두 지지의 원기가 된다. 그러므로 위엄과 권세가 있게 된다. 이 때문에 조제치가 생살(生殺)의 권한을 잡고, 단계를 뛰어넘어 단명전대학사(端明殿大學士)*에 봉해졌으니, 그 조화가 그렇게 만든 것이다.

원기와 화공을 얻은 대신의 자리이므로, 그 힘이 세다. 만약에 원기가 원당이 있는 괘(하괘:☲)에 있었다면 더욱 좋았을 것이다. 간(☶)의 원기는 천간으로는 병丙, 지지로는 축丑과 인寅년에 태어난 사람에 해당한다.

* 송나라 때는 한림학사 중에 선임한 벼슬로, 모든 상소문을 검토하는 직책이다.

2) 소흥 을해(乙亥:서기 1155)년 8월 초3일 신시생의 남자

사주로는 을해乙亥 · 을유乙酉 · 무인戊寅 · 경신庚申인 사람의 운명은?

時		日		月		年	
庚	3	戊	1	乙	2	乙	2
申	4·9	寅	3·8	酉	4·9	亥	1·6

천수 : 1+9+1+3+3+9=26   지수 : 2+6+2+4+8+4=26

   양수는 26으로 천수의 기준수인 25를 빼면 1이 남고, 음수는 26으로 지수의 기준수인 30에 못 미치므로, 앞의 10단위 수를 뺀 6수를 쓴다. 음남陰男은 천수가 내괘가 되는데, 1은 감(☵)이 되고 6은 건(☰)이 되므로, 천수송괘(䷅)를 얻는다. 신시는 천수송괘 초효가 원당이 되니, 효사에 말하기를 "송사를 길게 하지 않으면, 조금 말은 있으나, 마침내 길하게 된다"고 하였고, 소상전에 "송사를 길게 하지 않음은 송사는 길게 해서는 안되는 것이니, 비록 조금 말을 들으나 그 변명을 밝게 한 것이다"고 했다.

   을해년은 음년(짝수년)이므로, 이 해에 태어난 남자를 음남陰男이라 하고, 천수로 얻은 괘가 하괘가 되며, 지수로 얻은 괘를 상괘로 삼는다.

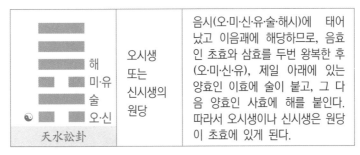

「64괘 환산표」에 의해서 찾으면 「송·6」이 나오므로, 책 앞의 목차

에서 6번째 괘인 송괘를 찾아 해당하는 쪽을 보면 된다.

풀이   초하루가 백로白露니, 백로 이틀 뒤에 태어났으므로 아직도 리괘(☲)가 화공을 얻고,* 월령이 비괘(否卦:☷☰)에 속하나,** 음이 셋이나 이미 생겼고, 앞으로 네번째 음이 생길 것이다. 천수송괘는 네 양효가 합심하지 못하고, 두 음효만이 때를 얻었으니(得時), 두 음효를 얻는 것이 좋다. 천수송괘(☰☵) 초효는 첫번째 음효이자 원당이 되며, 위에는 리(☲)가 있어 화공이 되고, 또 건은 태어난 년도의 지지인 해亥의 원기가 된다. 하물며 감(하괘:☵)과 건(상괘:☰)***이 서로 사귐에 있어서, 초육효는 구사효의 응원이 있으니, 이것을 원기와 화공이 나를 응원한다고 하는 것이다. 자연히 귀하게 될 것이다.

---

* 본문에는 "아직도 건괘(☰)가 화공을 얻고"로 되어 있으나, 하지부터 추분까지의 화공은 리(☲)이고, 백로(8월의 절기)는 추분(8월의 중기) 바로 직전의 절기이니, 화공은 리괘(☲)여야 맞는다. 내호괘가 리괘이므로 호괘로는 화공을 얻은 것이다 (일시적 화공).

** 백로는 8월의 절기이므로 8월괘인 관괘(☷☴)에 속한다. 다만 이제 막 관괘로 들어온지 2일밖에 안되었으므로, "월령이 비괘(否卦:☷☰)에 속한다"고 한 것 같다.

*** 건(☰)은 천간으로는 갑·임甲壬년, 지지로는 술·해戌亥년에 태어난 사람의 원기가 된다. 을해년에 태어난 사람이 건을 얻었으므로, 지원기地元氣를 얻은 것이다.

49세가 되어 후천괘로 변하여 택천쾌괘(☱)가 되면, 택천쾌괘는 결단하는 것이며, 물(☵→☱)이 하늘(☰) 위에 있어서 못(☱)이 되니, 이것은 물을 하늘 위로 올리는 격이다. 내괘의 못이 올라가는 것이니, 선천의 원당효가 올라가서 대신의 자리에 있는 것이고, 강건한 자리에 거처하는 것이 된다. 날마다 맑은 빛(건의 구오효)을 모시고 정사에 참여하는 직책이니, 어찌 자연의 조화가 아닌가? 하물며 양효가 다섯으로, 호괘 건이 해亥년에 태어난 사람에게는 원기가 되니, 이런 것으로 살펴보면 귀하게 됨이 또한 당연하지 않은가?

3) 개희開禧 2년(서기 1206) 병인년 10월 28일 해시 남자

사주로는 병인丙寅 · 경자庚子 · 병자丙子 · 기해己亥인 경우의 운은?

時		日		月		年	
己	9	丙	8	庚	3	丙	8
亥	1·6	子	1·6	子	1·6	寅	3·8

천수 : 3+3+1+1+9+1=18   지수 : 8+8+6+8+6+6=42

천수는 18이니 10수를 뺀 8로 괘를 짓고, 지수는 42를 얻었으니 지수의 기준수인 30과, 10단위수인 10수를 뺀 2로 괘를 짓는다. 천수와 지수의 책수를 써서 산지박괘(☶)를 얻으면, 상구효가 원당이 된다. 효사에 말하기를 "큰 과실은 먹지 않는 것이니, 군자는 수레를 얻고 소인은 집을 깎을 것이다"고 했고, 소상전에 "군자가 수레를 얻음은 백성이 존경하여 싣는 바요, 소인은 집을 깎음은 마침내 쓸 수 없는 것이다"고 했다.

병인년에 태어났으므로 양남이다. 따라서 천수의 나머지수(8)로 간괘(☶)를 지어 상괘로 삼고, 지수의 나머지수(2)로 곤괘(☷)를 지어 하괘로 삼으면, 선천괘로 박괘(䷖)를 얻는다.

「64괘 환산표」에 의해서 찾으면 「박·23」이 나오므로, 책 앞의 목차에서 23번째 괘인 박괘를 찾아 해당하는 쪽을 보면 된다.

해시는 하육시에 속하므로, 「오음괘를 얻었을 경우」의 방법에 의해서 원당효를 잡는다.

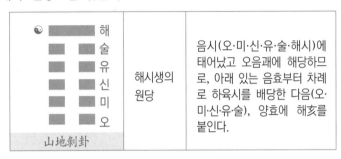

풀이 10월 29일 자시가 대설(大雪:11월의 절기)절기이고, 사람은 28일 해시에 태어났으니, 대설 하루 전에 해당한다. 바로 음이 기운을 얻을 때로, 음이 많아져 양을 깎는 것이다. 괘명인 '박剝(깎는다, 떨어진다)'은 떨어진다는 것이니, 만물이 깎이어 떨어지는 것이다. 그 이름은 좋지 않으나, (이름이 좋지 않으니, 나쁘다고 하는 것은) 천수가 18을 얻고 음수가 42를 얻으니, 양은 적고 음이 많다는 것을 모른 것이며, 또한 대설의 뒤는 곧 음이 극에 이르는 것이니, 양이 많은 것이 어찌 마땅할 수 있겠는가?

지수가 1에 이르는 때인데, 천수와 지수의 나머지수가 모두 짝수이다.* 이것은 기수氣數가 때와 더불어 함께 가는 것이며, 사람의 기

---

* 입동부터 대설의 직전까지는 순음괘인 곤괘(☷)가 주관한다. 따라서 음수가 극도로 성해서 1에 가까워지는 것이다(전체가 음수로 가득찬다는 말로, 음수는 성할수

운이 사시四時의 차례와 합치되는 것이니, 대인 군자가 된다.

수가 절기와 합치되니, 비록 그 괘 이름은 깎는다는 박괘이나, 소설부터 대설까지는 음기가 융성한 때로, 순곤괘(중지곤괘)에 속하니, 곤(☷)은 음기이다. 월령에 박괘를 얻은 것은, 바로 음이 극에까지 간 것이며, 양이 장차 생겨나는 자리로, 뭇음의 대표와 인솔자가 된다. 양 하나가 와서 회복하려면 아직도 반달이나 남았으니, 반달이 지난 뒤에 변할 것이다. 하물며 양을 무리가 추대하여 귀하게 되니(상구효는 중종효), 이치로도 또한 알 수 있다.

그 효사에 말하기를 "군자는 수레를 얻고, 소인은 집을 깎아낸다"고 했으니, 만약 태어난 것이 때를 얻지 못했는데, 상구의 효사를 얻었다면 반드시 세상의 버림을 받는 바가 되며, 뭇사람도 굴복하지 않을 것이니, 이것은 소인이 집을 깎아버리는 재앙을 얻은 것이다. 이제 태어난 때가 때를 얻은 것이 되니, 군자가 되고 만민이 존경해서 신는 바가 되므로, 그 귀함을 알 수 있다.

또한 병丙년에 태어난 사람이 간(艮☶)으로써 원기를 삼아서 인寅년의 지지원기를 생해줌에야? 천지의 기운이 온전하게 맞으면* 굴복하지 않을 수 없으니, 이것이 이 괘가 세력을 얻고 때에 합치되는 이유다. 하물며 간艮은 손(手)이 되고, 곤坤은 자루(柄)가 되니, 이 사람은 다른 날 반드시 권세의 자루를 잡게 되는 것이다. 재상이 됨이 합당하지만, 아깝게도 때의 화공이 없으니,** 또한 시중侍中이나 주지사

록 응축된다). 이 때는 천수와 지수의 나머지수가 짝수인 것이 오히려 때에 맞아 좋게 된다.

* 간괘(☶)는 천간으로는 병丙, 지지로는 축丑과 인寅년에 태어난 사람의 원기가 된다. 이 사람은 병인년에 태어났으므로, 천원기와 지원기를 모두 얻은 것이다. 또 천수는 적고 지수는 많은 것이 음기가 성할 때 일치하며, 천수와 지수의 나머지수가 짝수인 것도 때와 일치하는 것이다.

는 될 수 있다.

 후천괘로 간(☶)이 곤(☷)으로 변하면, 땅의 도며 신하의 도가 된다. 동지의 반달 전은 바로 곤괘(☷)에 속해서* 권세가 그 사람한테 있게 된다. 후천의 곤괘에는 자연히 벼슬해서 군사를 통솔하는 장수의 자리에 오를 것이 틀림없다. 하물며 선천의 강하고 굳센 순수한 자질이**, 후천의 유순하고 중후한 덕이 되니, 직책이 삼공三公의 자리에 있게 되고, 자리가 양의 자리니, 선천과 후천을 통해 그 강건하고 순수한 자질을 그치지 않는 것이다. 어떻게 명신名臣과 큰 학자가 되지 않겠는가? 또한 곤괘 효사에 "때를 따라 빛나고 큰 것을 발한다"는 말이 있으니, 현달하게 될 것을 말하지 않아도 알 수 있다.

4) 소홍 3년 무자戊子년 11월 23일 해시생인 남자

사주로는 무자戊子 · 갑자甲子 · 계사癸巳 · 계해癸亥일 경우의 운은?

時		日		月		年	
癸	2	癸	2	甲	6	戊	1
亥	1·6	巳	2·7	子	1·6	子	1·6

** 추분부터 동지 사이에는 태(☱)가 화공이다. 그러나 박괘에는 본괘는 물론 호괘에도 태가 없다.

* 동지달(11월)은 복괘(☷)에 속하고, 바로 전달인 10월은 곤괘에 속한다.

** 양효인 상구효의 자질을 뜻한다. 상구효로 인해서 양괘(☰)가 되었던 것인데, 후천괘인 곤괘(☷)로 변해서는 후중한 덕을 갖게 되었다. 또 삼효자리는 삼공三公에 해당한다.

천수 : 1+1+1+7+1=11   지수 : 6+6+6+2+2+2+6=30

천수는 11이므로 1을 쓰고, 지수는 30이므로 3을 쓴다. 1은 감(☵)이 되고, 3은 진(☳)이 되니, 두 편의 책수를 합해서 수뢰둔괘(䷂)를 얻는다. 남자가 양년인 무자년에 태어났으므로 양남이 된다. 따라서 천수로 얻은 감이 상괘가 되고, 지수로 얻은 진은 하괘가 되어 둔괘(䷂)를 얻는 것이다. 「64괘 환산표」에 의해서 찾으면 「둔·3」이 나오므로, 책 앞의 목차에서 3번째 괘인 둔괘를 찾아 해당하는 쪽을 보면 된다. 해시는 하육시에 속하므로, 「사음괘를 얻었을 경우」의 방법에 의해서 원당효를 잡는다.

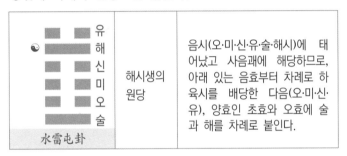

풀이 동지는 16일 사시巳時이고, 그 사람은 23일에 태어났으니, 이것은 동지 7일 뒤에 태어난 것으로, 동지 후에 일주일만에 와서 회복하는 뜻과 응한다. 천수가 11을 얻으니, 천수의 나머지수인 1 또한 양수이다. 수는 비록 부족하나, 한 양이 와서 회복하는 뜻으로, 약한 것이 되지 않으니, 이것을 천수가 약해도 좋다고 하는 것이다. 지수는 30이므로 원래 남는 것이 없으나, 또한 부족하지도 않다. 양 하나가 미약하게 생겨나서 그 형상이 막 드러나니, 뭇 음이 함께 사라져 감히 남음이 있지 못하는 것이다.*

---

* 동짓달의 괘는 복(䷗)으로, 양효 하나가 밑에서 막 생기는 때를 말한다. 이 때는

기수氣數로써 이때의 절기와 맞춰보면 반드시 귀인의 운명이다(양수의 나머지수가 1이므로). 그러나 괘에 구오효가 원당이고, 그 효사에 "그 고택을 베풀기가 어려우니, 조금 바르게 하면 길하고, 크게 바르게 하려고 고집하면 흉하리라"고 했으니, 마땅히 이롭지 않은 것으로 알 것이다. 그러나 강剛과 유柔가 처음으로 사귀어 생겨나기 어려우나, 험한 가운데 움직여서 크게 형통하고 바르게 됨을 모르기 때문에 그렇게 생각하는 것이다.

동지 이후는 양이 이미 커져 가고 음은 이미 사라져 가는 것이니, 이것이 강과 유가 처음 사귀는 때이고, 이 괘가 그 때에 응한 것이다.* 원당이 구오효니 어렵고 험한 세상을 구제하는 주인이고, 동지 이후는 감坎이 화공이 되며,** 감(☵)은 무戊년에 태어난 사람의 천원기天元氣가 된다. 태어난 년도의 간지에서 지지의 자子는 감(☵)이 되어 땅의 원기地元氣가 되니, 이것은 천지의 원기와 화공이 같은 몸에 있는 것이고,*** 또한 이것은 천수 안에 원당이 있는 것이니,**** 조정의 대신이 되는 귀함이다.

양의 기운이 아직 미미한 때로, 양수가 부족한 것이 오히려 때에 맞는 것이 되어 이치에 합당하다.

* 둔괘의 괘사 내용(강과 유가 처음 사귄다)과 동지 이후 강과 유가 사귀는 때와 일치된다.

** 동지부터 춘분까지는 감(☵)이 화공이다.

*** 감(☵)은 천간인 무戊의 원기(천원기)이고, 동시에 지지인 자子의 원기(지원기)가 되며, 또 동짓달에 태어났으므로(동지와 춘분 사이) 화공이 된다.

**** 천수의 나머지수로 지은 감괘(☵)에 원당효가 있다.

3절. 수를 보는 요점

역易이라는 것은 서로 옮겨간다는 뜻으로, 때와 더불어 함께 가는 것이니, 추위가 가면 더위가 오고 더위가 가면 추위가 오며, 봄이 가면 다시 가을이 되고 겨울이 가면 다시 여름이 되며, 생하는 것이 극에 가면 죽이며 죽이는 것이 극에 가면 생하게 되니, 천지가 서로 이어 나가고 따르는 것이 끊어지지 않는다. 그러므로 수의 지극히 오묘함은 때와 더불어 흘러감만한 것이 없다. 만일 음의 도가 극에 가면 양의 도가 때맞춰 생겨나서 기세가 서로 접하게 되니, 음양의 수가 여기서 더욱 묘하게 된다. 그 비결과 뜻을 찾으면 생각이 반 이상을 얻은 것이다.

수를 보는 요점은 먼저 천수와 지수의 족한가 부족한가를 보고, 그 다음에 효상爻象이 자리를 얻었는가 얻지 못했는가를 보면 화와 복이 정해진다. 선천괘의 효상이 좋지 않으면, 또한 후천괘가 어느 괘로 변했는가를 본다. 만약 선천괘의 효상이 좋지 않았지만, 후천의 괘와 효가 모두 길하면, 이것은 반혼격返魂格이 되니, 처음에는 가난하나 뒤에는 부자가 된다.

살펴보건대 중천건괘가 여섯효가 있으니, 11월의 동지에 태어난 사람은 원당이 초효의 자리에 있는 것이 때를 순히 하는 것이 되고, 천지와 그 조화를 같이 하게 되나, 단지 양수가 적고 18수를 지나지 않아야 부귀영화를 누릴 것이다.

양수는 9를 기준으로 책수를 정한다. 따라서 9는 1책이고 18은 2책이 되는데, 1책 이하를 양수가 지극히 약한 것으로 보고, 2책 이하를 부족하다고 보며, 2책이상 24까지를 "거의 되었다"고 한다. 대개 양수가 모자라는 경우(부족하거나 거의 된 경우)를 남자가 얻으면, 복이나 수명에 손실이 많고, 일찌기 아버지를 여위는 등 좋지 않게 된다. 그러나 동지 등 양의 기운이 미미할 때 모자라는 것은, 때와 합치되는 것이므로 오히려 길하다.

건괘(☰) 초구효에 원당이 있는 사람이 11월의 동지에 태어나면 때를 따르는 것이 되는데, 시점으로 볼 때 초구효는 양이 처음 발생하는 것이기 때문에(潛龍의 상태), 양이 처음 생기는 동지와 합치되는 것이다.

곤괘(☷) 초육효는 음이 처음 엉기기 시작하는 때이기 때문에, 음이 처음 발생하는 하지 후에 태어난 사람이 얻으면 때와 합치되는 것이다.

중지곤괘의 하지 이후에 태어난 사람은 원당이 초육효에 있고, 음수가 16을 넘지 않아야, 여자가 얻으면 영화롭고 현달할 것이나, 단지 아들이 적고 여아가 많을까 걱정된다. 남편을 잘 도와 집안을 일으키고, 뭇사람의 표상이 되어 안과 밖이 모두 공경하고 복종할 것이다.*

---

* 음수는 6을 기준으로 책수를 정한다. 따라서 6은 1책이고 12는 2책이 되고 18은 3책이 되며, 24는 4책이 되는데, 1책 부터 2책이하의 수를 음수가 지극히 약한 것으로 보고, 2책 이상부터 29이하를 모자란다고 본다. 대개 음수가 모자라는 경우를 여자가 얻으면, 복이나 수명에 손실이 많고, 일찌기 어머니를 여위는 등 좋지 않게 된다. 그러나 하지 이후의 음의 기운이 미미할 때 모자라는 것은, 때와 합치되는 것이므로 오히려 길하다.

양수는 27을 얻으면 노양의 녹수祿數가 되고, 18을 얻으면 소양의 복수福數가 되니, 남자에게는 유리하고 여자는 불리하다. 음수는 24를 얻으면 노음의 녹수가 되고, 32를 얻으면 소음의 복수가 되니, 여자는 이롭고 남자는 불리하다.*

내가 일찍이 한 마을의 들판을 지나다가, 한 노인의 형체가 마치 죽어 늘어진 사람같은 것을 보고, "평상시 어떻게 사는가?"하고 물으니, 답하기를 "저는 나이가 45세로 항상 마르고 병이 있다"고 하였다. 시험삼아 그 사람의 생년월일을 추산해서 화지진괘(䷢) 육이효를 얻었다. 나는 이것은 반드시 생시를 잘못 안 것이라는 심한 의심이 들었다. 그래서 생시의 앞뒤로 두 시간을 오차로 두고 궁리해서, 산지박괘(䷖) 육사효를 얻자, 그간의 좋고 나쁜 일이 다 괘와 합치되게 되었다.

이에 시골에서는 태어난 사람은 시가 정확하지 않다는 것을 알았다. 대개 겨울과 여름에는 해의 길고 짧음이 있고, 시각에는 앞과 뒤가 있으며, 전일과 명일의 교체시각인 술·해·자·축戌亥子丑 등의 시는 더욱 정하기 어렵다. 안력眼力이 있는 사람이 자세히 보지 않으면, 옳은 것을 그르다고 해서 역의 이치를 왕왕 가볍게 보아 넘기게 되니, 장차 어떻게 취해서 증거로 할 수 있겠는가? 사람의 근기가 얻은 수가 좋지 않고, 화공을 얻지 못한 사람은 재앙과 화가 더욱 무겁다.

---

* 양수는 9의 2배수인 18이 복있는 수(福數)가 되고, 9의 3배수인 27이 녹이 있는 수(祿數)가 된다. 또 음은 8의 3배수인 24가 복있는 수가 되고, 4배수인 32가 복있는 수가 된다. 또 남자는 9의 배수가 되는 숫자를 얻으면 유리하고, 8의 배수가 되는 숫자를 얻으면 불리하며, 여자일 경우는 그 반대가 된다.

4절. 하락리수에 대한 옛 선비들의 생각

혹자가 소강절선생에게 묻기를 "이 수가 후천괘의 5효에 가지 못하게 하고, 4효에서 사람의 생사를 판단하나, 요새 사람이 20살을 못 채우고 죽는 사람과 또한 8~90에 죽는 사람이 있으니, 화와 복이 어디에 있는 것입니까?" 답하기를 "이 사람이 사물의 이치를 모르는구나. 귀하고 천하며 요절하고 수를 누리는 것을, 나의 수에 이미 모두 말했으니, 이제 다시 봐서 익숙해지면 더 헤아릴 것이 없을 것이다"고 하였다.*

이천선생이 만년에 이 수를 얻고 심히 기뻐해서 문하생 형돈부邢敦夫에게 말씀하기를, "나의 평생 잘잘못이 터럭끝만한 것도 다 나타나 있으니, 무엇하려고 음양을 지극히 궁리해서 추산하고 법칙을 만들어 역의 이치를 알려고 하겠는가?" 또 윤화정尹和靖에게 말씀하기를 "이 수가 극히 정대正大하고, 다 경문을 근본으로 화와 복을 말한 것이니, 보통의 음양학설과 비할 것이 아니다. 정말로 용렬한 속인에게

---

* 선천괘의 운이나 후천괘의 운에 있어서, 양효는 한효당 9년의 운을 운행하고, 음효는 한효당 6년의 운을 운행한다. 계산대로 한다면, 한 괘당 여섯효가 있으므로, 음효만으로 이루어졌다 하더라도, 선천괘의 운(36=6×6)에다 후천괘의 운(36=6×6)을 합하면 72년이다. 그러나 효사의 길흉, 천수와 지수의 길흉, 원당효의 길흉, 때의 맞고 맞지 않음 등을 감안하여 운을 살펴보면, 그 안에는 몇년 못살고 죽는 사람도 있고, 선천운과 후천운을 다 살고도 더 수명을 누리는 사람도 있는 것이다.

경솔하게 전해서, 천기를 가볍게 누설해서는 안된다"고 하였다.

이천선생이 말씀하기를 "내게 종(노복)이 한 명 있었는데, 생김새가 매우 수려했다. 그의 생년월일로 추산하니, 평생괘로 중천건괘(☰)의 구사효를 얻었다. 그러나 천수天數가 부족하여 물어 보니 아버지를 여의었고, 평생동안 살아온 것을 물어 보니 모두 그저 그러했다. 내가 사랑해서 후하게 대접해 주었으나, 19년을 사귄 뒤에 갑자기 죽었으니, 대개 '이름없는 들풀이 갑자기 한줄기 좋은 꽃을 피워냄은 결코 좋은 일이 아니다'고 한 것이다."

지금 이천선생의 말을 음미해 보면 양년陽年생의 남자가 틀림없다.* 그래서 천수天數가 부족해서 먼저 아버지가 죽었고, 중천건괘의 구사효·구오효의 두 운을 지내면 모두 18년으로, 19년을 사귀었다면 아직 상효는 변하지 않은 것이니, 바로 '지나치게 높게 된 용이 후회가 있다'에 해당한다. 극에 가면 돌아오고, 궁하면 변하며, 변하면 통하는 것이나, 당사자가 소인이니 어찌 군자의 괘를 감당하며, 따라서 변하지 못했으니 어떻게 통할 수 있겠는가? 이것이 바로 궁하고 극해서 재앙이 있다는 것이니, 무엇을 의심하겠는가?

소인이 길한 괘를 얻으면 다시 효의 위치가 어떤가를 보고, 만일 효의 위치도 길하면 수가 족한가 부족한가와, 때를 얻었는가 때를 얻지 못했는가를 살펴서, 수로써 찾아보면 반드시 그 정밀함을 얻을 것이다. 소인이 길한 괘와 효를 얻어서, 갑자기 피어나다 보면 반드시

---

* 천수가 부족할 경우에 양남일 경우는 거의 예외없이 복이나 수명에 손실이 많고, 또 일찌기 아버지를 잃게 된다. 참고로 구사효에 원당이 있는 것으로 보아, 오시생午時生 또는 유시생酉時生이다.
구사효에서 9년의 운을 운행하고, 구오효에서 또 9년의 운을 운행한다. 따라서 19살 때는 상구효의 9년운을 맞게 되는 것이다.

죽게 된다. 군자도 또한 괘와 효가 다 길하지 못한 사람이 있으니, 또한 그 대상전大象傳을 보아야 한다.

화뢰서합괘(☳)의 대상전에 "우레와 번개가 서합이니, 선왕이 본받아서 벌을 명확히 하고 법률을 어기지 않게 하느니라"고 말한 것은 소인에게 위엄을 쓸 수 있다는 것이고, 산지박괘(☶)의 대상전에 "산이 땅에 붙은 것이 박이니, 상上이 이를 본받아 아랫사람을 후하게 대접해서 집안을 편안히 한다"고 말한 것은, 또한 마땅히 마음을 써서 대응해야 한다는 말이다.

옛날에 소동파蘇東坡의 운명은 산화비괘(☶) 육이효를 얻었다. 송宋나라의 문체를 세 소씨가 한번 변화를 시켰으니, 어찌 문식(文飾)하는 상이 아닌가? 소동파가 말하기를 "나의 효가 비록 아름다우나, 유년운에 길함과 흉함이 반반이니, 전부 아름다운 것은 아니다"고 했다. 귀양길에서 돌아오면 다시 귀양가게 되어 평생 험한 일이 많더니, 이 수를 세 번 다시 추산해 보고 스스로 만족해서 말하기를, "성인이 나의 마음을 알았으니, 다시 무슨 유감이 있겠는가?"라고 말했다.

산곡山谷이 진무기陳無己에게 말하기를, "황룡이 집에서 출입을 금하고 있으니, 그 장로는 도가 있는 사람이다. 전에 항상 나에게 역을 물어서 이 수를 전수해 주었더니, 얼마 안 있어 물러났다. 그 이유를 물었더니, 그 사람이 말하기를 '나의 지난해 운이 화뢰서합괘(☳) 상구효에 해당되어, 죄없이 관청의 능욕을 당했는데, 내년에 다시 화뢰서합괘에 해당한다. 그래서 문을 잠그고 그 뜻을 이행하려 한다'고 하였다. 내가 말하기를 '공은 물욕을 떠난 사람인데, 무엇 때문에 이와같이 근심합니까?'고 하니, 그 사람이 말하기를 '사람은 음양의 원리에 의해서 태어났으니, 어떻게 이 수를 피해 갈 수 있겠습니까? 내가 비록 속세와 관련없는 학문을 하고 있으나, 어찌 형체와 뼈가 있는 육체의 누를 면할 수 있겠습니까?'고 말했다.

내가 말하기를 '공은 어진 중(僧)이 있다는 것을 못 들었습니까?'하니, 그 사람이 답하기를 '간혹 있습니다'라고 했으니, 그의 사람됨이 성실하고 근신함이 이와 같다."

산곡山谷이 처음에 부주별가涪州別駕로 귀양을 가서는, 형돈부邢敦夫에게 말하기를 "내가 금년에 수뢰둔괘(䷂) 육이효를 얻었으니, 장차 10년의 수가 차야 돌아올 수 있을 것이다"고 했고, 용주容州에 안치되었을 때는 그 아들에게 이르기를 "생각해 보니, 내가 지난해에는 수뢰둔괘(䷂) 육이효를 얻었으니 돌아오는 이치가 있었으나, 지금은 지뢰복괘(䷗) 상육효를 얻었고, 효사에 '회복하지 못하고 헤매기 때문에 흉하다'고 했으니, 내가 돌아오지 못할 것이다"고 하더니, 과연 용주에서 죽었다.

부정공富鄭公이 본신괘효本身卦爻와 유년괘流年卦를 크게 중간뜰의 벽에 써 놓고, 흉한 효를 하나 만나면 자제들에게 훈계해서 말하기를 "내가 금년에 효상이 좋지 못하니, 너희들은 절대로 일을 저질러 나에게 누가 되지 않도록 하라"고 했으니, 그의 두려워하고 수양하며 성찰함이 이와 같았다.

이문정공李文靖公이 중지곤괘(䷁) 육이효의 "곧고 방정하며 크다. 익히지 않아도 이롭지 않음이 없다"는 것을 얻고, 벗에게 말하기를 "내가 평생에 얻으려는 것은 성인의 경전에 합치되게 하려는 것"이라 했다. 유년괘流年卦로 중화리괘(䷝) 구사효를 얻고는 동네사람들에게 말하기를 "내가 명년에 반드시 죽을 것이다"고 하더니, 기한이 되어 과연 죽었다. 때가 6월인데도 한 점의 더러운 냄새도 없었으니, 대개 그가 평생을 겪고 이행한 증험일 것이다.

범문정공范文正公이 화천대유괘(䷍) 구이효를 얻었다. 효사에 "큰 수레로 싣는다"고 했으며, 소상전에 "가운데 쌓으니 패망하지 않는다"고 했는데, 과연 그 사람이 세상을 다스리는 것을 자신의 책임으로 생각했다.

구래공寇萊公이 고주의 화(孤注之禍)*를 입더니, 그 해 운에 택수곤괘(䷮) 육삼효를 얻고 벗에게 말하기를 "내가 다시 돌아오지 못할 것이다"고 하였다.** 과연 귀양간 곳에서 죽으니, 얻은 수의 적중하는 증거가 이와같다.

사마온공司馬溫公이 말씀하기를 "도남圖南(陳搏)선생의 이 수는 우리들에게 크게 유익하니, 마음을 보존하고 성품을 기르는 글이라고 할 수 있다. 정성스럽게 터득하면 복을 이루게 할 수 있고, 화를 피하게 할 수 있으니, 크게 유익하다고 할 수 있지 않겠는가?"
사마온공이 말씀하기를 "괘를 볼 때는 그 괘의 대상전을 봐야 한

---

* 고주孤注는 판돈을 모두 걸고 하는 도박을 뜻한다. 구래공(寇準)이 거란족의 침범할 때 이를 칠 것을 건의하며, "폐하는 신(구래공)의 고주입니다"고 하며, 설득하여 그를 정벌하였는데, 훗날 그 말이 화가 되어 귀양가게 되었다.
** 육삼효의 효사 및 상사는, "육삼은 돌에 곤하며 가시나무에 거처함이라. 그 집에 들어가도 아내를 볼 수 없으니 흉하다. 상에 말하기를 '가시나무에 거처한다' 함은 강을 탔기 때문이고, '집에 들어가도 처를 볼 수 없다' 함은 상서롭지 못한 것이다"이다.

다. 예를 들어 사람의 운명이 혹 어느 괘 어느 효를 얻게 되면, 혹 길하고 혹 흉하게 되는데, 이런 것은 다 물건이 만들어질 때의 각각 정해진 이치이고, 대상전에 그에 대한 말과 뜻이 있으니, 그것에 의해서 행해야 한다. 중지곤괘의 '땅의 형세가 곤이니, 군자가 본받아서 두터운 덕으로 물건을 싣는다'고 한 것은, 그 사람의 덕을 두텁게 하고 도량을 넓게 해서 사물에 대응해야 한다는 것이고, 산수몽괘의 '산 아래에 샘이 솟는 것이 몽이니, 군자가 본받아서 행실을 과감히 하고 덕을 기른다'고 한 것은, 자기의 행동을 과감하게 하고 자기의 덕을 기르라는 뜻이다. 소상전도 또한 그러한 이치로 보는 것이다."

무릇 괘를 분별하고 수를 살피는 것은, 얻은 괘에 어떠한 이치가 있는가를 자세히 참고해서 살피는 데 있다. 효가 어느 자리에 있으니 어떤 길흉이 있으며, 괘를 얻은 사람이 어떤 사람인가를 알면 괘의 길함과 흉함이 각각 그 유형을 따라가게 될 것이니, 괘명만 가지고 수를 찾기 보다는 이치로써 수를 찾는 것이 낫다. 한 때의 길함은 도리어 흉함이 될 수 있고, 한때의 제재는 도리어 쓰임이 될 수도 있는 것이다.

천지비괘(䷋)·지천태괘(䷊)의 제재는 도리어 산천대축괘(䷙)의 하늘 거리를 걷는 기쁨으로 변하거나*, 성이 무너져 터만 남게 되는 천산돈괘(䷠)에 매이는 결과를 가져온다.** 움직이고 그침이 항상함

---

* 비괘는 일반적으로 비색하고 막힌 괘로 생각한다. 그러나 비괘 삼효를 얻었을 때, 후천괘로 바뀌면 대축괘 상구효가 되어, 하늘의 거리를 걷는 기쁨이 있게 된다.
** 태괘는 형통하고 태평한 괘로 생각한다. 그러나 태괘 상육효(성이 무너져 터만 남게 되는 뜻)를 얻었을 때, 후천괘로 바뀌면 돈괘 구삼효가 되어 "매이는 도망감"의 위태함이 따르게 된다. 따라서 괘명의 좋고 나쁨에만 매이지 말고, 항상 변화해 보고 이치로써 살피는 것이 중요하다.

이 없고, 굽히고 폄에 변화가 있어서, 이치로써 잘 살펴서 알지 않으면 통달하기 어렵다.

제 5장
참평비결

1절. 참평비결參評祕訣 해설

　참평비결은 금쇄은시가金鎖銀匙歌에 의해 평생의 수와 세운의 수 (대운과 유년의 수)를 얻은 다음에, 해당하는 비결의 글귀를 찾아 읽기만 하면 된다. 비결의 싯귀는 비록 두 귀절 밖에 안되지만, 평생운, 10년 대운, 1년의 운인 세운을 볼 수 있다. 글귀는 짧지만, 그 때 그 때의 환경과 사람에 따라서 다방면으로 해석할 수 있다. 짧은 글귀를 장점으로 삼아서, 항시 마음속에 간직하고 음미해 보면 신묘함을 느낄 수 있을 것이다.

1) 참평비결변參評祕訣辨

하락리수 책을 가지고 방문한 사람이 있어서, 서로 고하高下를 논의하다가, 참평비결까지 말하게 되었다. 객이 말하기를, "이 하락리수는 도남圖南(희이 진단希夷陳摶)선생으로부터 소강절선생에게 전해졌는데, 부귀빈천 길흉화복이 터럭끝만큼도 어긋나지 않습니다. 그런데 참평비결을 더한다면 어찌 혹이라고 하지 않겠습니까?" 내가 말하기를, "옛날에 맹자님이 말을 좋아한다는 소리를 들으면서도 그만두지 않으셨으니, 내가 이 참평비결을 감히 혹이라고 해서 꺼리겠는가?"*

하도에 의해서 만든 주역의 괘사 효사가 길하면 길하게 되고, 말이 흉하면 흉하게 되니, 이런 것은 진실로 따르기 쉽고 알기 쉽다. 그러나 효사의 말은 길한데 이치가 흉한 것이 있고, 효사는 흉한데 이치가 길한 것이 있다. 이것은 절기의 얕고 깊음과 효의 위치의 마땅하고 마땅치 않음으로 인한 것이니, 처음 배우는 사람이 만나면 물속에 비친 달이나 거울 속의 꽃과 같아서 쉽게 붙잡을 수가 없다. 반드시 참평비결로 품평을 해야, 갓옷 입고 옷깃을 잡아올리며, 그물을 드는데 벼리줄을 끌어올리는 것과 같을 것이다.**

---

* 客有以河洛見訪者어늘 相與上下論議타가 談及參評祕訣러니 乃ㅣ曰 此數는 自圖南으로 傳於邵氏하니 富貴貧賤ㅣ 吉凶禍福이 毫髮不爽矣라 今復以參評之說로 加之면 寧不謂疣贅耶아 予謝之ㅣ曰 昔에 孟夫子不以好辯爲得已하니 予於斯數에 敢以疣贅爲諱耶아?

** 蓋河圖卦中에 有辭吉則吉者하고 有辭凶則凶者하니 此固易從易知나 至於卦內有辭吉而理凶者하고 有辭凶而理吉者라 此則由乎節氣之淺深과 爻位之當否니 初學遇之면 如

참평비결의 글을 살펴보면, 계수나무·난초·별·두성(桂·蘭·斗·星) 등의 글자는 부귀와 자식에 대한 운명을 말한 것이고, 칼·화살·눈·서리·가뭄·구름·다툼·싸움·빈 것·이지러진 것(刀·箭·雪·霜·旱·雲·爭·鬪·空·缺) 등의 글자는 홀아비·과부·고아·독신을 말하니, 가난하지 않으면 일찍 죽고, 혹 관청의 일로 잘못되거나 횡액을 당한다.

다시 참평비결 가운데 고전에 대한 말이 나오면, 고전을 참고해서 길흉을 판단한다. "마릉에 큰 글자를 쓰니*, 손빈과 방연이 싸우는 뜻이 있다"는 것은 흉한 수고, "임금의 동산 도랑에**, 붉은 잎 하나가 물길따라 흘러 깊은 궁속에서 나온다"는 것은 길한 수다.***

水月鏡花하야 未易把捉이라 必以此數參評品隋이라야 庶幾如着衰者之挈其領하고 擧綱者之提其綱이라

* 마릉에 큰 글자를 쓰니… : 같은 스승밑에서 배웠으나, 재주를 시기해 손빈을 괴롭힌 위나라 장군 방연과 제나라의 군사軍師인 손빈과의 마릉전투를 말함. 손빈이 거짓후퇴를 계속하다가, 길이 협소하고 양쪽으로 험한 산이 많은 마릉에 군사를 매복해 놓고는, 큰 나무의 껍질을 벗겨내고 "방연은 이 나무 아래에서 죽을 것이다"라는 글을 써 놓았다. 그리고는 활을 잘 쏘는 정예군사 10,000명을 매복하고, "저녁에 불빛이 밝혀지는 것을 보는 즉시 일제히 활을 쏘아라"하고 명했다. 방연이 제나라 군사를 급히 추격하여 마릉에 도착하자, 어둠속에서도 흰 나무에 글이 써져 있는 것이 보였다. 그래서 횃불을 밝혀 읽으려 하자, 일제히 화살이 날아와 위나라 군사를 궤멸시켰다. 방연이 "네 녀석의 명성을 떨치게 만들었구나"하며 스스로 자결해 죽은 고사.

** 임금의 동산 도랑에… : 당나라의 희종禧宗 때 우우于祐란 사람이 궁성의 도랑 밑에서 놀다가, 붉은 단풍잎에 시가 쓰여진 것을 줍고, 그 답시를 써서 흐르는 물에 다시 띄워 보냈는데, 이를 궁녀인 한말인韓末人이 주운 것을 인연으로 훗날 부부가 되었다는 고사.

*** 考諸數內컨댄 有金玉龍麟ㅣ 桂蘭星斗之類는 則爲富貴子息之命이요 若數內有刀箭雪ㅣ 霜旱雲爭鬪空缺之類는 則爲鰥寡孤獨이니 非貧則夭요 或多官非橫禍라 更數中多用故典이면 卽須參考故典하야 吉凶斷之라 如馬陵書大字하니 鬪志有孫龐은 此凶數也요

대운과 1년의 운을 이와 같이 일일이 참평해서 조정했으니, 비록 여러 운명이 숲같이 복잡하게 나열되어 있으나, 나의 이 참평비결로 참작해서 분별하면 왕량(말을 가장 잘 몰았다는 사람, 하늘의 별자리가 되었음)이 말을 몰고, 포정이 소를 잡는 것 같아서(소의 **뼈**와 힘줄 살 등을 잘 살펴서 힘 안들이고 소를 잘 잡았다는 전설적인 사람), 절대로 말을 잘못 몰거나 칼이 꺽이는 근심이 없을 것이다. 그러므로 참평비결을 하락리수에 더하는 것이 비록 혹 같으나, 처음 배우는 사람이 의혹을 풀고 의심스러운 것을 해결하게 되니, 그 또한 맹자의 말씀하시기를 그만 두지 못하는 마음인 것이다!*

如御溝一紅葉이 流水出深宮은 此吉數也라

* 大運流年을 ――如此參評하니 則雖衆命森列於前이나 出吾之數以參別之면 則如王良之 馭馬하고 庖丁之解牛하야 決無控閑拆刃之患矣라 故參評之加ㅣ 雖似疣贅나 然이나 與初學解惑決疑니 其亦孟氏不得已之心哉인고저

2) 참평비결을 일으키는 금쇄은시가 金鎖銀匙歌

> 陰陽俱用二千祖요　日至生時百中數라
> 時日皆從子上輪이요　十零本位月體覩라
> 歲君水火卄七加요　木金虛度五十土라
> 再將一二三四五하야　配却水火木金土라
> 得策尋納看當生이요　時日順衝還共語라

① 양년생 음년생 또는 남녀를 구분하지 않고 2,000의 기본수를 부여하며,
② 생일의 지지부터 생시의 지지까지 세어서 100단위의 숫자로 삼는다.
③ 시지와 일지까지를 각기 자子로부터 센 수를 합하고,
④ 두 수를 합하여 10자리 수는 10자리에 쓰고 1자리 숫자는 1자리에 쓰며, 월간지는 보기만 하고 쓰지 않는다.
⑤ 생년의 간지를 납음오행으로 따져서, 수와 화에 속하면 27을 더하고,
⑥ 금과 목이면 더하지 않으며, 토는 50을 더한다.
⑦ 다시 생년의 납음오행이 소속되는 오행에 따라,
⑧ 수는 1, 화는 2, 목은 3, 금은 4, 토는 5를 더한다.
⑨ 이렇게 얻은 숫자를 생년의 납음오행에 따라 수화목금토의 다섯부 중에서 해당 부를 찾아, 얻은 숫자에 해당되는 항을 찾아서 참평비결을 살피며,
⑩ 또 시지에서 일지까지 역으로 세어서 더한 숫자로, 다시 처음 나온 참평비결의 내용과 참고해서 본다.

3) 참평비결 길흉판단법

① 각 숫자 밑에는 `남명` `여명` `세운`이 있는데, 각기 2귀절의 시로 되어 있다. `남명`의 밑에 있는 시는 남자의 운명이고, `여명`의 밑에 있는 시는 여자의 운명이며, `세운`의 밑에 있는 시는 대운 및 유년운을 뜻한다.

② 여자의 운명을 쓴 시에 공란으로 글자가 없는 것은 가난하고 천하고 요절할 운명이다.

③ 세운(대운과 유년운)을 쓴 시에 공란으로 글자가 없는 것은, 심한 사람은 수명을 덜고, 가벼운 사람은 재산을 탕진하고 형벌과 극을 받으며, 혹 한두 글자가 빈 것은 열에 한둘 정도의 재앙과 허물이 있는 것이다.

④ 싯귀 중에 계수나무·난초·별·두성(桂·蘭··斗·星) 등의 글자는 부귀와 자식에 대한 운명을 말한 것이고, 칼·화살·눈·서리·가뭄·구름·다툼·싸움·빈 것·이지러진 것(刀·箭·雪·霜·旱·雲·爭·鬪·空·缺) 등은 홀아비·과부·고아·독신을 뜻하니, 가난하지 않으면 요사하고 혹 관청의 일로 잘못되거나 횡액을 당한다.

⑤ 싯귀 중에 고전(故事가 있는 글)에 대한 말이 나오면, 고전을 참고해서 길흉을 판단한다.*

⑥ 싯귀 밑에는 '※'표시를 하고 편집자 주해註解를 달아 놓았는데, 이는 여러 가지로 해석되는 것 중에서 한가지 예를 들어 놓은 것에 불과하니, 이것만 가지고 전적으로 판단해서는 안된다. 글을 음미하고 한문의 글자를 살펴서, 때에 따라 상황에 맞게 해석하여야 한다.

---

* "마릉에 큰 글자를 쓰니, 손빈과 방연이 싸우는 뜻이 있다"는 것은 흉한 수고, "임금의 동산 도랑에 하나의 붉은 잎이 물에 흘러 깊은 궁속으로 들어간다"는 것은 길한 수다.

4) 참평비결 실례

(1) 사주가 '을묘년 무자월 임술일 임인시'인 사람(水部)

① 참평비결에서는 양년생·음년생 또는 남녀를 구분하지 않고 모든 사람에게 2,000의 기본수를 부여한다.*
② 생일의 지지부터 생시의 지지까지 세어서 100단위의 숫자로 삼는다.**
③ 시지와 일지까지를 각기 자로부터 센 수를 합하고, 두 수를 합하여 10자리 수는 10자리에 쓰고 1자리 숫자는 1자리에 쓴다. 월간지는 쓰지 않는다.***
④ 생년의 간지를 납음오행으로 따져서, 수와 화에 속하면 27을 더하고, 금과 목이면 더하지 않으며, 토는 50을 더한다.3
⑤ 다시 생년의 납음오행이 소속되는 오행에 따라 수는 1, 화는 2, 목은 3, 금은 4, 토는 5를 더한다.****
⑥ 이렇게 얻은 숫자를 생년의 납음오행에 따라 수화목금토의 다섯부 중에서 해당한 부를 찾아, 얻은 숫자에 해당되는 항을 찾아서 참평비결을 살핀다. 또 시지에서 일지까지 역으로 세어서 더한 숫자로, 다시 처음 나온 참평비결의 내용과 참고해서 본다.

---

* 음양남녀를 구분하지 않으므로, 2,000의 수가 그대로 부여된다.
** 생일의 지지는 술이고, 생시의 지지는 인이다. 술부터 인까지는 모두 5수(술해자축인)가 있으므로, 500의 숫자를 더 더해서 2,500이 된다.
*** 생일의 간지를 자로부터 세면 11수(자축인묘진사오미신유술)이고, 생시의 지지를 자로부터 세면 3수(자축인)가 된다. 이 두 수를 합하면 14(11+3)가 되므로, 먼저 얻은 2,500에 더하면 2,514가 된다.
참평비결에서는 월간지를 무시한다.
**** 을묘년은 수에 속하므로 1을 더 더한다. 먼저 얻은 2,541에 1을 더하면 2,542가 된다.

1~5까지 항목대로 수를 더해서 총 2,542의 숫자를 얻었다. 이 사람의 생년을 납음오행으로 보면 수에 속하므로, 수부水部의 2,542를 찾아서 내용을 보면 된다. 그 시에 말하기를 "손안에 있는 가을 달밤의 부채(秋月扇)가 움직여 좋은 바람을 낸다"고 했으니, 이것은 무장의 팔자로 보면 된다.

　또 이 귀절만으로 운의 판단이 잘 서지 않을 때(사람의 사주 팔자로 뽑아낸 수가 그 시에 두 귀절이 있는 게 있고, 네 귀절이 있는 게 있는 것은 무엇 때문인가? 대개 이 수를 순하게 센 수가 하나 있고, 역으로 센 수가 하나 있기 때문이다)는, 「2(생일의 지지부터 생시의 지지까지 세어서 100단위의 숫자로 삼는다)」의 항을 거꾸로 세는 방법을 쓴다. 즉 앞서의 방법은 일지의 술부터 시지의 인까지 500을 계산하나, 여기서는 거꾸로 시지인 인부터 일지인 술에 이르는 9수(인묘진사오미신유술)를 얻어서 합한다는 것이다. 즉 앞의 순하게 세는 방법에 의하면 2,542(2,000+500+14+27+1)를 얻으나, 역으로 세는 방법에 의하면 2,942(2,000+900+14+27+1)를 얻게 되는 것이다. 이렇게 역으로 세어서 얻은 수를 역시 수부에서 찾으면, 그 시에 말하기를 "옥병에 별다른 물건이 없으니 붉은 개미와 벌이 모여 있다"는 내용이 나온다.

　그러나 이 수 중간에 혹 순하게 하고 역으로 한 것이 각각 그 시가 있는 것이 있고, 혹 순하게 계산한 것은 싯귀절 내용이 있고 역으로 계산한 것은 싯귀절 내용이 없는 것이 있으며, 혹 역으로 한 것은 있고 순하게 한 것은 없는 것이 있으니, 한가지만 고집할 것이 아니다. 수화목금토의 다섯부문도 다 같다.*

---

* 이 책에서는 이를 간편하게 하기 위해서, 이렇게 계산하지 않고도 「참평비결 찾는 도표」만 보면 간단히 수를 산출할 수 있게 하였다. 즉 생년의 간지를 「납음오행표

(2) 사주가 '병인년 무술월 임술일 신축시'인 사람(火部)

① 음양남녀를 불문하고 기본수 2,000을 부여한다.
② 생일의 지지는 술이고 생시의 지지는 축이므로, 그 사이에 4수(술·해·자·축)가 있다. 그러므로 2,000에 400을 더해 2,400을 얻는다.
③ 생일의 지지를 자부터 세면 11수(자·축·인·묘·진·사·오·미·신·유·술)이고, 생시의 지지를 자부터 세면 2수(자·축)가 된다. 이 두 수를 합하면 13(11+2)가 되므로, 먼저 얻은 2,400에 더하면 2,413이 된다.
④ 병인년은 납음오행으로 화(爐中火)에 속하므로 27을 더한다. 먼저 얻은 2,413에 더하면 모두 2,440이 된다.
⑤ 병인년은 화에 속하므로 2를 더 더한다. 먼저 얻은 2,440에 더하면 2,442가 된다.
⑥ 이렇게 얻은 2,442를 화부火部에서 찾아 비결의 싯귀절을 읽으면 된다. 그 시에 말하기를 "태백이 용마를 타니/ 우문하禹門河의 거친 파도가 잠자네"고 하였으니, 용마를 타고 거친 물결을 다스려 사람을 크게 이롭게 하는 운으로, 백성을 위해 애를 쓰는 관리의 운명이다.

또 이 사주의 임술일 신축시를 거꾸로 세면, 시지인 축부터 일지인 술까지는 10수(축·인·묘·진·사·오·미·신·유·술)를 얻는다. 이를 100단위로 환산하면 1,000이 되므로, 3,042(2,000+1,000+13+27+2)가 된다. 화부에서 3,042를 찾으면, "배는 푸른 물 위에 멈춰있고/ 기러기는 긴 하늘에 글자를 썼네"라고 했으니, 별

」에 의해 수화목금토 중에서 어디에 해당하는 가를 살핀 후, 생일의 지지와 생시의 지지를 활용하여 순과 역의 숫자를 찾으면 된다. 위의 예에서 을묘년이 수에 해당하는 것을 확인한 다음, 수부 중에 술일의 인시를 찾으면 순으로 2,542의 수를 얻고, 역으로는 2,942의 수를 얻게 된다. 이 두 수를 수부의 참평비결 싯귀에 가서 찾으면 되는 것이다.

다른 풍파없이 한적하게 사는 운이 된다. 이 사람은 세속에 나아가면 높은 관리가 되어 세상을 위해 큰 일을 하고, 물러나면 자기 분수에 만족하며 유유자적하는 사람의 운이다.*

(3) 사주가 '임자년 계축월 기묘일 기사시'인 사람(木部)
① 음양남녀를 불문하고 기본수 2,000을 부여한다.
② 생일의 지지는 묘이고 생시의 지지는 사이므로, 그 사이에 3수(묘·진·사)가 있다. 그러므로 2,000에 300을 더해 2,300을 얻는다.
③ 생일의 지지를 자부터 세면 4수(자·축·인·묘)이고, 생시의 지지를 자부터 세면 6수(자·축·인·묘·진·사)가 된다. 이 두 수를 합하면 10(4+6)이 되므로, 먼저 얻은 2,300에 더하면 2,310이 된다.
④ 임자년은 납음오행이 목(桑柘木)에 속하므로 수를 더하지 않는다. 따라서 그대로 2,310이 된다.
⑤ 임자년은 목에 속하므로 3을 더 더한다. 먼저 얻은 2,310에 더하면 2,313이 된다.
⑥ 이렇게 얻은 2,313을 목부木部에서 찾아 비결의 싯귀절을 읽으면 된다. 목부에서 2,313을 찾으면, 그 시에 말하기를 "우문하禹門河에 파도 급하고/ 겨울 달빛 우물(井) 속의 고기일세"라고 했으니, 이 늙은이는 장원의 운명이다. 우문의 파도와 물결은 본래 변화하는 상이니, 오직 겨울 달에 태어나서 수가 왕하면 길하다. 우물(井)은 우물을 퍼올리는 정(井)자로 곧 두 개의 정자니, 마흔살을 전후해서 과거에 급제하는 때다. 봄과 여름 달에 태어났으면 불리하고, 가을은 조금 좋다.

---

* 이렇게 계산하지 않고, 「참평비결 찾는 도표」를 활용하여 화부(병인년은 화에 속함)에서 술일의 축시를 찾으면 순으로 2,442의 수를 얻고, 역으로는 3,042의 수를 얻게 된다. 이 두 수를 화부에 가서 찾기만 하면 되는 것이다.

또 이 사주의 기묘일 기사시를 거꾸로 세면, 시지인 사부터 일지인 묘까지는 11수(사·오·미·신·유·술·해·자·축·인·묘)를 얻는다. 이를 100단위로 환산하면 1,100이 되므로, 3,113(2,000+1,100+10+3)이 된다. 목부에는 3,113이 없으므로, 순하게 세어서 얻은 2,313의 "우문하禹門河에 파도 급하고/ 겨울 달빛 우물(井) 속의 고기일세"가 그대로 이 사람의 운명이 된다.*

(4) 사주가 '임신년 기유월 무신일 경신시'인 사람(金部)

① 음양남녀를 불문하고 기본수 2,000을 부여한다.
② 생일의 지지는 신이고 생시의 지지도 신이므로, 그 사이에 13수(신·유·술·해·자·축·인·묘·진·사·오·미·신)가 있다. 그러므로 2,000에 1,300을 더해 3,300을 얻는다.
③ 생일의 지지를 자부터 세면 9수(자·축·인·묘·진·사·오·미·신)이고, 생시의 지지도 자부터 세면 9수(자·축·인·묘·진·사·오·미·신)가 된다. 이 두수를 합하면 18(9+9)이 되므로, 먼저 얻은 3,300에 더하면 3,318이 된다.
④ 임신년은 납음오행이 금(劍鋒金)에 속하므로 수를 더하지 않는다. 따라서 그대로 3,318이 된다.
⑤ 임신년은 금에 속하므로 4를 더 더한다. 먼저 얻은 3,318에 더하면 3,322가 된다.
⑥ 이렇게 얻은 3,322를 금부金部에서 찾아 비결의 싯귀절을 읽으면 된다. 금부에서 3,322를 찾으면, 그 시에 말하기를 "은하수에 옥 물결 일어나니/ 큰 기러기 작은 기러기 뽐내며 다투어 나네." 이다.

---

* 이렇게 계산하지 않고, 「참평비결 찾는 도표」를 활용하여 목부(임자년은 목에 속함)에서 묘일 사시를 찾으면 순으로 2,313의 수를 목부에 가서 찾기만 하면 된다. 다만 이 예문에서는 역으로 얻은 숫자에 해당하는 시가 없다.

또 이 사주의 무신일 경신시를 거꾸로 세어도 같은 결과가 나오므로, 이 사람의 운은 3,322 하나가 되는 것이다.*

(5) 사주가 '경오년 계미월 계해일 을묘시'인 사람(土部)
① 음양남녀를 불문하고 기본수 2,000을 부여한다.
② 생일의 지지는 해이고 생시의 지지는 묘이므로, 그 사이에 5수(해·자·축·인·묘)가 있다. 그러므로 2,000에 500을 더해 2,500을 얻는다.
③ 생일의 지지를 자부터 세면 12수(자·축·인·묘·진·사·오·미·신·유·술·해)이고, 생시의 지지를 자부터 세면 4수(자·축·인·묘)가 된다. 이 두수를 합하면 16(12+4)이 되므로, 먼저 얻은 2,500에 더하면 2,516이 된다.
④ 경오년은 납음오행으로 토(路中土)에 속하므로 50을 더한다. 먼저 얻은 2,516에 더하면 모두 2,566이 된다.
⑤ 경오년은 토에 속하므로 5를 더 더한다. 먼저 얻은 2,566에 더하면 2,571이 된다.
⑥ 이렇게 얻은 2,571을 토부土部에서 찾아 비결의 싯귀절을 읽으면 된다. 그 시에 말하기를 "따스한 봄 삼월 볕에/ 두견화 한참 피었네"라고 되어있으니, 조상서趙尙書의 사주로 부귀영화를 누릴 운이다.

또 이 사주의 계해일 을묘시를 거꾸로 세면, 시지인 묘부터 일지인 해까지는 9수(묘·진·사·오·미·신·유·술·해)를 얻는다. 이를

---

* 참평비결 원문에는 3,324로 되어 있다. 3,324를 찾으면, "달이 빛나니 매화와 눈 선명하고/ 물이 깨끗하니 산 그림자 보이네"가 된다.
이렇게 계산하지 않고, 「참평비결 찾는 도표」를 활용하여 금부(임신년은 금에 속함)에서 신일 신시를 찾으면 순으로 3,322의 수를 얻고, 역으로도, 3,322의 수를 얻게 된다. 이 수를 금부에 가서 찾기만 하면 되는 것이다.

100단위로 환산하면 900이 되므로, 2,971(2,000+900+16+50+5)이 된다. 토부에서 2,971을 찾으면, "항아가 달 궁전에 모이니/ 거울 비추며 붉은 얼굴 고치네"의 운이 된다.*

5) 참평비결 대운을 일으키는 예

2)의 평생운을 얻는 방법과 동일하나, 다만 대운의 지지로 시의 지지를 대신해서 계산한다.

대운을 잡는 법은 자평법子平法에서 말하는 10년운을 말한다.

① 양남陽男일 경우

1960년(庚子년) 2월 2일 자시子時생을 예로 들면 다음과 같다.

■ 대운을 잡는다. 경자생은 양남陽男이므로 미래절이 된다(양남이나 음녀는 미래절, 음남이나 양녀는 과거절). 생일인 2월 2일부터 미래절인 경칩(2월 8일)까지 총일수가 7일이므로 3으로 나누면 「2 나머지 1」이므로 2가 대운이다. 태어나서부터 1살까지는 무인戊寅(생월이), 2살부터 11살까지는 기묘己卯, 12살부터 21살까지는 경진庚辰, 22살부터 31살까지는 신사辛巳, 32살부터 41살까지가 임오壬午, 42살부터 51살까지는 계미癸未, …, 이런식으로 10년씩 대운이 바뀐다.

---

* 이렇게 계산하지 않고, 「참평비결 찾는 도표」를 활용하여 토부(경오년은 토에 속함)에서 해일 묘시를 찾으면 순으로 2,571의 수를 얻고, 역으로는 2,971의 수를 얻게 된다. 이 수를 토부에 가서 찾기만 하면 되는 것이다.

■ 시의 지지를 대운의 지지로 바꾸어 계산한다. 32살부터 41살까지의 운을 알고 싶다면, 경자년은 토(壁上土)에 해당하고, 2일은 간지로는 병술이며, 시의 간지는 경자이다. 다른 것은 그대로 계산하고, 시지의 술만 대운의 지지인 오(壬午운)로 바꾸어 수를 얻으면 된다. 즉 술부터 오까지는 9수(술·해·자·축·인·묘·진·사·오)이고, 자부터 술까지는 11수(자·축·인·묘·진·사·오·미·신·유·술)이며, 자부터 오까지는 7수(자·축·인·묘·진·사·오)이므로, 토부土部의 2,973(2,000+900+11+7+50+5)이 대운이 된다.

그런데 토부에는 2,968의 수가 없다. 따라서 거슬러 계산한 2,573(2,000+500+11+7+50+5)이 대운이 된다. 2,573의 세운란의 시에 "길은 먼데 자주 말 타고 가니/ 마음 곤하고 정신은 피로하네"가 32살부터 41살의 대운이 된다.*

② 양녀陽女일 경우

1970(庚戌)년 1월 24일 신시申時생을 예로 들면 다음과 같다.

■ 대운을 잡는다. 경술생은 양녀陽女이므로 과거절이 된다. 생일인 1월 24일부터 과거절인 입춘(12월 28일)까지 총일수가 26일이므로 3으로 나누면「8 나머지 2」이므로 9대운이 된다. 1살부터 8살까지는 무인(생월이 戊寅), 9살부터 18살까지는 정축丁丑, 19살부터 28살까지는 병자丙子, 29살부터 38살까지가 을해乙亥, 39살부터 48살까지

---

* 이렇게 계산하지 않고,「참평비결 찾는 도표」를 활용하여 토부(경자년은 토에 속함)에서 술일 오시를 찾으면 순으로는 수가 없고, 역으로는 2,573의 수를 얻게 된다. 이 수를 토부에 가서 찾기만 하면 되는 것이다.

는 갑술甲戌, …, 이런식으로 10년씩 운이 바뀐다.

■ 시의 지지를 대운의 지지로 바꾸어 계산한다. 19살부터 28살까지의 운을 알고 싶다면, 경술년은 금(釵釧金)에 해당하고, 24일은 간지로는 경진이며, 시의 간지는 갑신이다. 다른 것은 그대로 계산하고, 시지의 신만 대운의 지지인 자(丙子운)로 바꾸어 수를 얻으면 된다. 즉 진부터 자까지는 9수(진·사·오·미·신·유·술·해·자)이고, 자부터 진까지는 5수(자·축·인·묘·진)이며, 자부터 자까지는 1수(자)이므로, 금부金部의 2,910(2,000+900+5+1+4)가 대운이 된다.

그런데 금부에는 2,922의 수가 없다. 따라서 거슬러 계산한 2,510(2,000+500+5+1+4)이 대운이 된다. 2,510의 세운란의 시에 "洞門無鎖鑰하니 便是一閒人이라(동굴 같은 집이라 열쇠와 자물쇠가 없으니/ 이는 한가한 사람일세)"고 한 것이 19살부터 28살까지의 운이 된다.*

---

* 이렇게 계산하지 않고, 「참평비결 찾는 도표」를 활용하여 금부(경술년은 금에 속함)에서 진일 자시를 찾으면 순으로는 수가 없고, 역으로는 2,510의 수를 얻게 된다. 이 수를 금부에 가서 찾기만 하면 되는 것이다.

6) 참평비결 유년流年을 일으키는 예

2)의 평생운을 얻는 방법과 동일하나, 다만 일의 지지를 태세의 지지로 바꾸고 시의 지지는 대운의 지지로 계산한다.

① 양남일 경우

앞서의 예문에서 38세의 년운을 알고 싶으면, 38세는 임오壬午대운에 속하고 1997년이 된다. 97년도의 간지는 정축丁丑이다. 다른 것은 그대로 계산하고, 시지의 자를 대운의 지지인 오(壬午운)로 바꾸고, 일지의 술을 태세의 지지인 축(丁丑)으로 바꾸어서 수를 얻으면 된다.

즉 축부터 오까지는 6수(축·인·묘·진·사·오)이고, 자부터 축까지는 2수(자·축)이며, 자부터 오까지는 7수(자·축·인·묘·진·사·오)이므로, 토부土部의 2,664(2,000+600+2+7+50+5)가 대운이 된다. 2,664의 세운란의 시에 "용이 깊고 큰 못에서 읊조리니/ 편안하고 즐거워 가는 데가 있네"로 되어 있으니, 안분자족安分自足하며 인생을 즐기는 운, 또는 편안히 제 분수를 지키며 때를 기다리는 운이 된다.

또 거슬러 계산하면 2,864(2,000+800+2+7+50+5)가 대운이 된다. 2,864의 세운란의 시에 "단을 쌓아 장수를 배拜하니/ 만세에 이름 좋게 날리네"고 되어 있으니, 큰 일을 하기 전에 능력을 인정받아 높은 직책에 발탁되는 운이다. 이 두 귀절을 서로 참고하여 38살의 년운으로 삼는 것이다.*

---

* 이렇게 계산하지 않고, 「참평비결 찾는 도표」를 활용하여 토부(경자년은 토에 속함)에서 축일 오시를 찾으면 순으로는 2,664를 얻고, 역으로는 2,864의 수를 얻게 된다. 이 수를 토부에 가서 찾기만 하면 되는 것이다.

② 양녀일 경우

앞서의 예문에서 28세의 년운을 알고 싶으면, 28세는 병자丙子대운에 속하고 1997년이 된다. 97년도의 간지는 정축丁丑이다. 다른 것은 그대로 계산하고, 시지의 신을 대운의 지지인 자(丙子운)로 바꾸고, 일지의 진을 태세의 지지인 축(丁丑)으로 바꾸어서 수를 얻으면 된다.

즉 축부터 자까지는 12수(축·인·묘·진·사·오·미·신·유·술·해·자)이고, 자부터 축까지는 2수(자·축)이며, 자부터 자까지는 1수(자)이므로, 금부金部의 3,207(2,000+1200+2+1+4)이 대운이 된다. 그런데 금부에는 3,207이 없으므로, 거슬러서 센 2,207(2,000+200+2+1+4)이 대운이 된다. 2,207의 세운란의 시에 "해가 동쪽으로부터 뜨니/ 뭇사람들이 다 우러러 보네"라고 되어 있으니, 큰 기회가 손안에 잡혀서 일을 성공하고 크게 존경을 받는 운이 된다.*

---

* 이렇게 계산하지 않고, 「참평비결 찾는 도표」를 활용하여 금부(경술년은 금에 속함)에서 축일 자시를 찾으면 순으로는 수가 없고, 역으로는 2,207의 수를 얻게 된다. 이 수를 금부에 가서 찾기만 하면 되는 것이다.

2절. 참평비결 활용

1) 환산표와 보는 법

생년의 간지와 생일의 지지 및 생시의 지지를 알아서 아래와 같은 순서로 「참평비결 환산표」를 활용하여 찾으면 간단하다.*

① 자신의 사주에서, 생년의 간지를 「60갑자 납음오행표」에서 찾아 오행 중 어디에 속하는가를 살핀다.**
② 「참평비결 환산표」의 오행 중 해당하는 부部를 찾고, 자신의 생일의 지지에 속하는 항을 찾는다.***
③ 생일의 지지에서 생시의 지지에 해당하는 항을 찾아, 순과 역의 숫자를 찾은 다음, 참평비결시의 해당하는 오행안에서 숫자에 해당하는 시를 읽으면 된다. 단 남자일 경우는 남명 의 시를, 여자일 경우는 여명 의 시를, 대운 또는 세운일 경우는 세운 의 시를 읽는다.****

---

* 「참평비결 환산표」는 수·화·목·금·토의 순서로 5부로 나뉘고, 각 부는 다시 자·축·인·묘·진·사·오·미·신·유·술·해의 12일로 나뉘며, 각 일은 다시 자·축·인·묘·진·사·오·미·신·유·술·해의 12시로 나누어 놓았다.

** 사주가 경술년 무인월 경진일 갑신시인 남자라면, 경술년은 「60갑자 납음오행표」에 의하면 차천금釵釧金이므로, 오행 중에 금에 속한다고 한다.

*** 「참평비결 환산표」에서 금부의 다섯 번째에 있는 진일辰日 항을 찾는다.

④ 순 또는 역에 해당하는 숫자가 둘이면 두 시를 다 참조하고, 순 또는 역만 있을 때는 한 시가 그대로 그 사람의 운이 된다.*

**** 금부 진일 항의 신시를 찾으면, 순으로 2,518을 얻고, 역으로는 2,918을 얻는다. 참평비결시에 가서 금부의 2,518의 시를 찾아 읽되, 남자이므로 「남명」의 시를 읽으면 된다.

또 순으로 찾은 수는 참평비결시에서 해당하는 일을 찾아 순차적으로 찾으면 되고, 역으로 찾은 수는 역으로 해당하는 일(일과 시를 바꿈)을 찾아 순차적으로 찾으면 된다. 즉 순으로 얻은 2,518은 금부 진일 항의 신시를 찾으면 되고, 역으로 얻은 2,918은 신일의 진시를 찾아 가면 된다.

참평비결시는 수·화·목·금·토의 순서로 오부로 나뉘고, 각 부는 다시 자·축·인·묘·진·사·오·미·신·유·술·해의 12항으로 나뉘었으므로 이에 맞춰 찾으면 된다.

* 대운일 경우는 생시의 지지 대신에 대운의 지지를 대입하면 된다. 또 세운일 경우는 생시의 지지 대신에 대운의 지지를 대입하고, 생일의 지지 대신에 세운(년운)의 지지를 대입하면 된다.

水部

■ 병자·정축·갑신·을유·임진·계사·병오·정미·갑인·을묘·임술·계해년에 해당

자일

시	순	역	쪽
자	3330	⇦	313
축	2231	•	313
인	2332	•	314
묘	2433	•	315
진	2534	•	315
사	2635	•	316
오	2736	⇦	316
미	2837	2637	317/323
신	2938	2538	318/329
유	3039	2439	318/335
술	3140	2340	319/339
해	3241	2241	320/343

인일

시	순	역	쪽
자	•	2332	314
축	•	2233	321
인	3334	⇦	327
묘	2235	•	328
진	2336	•	328
사	2437	•	329
오	2538	2938	329/318
미	2639	2839	330/324
신	2740	⇦	330
유	2841	2641	331/336
술	2942	2542	332/340
해	3043	2443	332/344

진일

시	순	역	쪽
자	•	2534	315
축	•	2435	322
인	•	2336	328
묘	•	2237	333
진	3338	⇦	338
사	2239	•	338
오	2340	3140	339/319
미	2441	3041	340/326
신	2542	2942	340/332
유	2643	2843	341/337
술	2744	⇦	341
해	2845	2645	342/346

축일

시	순	역	쪽
자	•	2231	313
축	3332	⇦	320
인	2233	•	321
묘	2334	•	322
진	2435	•	322
사	2536	•	323
오	2637	2837	323/317
미	2738	⇦	324
신	2839	2639	324/330
유	2940	2540	325/335
술	3041	2441	326/340
해	3142	2342	326/344

묘일

시	순	역	쪽
자	•	2433	315
축	•	2334	322
인	•	2235	328
묘	3336	⇦	333
진	2237	•	333
사	2338	•	334
오	2439	3039	335/318
미	2540	2940	335/325
신	2641	2841	336/331
유	2742	⇦	336
술	2843	2643	337/341
해	2944	2544	337/345

사일

시	순	역	쪽
자	•	2635	316
축	•	2536	323
인	•	2437	329
묘	•	2338	334
진	•	2239	338
사	3340	⇦	343
오	2241	3241	343/320
미	2342	3142	344/326
신	2443	3043	344/332
유	2544	2944	345/337
술	2645	2845	346/342
해	2746	⇦	346

水部

■ 병자·정축·갑신·을유·임진·계사·병오·정미·갑인·을묘·임술·계해년에 해당

오일

시	순	역	쪽
자	2736	⇐	316
축	2837	2637	317/323
인	2938	2538	318/329
묘	3039	2439	318/335
진	3140	2340	319/339
사	3241	2241	320/343
오	3342	⇐	347
미	2243	•	348
신	2344	•	348
유	2445	•	349
술	2546	•	349
해	2647	•	350

신일

시	순	역	쪽
자	2538	2938	329/318
축	2639	2839	330/324
인	2740	⇐	330
묘	2841	2641	331/336
진	2942	2542	332/340
사	3043	2443	332/344
오	•	2344	348
미	•	2245	351
신	3346	⇐	353
유	2247	•	354
술	2348	•	355
해	2449	•	355

술일

시	순	역	쪽
자	2340	3140	339/319
축	2441	3041	340/326
인	2542	2942	340/332
묘	2643	2843	341/337
진	2744	⇐	341
사	2845	2645	342/346
오	•	2546	349
미	•	2447	352
신	•	2348	355
유	•	2249	357
술	3350	⇐	358
해	2251	•	359

미일

시	순	역	쪽
자	2637	2837	323/317
축	2738	⇐	324
인	2839	2639	324/330
묘	2940	2540	325/335
진	3041	2441	326/340
사	3142	2342	326/344
오	•	2243	348
미	3344	⇐	351
신	2245	•	351
유	2346	•	352
술	2447	•	352
해	2548	•	353

유일

시	순	역	쪽
자	2439	3039	335/318
축	2540	2940	335/325
인	2641	2841	336/331
묘	2742	⇐	336
진	2843	2643	337/341
사	2944	2544	337/345
오	•	2445	349
미	•	2346	352
신	•	2247	354
유	3348	⇐	356
술	2249	•	357
해	2350	•	357

해일

시	순	역	쪽
자	2241	3241	343/320
축	2342	3142	344/326
인	2443	3043	344/332
묘	2544	2944	345/337
진	2645	2845	346/342
사	2746	⇐	346
오	•	2647	350
미	•	2548	353
신	•	2449	355
유	•	2350	357
술	•	2251	359
해	3352	⇐	359

火部

> 병인·정묘·갑술·을해·무자·기축·병신·정유·갑진·을사·무오·기미년에 해당

자일

시	순	역	쪽
자	3331	⇐	361
축	2232	•	361
인	2333	•	362
묘	2434	•	363
진	2535	•	363
사	2636	•	364
오	2737	⇐	365
미	2838	2638	365/371
신	2939	2539	366/377
유	3040	2440	366/383
술	3141	2341	367/388
해	3242	2242	368/392

인일

시	순	역	쪽
자	•	2333	362
축	•	2234	369
인	3335	⇐	375
묘	2236	•	375
진	2337	•	376
사	2438	•	377
오	2539	2939	377/366
미	2640	2840	378/372
신	2741	⇐	379
유	2842	2642	379/384
술	2943	2543	380/389
해	3044	2444	380/393

진일

시	순	역	쪽
자	•	2535	363
축	•	2436	370
인	•	2337	376
묘	•	2238	382
진	3339	⇐	387
사	2240	•	387
오	2341	3141	388/376
미	2442	3042	388/374
신	2543	2943	389/380
유	2644	2844	390/385
술	2745	⇐	390/390
해	2846	2646	391/395

축일

시	순	역	쪽
자	•	2232	361
축	3333	⇐	368
인	2234	•	369
묘	2335	•	369
진	2436	•	370
사	2537	•	370
오	2638	2838	371/365
미	2739	⇐	372
신	2840	2640	372/378
유	2941	2541	373/384
술	3042	2442	373/388
해	3143	2343	374/393

묘일

시	순	역	쪽
자	•	2434	363
축	•	2335	369
인	•	2236	375
묘	3337	⇐	381
진	2238	•	382
사	2339	•	383
오	2440	3040	383/366
미	2541	2941	384/373
신	2642	2842	384/379
유	2743	⇐	385
술	2844	2644	385/390
해	2945	2545	386/394

사일

시	순	역	쪽
자	•	2636	364
축	•	2537	370
인	•	2438	377
묘	•	2339	383
진	•	2240	387
사	3341	⇐	392
오	2242	3242	392/368
미	2343	3143	393/374
신	2444	3044	393/380
유	2545	2945	394/386
술	2646	2846	395/391
해	2747	⇐	395

火部

■ 병인·정묘·갑술·을해·무자·기축·병신·정유·갑진·을사·무오·기미년에 해당

오일

시	순	역	쪽
자	2737	⇐	365
축	2838	2638	365/371
인	2939	2539	366/377
묘	3040	2440	366/382
진	3141	2341	367/388
사	3242	2242	368/392
오	3343	⇐	396
미	2244	•	397
신	2345	•	397
유	2446	•	398
술	2547	•	399
해	2648	•	399

신일

시	순	역	쪽
자	2539	2939	377/366
축	2640	2840	378/372
인	2741	⇐	379
묘	2842	2642	379/384
진	2943	2543	380/389
사	3044	2444	380/393
오	•	2345	397
미	•	2246	401
신	3347	⇐	404
유	2248	•	404
술	2349	•	405
해	2450	•	405

술일

시	순	역	쪽
자	2341	3141	388/367
축	2442	3042	388/374
인	2543	2943	389/380
묘	2644	2844	390/385
진	2745	⇐	390
사	2846	2646	391/395
오	•	2547	399
미	•	2448	402
신	•	2349	405
유	•	2250	407
술	3351	⇐	408
해	2252	•	409

미일

시	순	역	쪽
자	2638	2838	371/365
축	2739	⇐	372
인	2840	2640	372/378
묘	2941	2541	373/384
진	3042	2442	374/388
사	3143	2343	374/393
오	•	2244	397
미	3345	⇐	400
신	2246	•	401
유	2347	•	401
술	2448	•	402
해	2549	•	403

유일

시	순	역	쪽
자	2440	3040	383/366
축	2541	2941	384/373
인	2642	2842	384/379
묘	2743	⇐	385
진	2844	2644	385/390
사	2945	2545	386/394
오	•	2446	398
미	•	2347	401
신	•	2248	404
유	3349	⇐	406
술	2250	•	407
해	2351	•	407

해일

시	순	역	쪽
자	2242	3242	392/368
축	2343	3143	393/374
인	2444	3044	393/380
묘	2545	2945	394/386
진	2646	2846	395/391
사	2747	⇐	395
오	•	2648	399
미	•	2549	403
신	•	2450	405
유	•	2351	407
술	•	2252	409
해	3353	⇐	409

木部	■ 무진·기사·임오·계미·경인·신묘·무술·기해·임자 ·계축·경신·신유년에 해당

자일			
시	순	역	쪽
자	3305	⇦	411
축	2206	•	411
인	2307	•	412
묘	2408	•	413
진	2509	•	413
사	2610	•	414
오	2711	⇦	414
미	2812	2612	415/421
신	2913	2513	416/428
유	3014	2414	416/433
술	3115	2315	417/438
해	3216	2216	418/442

인일			
시	순	역	쪽
자	•	2307	412
축	•	2208	419
인	3309	⇦	425
묘	2210	•	426
진	2311	•	427
사	2412	•	427
오	2513	2913	428/416
미	2614	2814	428/423
신	2715	⇦	429
유	2816	2616	429/434
술	2917	2517	430/439
해	3018	2418	431/444

진일			
시	순	역	쪽
자	•	2509	413
축	•	2410	420
인	•	2311	427
묘	•	2212	432
진	3313	⇦	437
사	2214	•	438
오	2315	3115	438/417
미	2416	3016	439/424
신	2517	2917	439/430
유	2618	2818	440/436
술	2719	⇦	440
해	2820	2620	441/445

축일			
시	순	역	쪽
자	•	2206	411
축	3307	⇦	418
인	2208	•	419
묘	2309	•	420
진	2410	•	420
사	2511	•	421
오	2612	2812	421/415
미	2713	⇦	422
신	2814	2614	423/428
유	2915	2515	423/434
술	3016	2416	424/439
해	3117	2317	425/443

묘일			
시	순	역	쪽
자	•	2408	413
축	•	2309	420
인	•	2210	426
묘	3311	⇦	431
진	2212	•	432
사	2313	•	432
오	2414	3014	433/416
미	2515	2915	434/423
신	2616	2816	434/429
유	2717	⇦	435
술	2818	2618	436/440
해	2919	2519	436/444

사일			
시	순	역	쪽
자	•	2610	414
축	•	2511	421
인	•	2412	427
묘	•	2313	432
진	•	2214	438
사	3315	⇦	442
오	2216	3216	442/418
미	2317	3117	443/425
신	2418	3018	444/431
유	2519	2919	444/436
술	2620	2820	445/441
해	2721	⇦	445

木部

■ 무진·기사·임오·계미·경인·신묘·무술·기해·임자
·계축·경신·신유년에 해당

오일

시	순	역	쪽
자	2711	⇐	414
축	2812	2612	415/421
인	2913	2513	416/428
묘	3014	2414	416/433
진	3115	2315	417/438
사	3216	2216	418/442
오	3317	⇐	446
미	2218	•	447
신	2319	•	447
유	2420	•	448
술	2521	•	449
해	2622	•	449

신일

시	순	역	쪽
자	2513	2913	428/416
축	2614	2814	428/423
인	2715	⇐	429
묘	2816	2616	429/434
진	2917	2517	430/439
사	3018	2418	431/444
오	•	2319	447
미	•	2220	450
신	3321	⇐	453
유	2222	•	453
술	2323	•	454
해	2424	•	454

술일

시	순	역	쪽
자	2315	3115	438/417
축	2416	3016	439/424
인	2517	2917	439/430
묘	2618	2818	440/436
진	2719	⇐	440
사	2820	2620	441/445
오	•	2521	449
미	•	2422	451
신	•	2323	454
유	•	2224	456
술	3325	⇐	457
해	2226	•	458

미일

시	순	역	쪽
자	2612	2812	421/415
축	2713	⇐	422
인	2814	2614	423/428
묘	2915	2515	423/434
진	3016	2416	424/439
사	3117	2317	425/443
오	•	2218	447
미	3319	⇐	450
신	2220	•	450
유	2321	•	451
술	2422	•	451
해	2523	•	452

유일

시	순	역	쪽
자	2414	3014	433/416
축	2515	2915	434/423
인	2616	2816	434/429
묘	2717	⇐	435
진	2818	2618	436/440
사	2919	2519	436/444
오	•	2420	448
미	•	2321	451
신	•	2222	453
유	3323	⇐	455
술	2224	•	456
해	2325	•	456

해일

시	순	역	쪽
자	2216	3216	442/418
축	2317	3117	443/425
인	2418	3018	444/431
묘	2519	2919	444/436
진	2620	2820	445/441
사	2721	⇐	445
오	•	2622	449
미	•	2523	452
신	•	2424	454
유	•	2325	456
술	•	2226	458
해	3327	⇐	458

金部

■ 갑자·을축·임신·계유·경진·신사·갑오·을미·임인
·계묘·경술·신해년에 해당

자일

시	순	역	쪽
자	3306	⇐	460
축	2207	•	460
인	2308	•	461
묘	2409	•	462
진	2510	•	462
사	2611	•	463
오	2712	⇐	463
미	2813	2613	464/470
신	2914	2514	464/476
유	3015	2415	465/482
술	3116	2316	466/486
해	3217	2217	466/490

인일

시	순	역	쪽
자	•	2308	461
축	•	2209	468
인	3310	⇐	474
묘	2211	•	475
진	2312	•	475
사	2413	•	476
오	2514	2914	476/464
미	2615	2815	477/471
신	2716	⇐	478
유	2817	2617	478/483
술	2918	2518	479/487
해	3019	2419	479/492

진일

시	순	역	쪽
자	•	2510	462
축	•	2411	469
인	•	2312	475
묘	•	2213	481
진	3314	⇐	485
사	2215	•	486
오	2316	3116	486/457
미	2417	3017	487/465
신	2518	2918	487/479
유	2619	2819	488/476
술	2720	⇐	489
해	2821	2621	489485

축일

시	순	역	쪽
자	•	2207	460
축	3308	⇐	467
인	2209	•	468
묘	2310	•	468
진	2411	•	469
사	2512	•	469
오	2613	2813	470/464
미	2714	⇐	471
신	2815	2615	471/477
유	2916	2516	472/482
술	3017	2417	473/487
해	3118	2318	473/491

묘일

시	순	역	쪽
자	•	2409	462
축	•	2310	468
인	•	2211	475
묘	3312	⇐	480
진	2213	•	481
사	2314	•	481
오	2415	3015	482/465
미	2516	2916	482/472
신	2617	2817	483/478
유	2718	⇐	483
술	2819	2619	484/488
해	2920	2520	484/492

사일

시	순	역	쪽
자	•	2611	463
축	•	2512	469
인	•	2413	476
묘	•	2314	481
진	•	2215	486
사	3316	⇐	490
오	2217	3217	490/466
미	2318	3118	491/473
신	2419	3019	492/479
유	2520	2920	492/484
술	2621	2821	493/489
해	2722	⇐	494

金部

■ 갑자·을축·임신·계유·경진·신사·갑오·을미·임인
·계묘·경술·신해년에 해당

오일			
시	순	역	쪽
자	2712	⇐	463
축	2813	2613	464/470
인	2914	2514	464/476
묘	3015	2415	465/482
진	3116	2316	466/486
사	3217	2217	466/490
오	3318	⇐	494
미	2219	•	495
신	2320	•	496
유	2421	•	496
술	2522	•	497
해	2623	•	497

신일			
시	순	역	쪽
자	2514	2914	476/464
축	2615	2815	477/471
인	2716	⇐	478
묘	2817	2617	478/483
진	2918	2518	479/487
사	3019	2419	479/492
오	•	2320	496
미	•	2221	499
신	3322	⇐	501
유	2223	•	502
술	2324	•	503
해	2425	•	503

술일			
시	순	역	쪽
자	2316	3116	486/466
축	2417	3017	487/473
인	2518	2918	487/479
묘	2619	2819	488/484
진	2720	⇐	489
사	2821	2621	489/493
오	•	2522	497
미	•	2423	500
신	•	2324	503
유	•	2225	504
술	3326	⇐	506
해	2227	•	506

미일			
시	순	역	쪽
자	2613	2813	470/464
축	2714	⇐	471
인	2815	2615	471/477
묘	2916	2516	472/482
진	3017	2417	473/487
사	3118	2318	473/491
오	•	2219	495
미	3320	⇐	498
신	2221	•	499
유	2322	•	499
술	2423	•	500
해	2524	•	500

유일			
시	순	역	쪽
자	2415	3015	482/465
축	2516	2916	482/472
인	2617	2817	483/478
묘	2718	⇐	483
진	2819	2619	484/488
사	2920	2520	484/492
오	•	2421	496
미	•	2322	499
신	•	2223	502
유	3324	⇐	504
술	2225	•	504
해	2326	•	505

해일			
시	순	역	쪽
자	2217	3217	490/466
축	2318	3118	491/473
인	2419	3019	492/479
묘	2520	2920	492/484
진	2621	2821	493/489
사	2722	⇐	494
오	•	2623	497
미	•	2524	500
신	•	2425	503
유	•	2326	505
술	•	2227	506
해	3328	⇐	507

土部

■ 경오·신미·무인·기묘·병술·정해·경자·신축·무신·기유·병진·정사년에 해당

자일

시	순	역	쪽
자	3357	⇦	508
축	2258	•	509
인	2359	•	509
묘	2460	•	510
진	2561	•	510
사	2662	•	511
오	2763	⇦	512
미	2864	2664	512/519
신	2965	2565	513/525
유	3066	2466	514/530
술	3167	2367	514/535
해	3268	2268	515/539

인일

시	순	역	쪽
자	•	2359	509
축	•	2260	516
인	3361	⇦	522
묘	2262	•	523
진	2363	•	524
사	2464	•	524
오	2565	2965	525/513
미	2666	2866	525/520
신	2767	⇦	526
유	2868	2668	527/532
술	2969	2569	527/537
해	3070	2470	528/541

진일

시	순	역	쪽
자	•	2561	510
축	•	2462	517
인	•	2363	524
묘	•	2264	529
진	3365	⇦	534
사	2266	•	535
오	2367	3167	535/514
미	2468	3068	536/521
신	2569	2969	537/527
유	2670	2870	537/533
술	2771	⇦	538
해	2872	2672	538/542

축일

시	순	역	쪽
자	•	2258	509
축	3359	⇦	516
인	2260	•	516
묘	2361	•	517
진	2462	•	517
사	2563	•	518
오	2664	2864	519/512
미	2765	⇦	519
신	2866	2666	520/525
유	2967	2567	521/531
술	3068	2468	521/536
해	3169	2369	522/540

묘일

시	순	역	쪽
자	•	2460	510
축	•	2361	517
인	•	2262	523
묘	3363	⇦	529
진	2264	•	529
사	2365	•	530
오	2466	3066	530/514
미	2567	2967	531/521
신	2668	2868	532/527
유	2769	⇦	532
술	2870	2670	533/537
해	2971	2571	533/541

사일

시	순	역	쪽
자	•	2662	511
축	•	2563	518
인	•	2464	524
묘	•	2365	530
진	•	2266	535
사	3367	⇦	539
오	2268	3268	539/515
미	2369	3169	540/522
신	2470	3070	541/528
유	2571	2971	541/533
술	2672	2872	542/538
해	2773	⇦	542

土部

■ 경오·신미·무인·기묘·병술·정해·경자·신축·무신·기유·병진·정사년에 해당

오일

시	순	역	쪽
자	2763	⇦	512
축	2864	2664	512/519
인	2965	2565	513/525
묘	3066	2466	514/530
진	3167	2367	514/535
사	3268	2268	515/539
오	3369	⇦	543
미	2270	•	544
신	2371	•	544
유	2472	•	545
술	2573	•	545
해	2674	•	546

신일

시	순	역	쪽
자	2565	2965	525/513
축	2666	2866	525/520
인	2767	⇦	526
묘	2868	2668	527/532
진	2969	2569	527/537
사	3070	2470	528/541
오	•	2371	544
미	•	2272	548
신	3373	⇦	550
유	2274	•	551
술	2375	•	552
해	2476	•	552

술일

시	순	역	쪽
자	2367	3167	535/514
축	2468	3068	536/521
인	2569	2969	537/527
묘	2670	2870	537/533
진	2771	⇦	538
사	2872	2672	538/542
오	•	2573	545
미	•	2474	549
신	•	2375	552
유	•	2276	554
술	3377	⇦	555
해	2278	•	556

미일

시	순	역	쪽
자	2664	2864	519/512
축	2765	⇦	519
인	2866	2666	520/525
묘	2967	2567	521/531
진	3068	2468	521/536
사	3169	2369	522/540
오	•	2270	544
미	3371	⇦	547
신	2272	•	548
유	2373	•	548
술	2474	•	549
해	2575	•	549

유일

시	순	역	쪽
자	2466	3066	530/514
축	2567	2967	531/521
인	2668	2868	532/527
묘	2769	⇦	532
진	2870	2670	533/537
사	2971	2571	533/541
오	•	2472	545
미	•	2373	548
신	•	2274	551
유	3375	⇦	553
술	2276	•	554
해	2377	•	554

해일

시	순	역	쪽
자	2268	3268	539/515
축	2369	3169	540/522
인	2470	3070	541/528
묘	2571	2971	541/533
진	2672	2872	542/538
사	2773	⇦	542
오	•	2674	546
미	•	2575	549
신	•	2476	552
유	•	2377	554
술	•	2278	556
해	3379	⇦	556

水部

> 병자·정축·갑신·을유·임진·계사·병오·정미·갑인·을묘·임술·계해년에 해당

❦ 子日 ❦

3330

남명 洞門無鎖鑰하니 便是一閒人이라
　　　　동 문 무 쇄 약　　　변 시 일 한 인
동굴 같은 집이라 열쇠와 자물쇠가 없으니/ 이는 한가한 사람일세
▪ 부귀와 권력에는 상관없이 수도생활을 하거나 혹은 평범한 사람의 운.

여명 閨門深似海하니 應不染紅塵이라
　　　　규 문 심 사 해　　　응 불 염 홍 진
안방문의 깊기가 바다 같으니/ 당연히 홍진 세상에 물들지 않았네
▪ 홍진은 세상이 혼탁한 것을 비유하는 말이다. 정조를 잘 지켜 깨끗하게 유지하는 운.

세운 半空明月稀요 一枕淸風靜이라
　　　　반 공 명 월 희　　일 침 청 풍 정
하늘엔 밝은 달 희미하고/ 베개 머리엔 맑은 바람 고요히 분다
▪ 청빈하게 혼자 사는 운.

2231

남명 月在淸波底요 維舟向柳邊이라
　　　　월 재 청 파 저　　유 주 향 류 변
보름달이 맑은 파도 속을 비추니/ 배를 매어놓고 버드나무가로 간다
▪ 한가하게 풍류를 즐기며 소일하는 운. 버드나무는 기생집을 의미한다.

여명 年來十二月이요 月長日西沈이라
년 래 십 이 월   월 장 일 서 침

해는 다 지나 마지막달(12월)이 되고/ 달이 뜨니 해 서쪽으로 지네
- 이미 모든 일이 다 끝나가는 쇠운衰運이다.

세운 酒醒何處去오 柳岸晚風輕이라
주 성 하 처 거   유 안 만 풍 경

술을 깼으니 어디로 갈까?/ 버드나무 언덕에 저녁바람 가볍네
- 세속의 일을 그만 두고 휴식하는 운. 풍류를 즐기며 노는 운

2332

남명 商山秦嶺花는 開向三冬雪이라
상 산 진 령 화   개 향 삼 동 설

상산 진령의 꽃은/ 삼동 깊은 겨울 눈꽃 속에 피었네
- 상산은 중국 섬서성 상현의 동쪽에 있는 산으로, 한漢나라 초기에 동국공·하황공·녹리선생·기리계 등 네 사람이 세상의 어지러움을 피해 숨어 살며 도를 닦은 곳이다. 이들이 머리가 하얗토록 살았으므로 상산사호商山四晧라고도 부른다. 따라서 세속의 명리를 초월하여 지조를 지키며 은둔생활하는 운이 된다.

여명 花果一時新이나 回首四面隔이라
화 과 일 시 신   회 수 사 면 격

꽃과 과일이 한때 새로웠으나/ 머리 돌려 보니 사방이 막혔네
- 잠시 부귀를 누리다가 막히는 운이다.

세운 商山採藥去하니 意望作神仙이라
상 산 채 약 거   의 망 작 신 선

상산에서 약을 캐며 가니/ 신선 되는 것이 소원일세
- 수도를 하며 은둔생활의 멋을 추구하는 운이다.

2433

남명 元宵好燈燭이 却向五更明이라
　　　　원 소 호 등 촉　　각 향 오 경 명

정월 초하루 밝은 등불 빛이/ 깊은 밤 오경을 훤히 비추네
- 어둠속에서 새로운 희망이 뜨는 운.

여명 紫燕語離情하니 新巢重引子라
　　　　자 연 어 리 정　　　신 소 중 인 자

붉은 제비 떠나기 아쉬워 지저귀면서/ 여러 마리 새끼 데리고 새 집으로 떠나네
- 정든 곳을 떠나 번창할 새로운 삶을 찾아가는 운.

세운 將軍欲斷橋하니 謀爲何計策고
　　　　장 군 욕 단 교　　　모 위 하 계 책

장군이 다리를 끊으려 하니/ 어떠한 계획을 쓰려는고?
- 한漢나라 유방劉邦이 항우項羽의 위력에 눌려 서촉으로 피해갈 때, 그의 충신인 장량이, 유일한 교통로인 구름다리를 끊고 들어가자고 하였다. 항우가 이제 유방은 다시는 중원의 넓은 땅으로 나오지 못할 것이라고 안심하는 사이에, 국력을 길렀다가 일시에 중국을 통일하였다. 따라서 후일을 크게 되기 위해 현재의 고통을 감내하는 운이다.

2534

남명 三年不言道나 夢傳說旁求라
　　　　삼 년 불 언 도　　몽 부 열 방 구

삼년을 말하지 않았으나/ 꿈속에서 본 부열을 세상에서 널리 찾네
- 은殷나라 고종이 등극하고 3년 동안 정치를 입에 담지 않았다. 꿈에서 열說이라는 이름을 가진 성인聖人을 보고는, 그 얼굴을 그림에 담아 전국에 수배를 하였다. 부암傅巖이라는 곳에서 죄수들과 함께 붕궤된 길을 보수하고 있는 열(부라는 성을 하사함)을 발견하고 재상으로 발탁하여 태평정치를 이루었다. 자신을 도와줄 사람을 찾지 못해 지지부진하다가, 보필자를 구해서 획기적인 경영을 하여 성공하는 운.

여명 牛女星方度하니 誰家波浪生고
　　　　우 녀 성 방 도　　　수 가 파 랑 생
견우 직녀성이 방금 은하수를 건넜으니/ 뉘집에 물결 일어날까?
▪ 서로 만나지 못해 애태우다가 짝을 만나 해후를 하는 운.

세운 梅花開雪下하니 已自壓羣芳이라
　　　　매 화 개 설 하　　　이 자 압 군 방
매화꽃 눈속에 피니/ 이미 뭇 범상스러운 꽃들 압도했네
▪ 어려웠던 과거를 떨치고 크게 성공하는 운.

2635

남명 觀鼎取其象하니 稼穡何艱難고
　　　　관 정 취 기 상　　　가 색 하 간 난
솥을 보고 그 상을 취했으니/ 심고 거두는 일 어찌 어렵겠는가?
▪ 정괘를 보고 솥을 만들었으니, 그 안에 넣고 만들 재료 만들기는 더욱 쉽다.

여명 花上鶯聲急하니 東風嘆短長이라
　　　　화 상 앵 성 급　　　동 풍 탄 단 장
꽃 피는 춘삼월 꾀꼬리 소리 바쁘니/ 봄바람 잠깐인 것 한탄스럽다
▪ 한때 피어나 반짝하나, 잠시 후면 즐거웠던 시절이 덧없는 운. 또 좋은 기회를 잃지 않도록 노력해야 하는 운.

세운 蒼鷹與良犬이 須日漸從遊라
　　　　창 응 여 양 견　　　수 일 점 종 유
잘 훈련된 소리개와 사냥개가/ 때를 기다리며 놀고 있네
▪ 사냥감이 나타날 때를 기다리며 준비하는 운.

2736

남명 結繩代書契하나 八卦未曾成이라
　　　　결 승 대 서 계　　　팔 괘 미 증 성

노끈 맺어가면 하던 정치를 글자로 대신하나/ 팔괘는 이루어지지 않았네
■ 옛날에 글자가 없었을 때는, 노끈을 맺어서 기결과 미결을 표시하였다. 그 후에 발달한 것이 팔괘와 64괘라는 부호이다. 초창기라서 그런대로 이루기는 하나, 아직 너무 큰 것은 바라기 힘든 운이다.

여명 革故取鼎新하니 姻緣事非偶라
　　　　혁 고 취 정 신　　인 연 사 비 우
혁괘로 옛 것을 고치고 정괘로 음식을 만드니/ 인연으로 된 일 우연이 아니었네
■ 지난 것을 버리고 새로이 개척하는 운으로, 노력하여 성공하는 운이다.

세운 駿馬已登途나 阻防蹄暫住라
　　　　준 마 이 등 도　　조 방 제 잠 주
준마가 이미 길 떠났으나/ 막혀서 잠시 머물렀네
■ 가능성은 있으나, 아직 때가 덜 무르익어 잠시 지체하는 운.

2837

남명 華渚星虹動이나 海棠雲雨飛라
　　　　화 저 성 홍 동　　해 당 운 우 비
무지개 아롱거리는 물가에 큰 별이 흘러 내리나/ 해당화 가지 위에 비구름이 날리네
■ 소호 금천씨의 어머니 여절이 무지개와 같이 빛나는 물가에 큰 별이 흘러내려 오는 것을 보고 감응해서 소호 금천씨를 낳았다. 현재는 아주 크게 될 조짐이 보이나, 잘못하면 어려움이 곧 닥치게 되는 운이다.

여명 羅帳怕霜侵이요 雲外衣裳冷이라
　　　　나 장 파 상 침　　운 외 의 상 랭
비단 장막에 찬서리 침범할까 두렵고/ 구름 밖의 의상이 썰렁하구나
■ 현재는 너무 행복하고 좋으나, 다른 사람의 시샘으로 인해 안좋게 될 때를 대비해야 하는 운.

세운 鳳鳴在高岡하니 百鳥皆集視라
　　　　봉 명 재 고 강　　백 조 개 집 시

봉황새 노래하며 높은 언덕 위에 있으니/ 뭇새들 모두 모여 우러러 보네
- 크게 명예와 신망을 얻는 운.

2938

남명 鴻毛飛白雪이요 羊角上淸霄라
　　　　홍 모 비 백 설　　양 각 상 청 소

기러기 털은 흰눈처럼 날리고/ 양의 뿔은 맑은 하늘 오르네
- 말할 수 없는 고생 끝에 명예를 얻는 운. 한나라 무제 때 소무가 흉노로 사신을 갔다가 억류되었다. 흉노의 선우가 소무를 항복시키려고 큰 구덩이 속에 유폐시키고 굶겼더니 하늘에서 떨어지는 눈과 깃발의 털을 깨물어 삼키며 연명하였다. 화가 난 선우가 북해 근처로 보내서 숫양을 기르게 하며 말하기를 "숫양에게서 젖이 나오면 돌아갈 수 있으리라." 하였다. 19년 동안의 갖은 고생 끝에 한나라로 돌아가게 된다. 많은 고생을 해야 나중에 잘 되는 운.

여명 惟願日長好하고 自西還自東이라
　　　　유 원 일 장 호　　자 서 환 자 동

오직 해가 오랫동안 뜨기만 기원하며/ 서쪽으로 갔다 동쪽으로 갔다 한다
- 요행을 바라고 마음이 갈피를 못잡아 분주하기만 한 운.

세운 用扇作飛簾하니 糞塵如風捲이라
　　　　용 선 작 비 렴　　분 진 여 풍 권

부채 부쳐 드리운 발 날리니/ 냄새나는 티끌 바람따라 걷힌다
- 노력을 많이 해서 어려움을 떨치고 일이 잘 풀려나가는 운.

3039

남명 魚蝦北海過하고 海水變桑田이라
　　　　어 하 북 해 과　　해 수 변 상 전

잉어와 새우가 북해를 지나가고/ 바다가 뽕나무 밭으로 변했네
▪ "바다가 뽕나무 밭으로 변했다"는 말은 갈홍의 신선전에 마고할미와 왕방평의 대화속에 나오는 말로, 육지가 바다되고 바다가 육지되는 큰 변화를 말한다. 따라서 큰 변화를 맞아 헤쳐나가는 운이다.

여명 葛藟係樛木하니 前程自有期라
　　　　　갈 류 계 규 목　　전 정 자 유 기
칡넝쿨이 큰 나무를 잡고 올라가니/ 앞길에 기약이 있게 되었네
▪ 혼자서는 자립할 수 없는 칡넝쿨이, 자신을 보호하고 지탱할 나무를 얻은 운.

세운 鑿井得逢泉하니 先勞而後暢이라
　　　　　착 정 득 봉 천　　선 로 이 후 창
샘을 파서 샘물을 얻으니/ 먼저는 수고하나 뒤에는 번창하네
▪ 고생 끝에 낙을 얻는 운이다.

3140

남명 惟魚與熊掌을 二者豈能兼가
　　　　　유 어 여 웅 장　　이 자 기 능 겸
물고기와 곰발바닥의 두 가지를/ 어찌 다 얻을 수 있으랴?
▪ 『맹자』의 고자告子편에 "물고기도 갖고 싶고 물고기 잡는 곰의 손바닥도 갖고 싶다"하였으니, 부귀 중에 하나를 선택해야 하는 운이다.

여명 淸溝自澄澈하니 莫使決汚泥하라
　　　　　청 구 자 징 철　　막 사 결 오 니
맑은 개울이 스스로 깨끗하니/ 진흙물 타 넣지 말라
▪ 청렴하게 살며 더럽혀지지 않도록 노력하는 운이다.

세운 生義人所欲이나 二者豈能兼가
　　　　　생 의 인 소 욕　　이 자 기 능 겸
잘사는 것과 의리를 지키는 것은 사람마다 얻고자 하는 것이나/ 두 가지를 어찌 다 얻을 수 있으랴?

■ 의리와 부富 중 하나를 선택하여야 하는 운이다.

3241
남명 虎皮包干戈하니 華山未歸馬라
　　　　호 피 포 간 과　　화 산 미 귀 마
호랑이 가죽으로 방패와 창을 쌌으니/ 화산에 말이 돌아오지 않았네
■ 화산은 중국의 오악五嶽 중의 하나로, 예로부터 신선의 도를 닦는 곳으로 유명하다. 심신을 수련하며 세속의 출세욕을 버리려고 하나 잘 안되는 운이다.

여명 江天欲暮時에 惆悵神仙侶라
　　　　강 천 욕 모 시　　추 창 신 선 려
강가에 하늘이 저물고자 하니/ 신선과 같이 살지 못함을 슬퍼하네
■ 신선이 될 자질을 갖고 태어났으나 수도하지 않고 세상일에 얽매이다 나중에 후회하는 운

세운 蝴蝶上天飛하야 尋花去上苑이라
　　　　호 접 상 천 비　　심 화 거 상 원
호랑나비가 하늘 높이 날아서/ 꽃을 찾아 상림원으로 들어가네
■ 상림원은 임금의 동산(정원)이다. 부귀를 좇아서 세상의 벼슬길에 나서는 운이다.

☙ 丑日 ☙

3332
남명 自牖看天心하니 咫尺天顔近이라
　　　　자 유 간 천 심　　지 척 천 안 근
창문 통해 임금의 마음 보니/ 지척에서 임금 얼굴 보게 되었네
■ 임금과 아무런 사심과 격식없이 만나서, 서로의 흉금을 터놓고 나라를 위한 큰

정치를 펴는 운.

여명 春風酒一壺요 明月人千里라
춘 풍 주 일 호　　　명 월 인 천 리

봄바람에 술이 한병이요/ 달은 밝은데 사람은 천리밖에 있네
▪ 모든 것은 다 갖춰졌는데, 다만 원하는 사람은 멀리 있음을 한탄하는 운.

세운 雪滿芳郊外하니 此心惟是憂라
설 만 방 교 외　　　차 심 유 시 우

눈 꽃이 들 밖에 가득하니/ 이 마음 오직 근심뿐이네
▪ 세상은 다 좋게 잘 되었는데, 단지 훼방꾼이나 마음에 맞지 않는 일이 생겨 근심이 있는 운.

2233

남명 月出四更靜하니 長天惟字橫이라
월 출 사 경 정　　　장 천 유 자 횡

한밤중 달이 떠서 밤이 고요한데/ 저 하늘에 오직 기러기만 비껴가네
▪ 평화로운 인생살이에서, 아무 것도 이룬 것이 없어 아쉬움이 있는 운.

여명 要知天下曉나 月色轉三更이라
요 지 천 하 효　　　월 색 전 삼 경

날이 새는 세상 알려고 하나/ 달빛이 도리어 한밤중일세!
▪ 무언가 해보려고 해도 주변의 환경이 여의치 못한 운.

세운 定前須向日이온 何必更登樓아
정 전 수 향 일　　　하 필 갱 등 루

앞으로 가면 햇빛 향하게 되는데/ 무엇하려고 또 누각에 오를까?
▪ 자신의 길만 똑바로 가면 잘 되고, 옆눈을 팔면 오히려 어렵게 되는 운.

2334

남명 海棠三月開하니 雨洗胭脂臉이라
　　　해 당 삼 월 개　　　우 세 연 지 검
해당화 삼월에 피니/ 비가 연지 바른 얼굴 씻어 주었네
▪ 어려움을 극복하고 피어나나, 주변에서 방해하는 사람이 생기는 운.

여명 梅子墜金風하니 不見釵頭鳳이라
　　　매 자 추 금 풍　　　불 견 채 두 봉
매실이 가을 바람에 떨어지니/ 머리 뽀족한 봉황새 보지 못하게 되었네
▪ 공들였던 일이 뜻하지 않은 사건으로 헛되게 되는 운.

세운 馬過危橋上하니 隄防足下空이라
　　　마 과 위 교 상　　　제 방 족 하 공
말이 위험한 다리 위를 지나니/ 발 아래 허공 조심해야 하네
▪ 다된 일이 목전에서 꺾이지 않도록, 항시 주의를 해야 하는 운.

2435

남명 白露結珠花하나 東邊太陽上이라
　　　백 로 결 주 화　　　동 변 태 양 상
흰 이슬은 구슬 꽃 맺었으나/ 동쪽 하늘엔 태양이 떠오르네
▪ 잠시동안의 영화榮華는 아침햇살 앞의 이슬처럼 사라지고, 다시 새로운 삶이 전개되는 운.

여명 明珠生老蚌하니 莫戱綠楊津하라
　　　명 주 생 로 방　　　막 희 녹 양 진
밝은 구슬은 늙은 조개에서 나오니/ 버들 푸른 냇물가에서 희롱하지 마라
▪ 자신의 절개를 지키면 좋게 될 것이고, 그렇지 않고 함부로 몸을 굴리면 흉하게 되는 운. 늙은 경험이 여러 가지로 도움이 되는 운

세운 ○○○○○ ○○○○○ 흉운

2536

남명 繡針爲鐵柱요 江海暗中瀛이라
　　　　수 침 위 철 주　　강 해 암 중 영

수놓는 바늘로 쇠기둥을 삼으려 하고/ 강과 바다는 어둠 속에 출렁이네
- 자신의 갈길을 망각하여 제 역할을 제대로 못하고, 험하고 어려움 속으로 뛰어드는 운.

여명 鐵磬與銅盆이 相剛方穩當이라
　　　　철 경 여 동 분　　상 강 방 온 당

쇠로 만든 경쇠(鐵磬)와 구리로 만든 동이가/ 서로 강함을 다투지만 서로 조화를 이루네
- 경쇠는 돌이나 옥으로 만들면 되고, 동이는 흙으로 빚으면 되는데, 쇠나 구리로 만드는 것은 지나친 것이다. 그러나 이렇게 강한 운을 타고난 여자도 마땅한 곳이 있는 것이다.

세운 得薪又無木하니 恍惚又憂惶이라
　　　　득 신 우 무 목　　황 홀 우 우 황

땔나무는 얻었으나 또한 쓸나무는 없으니/ 정신이 혼미해서 또한 근심과 두려움일세
- 자신을 돕는다는 사람은 많으나 실제로 도움될 만한 사람은 없고, 자신도 또한 판단력이 뛰어나지 못하니 근심되는 운이다.

2637

남명 二氣包鰲極하니 五行猶未分이라
　　　　이 기 포 오 극　　오 행 유 미 분

두 기운이 태극을 감싸고 있으니/ 오행이 아직 분리되지 않았네
- 무엇이든 될 수 있는 운이지만, 아직 때가 안되었으므로 큰 것을 바라서는 안되는 운.

여명 天邊問明月하니 已度又還圓이라
　　　　천 변 문 명 월　　이 도 우 환 원

하늘에서 밝은 달을 물어보니/ 이미 기울었다가 다시 또 둥글었네
■ 한번 실패했다가 성공하는 운이다. 혹 재혼을 하여 잘 살게 된다.

세운 夜深聞雷聲하니 疑有所思時라
　　　　야 심 문 뇌 성　　　의 유 소 사 시
밤 깊은데 우레소리 들으니/ 아마도 의심하여 근심 있는 때네
■ 앞길을 예측할 수 없는 때에 위태한 소리가 들리니, 어떻게 개척해야 될지 걱정되는 운이다.

2738

남명 花箋黑水染이요 空有五雲飛라
　　　　화 전 흑 수 염　　　공 유 오 운 비
꽃잎은 떨어져 검은 물에 물들었고/ 하늘엔 오색구름 떠가네
■ 세속의 영화는 잠시뿐 곧 힘들고 어려워지니/ 숨어서 수도하며 은둔생활하는 것이 좋은 운.

여명 仙曲何人和오 玉簫吹夜寒이라
　　　　선 곡 하 인 화　　　옥 소 취 야 한
신선의 곡조를 누가 화답하는가?/ 옥퉁소 소리 차가운 밤을 노래하네
■ 스스로는 고고한 기상과 재주가 있으나, 독수공방의 처지가 안타까운 운.

세운 扁舟兼得舫하니 向後飛出常이라
　　　　편 주 겸 득 방　　　향 후 비 출 상
넓쩍한 배에 사공까지 얻었으니/ 지금부터 나는 듯이 나아가네
■ 자신을 도와줄 사람을 얻었으니, 원하는 대로 나아가는 운.

2839

남명 赤電閃紅旗하고 黑雲拖鐵騎라
　　　　적 전 섬 홍 기　　　흑 운 타 철 기

붉은 번개는 붉은 깃발 번쩍이고/ 검은 구름은 쇠갑옷 입힌 수레를 끌고 가네
■ 전쟁터에서 명성을 날리는 운.

여명 月中丹桂子는 開處待秋風이라
　　　　월 중 단 계 자　　개 처 대 추 풍

달 속에 붉은 계수나무 열매는/ 가을 바람 기다리며 열리고 있네
■ 좋은 아들을 낳아 때를 기다리며, 품성과 재질을 키워나가는 운.

세운 蛇蟠當道出하니 進退自爲憂라
　　　　사 반 당 도 출　　진 퇴 자 위 우

큰 뱀이 길에서 도사리니/ 나아가나 물러나나 스스로 근심되네
■ 일을 추진함에 큰 어려움이 숨어 있으니, 물러날 수도 없고 나아갈 수도 없어서 근심하는 운.

2940

남명 巫山千里遠하니 欲聽鳥聲音이라
　　　　무 산 천 리 원　　욕 청 조 성 음

무산의 천리 길 머니/ 새소리나 듣고자 하네
■ 무산은 초楚나라 양왕이 고당高唐에서 노닐 때, 꿈에 무산의 신녀神女와 만나 남녀의 즐거움을 같이 누렸다. 신녀가 떠나면서 "나는 무산의 남쪽 높은 언덕에 사는데, 아침에는 구름이 되고 저녁에는 비가 된다"고 하였다. 이에 초왕은 사당까지 지어주었는데, 이로 인해 남녀간의 교정交情을 무산지몽巫山之夢 또는 운우지정雲雨之情이라고 한다. 세속에 살면서도 신선이 되고픈 마음을 버리지 못하는 운이다.

여명 鄭北春風生이니 霜雪催蒲柳라
　　　　정 북 춘 풍 생　　상 설 최 포 류

정북에 봄바람 불어오니/ 눈서리에도 버드나무 가지 재촉하네
■ 어렵고 힘든 가운데 봄을 맞이하는 운이다.

세운 螭蟹晩雲谷에 振羽欲飛時라
　　　　이 해 만 운 곡　　진 우 욕 비 시

구름 낀 저녁 골짜기에/ 교룡이 나래를 펼치고 날으려 하는 때다
■ 오랫동안 준비하던 때가 무르익어, 한번 도약을 하는 운이다.

3041

남명 龍舟爭勝負하니 欲定一時名이라
　　　　용 주 쟁 승 부　　욕 정 일 시 명

용무늬 배 타고 승부를 다투니/ 한때의 명분 정하고자 함이라네
■ 큰 일을 도모하며 대권을 놓고 싸우며, 정치를 바로하고 의리를 밝히는 운이다.

여명 東風滿柳花어늘 西風何太急가
　　　　동 풍 만 류 화　　서 풍 하 태 급

봄바람이 버드나무 꽃에 가득한데/ 가을 바람이 어찌 그리 급한가?
■ 태평한 때에 갑작스런 어려움이 생긴다. 또는 스스로 급하게 서두는 것을 방비해야 하는 운.

세운 劃舫過洪波하니 棹短難得渡라
　　　　획 방 과 홍 파　　도 단 난 득 도

쌍배 저어 넓은 물결 지나가니/ 노가 짧아 건너기 어렵구나
■ 능력 밖의 큰 일을 도모하면 안된다는 운.

3142

남명 槾棘共梧櫃가 取養在場師라
　　　　이 극 공 오 가　　취 양 재 장 사

가시나무와 오동나무가/ 원예사에게 함께 길러지고 있네
■ 오동나무는 유용한 나무고 가시나무는 무용한 나무이다. 유용한 것이 무용한 것에 가려진 것 같아도, 결국 자기 쓸모를 찾아 나가는 운이다.

여명 鮑魚混芝蘭이나 馨香依舊在라
　　　　포 어 혼 지 란　　형 향 의 구 재

절인 생선과 지초 난초가 섞여 있으나/ 아름다운 향기 변치 않고 있

네
- 고상한 신분이 좋지 않은 환경속에 있으나, 그 기상을 잃지 않는 운이다.

세운 桂林無雨露하고 山澤有風雲이라
　　　　계 림 무 우 로　　산 택 유 풍 운
계수나무 숲에는 비와 이슬 없고/ 산과 못에는 바람과 구름 있네
- 자식은 무탈하나, 부부관계는 삐꺼덕하는 운이다.

寅日

3334

남명 物鈞衡斗正하니 益寡以裒多라
　　　　물 균 형 두 정　　익 과 이 부 다
물건을 다는 저울대 바르니/ 많은 것을 덜어서 적은 데 보태주네
- 공명정대하게 정치하며 자신의 경륜을 널리 베푸는 운.

여명 楊朱惡修身하니 難遇天仙子라
　　　　양 주 오 수 신　　난 우 천 선 자
양주가 몸 닦기 싫어하니/ 하늘의 신선을 만나기 어렵네
- 양주는『맹자』등문공편에 나오는 사람으로 지독한 이기주의자이다. 하늘이 주신 자신의 성품 수양을 게을리하여, 좋은 운을 헛되이 보내는 운.

세운 間更井駐笛하니 躁震恐無由라
　　　　간 갱 정 주 적　　조 진 공 무 유
물을 마셔 가며 쉬면서 피리부니/ 조급하게 움직일 이유 없네
- 세속에 얽매이지 않고 유유자적하며 사는 운.

2235

남명 龍蛇爭一室하야 飛向百花叢이라
　　　　　용 사 쟁 일 실　　　비 향 백 화 총

용과 뱀이 한집을 다투어서/ 날아서 꽃 만발한 가지 속으로 향해 가네
- 시련을 극복하고 큰 일을 완수하는 운. 또는 여러 사람의 경쟁을 뚫고 아름다운 여인을 얻는 운.

여명 雲開月色新이나 陰晴猶未保라
　　　　　운 개 월 색 신　　　음 청 유 미 보

구름 열려 달빛이 새로우나/ 맑을지 구름 낄지 아직 모르네
- 운이 열리기는 하였으나, 아직 크게 되지는 못하는 운. 또는 새로운 인연을 만났으나, 결실을 맺을지 맺지 못할지 결정되지 않은 운.

세운 猛虎居林叢하니 笑吼自生風이라
　　　　　맹 호 거 림 총　　　소 후 자 생 풍

맹호가 숲속에 거처하니/ 웃으며 호령해서 스스로 바람을 일으키네
- 자기가 살기 좋고 움직이기 좋은 곳에서 활동하니, 모든 것이 격에 맞아 사람들이 우러러 보는 운.

2336

남명 高下花飛處요 鶯聲春晝間이라
　　　　　고 하 화 비 처　　　앵 성 춘 주 간

높고 낮게 꽃 날으는 곳이요/ 꾀꼬리 노래 부르는 봄날일세
- 모든 일이 여유롭고 풍요로운 운.

여명 水二府蓮花가 塵中留不住라
　　　　　수 이 부 연 화　　　진 중 유 부 주

수이부水二府의 연꽃이/ 홍진 세상에 머물지 않네
- 수부水府는 수신水神이 사는 집으로, 용궁을 뜻하기도 한다. 이부二府는 승상과 어사를 말하므로, 수이부는 용궁에 있는 승상과 어사의 집을 말한다. 따라서 고

상하고 고귀한 신분을 잃지 않고 사는 운이다.

세운 三月艷陽天이 融和生宇宙라
　　　　삼 월 염 양 천　　융 화 생 우 주

삼월의 고운 햇빛이/ 우주를 화기롭게 만드네
- 모든 사람을 일깨우고 화기롭게 만드는 운.

2437

남명 水入犀牛角이요 龍蛇出海來라
　　　　수 입 서 우 각　　용 사 출 해 래

물소의 뿔은 물 속으로 잠기고/ 용과 뱀은 바다에서 나오네
- 때를 만나 크게 활동하는 운.

여명 極目高樓上하니 太陽天上天이라
　　　　극 목 고 루 상　　태 양 천 상 천

높은 누각 위를 쳐다보니/ 태양이 하늘에 솟아 오르네
- 명성과 존경을 크게 받는 대길운.

세운 野火自燒山하니 禽飛並兎走라
　　　　야 화 자 소 산　　금 비 병 토 주

들불이 산을 불태우니/ 새는 날아가고 토끼는 달아난다
- 너무 풍요로워서, 자만으로 인해 스스로 만드는 화를 근심해야 하는 운.

2538

남명 坐井觀天象하니 明知八陣圖라
　　　　좌 정 관 천 상　　명 지 팔 진 도

우물 속에 앉아 하늘의 형상을 관찰하니/ 팔진도법 밝게 알겠네
- 자신을 깊이 성찰하여 세상의 이치(특히 천문과 병법)를 깨닫는 운.

여명 荷葉疊靑錢하고 鴛鴦水面風이라
　　　　하 엽 첩 청 전　　원 앙 수 면 풍

연꽃잎은 푸른 동전같이 겹쳤고/ 원앙새는 물 위에서 바람을 일으키네
- 고운 자태와 좋은 자질로, 재물도 많고 훌륭한 배필을 만나 평생해로하는 운.

세운 飛鷹思得兔나 反獲豈容嗟아
비 응 사 득 토　　반 획 기 용 차

나는 새매가 토끼를 잡으려 하나/ 도리어 잡혔으니 어찌 한탄하지 않으랴?
- 자신을 믿고 설치다가, 함정에 빠져 기세가 꺾이는 운.

2639

남명 荊棘凱風吹하니 枝頭烟一抹이라
형 극 개 풍 취　　지 두 연 일 말

가시나무에 마파람 부니/ 가지 위에 푸른 연기를 바르네(푸른 잎이 생긴다)
- 어려움 속에서 도와주는 사람을 만나 일을 성취하는 운. 혹은 자식의 효도를 받아 행복해지는 운.

여명 春光重首○어늘 何人落少年가
춘 광 중 수 ○　　하 인 낙 소 년

봄빛이 다시 돌아오지만/ 어떤 사람이 소년을 낙점해 주겠는가?
- 재혼을 해서 다시 한번 봄을 맞아 피어나나, 나이 많은 사람을 얻으므로 크게 잘 되지는 않는 운이다.

세운 立地待行人하니 長江空渺渺라
입 지 대 행 인　　장 강 공 묘 묘

땅에 서서 행인을 기다리니/ 긴 강물 부질 없이 아득하기만 하네
- 곧 성사될 것 같지만, 자신을 도와줄 사람이 멀리 있어 보기도 힘든 운.

2740

남명 玉兔與金烏는 東西任來往이라
옥 토 여 금 오　　동 서 임 래 왕

옥토끼(달)와 금까마귀(해)가/ 동쪽과 서쪽을 마음대로 왕래하네
■ 해와 달처럼 사방을 비추며 은혜를 베푸는 운.

여명 芙蓉在秋江하니 風露已高聲이라
　　　　　부 용 재 추 강　　풍 로 이 고 성
연꽃이 가을 강에 있으니/ 바람 불고 이슬 맺혀 이미 명성 드높네
■ 연꽃은 여름에는 꽃이 피고, 가을이 되면 뿌리가 크게 덩어리지며 자라게 된다. 그를 채취해서 식용하니, 현모양처가 틀림없다.

세운 江山千里外에 遇處可爲家라
　　　　　강 산 천 리 외　　우 처 가 위 가
천리 밖 강산에/ 만나는 곳마다 내 집일세
■ 고향을 떠나 타국에서 부귀와 명성을 크게 떨치는 운.

2841

남명 剝果見花開하니 時人逞爛熳이라
　　　　　박 과 견 화 개　　시 인 영 난 만
과일 떨어지자 꽃 피는 것 보게 되니/ 때를 만난 사람들 만발한 꽃 즐기네
■ 씨앗이 땅속에 들어갔다가 싹을 트고 꽃을 피우듯이, 자신의 뜻을 잘 간직했다가 때를 얻어 이루는 운.

여명 雨餘雲半飛하니 ○濟自東出이라
　　　　　우 여 운 반 비　　○ 제 자 동 출
비온 뒤끝에 구름이 반쯤 떠있는데/ 동쪽으로부터 비 개어 해나오네
■ 흐리고 고통스럽다가 조금씩 피어나는 운.

세운 腐草化爲螢하니 難於分明白이라
　　　　　부 초 화 위 형　　난 어 분 명 백
썩은 풀이 개똥벌레 되니/ 명백하게 분간하기 어렵네
■ 열악한 환경속에서 오히려 꽃을 피우나, 크게 잘되지는 못하는 운.

2942

남명 玉壺無別物이나 赤蟻聚蜂屯이라
　　　　옥 호 무 별 물　　　적 의 취 봉 둔

옥병에 별다른 물건 없으나/ 붉은 개미와 벌들이 서로 다투네
- 별 볼일 없는 일에, 특별한 것이 있다고 생각하여 공연히 다투는 운.

여명 氣情貞玉德이요 豐薄奇佳人이라
　　　　기 정 정 옥 덕　　　풍 박 기 가 인

기개와 뜻은 곧고 옥 같은 덕이 있으며/ 풍성하고 담박하고 기이한 아름다운 사람일세
- 고상하면서도 부귀를 누리는 운.

세운 暗室偶逢燈하니 自然分明白이라
　　　　암 실 우 봉 등　　　자 연 분 명 백

어두운 집이 우연히 등불을 만나니/ 자연히 환하게 밝아지네
- 어렵고 힘들다가 저절로 풀리기 시작하는 운.

3043

남명 江梅開雪下하야 先報一枝春이라
　　　　강 매 개 설 하　　　선 보 일 지 춘

강가 매화가 눈 속에서 피어나서/ 한줄기 봄소식 먼저 전하네
- 어렵고 힘든 가운데 선구자의 역할을 하는 운.

여명 對鏡看靑鸞하니 光陰來不再라
　　　　대 경 간 청 란　　　광 음 래 부 재

거울을 대하여 푸른 난새를 보니/ 세월이 두 번 다시 오지 않네
- 난새는 부부사이가 좋은 새이다. 짝을 잃은 난새가 거울속의 제 모습을 보고 슬퍼하다가 죽은 고사에서 연유하여, 거울 뒷면에 난새를 새겨서 난경鸞鏡이라고 부른다. 사랑하는 남편을 잃고, 과거를 회상하며 아쉬움에 빠지는 운.

세운 折梅逢馹使하니 寄與隴頭人이라

　　　　　절 매 봉 일 사　　　　기 여 룡 두 인
매화 꺾자 역마 탄 사신 만나니/ 농땅 사람에게 부쳤네
▪ 역마 탄 사신을 통해, 봄소식을 저 멀리 오지인 농땅에 급히 보내는 것이다. 자신이 원하는 바를 크게 얻지는 못하지만, 어느 정도의 뜻은 이루는 운이다.

❧ 卯日 ❧

3336

남명 紅蓮依綠水하니 搖影動龍魚라
　　　　홍 련 의 녹 수　　　요 영 동 용 어
붉은 연꽃이 푸른 물에 의지하니/ 흔들리는 그림자 용과 고기를 움직이게 하네
▪ 자신은 뿌리가 든든하지 못하지만, 현명하고 충직한 사람을 얻어 일을 풀어나가는 운.

여명 ○○○○○ ○○○○○
▪ 흉운. 옛날에는 여인이 너무 강한 운을 만났다고 나쁘게 보았지만, 요즘에는 큰 정치를 하거나 큰 사업을 펼치는 운으로 본다.

세운 枯魚時得水하니 喜躍自無窮이라
　　　　고 어 시 득 수　　　희 약 자 무 궁
말랐던 고기가 때맞춰 물을 얻으니/ 기뻐서 스스로 끝없이 뛰네
▪ 어렵고 힘들었다가, 때를 만나 일이 잘 풀리는 운.

2237

남명 龍行蛇穴去요 飛雁遇風吹라
　　　　용 행 사 혈 거　　　비 안 우 풍 취
용이 뱀굴을 나와서 가고/ 나는 기러기 바람 부는 것 만났네

■ 훌륭한 자질을 갖춘 사람이 때를 얻어 용트림하는 운.

여명 一枝林下竹이라 難脫錦棚兒라
　　　　일 지 임 하 죽　　　난 탈 금 붕 아
숲 속의 한줄기 대나무라/ 비단 누각 벗어나기 어렵네
■ 현재의 풍요로운 삶을 버리고, 새로운 운을 개척하기에는 용기와 힘이 부족한 사람의 운.

세운 春雷自收聲하니 蟄蟲從此振이라
　　　　춘 뢰 자 수 성　　　칩 충 종 차 진
봄 우레가 소리를 거두니/ 움추렸던 벌레가 이때부터 꿈틀거리네
■ 능력과 재질을 숨기고 잘 간직하였다가, 때를 만나 발동하는 운.

2338

남명 點火茂林頭하니 猛風吹蔓草라
　　　　점 화 무 림 두　　　맹 풍 취 만 초
무성한 숲 언저리에 불을 지피니/ 맹렬한 바람이 풀넝쿨에 부네
■ 일단 운에 들어서면 거세게 타올라 가는 운. 절제력을 길러야 한다.

여명 日月兩團圓하니 天地應難曉라
　　　　일 월 양 단 원　　　천 지 응 난 효
해와 달이 둘다 둥그니/ 하늘땅이 새벽되기 어렵네
■ 자신의 능력을 믿고, 남자와 대적하며 살아가는 운.

세운 得弓無箭用하니 欲射不能爲라
　　　　득 궁 무 전 용　　　욕 사 불 능 위
활은 얻었으나 쏠 화살이 없으니/ 쏘고자 하나 쏠 수 없네
■ 기회는 닿았지만 능력이 뒷받침 되지 못하는 운.

2439

남명 燭心作梁棟하니 不假斧斤成이라
　　　　촉 심 작 양 동　　　불 가 부 근 성
마음 태우며 대들보 역할을 하니/ 도끼와 자귀로 다듬을 필요없네
▪ 능력있는 사람이 스스로의 마음과 몸을 다잡으며 일을 하니, 힘들지만 큰 성과가 있는 운.

여명 日月願長明하니 天地先來禱라
　　　　일 월 원 장 명　　　천 지 선 래 도
해와 달이 영원히 밝을 것 원하니/ 하늘땅이 먼저와 축도하네
▪ 좋은 자질을 가진 짝을 만나 서로 위하며 사니, 모두가 좋아하며 도와주는 운.

세운 朝霜逢暖日하니 立便減寒威라
　　　　조 상 봉 난 일　　　입 변 감 한 위
아침 서리가 따스한 해 만나니/ 곧바로 추운 위력 감소되네
▪ 어려움이 끝나고 금시 발복하는 운.

2540

남명 射隼于高墉하니 飛鳥已先散이라
　　　　석 준 우 고 용　　　비 조 이 선 산
높은 담 위의 새매를 쏘니/ 새가 날아가며 이미 흩어졌네
▪ 실력을 잘 배양하며 기다리다가, 기회를 만나 한번 떨침에 큰 혼란을 해소시키는 운.

여명 寶釵金鏡裏에 重整舊家風이라
　　　　보 채 금 경 리　　　중 정 구 가 풍
보물 비녀와 금 거울 속에서/ 거듭 옛날 풍모 다듬는다
▪ 늙도록 우아하고 고상한 기품을 잃지 않으며 사는 운.

세운 淺水內藏魚하니 莫遂優悠性이라
　　　　천 수 내 장 어　　　막 수 우 유 성

얕은 물에 물고기 숨어 있으니/ 우아하고 여유있는 성질 이룰 수 없네
- 좋지 않은 주변환경으로 인해 크게 성장하지 못하는 운.

2641

남명 九州四海凶이나 擧目是我家라
　　　　구 주 사 해 흉　　거 목 시 아 가
구주와 사해가 모두 흉하나/ 눈 닿는 곳 모두 내집일세
- 세상일을 하면 흉하나, 마음 편히 이리저리 떠돌며 살아가는 운.

여명 若問好姻緣이면 紅絲牽傀儡라
　　　　약 문 호 인 연　　홍 사 견 괴 뢰
만약 좋은 인연 묻는다면/ 붉은 실로 허수아비 끌고 가네
- 무능하고 실속 없는 배필을 만나 한탄 속에 사는 운.

세운 鴉與人同羣이나 吉凶還自異라
　　　　아 여 인 동 군　　길 흉 환 자 이
까마귀와 사람이 같이 무리지었으나/ 길하고 흉함은 서로가 다르네
- 좋은 사람과 나쁜 사람이 섞여 있으니, 행동하기에 따라 길흉이 바뀌는 운.

2742

남명 草際飛螢出이요 火星流入西라
　　　　초 제 비 형 출　　화 성 유 입 서
풀숲에서 개똥벌레 날아 나오고/ 화성은 서쪽으로 흘러들어 가네
- 어둡고 힘든 속에서도 불빛을 얻어 조금씩 개척하는 운.

여명 春山與秋水가 幾度撚東風가
　　　　춘 산 여 추 수　　기 도 연 동 풍
봄 산과 가을 물은/ 몇번이나 봄 바람을 잡았는가?
- 큰 잘못없이 무난하게 세월을 보내는 운.

세운 中秋月夜明하니 何方不照耀아
　　　　중 추 월 야 명　　　하 방 부 조 요

가을 밤에 달 밝으니/ 어느 곳인들 비추지 않을까?
- 사방에 자신의 명성을 날리는 운.

2843

남명 方寸木不揣나 可使高岑樓라
　　　　방 촌 목 불 췌　　　가 사 고 잠 루

조그만 나무로 높이를 잴 수는 없으나/ 산과 누각을 높게 할 수 있네
- 조그맣고 볼품 없으나, 큰 조직에서 보람있는 일을 하는 운.

여명 ○○○○○ ○○○○○
- 흉운. 옛날에는 여인이 너무 강한 운을 만났다고 나쁘게 보았지만, 요즘에는 큰 정치를 하거나 큰 사업을 펼치는 운으로 본다.

세운 片片○雲壑이 難分始與終이라
　　　　편 편 ○ 운 학　　　난 분 시 여 종

조각 구름 골짜기에 가득하니/ 처음과 끝을 가늠하기 어렵네
- 혼란스러워 앞일을 예측하기 힘든 운. 자기 하기 나름의 운.

2944

남명 江山千里外에 草木放精神이라
　　　　강 산 천 리 외　　　초 목 방 정 신

천리 밖 강산에/ 풀과 나무가 많아 정신을 놓게 하네
- 인위적으로 무엇을 하려고 안해도 저절로 풀리는 운.

여명 風損花枝折하니 醫治待神仙이라
　　　　풍 손 화 지 절　　　의 치 대 신 선

바람에 꽃가지 꺾이니/ 치료하려면 신선을 기다려야 하네
- 뜻과 절개가 꺾이거나, 몸에 병이 들어 괴로워 하는 운. 무당이 되거나 신선 공

부를 해야 하는 운.

세운 清秋天宇濶하니 雁字寫長空이라
　　　　청 추 천 우 활　　　안 자 사 장 공
가을 하늘 맑고 광활하니/ 기러기가 긴 하늘에 줄지어 글씨를 쓰네
■ 새로운 영역을 향하여 약진할 수 있는 운.

⚘ 辰日 ⚘

3338

남명 三月艶陽景에 一襟風月間이라
　　　　삼 월 염 양 경　　　일 금 풍 월 간
삼월의 고운 빛과 경치에/ 바람과 달 읊으며 회포를 풀고 있네
■ 유유자적하며 현실에 만족하며 사는 운.

여명 朱顔枝上花요 萬里雲空碧이라
　　　　주 안 지 상 화　　　만 리 운 공 벽
가지 위에 꽃 붉게 피고/ 푸른 하늘에 구름이 만리나 되네
■ 유복하고 아름답게 사는 운.

세운 二龍爭一珠하니 一得還一失이라
　　　　이 룡 쟁 일 주　　　일 득 환 일 실
두 마리 용이 구슬 하나를 다투니/ 하나가 얻으면 하나는 잃게 되네
■ 큰 일을 향해 인생을 걸고 승부를 해볼 만한 운.

2239

남명 周流天地間타가 還波水常性이라
　　　　주 류 천 지 간　　　환 파 수 상 성

하늘땅 사이를 두루 흐르다가/ 돌아와 물결치는 것이 물의 본성일세
▪ 이곳 저곳 두루 섭렵하다가, 결국은 자신의 고향을 찾아 살아가는 운.

여명 ○○○○○ ○○○○○
▪ 흉운. 옛날에는 여인이 너무 강한 운을 만났다고 나쁘게 보았지만, 요즘에는 큰 정치를 하거나 큰 사업을 펼치는 운으로 본다.

세운 鷺鴛覺魚釣하고 昂頭須觀步라
　　　　노 원 각 어 조　　 앙 두 수 관 보

해오라기와 원앙새가 고기 낚시질 하는 것 보고서/ 머리를 들고 노려 보면서 걸어가네
▪ 노력은 하지않고 남 잘되는 것만 부러워 하는 운. 내 것을 빼앗기고 화를 내는 운.

2340

남명 蒼湘湖水上에 應有洞庭人이라
　　　　창 상 호 수 상　　 응 유 동 정 인

푸른 소상강 호숫물 위에는/ 응당히 동정호 사람 있으리
▪ 소상강은 광서성 홍안현에서 발원하여 동북으로 길게 흐르다가 동정호로 들어가는 강이름이다. 큰 나무 밑에는 그늘이 많듯이, 소상강과 같이 크고 긴 강에는 그를 이용해 먹고 사는 사람이 많게 되는 것이다. 따라서 자신의 덕을 널리 베풀어 여러 사람을 구제하는 운.

여명 可惜花開處에 天公嘆不常이라
　　　　가 석 화 개 처　　 천 공 탄 불 상

애석하게도 꽃 열리는 곳에/ 봄기운 항상하지 못한 게 한탄스럽구나!
▪ 아름답게 피어날 꽃이지만, 봄기운의 변덕스러움에 이리 저리 흔들리는 운.

세운 風雲相會處에 平步上靑天이라
　　　　풍 운 상 회 처　　 평 보 상 청 천

바람과 구름이 만나는 곳에/ 평상 걸음으로 푸른 하늘 오르네
▪ 큰 변화속에서 좋은 사람 만나 귀하게 되고, 소신껏 자기의 뜻을 이루는 운.

2441

남명 雪浪震天鼓요 扁舟在下行이라
　　　　설 랑 진 천 고 　 편 주 재 하 행

눈보라 치는 물결이 하늘을 진동하며 치는데/ 조각배 아래로 내려가고 있네
- 조그마한 힘으로 큰 어려움을 헤쳐나가느라 고생하는 운, 그러나 길은 열려있는 운.

여명 雪浪震天鼓요 扁舟水上行이라
　　　　설 랑 진 천 고 　 편 주 수 상 행

눈보라 치는 물결이 하늘을 진동하며 치는데/ 조각배 타고 위로 올라가고 있네
- 조그마한 힘으로 큰 어려움을 헤쳐나가면서 보람을 찾는 운. 모험가의 운.

세운 塞花紅日近하니 迤邐有疏通이라
　　　　색 화 홍 일 근 　 이 리 유 소 통

막혀 있던 꽃에 붉은 햇빛 가까와지니/ 비스듬하게나마 소통되었네
- 어둡고 막혀있다가, 윗 사람의 도움으로 숨통을 조금 트는 운.

2542

남명 掌中秋月扇이 擧動好風生이라
　　　　장 중 추 월 선 　 거 동 호 풍 생

손 바닥 속의 가을 달 밤 부채가/ 움직이며 좋은 바람 내고 있네
- 가을이 되면 부채는 필요없고, 더욱이 달밤에는 말할 것도 없다. 그런데도 좋은 바람을 내고 있으니, 윗사람의 사랑을 듬뿍 받는 운이다. 또는 무인武人의 운이라고도 한다.

여명 春風玉鏡臺를 莫落他人手하라
　　　　춘 풍 옥 경 대 　 막 락 타 인 수

봄 바람에 옥경대를/ 남의 손에 떨어지게 하지 마라
- 여인은 봄에 피어나고, 경대는 여인의 얼굴을 단장하는데 필수품이다. 이러한

경대가 남의 손(첩의 손)에 떨어지면 좋을 게 없다.

세운 大鵬生六畜하니 其羽可爲儀라
　　　　　대 붕 생 육 축　　　기 우 가 위 의

큰 붕새가 여섯 마리 새끼를 낳으니/ 그 나는 것이 의범이 될만하구나
▪ 한 마리만 날아도 모든 새를 압도하는 붕새가, 일곱 마리나 창공을 나니, 당연히 그 모습에 압도되어 다른 새가 모범을 삼는 것이다. 사업을 크게 번창시키거나, 훌륭한 자식을 낳는 운.

2643

남명 流轉運元氣하야 水上種仙花라
　　　　　유 전 운 원 기　　　수 상 종 선 화

원기元氣를 운행해서/ 물 위에 신선의 꽃 심었네
▪ 심신을 잘 수양해서 신선의 경지에 이르렀으나, 기초가 튼튼하지 못하니 오래가지는 못한다.

여명 水上種仙花하니 花開根未穩이라
　　　　　수 상 종 선 화　　　화 개 근 미 온

물 위에 신선의 꽃 심으니/ 꽃은 피었으나 뿌리는 편치 못하다
▪ 심신을 잘 수양해서 신선의 경지에 이르렀으나, 기초가 튼튼하지 못하니 오래가지는 못한다.

세운 秋露旣成珠나 團圓多不久라
　　　　　추 로 기 성 주　　　단 원 다 불 구

가을 이슬 구슬 같이 맺혔으나/ 둥근 것이 오래 가지 못하네
▪ 성공하기는 하나, 오래 유지하지 못하는 운.

2744

남명 兩羊排山崖하고 披烟看釣磯라
　　　　　양 양 배 산 애　　　피 연 간 조 기

염소 두 마리 산 언덕을 배회하며/ 구름 연기 헤치고 낚시터를 바라보네
▪ 몸은 산림山林에 있어도, 항시 세속에 나가 출세할 꿈을 꾸는 운.

여명 庭竹長尤孫하나 歲寒風雪裏라
　　　　정 죽 장 우 손　　　세 한 풍 설 리
뜰 아래 대나무 더욱 길게 돋아나나/ 날은 춥고 눈바람 불어오네
▪ 자식은 잘되나 자신은 외롭고 힘든 운.

세운 燕雀出巢來하니 自有飛騰志라
　　　　연 작 출 소 래　　　자 유 비 등 지
제비가 둥지에서 나오니/ 스스로 하늘을 날아갈 뜻 가졌네
▪ 실력이 배양되었다고 생각해서 세상에 펼쳐보는 운.

2845

남명 登山延木設이요 桃吐洛陽花라
　　　　등 산 연 목 설　　　도 토 낙 양 화
산에 오르니 나무들 뻗어있고/ 낙양에는 복숭아 꽃 피어나네
▪ 산에 있는 나무는 화려하지는 않지만 오래가는 것이고, 번화한 낙양성에 있는 복숭아 꽃은 화려하기는 하지만 쉬이 지니 덧없는 것이다. 초야에 묻혀 살면 맑은 정신을 갖고 수명을 누릴 수 있지만, 세속으로 나아가면 잠시 화려하지만 곧 덧없게 되는 운. 낙양화는 인생의 덧없음을 비유하고, 아울러 모란꽃처럼 화려하기는 하나 향기없는 꽃을 비유한다.

여명 嫣婉○宜求나 難敎霜點鬢이라
　　　　언 완 ○ 의 구　　　난 교 상 점 빈
아리따운 것 구해야 마땅하나/ 귀밑머리 희는 것 막기 어렵네
▪ 여자로서 아름다워지려고 애쓰나, 세월이 흐르면 이 또한 세월 앞에서는 어쩔 수 없다는 것을 알아야 한다. 허영기가 있는 운.

세운 蛇鼠正相觸이나 難道無兩活이라
　　　　사 서 정 상 촉　　　난 도 무 양 활

뱀과 쥐가 정면으로 서로 부딪히나/ 둘 다 살 수 없다고 하기 어렵네
■ 서로 이익을 다투나, 뱀과 쥐가 싸우면 뱀이 쥐를 잡아먹게 되는 것은 상리이듯이, 제삼자가 보면 뻔한 다툼을 제대로 판별하지 못하여 휘말리게 되는 운.

巳日

3340

남명 一點浮雲翳요 鴻羽逐風飛라
　　　　일 점 부 운 예　　홍 우 축 풍 비
하늘엔 뜬 구름 하나가 햇빛가리고/ 기러기 날개는 바람 따라 나네
■ 한가로이 큰 풍파없는 삶을 영위하는 운.

여명 畵堂人散後에 燭影怕當風이라
　　　　화 당 인 산 후　　촉 영 파 당 풍
그림같은 집에 사람 흩어진 뒤에/ 촛불에 바람불까 두렵네
■ 흥성했던 집안이 흩어지고, 병마病魔마저 들어올까 염려되는 운.

세운 夜月望靑天하니 悠悠生意緖라
　　　　야 월 망 청 천　　유 유 생 의 서
달밤에 푸른 하늘 바라보니/ 느긋하게 회포 돋아나네
■ 유유히 지난 일이나 회고하며 지내는 운.

2241

남명 舟放浪波翻이요 洞庭風送雁이라
　　　　주 방 랑 파 번　　동 정 풍 송 안
배 띄우니 물결 출렁이고/ 동정호의 바람이 기러기를 보내네
■ 일을 시작하면 고생스럽기는 하지만 잘 풀리는 운.

여명 梅花逈出羣하니 淸香自瀟洒라
　　　　매 화 형 출 군　　　청 향 자 소 쇄

매화 꽃이 무리 중에 뛰어났으니/ 맑은 향기 스스로 깨끗하고 산뜻하네
■ 고고하면서도 맑아서 홀로 기품을 유지하며 사는 운.

세운 好禮富人家가 未若貧而樂이라
　　　　호 례 부 인 가　　 미 약 빈 이 락

예법을 좋아하는 부자집이/ 가난한 집의 즐거움만 못하네
■ 번잡하게 살기 보다는 일을 덜 벌리고 편하게 사는 운.

2342

남명 華亭鳴鶴唳요 雲月出西山이라
　　　　화 정 명 학 려　　운 월 출 서 산

꽃 핀 정자에는 학울음 소리요/ 구름 속 달은 서산에서 나오네
■ 청풍명월을 즐기며 한가로이 사는 운.

여명 井畔聽瑤琴하니 知音且如此라
　　　　정 반 청 요 금　　　지 음 차 여 차

우물가에서 아름다운 거문고 소리 들으니/ 음률을 아는 이는 또한 이 뜻을 같이 하리라
■ 서로 뜻을 알아주는 배필을 만나 백년해로하는 운.

세운 冬霖忽晴霽하니 有炊盡忻顔이라
　　　　동 림 홀 청 제　　　유 취 진 흔 안

겨울 장마비가 홀연히 개니/ 불 땔 수 있어 모두 기쁜 얼굴일세
■ 오랜 어려움 속에서 서서히 풀리는 운.

2443

남명 琴上掛田鉏하고 移人於河東이라
　　　　금 상 괘 전 서　　　이 인 어 하 동

거문고 위에 밭 호미 걸어 놓고/ 사람을 하동 땅으로 옮겼네
■ 고향에서는 살 수 없어 타향으로 옮겨 사는 운.

여명 姻女乘龍去나 猶疑結子昌이라
  인 녀 승 용 거　　유 의 결 자 창

결혼한 여자가 용을 타고 갔으나/ 아직도 낳아놓은 자식 걱정하네
■ 결혼한 여자가 자신의 안녕을 위해 자식을 버리고 떠나는 운.

세운 池畔撫琴聲하니 游魚已出聽이라
  지 반 무 금 성　　유 어 이 출 청

연못에서 거문고를 타니/ 노는 고기들 이미 나와 듣고 있네
■ 번잡하게 일을 벌이지 말고, 유유자적하며 한가롭게 사는 운. 일을 벌이면 여러 사람이 도와서 성공을 하는 운.

2544

남명 虎兕出於柙하니 征夫不能行이라
  호 시 출 어 합　　정 부 불 능 행

호랑이와 외뿔소가 우리에서 나오니/ 행인이 갈 수가 없게 되었네
■ 갑작스런 훼방꾼 때문에 일을 성취하지 못하는 운.

여명 好生橫翠黛요 曉露滴方環이라
  호 생 횡 취 대　　효 로 적 방 환

곱게 그린 아미 아름다우나/ 새벽 이슬이 둥글게 떨어지네
■ 예쁜 얼굴에 좋은 마음씨지만, 외롭게 되어 눈물을 흘리는 운.

세운 戰勝頭歌回하니 論功先後處라
  전 승 두 가 회　　논 공 선 후 처

싸움에 이겨서 앞장서 노래하며 돌아오니/ 공의 선후를 논하네
■ 큰 일을 성취하여 그 기쁨을 나누는 운.

2645

남명 軒輅颺淸風하니 虛心皆自貫이라
　　　　헌 로 양 청 풍　　　허 심 개 자 관

높은 수레에 맑은 바람이 부니/ 마음을 비우니 모든 것이 절로 통하네

> 높은 수레軒輅는 임금이 타는 수레로, 지붕이 둥글고 높게 되어 있으며 망대가 있다. 평화로운 시기에 높은 자리에 있으면서, 모든 사람의 말을 잘 수용하여 만사가 형통한 운.

여명 烟柳弄輕風하고 垂絲繫白日이라
　　　　연 류 농 경 풍　　　수 사 계 백 일

버드나무 푸른 잎은 가벼운 바람에 흔들리고/ 늘어진 버들 가지는 밝은 해를 잡아 매었네

> 고운 자태로 훌륭한 배필을 유혹하여 맞아들이는 운.

세운 廟廊重百器나 寶鼎玉居先이라
　　　　묘 랑 중 백 기　　　보 정 옥 거 선

종묘의 여러가지 그릇이 귀중하나/ 보배스러운 솥과 옥고리가 으뜸일세

> 큰 일을 도모하는데 가장 중요한 역할을 맡아 진행하는 운.

2746

남명 乘舟渡日月하니 天表厭烟波라
　　　　승 주 도 일 월　　　천 표 염 연 파

배를 타고 세월을 보내니/ 하늘가에서 연기와 풍파 싫어하네

> 세속의 일을 떠나서 유유자적하는 운.

여명 鸚鵡在金籠이나 聲嬌得自由라
　　　　앵 무 재 금 롱　　　성 교 득 자 유

앵무새가 금 조롱에 있으나/ 아리따운 소리 자유롭구나

> 결혼하여 현모양처로 집안을 잘 다스리며 사는 운.

세운 野渡日逢舟하니 先勞而後豫라
　　　　　야 도 일 봉 주　　선 로 이 후 예

들녘에서 물 건너는데 날마다 배를 만나니/ 처음은 수고로우나 뒤에는 즐겁다
▪ 일이 어려운 것 같이 보여도 순조로워서 점차 기대밖으로 잘 풀리는 운.

午日

3342

남명 巖畔靑松樹가 根盤石上生이라
　　　　암 반 청 송 수　　근 반 석 상 생

바위 옆 푸른 소나무/ 뿌리가 반석 위에 났네
▪ 바위와 푸른 소나무는 잘 어울리기는 하나, 바위에 뿌리를 내려서는 크게 자라지 못한다.

여명 井上種仙花하니 子結玲瓏蕊라
　　　　정 상 종 선 화　　자 결 영 롱 예

우물 위에 신선이 되는 꽃 심으니/ 영롱한 꽃술에 열매 맺었네
▪ 세속에 살면서도 풍파에 물들지 않고, 평화로운 마음을 잘 간직하는 운.

세운 鳳簫無孔竅하니 何用奏韶音가
　　　　봉 소 무 공 규　　하 용 주 소 음

봉황 무늬 퉁소에 구멍이 없으니/ 어떻게 소韶의 음악 연주할까?
▪ 소韶의 음악은 순舜임금의 음악으로 소박하면서도 사람의 마음을 감동시켜 순화시키는 음악이다. 그러나 퉁소 구멍이 막혀 소리를 내지 못하니, 겉이 아무리 화려해도 일을 성취할 수 없다.

2243

남명 金波浸明月하고 雷電捧天香이라
　　　　금 파 침 명 월　　　뇌 전 봉 천 향

가을의 거센 물결(金波)에 밝은 달 잠기우고/ 우레와 번개는 하늘의 향불 받드네
- 풍파가 거세고 천둥 번개가 치나, 하늘의 명에 순종하며 사는 운.

여명 芝蘭誰種得가 還羨滿庭芳이라
　　　　지 란 수 종 득　　　환 선 만 정 방

지초와 난초를 누가 심었는가?/ 뜰 가득히 채우니 부럽기만 하여라
- 고운 자식을 많이 낳아서 잘 키우는 운.

세운 日升被雲大하니 時下暗光輝라
　　　　일 승 피 운 대　　　시 하 암 광 휘

해 뜨자 큰 구름에 가리니/ 현재가 빛이 어두운 때이다
- 능력과 기회가 닿았지만, 생각지 못한 변란으로 잠시 막히는 운.

2344

남명 蜂釀百花酒하니 其甘與世殊라
　　　　봉 양 백 화 주　　　기 감 여 세 수

벌이 백가지 꽃으로 술을 거르니/ 그 맛이 세상과 다르네
- 여러 가지 재주를 지닌 사람으로, 부지런히 살면서 독특한 삶을 사는 운.

여명 春歸當斷路하니 梅子釀酸時라
　　　　춘 귀 당 단 로　　　매 자 양 산 시

봄이 돌아왔지만 끊어진 길 만났으니/ 매실의 신맛이 더해 질 때다
- 가뭄이 심할 수록 매실은 잘 익으며, 또 잘 익은 매실은 그 독특하게 신 맛으로 갈증을 해소해 준다. 따라서 순조롭게 살다가 큰 변화를 맞았으나, 자신의 뛰어난 역량으로 개척해 나가는 운.

세운 卞和獻璞玉하니 先辱後榮恩이라
　　　　변 화 헌 박 옥　　　　선 욕 후 영 은

변화가 옥 덩어리 바치니/ 먼저는 욕되나 뒤에는 영화와 은혜 입게 되네
■ 변화는 중국 전국시대의 초나라 사람이다. 옥돌을 초산에서 캐서 왕에게 바쳤으나, 그를 몰라보는 왕들(려왕,무왕)에 의해 돌을 옥으로 속이려 했다는 말과 함께 형벌을 받고 불구가 되었다. 결국 그를 알아주는 왕(문왕)을 만나서 정당한 대접을 받았다는 고사로, 이 옥을 화씨의 옥(和氏之玉)이라고 한다. 이 옥은 훗날 진 시황에 의해 천자의 옥새로 만들어져 크게 빛을 보게 된다.

2445

남명 竹花開石上하니 結果不生笋이라
　　　　죽 화 개 석 상　　　　결 과 불 생 순

대나무 꽃이 바위 위에 열렸으니/ 열매 맺혀도 순이 나지 않네
■ 당장에는 영화榮華를 누리나, 오래 지속되지는 못하는 운.

여명 琵琶江上曲에 回首重堪悲라
　　　　비 파 강 상 곡　　　　회 수 중 감 비

강 위의 비파곡조에/ 머리 돌려보니 거듭 슬픔 느끼네
■ 비파는 거문고와 더불어 금슬을 나타낸다. 이제 다른 사람의 비파소리를 들으니 잃어버린 배필 생각에 슬픔을 느끼는 것이다.

세운 大風多拔木하니 根本難兩留라
　　　　대 풍 다 발 목　　　　근 본 난 양 류

큰 바람이 나무 많이 뽑으니/ 뿌리와 줄기 둘다 지탱하기 어렵네
■ 큰 변란에 현상유지도 힘드는 운.

2546

남명 點火入九淵하니 匱中有龜玉이라
　　　　점 화 입 구 연　　　　궤 중 유 귀 옥

불 켜고 깊은 못 들어가니/ 상자 속에 귀중한 보물 들었네
 ▪ 다른 사람이 잘 생각하지 못하는 새로운 일에 전심하여, 결국 빛을 보는 운.

여명 花開桃岸雨요 子結桂林霜이라
　　　　화 개 도 안 우　　자 결 계 림 상
언덕에 복숭아 꽃 피니 비 내리고/ 계수나무 숲에 열매 맺으니 서리 내리네
 ▪ 잘 될 것 같다가도 십년공부 도로아미타불이 되는 운. 자식이 일찍 죽는 운.

세운 良田種松竹하니 節操自盤根이라
　　　　양 전 종 송 죽　　절 조 자 반 근
좋은 밭에 소나무 대나무 심으니/ 절개와 지조가 자연히 뿌리 서렸네
 ▪ 주변 배경이 좋은데다 열심히 해서 잘 되는 운.

2647

남명 寸陰惟我惜하고 稼穡爲君愛하라
　　　　촌 음 유 아 석　　가 색 위 군 애
잠깐의 시간도 나를 위해 아끼고/ 농사일 그대 위해 열심히 하라
 ▪ 잠깐의 시간도 아껴가며 부지런히 일하며 즐거워 하는 운.

여명 春園恣竹閑이요 士女競光陰이라
　　　　춘 원 자 죽 한　　사 녀 경 광 음
봄 동산에는 방자한 대나무 한가롭고/ 남자와 여자는 광음光陰을 다 투네
 ▪ 좋은 기회를 놓치지 않으려고, 남들이 쉬는 시간에도 부지런히 서두르는 운.

세운 風恬浪自靜하니 過渡不爲憂라
　　　　풍 념 랑 자 정　　과 도 불 위 우
바람은 편안하고 물결은 스스로 고요하니/ 건너가는 것 근심되지 않네
 ▪ 큰 일을 앞두고 모든 여건이 유리하게 성숙된 운.

未日

3344

남명 泰宇淸明地에 無言獨履霜이라
　　　　태 우 청 명 지　　무 언 독 이 상
태평한 세상 맑고 밝은 땅에／ 말없이 홀로 서리 밟게 되네
▪ 홀로 고독한 길을 가는 운.

여명 繩繩○在堂은 要接連天宇라
　　　　승 승 ○ 재 당　　요 접 연 천 우
노끈을 집안에 쌓은 것은／ 하늘과 연결하기 위함이네
▪ 좋은 인연을 맺기 위해 평소부터 노력하는 운.

세운 夜雨正逢春하니 宇宙生和氣라
　　　　야 우 정 봉 춘　　우 주 생 화 기
밤비에 바로 봄 만나니／ 우주에 화기和氣가 넘치네
▪ 어려움 속에서 점차 좋아지는 운.

2245

남명 雲電斗星見하니 石路馬蹄輕이라
　　　　운 전 두 성 견　　석 로 마 제 경
구름 속에 번개쳐서 두성이 보이니／ 돌길에 말발굽 가볍네
▪ 어렵고 힘든 가운데서도 이끌어주고 도와주는 사람을 만나 좋게 개척해 나가는 운.

여명 齊大非吾偶니 姻緣自己排라
　　　　제 대 비 오 우　　인 연 자 기 배
제나라가 크나 내 짝이 아니니／ 인연은 이미 스스로 안배되어 있네
▪ 너무 큰 것을 바라지 않으면 만족할 수 있는 운.

세운 登樓眺望間에 乘輿立千里라
　　　　등 루 조 망 간　　승 여 입 천 리

누각에 올라 멀리 바라보는 사이에/ 가마를 타고 천리 바깥에 섰네
▪ 계획을 세우고 곧바로 실천해서 성공하는 운, 혹은 친한 벗과 이별하는 운.

2346

남명 北斗日中見하니 斯言傳古今이라
　　　　북 두 일 중 견　　사 언 전 고 금

북두성을 한낮에 보니/ 이 말이 고금에 전해지게 되었네
▪ 대낮에 북두성이 보인다면 일식으로 크게 어두울 때만 가능하다. 예로부터 일식은 임금이 정치를 잘 못해서 하늘이 경고의 표시를 하는 것이라고 하였으니, 『주역』 화풍정괘에서도 크게 흉하다고 한 것이다.

여명 白璧一雙好하니 留心手內擎이라
　　　　백 벽 일 쌍 호　　유 심 수 내 경

흰 구슬 한쌍이 좋으니/ 조심조심 손안에 받들었네
▪ 귀한 자식을 낳고, 가정을 소중히 여기며, 가사일을 열심히 하는 운.

세운 ○○○○○ ○○○○○
▪ 흉운.

2447

남명 初生嫩松柏이 栽向雪霜中이라
　　　　초 생 눈 송 백　　재 향 설 상 중

처음 난 연한 소나무와 잣나무가/ 커가며 눈서리 가운데로 향하네
▪ 아직 제대로 뿌리도 내리기 전에 시련을 만나 곤하지만, 꿋꿋하게 역경을 헤치며 사는 운.

여명 ○○○○○ ○○○○○
▪ 흉운.

세운 ○○○○○ ○○○○○
- 흉운.

2548

남명 惟我有用禾하니 一井供萬竈라
　　　　유 아 유 용 화　　　일 정 공 만 조

나만이 사용할 곡식이 있으니/ 한 우물이 만 가정의 부엌에 공급하네
- 충족하지는 못해도 나로 인해 사람들이 생계를 유지할 수 있게 되는 운.

여명 秋月當空滿이나 雞鳴又向西라
　　　　추 월 당 공 만　　　계 명 우 향 서

가을 달이 하늘 높이 가득했으나/ 닭이 우니 또한 서쪽으로 향하네
- 한때 크게 성공하나, 오래 지속하지 못하는 운.

세운 決水東西流하니 難定從彼勢라
　　　　결 수 동 서 류　　　난 정 종 피 세

물이 나뉘어져 동쪽 서쪽으로 흐르니/ 따라갈 방향 정하기 어렵네
- 갈림길에 놓여서 선택하기 힘든 운.

申日

3346

남명 茆屋蒿供祭하니 百神皆享之라
　　　　묘 옥 호 공 제　　　백 신 개 향 지

띠로 만든 집에서 쑥으로 제사를 올리니/ 백가지 신이 다 흠향하네
- 소박하나 정성을 다해서 일을 처리하니, 모든 신령과 사람들이 돕는 운.

여명 蕙帳共蘭房이요 春風與明月이라
　　　혜 장 공 난 방　　　춘 풍 여 명 월

난초 장막 안에 난초 방이고/ 봄바람과 밝은 달일세
▪ 좋은 배필을 만나 서로 도와가며 사는 운.

세운 笋生於林下하야 長養自萌芽라
　　　순 생 어 림 하　　　장 양 자 맹 아

죽순이 숲 밑에 나서/ 길게 자라서 스스로 싹 돋네
▪ 좋은 환경에서 이제 막 운이 열리는 때.

2247

남명 烟霞朝日食하니 吾道不雷同이라
　　　연 하 조 일 식　　　오 도 불 뇌 동

연기와 안개를 아침이면 날마다 먹으니/ 나의 도는 여러 사람 함부로 따르지 않네
▪ 산야에 은거하여 도를 지키고 세상과 멀리하여 크게 득도하는 운.

여명 綠衣緣自部하니 何用假黃裳가
　　　녹 의 연 자 부　　　하 용 가 황 상

푸른 윗옷을 스스로 입고 있으니/ 누런 치마 빌릴 것 무엇 있나?
▪ 푸른 옷은 도道를 공부하는 옷이고, 누런 치마는 임금밑에서 벼슬하여 부귀영화를 누리는 것이다.

세운 惟魚與熊羆가 二者豈能兼가
　　　유 어 여 웅 비　　　이 자 기 능 겸

물고기와 물고기를 잡는 곰/ 두 가지를 어찌 다 얻을 수 있으랴?
▪ 물고기도 얻고, 또 물고기를 잡아주는 곰도 얻고 싶은 것이 사람의 욕심이나, 둘 중의 하나만 선택해야 하나라도 제대로 얻을 수 있는 것이다.

2348

남명 去敲天上鼓요 跌足履冰霜이라
　　　　거 고 천 상 고　　선 족 리 빙 상

하늘 위에 있는 북을 치며 가고/ 맨발로 얼음과 서리를 밟고 가네
■ 하고성河鼓星은 군대의 북과 병기를 주관한다. 또는 삼무三武라고도 하여 천자 天子의 삼장군을 주관한다. 무인武人으로 전쟁터에서 온갖 고생을 다하는 운이다.

여명 晩風留芍藥하니 須避築風臺라
　　　　만 풍 유 작 약　　수 피 축 풍 대

석양 바람이 작약꽃에 부니/ 피하려면 바람막이 집을 지어야 하네
■ 작약꽃은 크고 아름다운 꽃이다. 석양에 부는 바람은 짓궂은 바람으로, 큰 꽃을 흔들어서 떨어뜨리니, 자신을 잘 지키려면 좋은 배필을 만나야 한다.

세운 背月登樓望하니 風生星斗移라
　　　　배 월 등 루 망　　풍 생 성 두 이

달을 등지고 누각에 올라 바라보니/ 바람이 불고 별들이 옮겨가네
■ 바람이 불고 별들이 옮겨 가면 비바람과 동시에 변화가 있을 징조다. 안심하고 좋은 달구경을 하려다가, 봉변을 만나기 쉬우니 조심해야 하는 운이다.

2449

남명 紅添綠減處에 鳥啼三月天이라
　　　　홍 첨 녹 감 처　　조 제 삼 월 천

붉은 빛 더하여 푸른 빛 적어지는 곳에/ 새 우는 삼월의 하늘일세
■ 부귀의 길은 가깝고, 신선의 도는 멀어지는 운이다.

여명 月娥留桂子하니 圓缺又同情이라
　　　　월 아 유 계 자　　원 결 우 동 정

달 속 항아姮娥가 계수나무 열매에 머물고 있으니/ 둥그나 이지러지나 정겨움이 또한 같으네
■ 후예后羿가 서왕모에게 불사약을 달라서 집에 두었는데, 그 아내 항아가 훔쳐 먹고 달로 달아나서 신선이 되어 달의 정령精靈이 되었다고 한다. 그후로 달속의

선녀를 항아라고 한다. 달이 둥그렇게 되거나 이지러져 초승달이 되거나, 그 안에 아름다운 항아가 살고 있는 것은 마찬가지듯이, 주변의 변화에도 불구하고 자신의 뜻과 자태를 잃지 않는 운이다.

세운 雞兒方出殼하니 各自奔前程이라
　　　　계 아 방 출 각　　각 자 분 전 정

병아리가 방금 알에서 깨어나니/ 각자가 알아서 앞길로 달려가네
▪ 이제 초창기의 미약한 때이더라도, 같이 일하는 사람들이 한 마음 한 뜻이 되어 자기의 일을 알아서 처리하는 운이다. 혹 처지를 모르고 날뛰는 운이다.

酉日

3348

남명 丘陵勢自殊니 井地分經界라
　　　　구 릉 세 자 수　　정 지 분 경 계

언덕과 땅의 형세가 스스로 다르니/ 땅을 그어 경계를 나누네
▪ 각자의 특성에 맞게 하면서도, 여럿이 다 따를 수 있는 원칙을 세워서 일을 경영해 나가는 운.

여명 爲問女佳人호니 春光能有幾오
　　　　위 문 여 가 인　　춘 광 능 유 기

아름다운 여인에게 묻노니/ 봄빛이 얼마나 가겠는가?
▪ 아름다움은 잠시 뿐이니, 용모외의 아름다움을 길러야 한다.

세운 機事不密成이면 反遭其悔吝이라
　　　　기 사 불 밀 성　　반 조 기 회 린

기밀스러운 일을 비밀스럽게 이루지 않는다면/ 도리어 후회와 인색함 만나네
▪ 주변관리를 잘 못하여 비밀이 새어나가면, 일이 성사되지 않을 뿐만 아니라, 도리어 은혜를 베푼 것이 화근이 되어 돌아오는 운.

2249

남명 太歲屬木人은 厥德從風偃이라
　　　태 세 속 목 인　　궐 덕 종 풍 언

생년이 목木에 속하는 사람은/ 그 덕(성질)이 바람을 따라 눕게 된다네

▪ 바람에 휩쓸려 풀들이 고개 숙이듯이 이리저리 바람따라 흔들리는 성격이다. 따라서 윗사람을 잘 만나면 좋으나, 잘못 만나면 안좋게 되는 운.

여명 莫羨螽斯好하라 靑天露不宜라
　　　막 선 종 사 호　　청 천 로 불 의

메뚜기 좋다고 부러워 마라/ 하늘의 이슬이 마땅치 않네

▪ 일도 안하고 팔자좋게 먹고 놀기만 하고 자식을 많이 낳는 메뚜기는, 가을이 되면 바로 명줄이 끊어진다. 메뚜기의 신세를 부러워한다면 얼마 안가서 흉하게 되는 운.

세운 ○○○○○ ○○○○○
▪ 흉운.

2350

남명 天爲蓬島屋이요 風雪作錦屛이라
　　　천 위 봉 도 옥　　풍 설 작 금 병

하늘로 봉래섬의 집을 삼고/ 바람과 눈으로 비단 병풍 삼는다
▪ 신선의 도를 공부하며 수양하는 운.

여명 迷失從前路하니 桃源上可尋이라
　　　미 실 종 전 로　　도 원 상 가 심

길을 잃고 헤매다 앞길 따라가니/ 복숭아 꽃피는 선경을 찾을 수 있네
▪ 이리저리 헤매다가 인생의 좋은 스승을 만나는 운.

세운 遙望海漫漫하니 不見蓬萊島라
　　　요 망 해 만 만　　불 견 봉 래 도

멀리 바라보니 바다만 유유하고/ 봉래도의 선경은 보이지 않네
▪ 봉래도蓬萊島는 신선이 사는 곳이다. 따라서 신선의 도를 공부하고자 하나, 인도자를 만나지 못하여 헤매는 운.

戌日

3350

남명 邃屋密房間에 鳳凰在鼠穴이라
　　　　수 옥 밀 방 간　　봉 황 재 서 혈
깊은 집 비좁은 방 사이에서/ 봉황새가 쥐구멍에 있네
▪ 큰 인물이 때를 못 만나, 엉뚱한 곳에서 곤욕을 치루는 운.

여명 好修淸淨緣하고 莫入風塵隊하라
　　　　호 수 청 정 연　　막 입 풍 진 대
맑고 깨끗한 인연 잘 닦고/ 바람과 티끌 속으로 들어가지 마라
▪ 자신의 몸과 마음을 수양하고, 세속의 욕망은 멀리해야 하는 운. 또는 청빈한 사람을 만나 조촐하게 살아가는 운.

세운 園林過風處에 草木自修然이라
　　　　원 림 과 풍 처　　초 목 자 수 연
동산 숲 바람 지나는 곳에/ 초목이 자연히 무성하다
▪ 욕심내지 말고 자연의 이치대로 살면 저절로 잘 풀리는 운.

2251

남명 提劍北方起하니 飛金雪嶺塵이라
　　　　제 검 북 방 기　　비 금 설 령 진

칼을 들고 북녘에서 일어나니/ 눈 쌓인 고갯길에 쇠붙이 날린다
■ 장군의 직책으로 전쟁터를 다니며 갖은 고초를 다 겪는 운이다.

여명 百花蜂戀採하니 勤苦爲誰忙가
　　　　백 화 봉 연 채　　근 고 위 수 망

벌들이 여러 가지 꽃을 사랑하며 채취하니/ 누구를 위해 바삐 고생하는가?
■ 온갖 고생을 낙으로 알며 열심히 일하나, 소득은 적은 운이다.

세운 蓬萊須日見이나 遙望水漫漫이라
　　　　봉 래 수 일 견　　요 망 수 만 만

봉래산이 곧 보일 것이나/ 멀리 보니 물만 굽이쳐서 흐른다
■ 좋은 운이 올 듯 올 듯 하면서도 오지않는 운이다.

亥日

3352

남명 雨漲長江急하니 烟波萬頃潮라
　　　　우 창 장 강 급　　연 파 만 경 조

비로 장강이 불어 급히 흐르니/ 만경의 물결에 뿌연 파도 일어나네
■ 빠르고 큰 변화속에서 어려움을 헤쳐나가는 운.

여명 天邊有明月하니 何處照人間가
　　　　천 변 유 명 월　　하 처 조 인 간

하늘가에 밝은 달 있으니/ 어느 곳에서 인간 세상 비추나?
■ 분명 희망은 있으나, 어디서부터 찾아야 될지 잘 모르는 운.

세운 古鏡復重磨하니 百金須有喜라
　　　　고 경 부 중 마　　백 금 수 유 희

옛거울을 다시 닦으니/ 모든 금전적인 일에 기쁨이 있게 되네
▪ 전에 실패했던 일을 다시 시작하여 경제적으로 성취를 하는 운.

| 火部 | 병인·정묘·갑술·을해·무자·기축·병신·정유·갑진·을사·무오·기미년에 해당 |

♨ 子日 ♨

3331

남명 宇宙生三才나 乾坤猶未足이라
　　　우 주 생 삼 재　　건 곤 유 미 족
우주에 삼재가 생겼으나/ 건곤이 아직 충족되지 않았네
▪ 우주가 처음 운동을 시작하여 하늘과 땅 및 사람이 생겼으나, 아직 음과 양의 구별이 확실하지 않은 때라고 하였다. 크게 발전하기는 하나, 아직 소박한 단계를 벗어나지 못한 운을 말한다.

여명 空中光焰出하니 調鼎事重新이라
　　　공 중 광 염 출　　조 정 사 중 신
하늘에서 빛 뿜어 나오니/ 조절하고 요리하여 일이 다시 새로워졌네
▪ 초창기의 투박한 것을 잘 고치고 다듬어 좋게 만드는 사람의 운이다.

세운 食鼠有餱糧하니 大數皆前定이라
　　　식 서 유 후 량　　대 수 개 전 정
쥐가 먹어도 마른 양식 있으니/ 큰 운수가 미리 정해져 있네
▪ 도적을 당하거나 어려움이 생겨도 곧 회복해서 이득을 보는 운.

2232

남명 却將三尺竿하야 來作中流柱라
　　　각 장 삼 척 간　　내 작 중 류 주
세 자 길이의 낚싯대 가져다가/ 흐르는 물 가운데 기둥 세웠네
▪ 세 자(三尺)는 1m가 채 안된다. 그렇게 작은 낚싯대로는 큰 고기를 낚을 수 없

는 데도 큰 고기를 낚으려고 중류로 들어간 것이다.

여명 喜鵲營巢久나 鳩居忽變遷이라
　　　　희 작 영 소 구　　구 거 홀 변 천

기쁜 까치는 집 지은 지 오래이나/ 비둘기는 살다가 홀연히 집 옮겨 가네
- 까치집에 비둘기가 와서 사는 것은, 아내가 남편에게 시집와서 사는 것에 비유한다. 여기서는 아내가 남편집을 파탄시키는 것을 말한다.

세운 急水補漏舟하니 狂波難砥柱라
　　　　급 수 보 루 주　　광 파 난 지 주

급한 물에 새는 배 보수하니/ 미친 파도에 지탱하기 어렵네
- 배를 미리 보수하여야지, 보수를 게을리 하다가 급류 속에서 수리하니, 그 위험을 알만하다.

2333

남명 天表霽虹見이요 風吹向冽泉이라
　　　　천 표 제 홍 견　　풍 취 향 렬 천

하늘 개어 무지개 나타나고/ 맛있는 샘물가에 바람이 불어온다
- 어려움 끝에 즐거움이 겹쳐서 오는 운으로, 이제 막 운이 열리는 때이다.

여명 莫報東風急하라 好花春日開라
　　　　막 보 동 풍 급　　호 화 춘 일 개

동풍이 급하게 분다고 말하지 마라/ 좋은 꽃이 봄을 맞아 피게 되네
- 겉으론 혼란스럽고 어려워 보여도, 자연의 순리대로 길하게 되는 운.

세운 倉庫鼠損處하니 小虧有大盈이라
　　　　창 고 서 손 처　　소 휴 유 대 영

창고에 쥐가 먹고 거처하니/ 조금은 손해 보나 크게 이익됨 있으리라
- 쥐가 곡식을 훔쳐 먹는 것은 좋은 일이 아니나, 쥐 꼬인다는 것은 곡식이 풍부하기 때문이다. 큰 일에 의례히 따르는 손실이며 소인배일 뿐이다.

2434

남명 鳳簫無一竅하니 不用奏韶音이라
　　　　봉 소 무 일 규　　 불 용 주 소 음

봉황새 무늬 퉁소에 한 구멍도 없으니/ 소韶의 음악을 연주할 수 없네

▪ 소韶의 음악은 순舜임금의 음악으로 소박하면서도 사람의 마음을 감동시켜 순화시키는 음악이다. 그러나 구멍이 막혀 좋은 음악을 연주할 수 없으니, 겉은 화려하나 소박함과 실속이 없어 쓸모없는 운을 말한다.

여명 雖無金剉刀나 解使琴弦斷이라
　　　　수 무 금 좌 도　　 해 사 금 현 단

비록 쇠를 짜르는 칼은 없으나/ 거문고 줄 끊을 수 있네

▪ 거문고 줄을 끊는다는 것은 재혼을 한다는 뜻이다. 여인이 마음을 독하게 먹으면 인연을 끊는 정도는 할 수 있다는 것이다.

세운 孤雲纔出嶺하니 ○去便無回라
　　　　고 운 재 출 령　　 ○ 거 변 무 회

외로운 구름이 겨우 고개를 넘어가니/ 한번 가서 다시 돌아오지 않네

▪ 아무도 도와주지 않고 자신의 힘도 별로 없으니, 한번 실패하면 다시는 재기하기 힘든 운이다.

2535

남명 杯水成海河하니 乾坤自我持라
　　　　배 수 성 해 하　　 건 곤 자 아 지

술잔의 물이 바다와 강물 이루니/ 건곤을 내가 스스로 지탱하네

▪ 사람들의 뜻을 크게 하나로 모아서 천하를 다스리는 운.

여명 青天雷一聲이 驚散梁間燕이라
　　　　청 천 뢰 일 성　　 경 산 양 간 연

푸른 하늘 천둥치는 소리가/ 서까래 사이의 제비 놀라 흩어지게 하

네
- 주변의 갑작스런 날벼락에 공연히 놀라고 가슴 졸이는 운.

세운 紅塵百花處에 蜂蝶兩交加라
　　　　홍 진 백 화 처　　봉 접 양 교 가

붉은 티끌 속 여러가지 꽃 만발한 곳에/ 벌과 나비가 서로 교대로 날아드네
- 크게 부유롭고 영화로우니, 모든 사람들이 기꺼이 모여드는 운.

2636

남명 田旣授以井하니 心寧安厥常이라
　　　　전 기 수 이 정　　심 녕 안 궐 상

밭을 이미 구획해서 정하니/ 마음 편히 일상 생활 즐기네
- 모든 일을 원만히 다스리고 평화를 즐기는 운.

여명 龜鶴期高壽나 風光恐暗移라
　　　　구 학 기 고 수　　풍 광 공 암 이

거북과 학이 오래 산다고 하나/ 세월의 풍광이 몰래 옮겨갈까 두렵다
- 어떤 일이든지 영화로움이 있으면 몰락도 있는 것이니, 너무 자만하지 말아야 하는 운. 자칫 요절할 수도 있다.

세운 三足鼎分時에 缺一尚不可라
　　　　삼 족 정 분 시　　결 일 상 불 가

솥 발이 셋으로 나뉘어 서는 때니/ 하나가 없어도 되지를 않네
- 지금이 가장 안정된 상태이나, 자신을 돕는 사람과 조건 중에 하나라도 없으면 기울기 시작하는 운.

2737

남명 穴居而野處러니 棟宇自淸凉이라
　　　　헐 거 이 야 처　　 동 우 자 청 량
굴에 살고 들에 거처하더니/ 기둥과 집이 스스로 맑고 시원하다
■ 원시인처럼 살다가 격식을 갖추어 살게 되는 운. 혹 신선공부하는 운.

여명 魚水百年間에 錦鱗三十六이라
　　　　어 수 백 년 간　　 금 린 삼 십 륙
고기가 물을 만나 백년을 사니/ 비단 비늘이 서른 여섯일세!
■ 남편을 잘 만나 금슬이 좋고, 존경과 칭송을 받으며 오래도록 장수하는 운.

세운 扶梁憑短棹하야 得渡過江東이라
　　　　부 량 빙 단 도　　 득 도 과 강 동
들보를 붙들고 짧은 노에 의지하여/ 강 동쪽으로 건너가게 되었네
■ 주변의 도움 없이 혼자의 힘으로 개척하여 성공하는 운.

2838

남명 淸波泛百川하니 引出蓼浦澤이라
　　　　청 파 범 백 천　　 인 출 요 포 택
맑은 물결이 모든 내를 범람시키니/ 물줄기가 여뀌 있는 개울과 못에 까지 나오게 되었네
■ 좋은 정치를 펴서 모든 사람에게 그 은택을 미치는 운.

여명 出海珊瑚樹가 枝柯只自垂라
　　　　출 해 산 호 수　　 지 가 지 자 수
산호초가 바다에서 나오니/ 가지가 저절로 아래로 드리워졌다
■ 산호초는 바다에서 사는 식물(원래는 강장동물)로 물결따라 가지가 움직이며 산다. 그러나 바다밖으로 나와 물에 떠있지도 못하고, 또 자신을 지탱할 힘도 없으므로 저절로 아래로 쳐지게 되는 것이다. 즉 아름다운 자태와 좋은 집에서 태어났으나, 자신을 스스로 지탱할 힘은 없고, 다만 온실의 화초처럼 사는 운이다.

세운 呂公遇鍾離하니 得舟須變觀이라
　　　　여 공 우 종 리　　　득 주 수 변 관

여공이 종리매鍾離昧를 만났으니/ 배를 얻어 변화를 관찰해야 하네
■ 한漢나라 고조高祖의 장인인 여공呂公이 초패왕에게 포로가 된 고조의 식구들을 구출하기 위해 초패왕의 신하인 종리매를 만나 섭외한 사건으로, 적이라도 때에 따라서는 이편으로 만들면 좋은 운이다.

2939

남명 閒鎖芳亭月이요 門扃細柳春라
　　　　한 쇄 방 정 월　　　문 경 세 류 춘

꽃다운 정자에 달빛 한가히 비치고/ 수양버들 봄 맞아 문앞에 드리웠네
■ 풍류를 즐기며 사는 운이다.

여명 身在寶瓶中하니 莫行金井畔하라
　　　　신 재 보 병 중　　　막 행 금 정 반

몸이 보배로운 병속에 있으니/ 가을 우물가에 가지 마라
■ 현재 있는 상태를 잘 지키고 만족하여야지, 새로운 것을 생각하면 어렵게 되는 운이다. 보병궁은 산물이 풍부한 제나라를 관할한다.

세운 燕期秋社歸하니 遙遙看初路라
　　　　연 기 추 사 귀　　　요 요 간 초 로

가을 제비는 돌아올 것을 기약하고/ 멀리멀리 초행길 쳐다보며 가네
■ 현재는 사정이 여의치 못해서 일보 후퇴하나, 반드시 다시 성공할 기약이 있는 운이다.

3040

남명 一蟲生兩翅하야 飛入百花叢이라
　　　　일 충 생 양 시　　　비 입 백 화 총

벌레에 두 날개 돋아나서/ 여러 가지 꽃 피어있는 꽃가지 속으로 날

아드네
- 능력도 있고 운도 좋아져서, 풍요롭게 여러 사람과 교제하며 사는 운이다.

여명 麗日正芬芳하니 春風吹綠柳라
　　　　　려 일 정 분 방　　춘 풍 취 녹 류
고운 햇빛이 향기롭고 꽃다우니/ 봄바람이 푸른 버들에 부네
- 평화로운 가운데 차츰 좋아지는 운.

세운 黃蜂與粉蝶이 撩亂百花叢이라
　　　　　황 봉 여 분 접　　요 란 백 화 총
누런 벌과 가루 묻힌 나비가/ 꽃떨기 속에서 요란하게 노니네
- 일을 성취하기가 가장 좋은 때이니, 힘껏 노력해 볼만한 운이다.

3141

남명 拱把之桐梓가 斫爲棟梁材라
　　　　　공 파 지 동 재　　작 위 동 량 재
아름드리 오동나무와 가래나무가/ 깎이어 기둥과 대들보가 되네
- 능력과 재질이 충분한 사람이 자신을 수양하고 노력한 끝에 큰 인재가 되는 운.

여명 孤舟流水急하니 ○向溪灘○
　　　　　고 주 유 수 급　　　○ 향 계 탄 ○
외로운 배에 흐르는 물 급하니/ 바삐 여울가로 향해 떠가네
- 급류 속에 아무런 도움도 줄 사람 없이 놓였으니, 자꾸 위험한 곳으로 가는 것을 막을 길이 없는 운. 침착한 마음가짐이 필요하다.

세운 工師得大木하니 必去勝其任이라
　　　　　공 사 득 대 목　　필 거 승 기 임
목수가 큰 나무 얻었으니/ 반드시 그 소임을 다할 것이다
- 자신을 도와줄 큰 인재를 얻어서 대업大業을 완수하는 운.

3242

남명 田獵在高山하니 遍麟棄麋鹿이라
　　　　전 렵 재 고 산　　이 린 기 미 록

사냥을 하며 높은 산에 있으니/ 기린을 따라가고 사슴을 버리네
▪ 기린은 성인聖人의 길이고, 사슴은 권력으로의 길이다. 권력을 버리고 만인의 스승이 되는 성인의 학문을 배우는 운이다.

여명 春風花始開하니 枝頭慳結子라
　　　　춘 풍 화 시 개　　지 두 간 결 자

봄바람에 꽃이 처음 열리니/ 가지 끝에 아직 열매 맺지 않았네
▪ 이제 막 열리기 시작한 운으로, 아직 결실을 맺기는 이른 때이다(자식 낳기 힘들다).

세운 良馬羈其足하니 百鞭難難進이라
　　　　양 마 기 기 족　　백 편 난 난 진

좋은 말이 그 발이 묶였으니/ 백번 채찍질해도 나가기 어렵네
▪ 아무리 좋은 말이라도 환경이 좋지 않으면 앞으로 나갈 수 없는 것처럼, 능력이 있어도 발휘하지 못하는 운이다.

🌱 丑日 🌱

3333

남명 秋天霖雨集하니 平地水中行이라
　　　　추 천 림 우 집　　평 지 수 중 행

가을 하늘에 장마비 쏟아지니/ 평지가 물 흘러 도랑이 되었네
▪ 예기치 않은 변란으로 인해 결실을 얻기 어려운 운.

여명 玉樹好移根하니 東風終結子라
　　　　옥 수 호 이 근　　동 풍 종 결 자

좋은 나무를 좋게 옮겨 심으니/ 봄바람에 결국 열매 맺었네
▪ 좋은 곳으로 시집가 자식이 번창하는 운.

세운 輕舟將過浪하니 一喜一憂驚이라
　　　경 주 장 과 랑　　　일 희 일 우 경

가벼운 배로 파도를 지나가니/ 한번은 기쁘고 한번은 근심하며 놀라네
▪ 요행수로 목적한 바를 얻게 되니, 기쁘기도 하지만 마음고생이 심하다.

2234

남명 獨將一葉舟하고 去向桃花浪이라
　　　독 장 일 엽 주　　　거 향 도 화 랑

홀로 조각배 하나 가지고/ 복숭아 꽃 물결 향해가네
▪ 신선공부 하는 운. 혹 주위의 도움없이 자수성가自手成家하는 운이다.

여명 丁香連豆蔲하니 結果玉稍頭라
　　　정 향 연 두 구　　　결 과 옥 초 두

정향이 두구와 연결되니/ 가지 위에 좋은 열매 맺었네
▪ 정향은 향기를 취하고, 두구는 약용식물로 실질적인 쓰임이 있다. 이 둘이 합해서 배필이 되니, 그야말로 금상첨화錦上添花의 운이다. 또는 좋은 배필을 만나 훌륭한 자식을 두고 잘사는 운.

세운 燈光夜結花하니 喜兆先期報라
　　　등 광 야 결 화　　　희 조 선 기 보

등빛이 밤에 불꽃을 맺으니/ 기쁜 조짐 먼저 전해주고 있네
▪ 좋은 모임을 갖게 하는 운으로, 혼인을 하거나 뜻에 맞는 사람끼리 모임을 결성하게 된다.

2335

남명 金錢買松竹하야 白雲深處栽라
　　　금 전 매 송 죽　　　백 운 심 처 재

소나무와 대나무를 돈으로 사서/ 흰 구름 깊은 곳에 심었네
- 어지러운 세상을 만나, 간신히 자기 몸만 은둔하여 절개를 지키며 살아가는 운.

여명 ○○○○○ ○○○○○
- 흉운.

세운 道塗皆平坦하니 涉履更何憂아
　　　　도 도 개 평 탄　　섭 리 갱 하 우
도로가 다 평탄하니/ 걷고 건너는데 다시 무슨 걱정인가?
- 순조롭게 열리는 운.

2436

남명 燭與月爭光이요 飛空天上絮라
　　　　촉 여 월 쟁 광　　비 공 천 상 서
촛불은 달빛과 서로 밝음을 다투고/ 하늘에는 버들강아지 날으네
- 서로 경쟁하면서 노력하여 부귀롭게 되는 운.

여명 寶瑟十三絃을 更張韻更淸이라
　　　　보 슬 십 삼 현　　경 장 운 갱 청
보배로운 거문고 열세 줄을/ 고쳐서 조율하니 운율이 다시 청아해졌네
- 부부간에 조절과 화합을 통하여 금슬좋게 사는 운.

세운 舟行得水脈하니 波浪不爲憂라
　　　　주 행 득 수 맥　　파 랑 불 위 우
배 가는데 물길을 얻으니/ 파도와 거센 물결 걱정되지 않네
- 자신의 능력과 주변의 도움을 얻어 어려움을 잘 헤쳐나가는 운.

2537

남명 壁上畵山水하니 四時維如一이라
　　　　벽 상 화 산 수　　사 시 유 여 일

벽 위에 산수를 그리니/ 사시四時에 한결같이 변함이 없네
- 한 번 먹은 마음을 변치 않고 지키며 사는 운.

여명 春風應轉蕙요 秋水有名珠라
　　　　춘 풍 응 전 혜　　추 수 유 명 주

봄바람은 응당히 난초향기 전하고/ 가을 물에는 이름난 구슬 있네
- 젊어서는 아름답고 향기로우며, 나이 들어서는 자식복 누리며 사는 운.

세운 過江反思飮이요 臨渡却思回라
　　　　과 강 반 사 음　　임 도 각 사 회

강을 건넌 뒤에 물 마실 생각하고/ 건너려다가는 다시 돌아올 생각하네
- 기회 있을 때 잡지 못하고, 또 어렵고 힘든 모험보다는 가깝고 쉬운 현실을 택하는 운.

2638

남명 鐵船在江水하니 船內有魚遊라
　　　　철 선 재 강 수　　선 내 유 어 유

철갑선이 강물 위에 있으니/ 배 안에 고기 놀고 있네
- 활동범위가 좁고 언제 죽게 될지 모르며, 일시적인 즐거움에 안주하는 사람의 운.

여명 秋月來天上하니 淸光照世間이라
　　　　추 월 래 천 상　　청 광 조 세 간

가을 달이 하늘 위에 뜨니/ 맑은 빛이 세상을 비추네
- 밝은 지혜와 높은 기상으로 만인의 사표가 되는 운.

세운 老驥强伏櫪이나 志在遠方遊라
　　　　노 기 강 복 력　　지 재 원 방 유

늙은 천리마가 마판馬板에 억지로 엎드렸으나/ 뜻은 먼곳을 노닐고 있네
- 힘과 재주를 가진 훌륭한 사람이었으나, 이제는 늙고 기진해져서 옛추억이나 생

각하는 운.

2739

남명 冬生秦嶺上이요 蘭蕙出蓬蒿라
　　　동 생 진 령 상　　　난 혜 출 봉 호
진령 위에 겨울이 되고/ 난초 밭에서 쑥 나오네
▪ 한때는 향기로운 영화를 누렸으나, 때와 환경이 도와주지 않아서 모든 일이 어그러진 운.

여명 金石兼盟好하니 光陰自短長이라
　　　금 석 겸 맹 호　　　광 음 자 단 장
금석에 새기며 좋은 맹서를 하니/ 세월이 저절로 오가네
▪ 좋은 배필을 만나 백년해로를 하는 운.

세운 捕禽與得兎하니 凡事無心出이라
　　　포 금 여 득 토　　　범 사 무 심 출
새를 잡고 토끼를 얻으니/ 모든 일이 무심히 되네
▪ 번잡하고 흥청거린 사냥이 끝나게 되니, 사냥개나 몰잇꾼이 필요없게 되는 운.

2840

남명 律己非繩尺이요 修身無斧斤이라
　　　율 기 비 승 척　　　수 신 무 부 근
자신을 절제하는 것은 먹줄과 자가 아니고/ 몸을 닦는데는 도끼와 자귀가 필요없네
▪ 절제하는 마음을 갖고 살면 좋지만, 그렇지 못해 항상 아쉬움을 안고 사는 운.

여명 寢寐將何倚아 雌雄在河洲라
　　　침 매 장 하 의　　　자 웅 재 하 주
자나 깨나 어디에 의지할까?/ 암수가 강물 가에 있네
▪ 좋은 짝을 얻어서 지조를 지키며 사는 운.

세운 百花開爛熳하니 蜂蝶戲春園이라
　　　　백 화 개 난 만　　　봉 접 희 춘 원

여러가지 꽃이 난만하게 피었으니/ 벌과 나비가 봄동산 희롱하네
▪ 모든 것이 풍성하니 즐겁다. 그러나 오래 유지하고 싶으면 절제를 해야 하는 운.

2941

남명 九年禹洪水요 七載湯亢陽이라
　　　　구 년 우 홍 수　　　칠 재 탕 항 양

구년 동안 우임금의 홍수 내리고/ 칠년 동안 탕임금의 가뭄일세
▪ 우임금은 9년동안의 대홍수를 잘 다스려 임금이 되고 정치를 잘하는 기반을 닦았고, 탕임금은 7년동안의 가뭄을 잘 다스려 은나라의 기업을 닦았다. 큰 어려움을 이겨나가면 더욱 번창하는 기반이 되는 것이고, 이기지 못하면 큰 재앙이 되는 것이다.

여명 親親人未久하니 重整舊家風이라
　　　　친 친 인 미 구　　　중 정 구 가 풍

어버이를 소중히 모시는 것을 사람들이 못한 지 오래니/ 거듭 옛가풍을 정돈하라
▪ 어지럽고 풍비박산된 집에 시집가서, 가풍家風을 다잡아 집안을 보존하고 일으키는 운.

세운 銅壺幷滴漏가 一定不由人이라
　　　　동 호 병 적 루　　　일 정 불 유 인

구리병에 떨어지는 물방울이/ 일정해서 사람따라 다르지 않네
▪ 하늘이 주는 기회는 동등하니, 자신의 노력에 따라 성패가 갈리게 되는 운.

火부 축일

3042

남명 舟停綠水上하고 雁字寫長空이라
주 정 녹 수 상   안 자 사 장 공
배는 푸른 물 위에 멈춰있고/ 기러기는 긴 하늘에 글자를 썼네
■ 별다른 풍파없이 한적하게 사는 운.

여명 寒梅空自白이요 芳草爲誰新가
한 매 공 자 백   방 초 위 수 신
찬 매화는 공연히 스스로 희고/ 꽃다운 풀은 누구를 위해서 새롭게 피는가?
■ 자태와 재질이 훌륭하나, 알아주는 이 없어 외로운 운.

세운 秋天淨如洗하니 雁字寫長空이라
추 천 정 여 세   안 자 사 장 공
가을 하늘은 씻은 듯이 깨끗하고/ 기러기는 긴 하늘에 글씨를 썼네
■ 세속의 잇속과 상관없이 유유자적하며 사는 운.

3143

남명 飯糗猶茹草하고 被袗衣鼓琴이라
반 구 유 여 초   피 진 의 고 금
나물 먹고 죽 먹으며/ 고운 옷 입고 거문고 치네
■ 풍류를 즐기며 한가로이 사는 운.

여명 前生緣分定이어늘 虛度幾重山가
전 생 연 분 정   허 도 기 중 산
전생에 연분이 정해졌는데/ 헛되이 몇 굽이 산을 건넜는가?
■ 가까운 곳에서 연분을 구해 평범하게 사는 운.

세운 深潭尤自躍하니 變化得其時라
심 담 우 자 약   변 화 득 기 시
깊은 못에서 (용이) 더욱 스스로 뛰니/ 변화가 그 때를 얻었다

■ 오랫동안의 준비 끝에 큰 일 향해 도약을 해보는 운.

寅日

3335

남명 廣寒深邃處에 凜凜扇寒風이라
　　　　광 한 심 수 처　　늠 름 선 한 풍
광활하고 찬 깊숙한 곳에서/ 찬바람이 서늘하게 불어오네
■ 이미 호시절은 다 가고 춥고 어려운 겨울이 닥친 운이다. 그러나 계절은 돌고 도는 것이니, 겨울 동안 봄을 위해 준비를 해야 할 것이다.

여명 東君休嘆老하라 花謝又還生이라
　　　　동 군 휴 탄 로　　화 사 우 환 생
동군東君이 늙었다 탄식하지 마라/ 꽃 떨어지면 또 다시 살아 나오게 되네
■ 동군은 봄을 주관하는 신神이다. 봄과 여름의 화창하고 무성한 기운이 지나갔다 하여서, 다시 그런 영화를 못 볼 것으로 생각하지 말라는 뜻이다. 부귀와 빈천이 돌고 도는 운이다.

세운 神仙居洞府하야 欲括世榮枯라
　　　　신 선 거 동 부　　욕 괄 세 영 고
신선이 깊고 맑은 고을에 살면서/ 세상의 영욕을 총괄하려고 하네
■ 세속에 초월한 신선이 잇속과 영화에 욕심을 내는 것은 좋지 않은 것이다.

2236

남명 晝間人秉燭하고 直入洞房中이라
　　　　주 간 인 병 촉　　직 입 동 방 중
대낮에 타인이 촛불을 잡고/ 곧바로 동방洞房에 들어가네

▪ 비록 신방이라고 하나, 아직 어두워지지도 않았는데 너무 성급한 것이다. 특별히 잘못될 것은 없지만, 급함으로 인한 구설수에 오르는 운이다. 혹 대낮에 행인이 남의 규방에 들어가는 것은, 자기의 가장 귀한 것을 두 눈뜨고 빼앗긴다는 뜻이다.

여명 夫人神氣定하니 綽有林下風이라
　　　　부 인 신 기 정　　　작 유 임 하 풍

부인의 정신과 기운이 안정되니/ 숲 아래 바람 여유롭게 불고 있었네
▪ 심신이 약한 남편을 잘 보필하여 행복한 가정을 꾸리는 운.

세운 入山去採木하니 自可求良匠이라
　　　　입 산 거 채 목　　　자 가 구 양 장

산에 들어가 나무를 벌채했으니/ 좋은 목수 구하는 것이 옳을 것이네
▪ 자신을 도와줄 좋은 사람을 구해서 함께 일을 추진해 나가는 운.

2337

남명 蓬萊隔弱水하니 子女生舟中이라
　　　　봉 래 격 약 수　　　자 녀 생 주 중

봉래도가 약수로 막혔으니/ 자녀들이 배 가운데 생활하네
▪ 약수(弱水)는 부력이 약해서 기러기 털같이 가벼운 것도 가라앉을 정도다. 봉래도는 신선이 사는 곳으로, 30만리나 되는 약수를 건너가야 하니, 신선이 아니면 도달하기가 불가능하다. 쓸 데 없는 곳에 정력을 낭비하느라고 자식들을 헛고생시키는 운이다.

여명 ○○○○○ ○○○○○
▪ 흉운.

세운 風急水漫漫하니 不見蓬萊島라
　　　　풍 급 수 만 만　　　불 견 봉 래 도

바람은 급하고 물은 아득하니/ 봉래도가 보이지를 않네
▪ 바람과 물에 막혀 이룰 수 없는 헛 것을 기대하는 운.

2438

남명 麥秋天氣到하니 燕語畫梁頭라
　　　　맥 추 천 기 도　　연 어 화 량 두

보리 익는 사월이 돌아오니/ 제비가 서까래 머리에서 지저귀며 노래하네
▪ 부지런히 노력하면 모든 일이 순조롭게 발흥하는 길운이다.

여명 烏鵲駕天橋하니 佳賓莫空負라
　　　　오 작 가 천 교　　가 빈 막 공 부

까마귀와 까치가 하늘 다리를 놓았으니/ 아름다운 손님 헛되이 마음 등지지 마라
▪ 좋은 자리에 혼처가 들어 온 것은 하늘의 뜻이니, 공연히 고집하며 마다하면 놓치게 된다.

세운 鼎中兼有物하니 濟事自無虧라
　　　　정 중 겸 유 물　　제 사 자 무 휴

솥 속에 음식이 들어있으니/ 일을 하는데 스스로 흠이 없게 되네
▪ 솥에 음식이 있다는 것은 일을 하는데 쓸 재물이 갖춰져 있다는 뜻이다. 화룡점정畫龍點睛격으로 좋은 기회가 온 것이다.

2539

남명 鳩影淚秋塘이나 月中星斗見이라
　　　　구 영 루 추 당　　월 중 성 두 견

가을 못의 비둘기 그림자에 눈물 흘리나/ 달밤에 북두칠성이 보이네
▪ 처음에는 외로워서 우수에 잠기나, 나중에는 인도해 주는 사람을 만나는 운이다.

여명 有鹿自銜花나 無猿難獻果라
　　　　유 록 자 함 화　　무 원 난 헌 과

사슴 있어 스스로 꽃 물고 왔으나/ 원숭이 없어 과일 드리기 어렵네
▪ 훌륭한 배필감을 보고 찾아왔으나, 마음을 전해 줄 대리인을 찾지 못해 안타

운 운.

세운 寶劍試重磨하니 光芒須復現이라
　　　　보 검 시 중 마　　　광 망 수 부 현

보검을 시험해 보고 거듭 가니/ 날카로운 빛이 다시 나타나게 되었네

▪ 좋은 보검을 갈고 또 가니, 저절로 그 날카로운 빛이 사방에 알려지게 되는 운이다.

2640

남명 椒花守歲除에 剝棗已先爛이라
　　　　초 화 수 세 제　　　박 조 이 선 란

산초 꽃이 해를 지킬 때/ 떨어진 대추는 이미 문드러졌네

▪ 산초꽃은 10월에 열매가 익고, 대추는 9월에 열매가 익는다. 먼저 익었다고 자랑한 대추, 산초열매가 익을 때쯤 이미 땅에 떨어져 문드러지니, 빨리 되는 것을 자랑하지 말아야 하는 운이다.

여명 滌器有長才하니 玉容何惜整가
　　　　척 기 유 장 재　　　옥 용 하 석 정

그릇을 씻는 좋은 재주 있으니/ 옥같은 얼굴을 어찌 단장하는 것 아끼는가?

▪ 집안일만 잘 할 생각 말고, 남편의 사랑이 다른 곳으로 가지 않도록 몸치장도 잘해야 하는 운.

세운 塞雁偶失羣하니 難期排陳序라
　　　　색 안 우 실 군　　　난 기 배 진 서

하늘가 기러기 우연히 떼를 잃었으니/ 기러기를 차례로 배열하기 어렵게 되었네

▪ 자신이 지켜야 할 영역과 친구를 잃어 갈팡질팡하는 힘든 운이다.

2741

남명 天地我屋宇요 坎離爲戶庭이라
　　　　천 지 아 옥 우　　감 리 위 호 정

하늘과 땅은 나의 집이요/ 남쪽과 북쪽(坎離)으로 문과 뜰을 삼네
▪ 고향을 떠나 사방을 유랑하는 운.

여명 莫誇魚水樂하고 提防泛柏舟하라
　　　　막 과 어 수 락　　제 방 범 백 주

고기가 물 만난 즐거움 자랑 말고/ 잣나무 배 떠나가는 것 방비하라
▪ 남녀간의 즐거움만 탐하면, 본연의 업을 잃어버려 낭패보는 운.

세운 李下去彈冠하니 自可生疑慮라
　　　　이 하 거 탄 관　　자 가 생 의 려

오얏나무 아래에서 갓을 터니/ 자연히 의심이 생기게 되네
▪ 자신이 잘못을 하지 않았는데도, 오해를 받아 의심을 받게 되는 운.

2842

남명 影浸秋波下하고 聲傳空谷中이라
　　　　영 침 추 파 하　　성 전 공 곡 중

그림자는 가을 물결 밑에 잠기고/ 소리는 빈골짜기 가운데 전하네
▪ 소리는 빈골짜기 가운데 전한다는 말은, 텅빈 산중에 사람이 찾아왔을 때의 기쁨을 뜻한다. 따라서 어렵고 힘든 가운데 도와주는 사람이 찾아오는 운.

여명 花開春正好하니 人不在長安이라
　　　　화 개 춘 정 호　　인 부 재 장 안

꽃 피어 봄이 한참 좋으니/ 사람들이 장안에 있지 않네
▪ 화기애애하며 즐겁게 사는 운.

세운 呢喃雙紫燕이 春日自融和라
　　　　니 남 쌍 자 연　　춘 일 자 융 화

기뻐 지저귀는 한 쌍의 붉은 제비가/ 봄날에 스스로 화기롭네

■ 좋은 때를 만나 즐겁게 되는 운.

2943

남명 霓裳羽衣曲을 不鼓缶而歌라
　　　　예 상 우 의 곡　　불 고 부 이 가

예상우霓裳羽의 곡을/ 장고를 치지않고 노래하네
■ 예상우霓裳羽의 곡은 당나라 현종이 신천사와 함께 달나라에 놀러가서 본 선녀들의 춤을 생각하며 지은 청아한 노래로, 장고를 치지 않고 부른다는 것은, 자신만이 조용히 즐기며 사는 것이다.

여명 紅蓮開水面하니 青草怕飛霜이라
　　　　홍 련 개 수 면　　청 초 파 비 상

붉은 연꽃 물 위에 피니/ 푸른 풀에 서리 날릴까 두렵네
■ 지금의 행복이 가장 좋으니, 혹여나 질시하는 자를 근심해야 하는 운.

세운 春燕日爭巢하니 須分前後至라
　　　　춘 연 일 쟁 소　　수 분 전 후 지

봄 제비가 날마다 바쁘게 집을 지으니/ 암수가 앞뒤로 나뉘어 날아드네
■ 좋은 기회를 만나 서로 힘을 합해 사업을 일으키는 운.

3044

남명 青天一輪月이 却向五更出이라
　　　　청 천 일 륜 월　　각 향 오 경 출

푸른 하늘에 한 바퀴 둥근 달이/ 오경을 향해서 나오네
■ 보름달이고 오경(새벽 3시~5시)이 넘었으니 곧 밝아질 것이다.

여명 長天月一鉤가 却向五更出이라
　　　　장 천 월 일 구　　각 향 오 경 출

긴 하늘의 한 갈쿠리 달이/ 오경을 향해서 나오네

■ 갈쿠리 달은 초승달로, 지금 당장은 미미하지만 앞으로 보름달이 될 것이다.

세운 **旱苗逢時雨**하니 **秀實得其宜**라
　　　한 묘 봉 시 우　　　수 실 득 기 의

가뭄에 지친 싹이 때맞춰 비 만나니/ 튼튼하게 빼어나서 마땅함을 얻었네
■ 어렵고 힘들다가 좋은 기회를 만나 사업의 기반을 다지는 운.

卯日

3337

남명 **鯤浪上扁舟**하니 **縱橫隨波動**이라
　　　곤 랑 상 편 주　　　종 횡 수 파 동

곤어鯤魚의 물결이 조각배를 덮치니/ 물결따라 종횡으로 움직이게 되네
■ 곤어는 『장자:莊子』 소요유편에 나오는 물고기로 북쪽 바다에 사는데, 그 크기가 몇 천리가 되는 지 알 수 없다. 또 변해서 몇 천리가 되는 지 알 수 없는 붕새가 된다고도 한다. 따라서 곤어가 움직이며 내는 물결은 인위적으로는 감당할 수 없는 것으로, 세상의 변화에 중심을 잃고 헤매는 운이다.

여명 **瓜葛本相連**이니 **荊棘何勞爾**아
　　　과 갈 본 상 련　　　형 극 하 로 이

오이와 칡은 본래 연결되는 것인데/ 가시나무가 무슨 수고할 일 있을까?
■ 오이와 칡은 인척관계를 비유하는 말이다. 집안문제를 옆에 사는 이웃이 무어라고 할 수 없는 것이니, 공연히 남의 일을 참견하여 화를 입을 까닭이 없다.

세운 **雞雖將出聲**이나 **五德有鳴期**라
　　　계 수 장 출 성　　　오 덕 유 명 기

닭이 비록 장차 소리를 낼 것이나/ 다섯가지 덕이 있으니 우는 것 때가 있네
▪ 전요가 노애공에게 말한 "문文·무武·용勇·인仁·신信"의 오덕 중에서, 밤을 지키며 때를 정확히 알리는 신信의 덕을 말한다. 따라서 앞으로 일이 잘 될 가능성은 분명히 있으나, 아직 때가 되지 않은 운이다.

2238

남명 泥橋逢雨雪이요 淺水釣金鱗이라
　　　　니 교 봉 우 설　　　천 수 조 금 린

진흙 다리에서 비와 눈 만났고/ 얕은 물에서 금비늘 달린 고기를 낚네
▪ 장량은 진흙 다리에서 황석공을 만나 『소서·素書』를 얻음으로써 천하를 통일할 계책을 얻었지만, 여기서는 진흙다리에 비와 눈이 내리니 미끄럽고, 얕은 물에는 훌륭한 고기가 없는 것이다.

여명 玉容那改移아 只愁花驚鏡하라
　　　　옥 용 나 개 이　　　지 수 화 경 경

옥 같은 얼굴을 무엇하러 고치는가?/ 단지 꽃에 거울 놀랄까 근심이나 하라
▪ 현재의 자태가 충분히 경국지색이지만, 새로운 여자를 경계해야 하는 운.

세운 旱枯卉水竭하니 魚鱉豈容身가
　　　　한 고 병 수 갈　　　어 별 기 용 신

가뭄에 초목들 마르고 물마저 마르니/ 고기와 자라가 어떻게 몸을 용납할까?
▪ 어렵고 힘든 환경이니, 생존조차 어려운 운.

2339

남명 連峰接雲漢하고 秋月照空山이라
　　　　연 봉 접 운 한　　　추 월 조 공 산

연접한 봉우리는 구름 낀 은하수와 접했고/ 가을 달은 빈 산을 비추네
- 고고하고 선골옥풍仙骨玉風의 자태로, 학문과 명성이 세상을 떨치나, 산야에서 유유자적하며 은둔해 사는 운.

여명 秋風麗日中하니 蜂恨花鬚落이라
　　　　추 풍 리 일 중　　　봉 한 화 수 락

한낮에 가을 바람부니/ 벌들이 꽃술 떨어지는 것 한스러워하네
- 한때 영화롭다가, 그를 아쉬워하며 지내는 운.

세운 負鼎去三場하니 遂成湯天下라
　　　　부 정 거 삼 장　　　수 성 탕 천 하

솥을 지고 삼마장을 가니/ 드디어 탕임금의 천하를 이루었네
- 이윤伊尹이 요리사로 가장하여 솥과 도마를 지고 탕임금을 찾아가서, 요리로써 탕임금을 설득하여 천하를 얻게 하고 이를 잘 다스렸다. 훌륭한 주인을 섬기기 위해 자신의 깊은 뜻을 숨기고, 당분간의 빈천함을 마다하지 않는 운.

2440

남명 飮泉流脈乾이나 將見水中月이라
　　　　음 천 류 맥 간　　　장 견 수 중 월

마시는 샘물에 흐르는 맥이 마르나/ 장차 물 가운데 달 보게 되리라
- 현재는 어려움이 닥치나, 훗날 성공을 거두는 운.

여명 江梅花正開요 春色風中度라
　　　　강 매 화 정 개　　　춘 색 풍 중 도

강가 매화꽃이 한참 좋게 피었고/ 봄빛은 바람 가운데 지나가네
- 차츰 봄이 되어서 점차 나아지는 운.

세운 青天闊萬里하니 月皎鵲驚飛라
　　　　청 천 활 만 리　　월 교 작 경 비

푸른 하늘이 만리 같이 넓으니/ 밝은 달빛에 까치 놀라서 날으네
▪ 갑작스레 좋게 되는 큰 변화에 방황을 못잡고 당황하는 운.

2541

남명 月宮吾欲往하야 摘草作天梯라
　　　　월 궁 오 욕 왕　　적 초 작 천 제

달 속 궁전에 가고 싶어서/ 풀을 꺾어 하늘 사다리 만드네
▪ 지내고 보면 헛일인 것에, 어렵고 힘든 노력을 하는 운.

여명 無根却有根이나 結果難爲果라
　　　　무 근 각 유 근　　결 과 난 위 과

없던 뿌리가 문득 생기나/ 열매 맺어도 열매되기 어렵네
▪ 늦게 시집을 가나 자식을 낳지 못하는 운.

세운 ○掛在高山하니 大用須成器라
　　　　○ 괘 재 고 산　　대 용 수 성 기

높은 산에 걸려 있으니/ 크게 써서 그릇을 이루네
▪ 대기만성大器晩成인 운.

2642

남명 鳳德幽深遠이요 駒陰過玉臺라
　　　　봉 덕 유 심 원　　구 음 과 옥 대

봉황의 덕은 그윽하고 심원하며/ 망아지 그늘은 옥대를 지나네
▪ 옥대玉臺는 천제天帝가 살고 있는 궁궐이다. 자신의 덕이 크고 깊어서 천제에게까지 알려지게 되는 운이다.

여명 薺甘與苦茶가 却在下撮頭라
　　　　제 감 여 고 도　　각 재 하 찰 두

단 냉이와 쓴 씀바귀가/ 한웅큼 잡은 가운데 섞여있네
- 부귀와 빈천이 뒤섞인 운이다.

세운 曲直自從繩이니 正直元須取라
　　　　곡 직 자 종 승　　정 직 원 수 취

굽고 곧은 것은 먹줄을 따라 이루어지니/ 본래부터 바르고 곧은 것을 취하라
- 세속의 이익과 형세에 따라 움직이는 소인을 쓰지 말고, 소신을 갖고 있는 사람을 써야 성공하는 운.

2743

남명 巫山十二峰이 不與凡人上라
　　　　무 산 십 이 봉　　불 여 범 인 상

무산 열두 봉우리가/ 범상한 사람 올라가게 하지 않네
- 무산의 선녀를 얻기가 쉬운 일이 아니듯이, 보통사람의 운은 아니다.

여명 天上神仙女요 人間富貴家라
　　　　천 상 신 선 녀　　인 간 부 귀 가

하늘 위에서는 신선 여자요/ 인간으로는 부귀한 가문이다
- 고운 자태와 고상한 기품을 타고난 부귀한 운이다.

세운 意欲搆舟子나 ○○○○濟라
　　　　의 욕 구 주 자　　○ ○ ○ ○ 제

배를 끌려고 하나/ 건너가기 어렵다
- 어려움에 처해서 도와줄 사람도 능력도 없으니 어려운 운이다.

2844

남명 海棠花爛漫하니 獨立雨中看이라
　　　　해 당 화 난 만　　독 립 우 중 간

해당화가 난만하게 피었으니/ 빗속에 홀로 서서 보네

▪ 남이 알아주지 않아도 혼자서 유유자적하며 만족해 하는 운.

여명 父子聚嘻嘻하니 風光保無恙이라
　　　　부 자 취 희 희　　 풍 광 보 무 양
부자가 모여서 기뻐하니/ 바람과 빛이 아무 탈 없네
▪ 집안이 화목하여 즐겁게 사는 운.

세운 將薪去傳火하니 立便見烟成이라
　　　　장 신 거 전 화　　 입 변 견 연 성
나무를 가지고 가서 불을 전해주니/ 곧바로 타서 연기나는 것 보게 되네
▪ 스스로 실력을 갈고 닦음에, 옆에서 조금만 이끌어 주어도 흥하게 되는 운.

2945

남명 流水下高山하니 孰能相止遏고
　　　　유 수 하 고 산　　 숙 능 상 지 알
물이 높은 산에서 흘러 내려오니/ 누가 막아 그치게 할 수 있겠는가?
▪ 하늘이 부여한 좋은 자질과 운을 누가 막을 수 있겠는가?

여명 日月有陰晦하니 求賢難獨難이라
　　　　일 월 유 음 회　　 구 현 난 독 난
해와 달이 음침하고 어두우니/ 어진이를 구하기 어렵고 또 어렵게 되었네
▪ 주변의 사람들이 안 좋으니, 좋은 배필을 어찌 구할 것인가?

세운 運籌帷幄中하니 決勝千里外라
　　　　운 주 유 악 중　　 결 승 천 리 외
산가치를 장막 속에서 움직여 계산하니/ 승부를 천리 밖에서 결정짓네
▪ 한 고조漢高祖가 한나라를 건국하고 논공행상을 할 때 장량의 공을 1등으로 치며 말하기를, "장막안에서 계책을 내어 천리 밖의 승패를 결정지었다"고 하였다. 여기서는 숫자를 세는 산가치로 점괘를 뽑고 이를 해석하여 움직인다는 뜻으로, 미리 충분히 계획하고 실천하니 성공할 것은 뻔한 것이다.

辰日

3339

남명 燕下鳳凰臺하니 江山活計中이라
연 하 봉 황 대   강 산 활 계 중

제비가 봉황대에서 내려오니/ 강과 산이 생활권 내에 있네
- 눈높이를 낮춰서 행복하게 누리는 운.

여3명 居柔却用剛하니 剛柔能旣濟라
거 유 각 용 강   강 유 능 기 제

부드럽게 처신하며 강한 것을 쓰니/ 강하고 부드러운 것이 일을 잘 처리할 수 있네
- 강과 유를 겸비한 여자로 집안을 화목하고 질서있게 잘 다스려 나가는 운.

세운 一蟲生兩翅하야 飛入百花叢이라
일 충 생 양 시   비 입 백 화 총

벌레에 두개의 날개가 나서/ 여러가지 꽃 떨기 속으로 날아들어 가네
- 능력을 기르고 때를 만났으니, 어떤 일이든지 해볼만한 운.

2240

남명 烟焰逐浮雲이요 月明金井地라
연 염 축 부 운   월 명 금 정 지

연기와 불꽃은 뜬 구름 쫓아가고/ 달은 가을 우물가에 밝게 비춘다
- 어려움은 끝나고 풍요롭고 한가함을 즐기는 운이다.

여명 鳳凰飛去後에 明月見光輝라
봉 황 비 거 후   명 월 견 광 휘

봉황새 날아간 뒤에/ 밝은 달이 빛을 발하네
- 훌륭한 남편이 없어진 뒤에 혼자서 어려움을 잘 극복해 나가는 운.

세운 燥火助太陽하니 青天雲斂盡이라
　　　 조 화 조 태 양 　　청 천 운 렴 진

타오르는 불이 태양을 도우니/ 푸른 하늘에 구름이 다 걷혔네
■ 모두가 힘을 합해 성공하는 운.

2341

남명 開樽乘月夜하니 曲水暗中流라
　　　 개 준 승 월 야 　　곡 수 암 중 류

술독을 열고 달밤을 즐기니/ 술잔 띄우는 구부러진 물이 어둠 속에 흐르네
■ 일을 마치고 한가한 기쁨을 즐기는 운.

여명 綺羅媚春風하니 好花容易過라
　　　 기 라 미 춘 풍 　　호 화 용 이 과

비단 옷이 봄바람에 아리따우니/ 좋은 꽃이 좋은 세월 지나가네
■ 능력과 미모를 갖추고 있으나, 제대로 알아줄 사람이 없어 아쉬운 운.

세운 對景邀明月하니 杯中酒不空이라
　　　 대 경 요 명 월 　　배 중 주 불 공

아름다운 경치를 즐기며 밝은 달 맞이하니/ 잔 가운데 술이 마르지 않네
■ 너무 좋은 것에 매혹되어 주변을 제대로 잘 살피지 못하니, 한번 경계를 해야 하는 운.

2442

남명 太白騎龍馬하니 禹門波浪乾이라
　　　 태 백 기 용 마 　　우 문 파 랑 간

태백이 용마를 타니/ 우문禹門河의 거친 파도가 잠자네
■ 태백은 금성金星 또는 하수의 신인 하백河伯이라고도 한다. 여기서는 하백의 뜻으로, 용마를 타고 거친 물결을 다스려 사람을 크게 이롭게 하는 운이다. 즉 백

성을 위해 애를 쓰는 관리의 운명이다.

여명 天邊瑞氣凝하고 牧丹花露溼이라
　　　　천 변 서 기 응　　목 단 화 로 습

하늘가에는 상서로운 기운 엉기고/ 목단꽃은 이슬에 젖었네
▪ 한창 피어나는 길운으로, 고운 자태를 한껏 뽐낸다. 다만 향기 없는 것이 흠이다.

세운 狂風吹殘燭하니 光陰誠難住라
　　　　광 풍 취 잔 촉　　광 음 성 난 주

미친 바람이 쇠잔한 촛불에 부니/ 세월은 참말로 멈추기 어렵구나
▪ 혼란과 어려움이 가중되니, 생존조차 어렵게 되는 운이다.

2543

남명 日本從陽主하니 三更避斗牛라
　　　　일 본 종 양 주　　삼 경 피 두 우

해는 본래 양의 주인 따르니/ 삼경에 두우성斗牛星을 피해가네
▪ 두성과 우성은 모두 북쪽에 있는 별이다. 밝고 빛나는 해가 굳이 북쪽의 어둡고 힘든 곳을 찾아갈 이유는 없다.

여명 曉風殘月影이 別爲一枝香이라
　　　　효 풍 잔 월 영　　별 위 일 지 향

새벽 바람 쇠잔한 달 그림자가/ 특별히 한줄기 가지를 향기롭게 만들었네
▪ 나이가 많이 들었으나 훌륭한 남편을 만나 행복하게 사는 운.

세운 田獵無一禽하니 徒勞費鴛鴦이라
　　　　전 렵 무 일 금　　도 로 비 원 앙

사냥을 하는데 새 한마리도 없으니/ 한갓 원앙새만 수고롭게 되었네
▪ 큰 일을 하려고 하였으나, 결과는 별로 소득이 없는 운.

2644

남명 萬里迢迢路가 旁溪曲經通이라
　　　　만 리 초 초 로　　방 계 곡 경 통

만리의 멀고 먼 길이/ 시냇가로 굽이굽이 길이 통해 있네
▪ 멀고먼 인생길을 아기자기하게 사는 운.

여명 斜陽人喚渡하고 流水泛天涯라
　　　　사 양 인 환 도　　유 수 범 천 애

석양빛에 사람은 물 건너달라고 부르고/ 흐르는 물은 하늘가에 범람하네
▪ 날은 어두운데 강물이 가로막고 있으니, 배필을 만나기 어려운 운이다.

세운 九月去登高하니 福中還發福이라
　　　　구 월 거 등 고　　복 중 환 발 복

구월에 높은 데 올라가니/ 복 있는 가운데 또 복이 발하네
▪ 9월 9일에 높은 데 올라가서 국화주를 마시면 화를 피하게 된다는 중국의 풍속이 있다. 복 있는 사람이 또 복을 기원하여 정성을 들이니, 많은 복이 이르는 운이다.

2745

남명 花發向波心하니 天香施水面이라
　　　　화 발 향 파 심　　천 향 시 수 면

꽃이 피어 물결 속으로 향하니/ 하늘의 향기 물 위에 베풀어지네
▪ 자신의 덕과 능력을 쌓아 여러 사람을 이롭게 하는 운.

여명 菡蔲波中泛하고 鴛鴦水面遊라
　　　　함 구 파 중 범　　원 앙 수 면 유

연꽃과 두구는 물 가운데 뜨고/ 원앙새는 물 위에서 노네
▪ 연꽃은 아름답고, 두구는 실용적이며, 원앙새는 금슬이 좋다. 여자의 운으로 무엇을 더 바랄 것인가?

세운 能任成大器하니 負鼎去千湯이라
　　　　능 임 성 대 기　　　부 정 거 천 탕

소임을 다하는 큰 그릇 이루니/ 솥을 지고 탕임금에게 가서 여러가지를 끓이네

▪ 은나라를 세우고 흥성하게 하는데 큰 공을 세운 이윤이 요리사로 가장하고 탕임금을 찾아가, 요리로써 세상을 다스리는 일을 설명하는 내용이다. 큰 인물을 도와 나라의 큰 일을 도맡아 하는 운이다.

2846

남명 秋色來天上하니 寒光到世間이라
　　　　추 색 래 천 상　　　한 광 도 세 간

가을 빛이 하늘 위에서 오니/ 찬 빛이 세상에 이르네

▪ 계절이 바뀌듯이 세상이 바뀌는 것이니, 추수를 잘하고 또 새로운 한파寒波에 잘 적응해야 하는 운이다.

여명 香蘭終月滿이오 桂子落秋風이라
　　　　향 란 종 월 만　　　계 자 낙 추 풍

향기로운 난초는 달빛에 가득하고/ 계수나무 열매는 가을 바람에 떨어진다

▪ 부부사이의 금슬은 참으로 좋으나, 자식농사는 잘 안되는 운이다.

세운 風雲三吐哺하고 盡禮詩書賢이라
　　　　풍 운 삼 토 포　　　진 례 시 서 현

바람 따라 구름 모여 세번 먹은 것 토하고/ 시경 서경 익힌 현인들에게 예를 다하네

▪ 주나라를 건국하고 흥성하게 하는데 지대한 공을 세운 주공周公이, 그의 조카인 성왕을 도와 섭정을 하게 되었다. 당시의 예법으로는 찾아온 사람하고 함께 식사를 해야 크게 환대하는 것이어서, 하루아침에 먹은 밥을 세 번씩이나 토해가면서 어진이를 만났다고 한다. 많은 사람을 만나고, 또 정성과 예를 다해서 만나야 큰 일을 성취할 수 있는 크게 길한 운이다.

巳日

3341

남명 牧丹花樹下에 蜂蝶結雲屯이라
　　　　목 단 화 수 하　　봉 접 결 운 둔

목단꽃 나무 아래에/ 벌과 나비가 구름 같이 모여 있네

- 실속은 없지만, 그 크고 화려한 모습에 모든 사람이 따르는 운이다.

여명 蜂蝶怕春寒하니 好花風裏過라
　　　　봉 접 파 춘 한　　호 화 풍 리 과

벌과 나비가 봄이 추운 것 두려워하니/ 좋은 꽃이 바람 속에 지나가네

- 모든 자질과 자태가 아름답지만, 뭇 남성들이 가까이 오기를 두려워하니, 그대로 청춘을 보내는 운이다.

세운 狂蛟來憾草하니 節操自然端이라
　　　　광 교 래 감 초　　절 조 자 연 단

미친 이무기가 와서 풀 속에서 원망하니/ 하는 행동이 자연히 끝가는 행동만 하는구나

- 이루지 못한 한으로 원망만 하니, 이성을 잃고 해서는 안될 일만 하는 운.

2242

남명 春晝玉壺間에 桃花芳草隴이라
　　　　춘 주 옥 호 간　　도 화 방 초 롱

화창한 봄 한낮에 술 마시니/ 복숭아 꽃 아름다운 풀은 언덕을 꾸미었네

- 풍류를 즐기며 인생을 즐기는 운.

여명 海棠花正發이나 惆悵五更風이라
　　　　해 당 화 정 발　　추 창 오 경 풍

해당화가 한참 피었으나/ 오경의 바람이 슬프구나
- 어려움 속에서도 꿋꿋하게 아름다움을 지키나, 배필이 바람을 피워서 안타깝게 되는 운.

세운 百花開似錦하니 春日自融和라
백 화 개 사 금　　　춘 일 자 융 화
백가지 꽃이 비단 같이 피니/ 봄날이 스스로 화기롭네
- 하는 일이 뜻대로 순조롭게 되는 운.

2343

남명 蚍蜉生兩翅하야 飛向九重天이라
비 부 생 양 시　　　비 향 구 중 천
왕개미에 두 날개가 나서/ 높은 하늘을 향해 가네
- 그동안 갈고 닦은 능력을 펼치고, 많은 자손이 번창하는 운.

여명 海棠春正發이나 夜雨濕胭脂라
해 당 춘 정 발　　　야 우 습 인 지
해당화가 봄 맞아 한참 피었으나/ 밤비에 꽃잎 젖네
- 어려움 속에서 아름답게 가꾸었으나, 주변의 좋지 않은 객으로 인해 흠을 입는 운.

세운 遺刀還得劍하니 見喜有其年이라
유 도 환 득 검　　　견 희 유 기 년
작은 칼을 잃었으나 도리어 큰 칼을 얻게 되니/ 당년에 기쁨 있게 되네
- 작은 의리를 잃었으나 큰 의리를 얻게 되니, 당년에 이름을 날릴 운.

2444

남명 避害以趨利하니 虹霓作渡橋라
피 해 이 추 리　　　홍 예 작 도 교

해로운 것 피해서 이로운 것 따라가니/ 무지개가 건널 다리 놓아주네
- 행동을 절제해서 잘 하니, 하늘이 도와주는 운.

여명 出水珊瑚樹를 春風費力栽라
출 수 산 호 수   춘 풍 비 력 재

물에서 나온 산호나무를/ 봄바람에 힘들여 심고있네
- 화려함에 빠져 실질을 잃는 운. 산호는 물에서 나오면 죽는 것이니, 심는다고 되는 것이 아니다.

세운 一雨過三千하니 靑山峰色好라
일 우 과 삼 천   청 산 봉 색 호

한줄기 비 삼천리를 지나가니/ 푸른 산의 봉우리 빛이 새로워졌네
- 어려움 속에서 귀인을 만나 모두 기뻐하게 되는 운.

2545

남명 太虛中大廈가 鴛瓦接靑霄라
태 허 중 대 하   원 와 접 청 소

광활한 공간 속의 큰 집이/ 쌓기와가 하늘에 연접하였네
- 신선으로 크게 성공하는 운, 혹은 크게 부유롭게 되는 운.

여명 花果修纔好요 葫蘆水上浮라
화 과 수 재 호   호 로 수 상 부

꽃과 과일은 좋게 꾸몄고/ 호로병박은 물 위에 떴네
- 주변사람들과 잘 어울려 즐겁게 사는 운.

세운 海水自生彩하니 優悠星火炎이라
해 수 자 생 채   우 유 성 화 염

바닷물이 스스로 광채가 나니/ 별빛과 불꽃이 멀리 비치네
- 자신의 덕과 지혜가 널리 알려지는 운.

2646

남명 躬行於萬境하니 聲色在吾爲라
　　　　궁 행 어 만 경　　성 색 재 오 위

여러가지 경우를 몸소 행하니/ 말소리 얼굴색이 모두 내 행동 속에 있네

▪ 인생의 단맛 쓴맛을 모두 경험하는 운.

여명 夫唱婦相隨하니 永終在謀始라
　　　　부 창 부 상 수　　영 종 재 모 시

남편은 부르고 부인은 따르니/ 마지막까지 해로하는 것은 처음을 잘 계획하는데 있다

▪ 현모양처로 남편과 백년해로하는 운.

세운 如人初食蔗하야 自尾及其頭라
　　　　여 인 초 식 자　　자 미 급 기 두

사람이 처음 사탕풀(사탕무우 등)을 먹는 것 같아서/ 그 맛이 꼬리부터 머리까지 미치게 되네

▪ 조심조심 끼어드나 결국은 흠뻑 빠지게 되는 운. 환락속에 빠질 수도 있음.

2747

남명 螟蛉入蜂巢하니 得見蜂王面이라
　　　　명 령 입 봉 소　　득 견 봉 왕 면

명령이 벌집에 들어오니/ 여왕벌을 대면하게 되었네

▪ 명령螟蛉은 빛깔이 푸른 나방의 유충으로, 나나니벌이 명령을 업고 가서 키워서는 일을 시킨다. 즉 남의 양자養子가 되어 그 집을 위해 온 힘을 바쳐 일하는 운.

여명 失葉怕春風하니 吹破桃李萼이라
　　　　실 엽 파 춘 풍　　취 파 도 이 악

떨어지는 잎새가 봄바람 두려워하니/ 복숭아꽃 오얏꽃의 꽃받침 불어 깨치네

■ 복숭아꽃과 오얏꽃은 꽃이 먼저 피고 나중에 잎이 나온다. 차라리 잎이 떨어지는 것이 낫지만, 잎이 없으니 대신에 꽃받침에 바람이 불어 아예 열매를 맺지 못하게 한다. 자신을 막고 보호해줄 남편이 뒤로 물러나니, 스스로 앞장서서 남편 일을 하는 운이다.

세운 鶯雛初出谷하니 飛羽自欹斜라
　　　 앵 추 초 출 곡　　　 비 우 자 의 사
꾀꼬리 새끼가 처음 골짜기에서 나오니/ 나는 날개가 자연히 비틀거리고 의지하게 되네

■ 꾀꼬리는 자기 보다 작은 새의 둥지에 들어가 알을 낳고, 그 알은 그 새의 다른 알보다 먼저 태어나 다른 알들을 다 땅으로 밀어 떨어뜨려 죽인다. 작은 새는 자기의 새끼인줄 알고 자기보다 훨씬 큰 꾀꼬리 새끼를 부지런히 먹여 키우나, 나는 것 까지 가르치지는 못한다. 그러니 배운 것 없이 나는 것이므로 자연히 나는 것이 서툴게 된다.

午日

3343

남명 春深花卉發하니 細柳爲誰靑가
　　　 춘 심 화 훼 발　　　 세 류 위 수 청
봄은 깊어 꽃과 풀 피어나니/ 수양버들은 누굴 위해 푸른고?

■ 수양버들이 물가에서 가장 먼저 푸르게 되나, 이미 다른 꽃과 풀이 피어나 더이상 그 푸르름을 자랑할 수 없게 됨을 비유한 것이다.

여명 玉樓防失足이요 金菊暗傷情이라
　　　 옥 루 방 실 족　　　 금 국 암 상 정
옥으로 장식한 누각에서 실족할까 두렵고/ 누런 국화는 몰래 정을 상하게 하네

■ 현재 있는 상태가 너무 귀하고 좋아서, 혹여나 시샘으로 인해 행복이 뺏길까 두려워하는 운이다.

세운 巨魚跳龍門하니 須憑三尺浪이라
          거 어 도 용 문   수 빙 삼 척 랑

큰 고기가 용문(登龍門)에 뛰어오르니/ 세 자 물결을 의지해야 하네
■ 등용문은 황하의 상류에 있는데, 하수가 이곳을 흐를 때 가장 급하다고 한다. 잉어가 이곳을 뛰어 오르면 용이 된다고 하며, 사람의 영달을 비유하는 말이다. 일단 등용문의 물살에 들어서면, 1m도 채 안되는 물에 자기의 큰 몸을 유지해야 물살을 거슬러 올라갈 수 있게 되므로, 사람이 영달을 누리게 되기까지는 미천한 사람의 도움까지 받아야 하는 것이다.

2244

남명 榴花枝上火하니 風動擬空燒라
          유 화 지 상 화   풍 동 의 공 소

석류꽃이 가지 위에 불 같이 피니/ 바람에 움직여 허공이 불타는 것 같네
■ 일이 갑자기 피어나 모든 사람이 감탄하는 운.

여명 風雨雞鳴夜요 春風欲暮時라
          풍 우 계 명 야   춘 풍 욕 모 시

비바람 불고 닭 우는 밤이고/ 봄바람이 저물려고 하는 때일세
■ 어렵고 힘들며 자신도 지쳐가는 운.

세운 百煉忘眞金하니 自然添火力이라
          백 련 망 진 금   자 연 첨 화 력

백번을 단련해도 참된 쇠가 되지 않으니/ 자연히 화력을 더하게 되네
■ 본래 능력이 없는데도 미련을 갖고 다시 도전하는 운.

2345

남명 南柯鸞鳳立이요 天表景星行이라
          남 가 란 봉 립   천 표 경 성 행

남쪽 가지에는 봉황새 서 있고/ 하늘에는 샛별이 가네
- 크게 될 자질이 있는 사람으로 운이 열리기 시작함.

여명 蜂釀百花酒하니 其甘與世殊라
　　　　봉 양 백 화 주　　　기 감 여 세 수

벌이 백가지 꽃의 술을 거르니/ 단 맛이 세상의 술과 다르네
- 여러 가지 재주를 지닌 사람으로, 부지런히 살면서 독특한 삶을 사는 운.

세운 青山纔雨過하니 清興逸無窮이라
　　　　청 산 재 우 과　　　청 흥 일 무 궁

푸른 산에 비가 방금 지나가니/ 맑은 경치에 즐겁기 한이 없네
- 귀인을 만나 여러 가지로 잘 되는 운.

2446

남명 御溝一紅葉이 流水出深宮이라
　　　　어 구 일 홍 엽　　　유 수 출 심 궁

대궐 속 도랑에 붉은 잎새 하나가/ 물 따라 흘러 깊은 궁궐 밖으로 빠져나오네
- 당나라의 희종僖宗 때 우우于祐란 사람이 궁성의 도랑 밑에서 놀다가, 붉은 단풍잎에 시(흐르는 물은 왜 그리 급한가?/ 깊은 궁궐속은 하루종일 한가하기만 하네)가 쓰여진 것을 줏고, 그 답시(나뭇잎에 미인의 시름을 썼다는 것은 들은 바 있지만/ 잎새 위에 시를 써서 누구한테 붙이는 것인가?)를 써서 흐르는 물에 다시 띄워 보냈는데, 이를 궁녀인 한말인韓末人이 주운 것을 인연으로 훗날 부부가 되었다는 고사. 뜻 맞는 좋은 여자와 혼인하여 잘 사는 운.

여명 二六巫山遠하니 朝雲何處飛아
　　　　이 륙 무 산 원　　　조 운 하 처 비

무산 열두봉이 멀기도 하니/ 아침 구름 어느 곳에 날까?
- 무산의 선녀가 초楚나라 양왕과 운우의 정을 나누고 헤어질 때, 자신은 무산의 선녀로 "아침이면 구름이 되어 노닐고, 저녁에는 비가 된다"고 하였으니, 아침 구름이 나는 곳이 바로 무산 선녀가 있는 곳이다. 서로 짝을 찾지 못해 탄식하는 운이다.

세운 深山藏日久하니 威勢自英雄이라
　　　　심 산 장 일 구　　　위 세 자 영 웅

깊은 산이 햇빛 숨긴 지 오래 됐으니/ 위세가 자연히 웅장하네
▪ 오랫동안 심신을 수련하여 영웅의 기상이 생긴 운이다.

2547

남명 浮舟上急水하니 飛躍多鳶魚라
　　　　부 주 상 급 수　　　비 약 다 연 어

배 띄워 빠른 물 흐르는 곳에 올라가니/ 소리개들은 날고 물고기 떼는 뛰놀고 있네
▪ 힘들이고 노력하여 출세하는 운. 분수와 능력 파악이 중요하다.

여명 河東獅子吼하니 好事嘆難完이라
　　　　하 동 사 자 후　　　호 사 탄 난 완

강 동쪽에서 큰 소리로 고함을 치니/ 좋은 일이 이루어지지 못함을 한탄하는 것이네
▪ 뛰어난 자질로도 뜻을 못 이룸을 안타까워하는 운.

세운 雲收兼霧散하니 萬里見晴光이라
　　　　운 수 겸 무 산　　　만 리 견 청 광

구름 걷히고 안개마저 흩어지니/ 만리에 개인 햇빛 보게되네
▪ 앞길이 확 트이는 운.

2648

남명 八維內寒暑를 其端自我持라
　　　　팔 유 내 한 서　　　기 단 자 아 지

팔방 안의 모든 춥고 더운 일/ 그 단서를 내가 스스로 잡고 있네
▪ 세상을 크게 다스리는 정치가의 운.

여명 一家人盡洗하니 隄防井上安이라
　　　　일 가 인 진 세　　제 방 정 상 안

한 집안 사람이 다 씻었으니/ 우물이 위를 막아서 편안해지네
- 집안을 모두 맡아 잘 다스리고 보존하는 역할을 맡는 운.

세운 草廬三顧問하니 明良相濟遇라
　　　　초 려 삼 고 문　　명 량 상 제 우

선비의 초가집을 세 번이나 방문하니/ 밝은 임금과 어진 선비 서로 만나게 되었네
- 삼국시대에 유비劉備가 일개 서생인 제갈량諸葛亮을 험한 길과 악천후에도 불구하고 세 번씩이나 직접 찾는 예로 맞아들였다. 그를 군사로 삼아서 크게 번창하고, 후에는 서촉을 얻어 황제가 되었다.

- 서로 뜻이 맞고 알아주는 사람을 얻기 위해 서로가 예를 다하고, 일단 이런 사람을 얻으면 고기가 물을 만나듯이 크게 되는 운.

未日

3345

남명 道是無形器나 四時萬物生이라
　　　　도 시 무 형 기　　사 시 만 물 생

도는 형체가 없는 물건이나/ 사시四時로 만물이 생겨나네
- 크게 명성과 권력을 드러내지 않으나, 뒤에서 다 조절하여 모든 사람을 잘살게 하는 운.

여명 參昴正當天이요 江月半分破라
　　　　삼 묘 정 당 천　　강 월 반 분 파

삼성參星과 묘성昴星이 바로 하늘 가운데 있고/ 강 위의 달이 반달이 되었네
- 두 별이 모두 서방의 별자리이다. 서쪽의 별이 머리 위에 있으니 가을이 되었

고, 강 위의 달이 반달이 되었으니 이미 기울고 있는 것이다.

세운 鬼佛兩同途하니 善惡皆相懼라
　　　　귀 불 양 동 도　　선 악 개 상 구

귀신과 부처가 길을 같이 가니/ 착하고 악한 사람이 다 서로 두려워하네
▪ 착한 사람은 귀신을 두려워하고, 악한 사람은 부처를 두려워하게 된다. 어느 길에나 부처와 귀신이 있는 법이니, 항상 어디서나 두려워하고 존경해야 하는 것이다.

2246

남명 背水相傳信하고 行看花影風이라
　　　　배 수 상 전 신　　행 간 화 영 풍

강물을 등져 서로 소식 전하고/ 다니며 꽃과 바람 구경하네
▪ 강물을 사이에 두고 헤어져 있지만, 아쉬울 것이 따로 없으니, 속세를 떠나서 살 팔자이다.

여명 黃花晚節香하니 老圃見秋色이라
　　　　황 화 만 절 향　　노 포 견 추 색

누런 국화가 가을 늦게 향기로우니/ 오래된 채마밭에 가을 빛 보이네
▪ 늦게 빛을 보게 되고 결실을 맺는 운이다.

세운 有雷無雨下하니 旱處可憂煎이라
　　　　유 뢰 무 우 하　　한 처 가 우 전

우레만 있고 비 내리지 않으니/ 가문 곳에 근심하고 속 끓이게 되네
▪ 좋은 소식이 올듯 올듯 하면서 오지 않으며, 계속해서 속만 태우는 운이다.

2347

남명 大海變桑田하니 宏開日月落이라
　　　　대 해 변 상 전　　굉 개 일 월 락

큰 바다가 뽕나무 밭으로 변하니/ 넓고 크게 열리어 해와 달이 지평선으로 떨어지네
- 세상을 크게 변하게 하지만 자신은 일희일비를 거듭하는 운.

여명 西月正東上이나 皎潔又西墜라
　　　　서 월 정 동 상　　교 결 우 서 추

서쪽에 있던 달이 동쪽으로 올라왔으나/ 희고 깨끗한 것이 또 서쪽으로 떨어지네
- 운이 좋아져 크게 잘 되다가 다시 또 쇠하게 되는 운.

세운 美玉未分明하니 遑光挑墮蔭이라
　　　　미 옥 미 분 명　　황 광 도 타 음

아름다운 옥이 분명치 않으니/ 빨리 빛나게 하려 하나 도리어 어둡게 되었구나
- 변화卞和가 천하에서 가장 좋은 옥을 임금에게 바쳤으나, 몰라보는 왕들에 의해 계속 참변을 당했으니, 급하게 서둘지 말고 알아줄 사람이 올 때까지 기다려야 하는 운.

2448

남명 積雪待來年하니 雲開逢暖日이라
　　　　적 설 대 래 년　　운 개 봉 난 일

눈 쌓여 오는 해 기다리니/ 구름 열려서 따스한 해 만나네
- 어렵다가 풀리는 운.

여명 飛雪上梅花요 沛雲開暖日이라
　　　　비 설 상 매 화　　패 운 개 난 일

휘날리는 눈은 매화꽃에 올라가고/ 뭉게구름은 열려 따스한 해 나오네
- 처음은 어렵다가 나중에 잘 되는 운.

세운 古鏡又重磨나 終是顔先在라
　　　　고 경 우 중 마　　종 시 안 선 재

옛거울을 또다시 닦으나/ 마침내 얼굴이 먼저 일세
▪ 한 번 실패했다가 다시 일어서려고 하나, 제 몸의 자세가 덜 되어서 어려운 운. 주변을 탓하기 전에 자신을 먼저 반성해야 하는 운.

2549

남명 持刀破魚腹하니 珍異在其中이라
　　　　지 도 파 어 복　　　진 이 재 기 중
칼을 가지고 물고기의 배를 따니/ 진기한 보물이 그 속에 있네
▪ 고기를 잡으려고 배를 가르다가 더 좋은 보물을 얻은 것으로, 생각지 않은 횡재를 하게 되는 운.

여명 雙飛鸞鳳曲하니 莫追怨知音하라
　　　　쌍 비 란 봉 곡　　　막 추 원 지 음
봉황의 곡조 쌍으로 나니/ 음율을 알아주는 이 없다고 원망하지마라
▪ 자신을 알아주는 이는 없지만, 최선을 다해 열심히 자신을 수양하는 운.

세운 伯夷君子節은 自不改初終이라
　　　　백 이 군 자 절　　　자 불 개 초 종
백이의 군자의 절개는/ 스스로 처음과 끝을 고치지 않네
▪ 주나라 무왕이 은나라를 치려가려 하자, 그를 말리며 "신하가 임금을 치려고 하십니까?"하고 말리고, 뜻이 여의치 않자 수양산에 들어가 굶어 죽은 절개이다. 고죽군의 아들로 태어나 부귀를 버리고 의리를 위해 목숨을 버리는 운이다.

申日

3347

남명 鴻毛草上風하니 陰陽互寒暑라
　　　　홍 모 초 상 풍　　　음 양 호 한 서
기러기 높이 뜨고 풀 위에 바람부니/ 음양이 서로 교대하며 춥고 더워지네
▪ 큰 변화 시기에 이를 잘 적응하여 자신의 기상을 펴는 운.

여명 天寒雁影孤요 月落鎖金帳이라
　　　　천 한 안 영 고　　　월 락 쇄 금 장
하늘이 차니 기러기 그림자 외롭고/ 달 떨어지니 금빛 장막 잠그네
▪ 독수공방의 운.

세운 萬里迢迢路가 旁溪曲徑通이라
　　　　만 리 초 초 로　　　방 계 곡 경 통
만리의 멀고 먼 길이/ 시냇가로 굽이굽이 길이 통해 있네
▪ 큰 성과는 없지만 아기자기하게 사는 운.

2248

남명 足踏雲霄上하니 蓬入弱水流라
　　　　족 답 운 소 상　　　봉 입 약 수 류
발로 구름 위 밟고 가니/ 쑥잎이 약수물로 들어가 흐르네
▪ 세속을 버리고 신선공부를 하는 운.

여명 ○○○○○ ○○○○○
▪ 흉운.

세운 雀羽喜當生이나 摩空須有漸이라
　　　　작 우 희 당 생　　　마 공 수 유 점

참새의 날개 돋아나는 것 기쁘나/ 하늘을 날기는 점차 기다려야 할 것이네
■ 희망이 보이기는 하나, 아직 때가 무르익지 않은 운.

2349

남명 暴虎以馮河하니 矻然爲砥柱라
　　　　폭 호 이 빙 하　　　골 연 위 지 주

호랑이를 맨손으로 잡고 하수를 맨발로 건너니/ 부지런히 해서 주춧돌과 기둥이 되었네
■ 매우 위험한 것을 헤쳐나가는 용기와 지혜가 있으니, 나라를 반석위에 올려 놓는 관리가 된다.

여명 瑤池人宴後에 明月夜空寒이라
　　　　요 지 인 연 후　　　명 월 야 공 한

요지의 잔치 파한 뒤에/ 밝은 달 비추는 밤 쓸쓸하고 춥기만 하구나
■ 요지는 신선이 사는 곳에 있는 연못이다. 즐거움이 끝나면 외로움이 닥치는 것이 규방閨房의 법이다.

세운 太公美遇時하니 日釣渭江邊이라
　　　　태 공 미 우 시　　　일 조 위 강 변

강태공이 좋은 때 만나기를 원해서/ 날마다 위수가에서 낚시질하네
■ 강태공이 위수가에 앉아 세월을 낚으며 자신을 알아줄 사람을 기다렸다가 크게 되듯이, 곧 다가올 등용의 대운을 위해 몸과 마음을 준비할 운이다.

2450

남명 渭水有肥魚나 竿頭無釣餌라
　　　　위 수 유 비 어　　　간 두 무 조 이

위수에 살찐 고기 있으나/ 낚시에 먹이 달지 않았네
■ 강태공이 고기를 낚으려고 낚시한 것이 아니라, 자신을 알아줄 사람을 낚으려고 앉아 있었던 것이다. 큰 일을 하려는 사람은 작은 이익은 쳐다보지 않는 법이다.

여명 花開難結實이요 策杖且扶身이라
　　　　화 개 난 결 실　　　책 장 차 부 신
꽃은 피어도 열매 맺기 어렵고/ 지팡이로 또한 몸을 부축하네
　▪ 아리따운 자태로 사랑을 받았으나, 자식을 낳지 못하고, 몸도 또한 건강하지 못하다.

세운 停帆順風後에 躁進恐成憂라
　　　　정 범 순 풍 후　　　조 진 공 성 우
돛을 내리고 바람 순한 뒤에/ 조급히 움직이면 근심 이룰까 두렵네
　▪ 편안한 곳에서 쉴 수 있을 때 좀더 쉬는 것이 좋다. 급하게 움직이면 오히려 위험만 따른다.

酉日

3349

남명 紀綱吾掌上이나 網漏吞舟魚라
　　　　기 강 오 장 상　　　망 루 탄 주 어
벼릿줄을 내 손에 쥐고 있으나/ 배를 삼키는 큰 고기에 그물이 찢어졌네
　▪ 내가 고기를 잡으려고 그물을 잡고 있으나, 오히려 고기가 그물을 찢어버렸으니, 큰 낭패를 맞은 것이다. 본래는 내 것이나 잃게 되어 슬프다.

여명 夫征與婦育하니 天際一浮雲이라
　　　　부 정 여 부 육　　　천 제 일 부 운
남편은 전쟁에 나가고 부인은 아이들 기르니/ 하늘가에 한 조각 뜬 구름일세
　▪ 남편과 떨어져 외롭고 힘들게 자식을 기르며 사는 운이다.

세운 孤舟如遇浪이면 險阻謹隄防이라
　　　　고 주 여 우 랑　　　험 조 근 제 방

외로운 배 풍랑을 만나면/ 험하고 막히는 것 삼가 막아야 하네
■ 아무도 도와줄 사람도 없이 위험에 처해 있으니 조심하고 조심해야 하는 운이다.

2250

남명 擧足達紫微나 梅花隨雪墮라
거 족 달 자 미 　매 화 수 설 타

발을 들어 자미원에 도달했으나/ 매화꽃이 눈 따라 떨어지네
■ 자미원은 천제天帝가 산다는 하늘 가장 중심에 있는 별자리다. 고생끝에 드디어 원하던 부귀를 만났으나, 이미 때는 다 갔으니 오래가지 못한다.

여명 蟠桃花未實이나 不用怨東風이라
반 도 화 미 실 　불 용 원 동 풍

선도 복숭아 꽃이 열매 맺지 못하나/ 동풍을 원망하지 마라
■ 동풍이 불어야 봄이 와서 선도복숭아가 열매를 맺을 것인데, 그렇지 않으니 공연히 원망만 쌓인다.

세운 爲祥不爲災면 得名兼得利라
위 상 불 위 재 　득 명 겸 득 리

상서로운 일을 하고 재앙이 되는 일을 하지 않으면/ 명예와 이익을 겸해서 얻을 것이네
■ 자신의 앞가림을 잘 선택하여 하면 길한 운이다.

2351

남명 西風送行色이오 斜日照丹墀라
서 풍 송 행 색 　사 일 조 단 지

가을 바람은 가는 세월 보내고/ 석양 빛은 대궐 뜰에 비치네
■ 벼슬길에 물러나 지난 일을 회상하며 사는 운.

여명 琴彈廣陵散하니 無語怨黃昏이라
　　　　금 탄 광 릉 산　　　무 어 원 황 혼

거문고 타는 소리 넓은 언덕에 흩어지니/ 말없이 황혼을 원망하네
　▪ 쓸쓸히 홀로 살며 세상을 원망하는 운이다.

세운 長蛇自退皮하니 勞神幷改性이라
　　　　장 사 자 퇴 피　　　노 신 병 개 성

긴 뱀이 스스로 허물 벗으니/ 정신이 피로하고 아울러 성질 바뀌었네
　▪ 환골탈태換骨奪胎하느라 힘들었지만, 이제 다른 삶을 찾아 영위할 때다.

戌日

3351

남명 彤弓架朱箭하니 用射石麒麟이라
　　　　동 궁 가 주 전　　　용 사 석 기 린

붉은 활에 붉은 화살을 매겨/ 돌기린을 쏘네
　▪ 붉은 활은 천자가 공있는 제후에게 주는 상품이다. 기린은 성인이 나올 때 나타난다는 영물로, 천자를 상징하기도 하니 크게 될 운이다.

여명 福星雖燦爛이나 孤星也照臨이라
　　　　복 성 수 찬 란　　　고 성 야 조 림

복성이 비록 찬란하나/ 외로운 별도 비추고 있네
　▪ 복은 많지만 외로움도 따르는 운이다.

세운 花門逢杜茝하니 多不減芸香이라
　　　　화 문 봉 두 채　　　다 불 감 운 향

꽃집에 두충과 구릿대를 만났으니/ 꽃답고 향기로움 감소되지 않았네
　▪ 서로 뜻맞는 짝을 만나 공부하는 운이다.

2252

남명 梁園花木綻하니 東苑徹金風이라
　　　　 양 원 화 목 탄　　 동 원 철 금 풍

양원梁園에 꽃망울 터지니/ 동쪽 동산에 가을 바람 물러가네
▪ 양원은 양나라 효왕의 동산으로, 잘 꾸며 놓은 것으로 이름이 높다. 어려움이 끝나고 부귀영화를 누리며 새로운 희망이 전개되는 운.

여명 積木起高樓나 風月事分破라
　　　　 적 목 기 고 루　　 풍 월 사 분 파

나무를 쌓아 높은 누각 지었으나/ 풍월에 노는 일은 어긋나고 깨어졌네
▪ 자신을 수양하고 잘 가다듬었으나, 임을 제대로 만나지 못해 안타까와하는 운.

세운 藥變損丹爐하니 神空已度設이라
　　　　 약 변 손 단 로　　 신 공 이 도 설

약이 변해서 연단의 화로 파손되니/ 이미 건너온 것 모두 허사일세
▪ 십년공부 도로아미타불의 운.

亥日

3353

남명 御溝流不盡하니 水脈到甘泉이라
　　　　 어 구 류 부 진　　 수 맥 도 감 천

임금 있는 궁궐의 도랑이 그치지 않고 흐르니/ 물줄기가 단 샘에까지 이르렀네
▪ 감천甘泉은 단 샘도 되지만, 재능이 있는 사람을 뜻하기도 한다. 따라서 임금의 덕택이 흘러 재능이 있는 사람을 불러들여 좋은 정치를 한다는 뜻으로, 벼슬길에 올라 자신의 재능을 펴는 운이다.

> **여명** 琴彈山水曲하니 曲曲自知音이라
> 　　　　금 탄 산 수 곡　　곡 곡 자 지 음

산수곡을 거문고로 타니/ 굽이굽이 스스로 음율을 알고 있네
▪ 산수곡山水曲은 산수의 자연미를 읊은 곡이다. 홀로 산수곡을 읊으며 굽이굽이 음율을 알 정도이므로, 외롭지만 만족을 알며 살아가는 운이다.

> **세운** 斜日欲流西하니 光輝已先散이라
> 　　　　사 일 욕 류 서　　광 휘 이 선 산

지는 해가 서쪽으로 넘어가려 하니/ 햇빛이 이미 먼저 흩어졌네
▪ 완전히 쇠하기 전에, 주변의 사람이 먼저 알고 흩어지는 것이 인간사의 일이다.

木部

■ 무진·기사·임오·계미·경인·신묘·무술·기해·임자·계축·경신·신유년에 해당

❧ 子日 ❧

3305

남명 雲霞文發散이요 舞動錦飛鸞이라
　　　　운 하 문 발 산　　　무 동 금 비 란
구름과 노을은 고운 무늬 발산하고/ 비단 같은 봉황새 춤추며 날아오네
　■ 조금 늦기는 하지만 부귀영화를 누리는 운.

여명 魚向水中游나 須防天降旱이라
　　　　어 향 수 중 유　　　수 방 천 강 한
고기가 물 속에서 노니나/ 가뭄 드는 것 방비해야 되네
　■ 항시 현재의 부귀를 유지할 수 있도록 배필이 한눈팔 것을 조심해야 하는 운.

세운 飛花自騰遠하니 不須風雨翻이라
　　　　비 화 자 등 원　　　불 수 풍 우 번
나는 꽃이 스스로 먼 데까지 오르니/ 비바람으로 날릴 필요 없네
　■ 자신에게 능력이 있어 스스로 자립하는 운.

2206

남명 洞庭風葉舞하니 撫手上南山이라
　　　　동 정 풍 엽 무　　　무 수 상 남 산
동정호 바람에 나뭇잎새 날리니/ 손 안쓰고 남산에 오르네

- 다른 사람의 도움과 때가 맞아서 저절로 높이 되는 운.

여명 鷗鷺泛江天하니 不與蛟龍並이라
　　　　구 로 범 강 천　　　불 여 교 룡 병

갈매기와 해오라기 강과 하늘에 떠 있으니/ 교룡蛟龍과는 같이 있지 않네
- 여기서 교룡蛟龍은 임금을 뜻한다. 따라서 자연을 즐기며 살 뿐 임금의 신하가 되어 세상을 다스리지 않는 운이다. 배필과의 인연이 별로 없다.

세운 求之於規矩면 自可取方圓이라
　　　　구 지 어 규 구　　　자 가 취 방 원

콤파스(規)와 곡척(矩)을 구하면/ 모난 것과 원을 그릴 수 있네
- 콤파스와 곡척은 원과 삼각형 사각형 등을 그리는 기구이다. 옛날에는 이것으로 천문을 연구하고 토지를 재며, 도량형을 측정하는 데 썼다. 따라서 자신을 보필할 사람을 얻으면 세상을 잘 다스릴 수 있게 되는 운이다.

2307

남명 身坐乾坤甑하니 自知炎暑威라
　　　　신 좌 건 곤 증　　　자 지 염 서 위

몸이 건곤乾坤의 시루 속에 앉았으니/ 스스로 불볕 더위의 위력을 아네
- 어려운 역경 속에서 힘들여 헤쳐나가는 운.

여명 休彈陌上箏하고 莫娶桑間女하라
　　　　휴 단 맥 상 쟁　　　막 취 상 간 녀

언덕 위에서 쟁을 타지 말고/ 뽕나무 사이에서 여자를 취하지 마라
- 의심받거나 의심스러운 일을 하면 구설수에 말리는 운. 혹은 불륜을 저지르면 앞길이 좋지 않은 운.

세운 佯狂幷設詐나 苟有見災危라
　　　　양 광 병 설 사　　　구 유 견 재 위

거짓 미친 체하고 또한 남을 속이나/ 재앙과 위태한 것 보게 되네

■ 진실하지 못하여 재앙을 불러들이는 운.

2408

남명 水銀鎛鑄鼎이요 日月煮黃粱이라
　　　　수 은 박 주 정　　　일 월 자 황 량
수은과 종鐘으로 솥을 주조해 만들고／해와 달은 누런 벼 익히네
■ 신선공부를 해서 성공하여, 그 혜택이 주위의 여러 사람들에게 미치게 되는 운.

여명 鸚鵡尙聲嬌나 佳人空自老라
　　　　앵 무 상 성 교　　　가 인 공 자 로
앵무새 같은 소리는 아직 아리따우나／아름다운 사람이 공연히 스스로 늙네
■ 고운 자태와 목소리를 가지고 늦도록 수절하며 사는 운.

세운 織錦停機杼하니 機邊看錦花라
　　　　직 금 정 기 저　　　기 변 간 금 화
비단 짜는 베틀에 북 멈추니／베틀 가에서 비단 꽃 보게 되네
■ 고생하던 것이 성공을 하여 빛을 보는 운.

2509

남명 微漲天河流하니 冬江雪浪起라
　　　　미 창 천 하 류　　　동 강 설 랑 기
하늘의 은하수가 조금 불어나니／겨울 강에 눈 물결 일어나네
■ 옛 사람들은 물기운이 증발해서 흐르는 물의 정기라고 하여, 은하수를 천하天河라고 하였다. 그래서 은하수가 불어나면 물의 기운이 강해져서 심하면 수재가 일어나고, 줄어들면 물의 기운이 약해져서 심하면 가뭄이 든다고 생각하였다. 겨울 강에 눈 물결이 일어나면, 당장에는 험하지만 이듬해 농사는 좋게 된다.

여명 夕陽無限好나 爭奈易黃昏가
　　　　석 양 무 한 호　　　쟁 내 이 황 혼

석양 빛이 무한히 좋으나/ 쉽게 해 넘어가니 어쩌나?
- 지금은 여러 가지로 좋으나, 그 영화가 오래 가지 않는 운이다.

세운 鑿井遇泉枯하니 何由得濟渴가
　　　　착 정 우 천 고　　　하 유 득 제 갈

우물을 파나 샘물이 나오지 않으니/ 어떻게 목 마른 것 구제할까?
- 성사되지 않을 곳에 노력을 해서 결과를 얻지 못하는 운.

2610

남명 金城千里地에 擧目望征人이라
　　　　금 성 천 리 지　　거 목 망 정 인

금성 천리의 땅에/ 눈을 들고 출정하는 사람 바라본다
- 금성 천리金城千里란 쇠로 만든 것과 같이 견고한 성이 천리나 뻗쳐있는 것을 말한다. 즉 쉽게 승부나지 않고 고생만 할 땅인 줄 뻔히 알면서 보낼 수 밖에 없는 심정이다.

여명 春暮飛花急하니 暗隨流水邊이라
　　　　춘 모 비 화 급　　암 수 류 수 변

봄 저물어 꽃 급히 날리니/ 말없이 물 따라 물가로 흘러가네
- 늦도록 배필을 찾지 못해 막판에 서둘렀으나, 이미 때가 늦어 흘러만 가는 인생이다.

세운 夢魂千里遠하니 空怨離恨多라
　　　　몽 혼 천 리 원　　공 원 리 한 다

천리 밖 먼 데를 꿈 속에 노니니/ 공연히 이별의 한 많음을 원망하네
- 허황된 꿈만 꾸다 모든 것을 다 놓치고 남의 탓만 하는 운.

2711

남명 木牛出祁山하고 流馬入斜谷이라
　　　　목 우 출 기 산　　유 마 입 사 곡

목우(나무 소)는 기산에서 나오고/ 유마(인조 말)는 사곡으로 들어가네
▪ 중국 삼국시대에 촉한蜀漢의 승상 제갈량이 위魏나라를 정벌하는데, 길이 험하여 군량미 운반에 문제가 생기자, 나무로 기계소와 기계말을 만들어 사용하였다. 또 이를 활용하여 적군을 섬멸하고 군량미를 뺏는데도 사용하였으므로, 지혜있는 장수의 운이다.

여명 冬天暖似春하니 江梅花正吐라
　　　 동 천 난 사 춘　　　 강 매 화 정 토
겨울 날씨가 봄 같이 따뜻하니/ 강가 매화가 꽃망울 틔우네
▪ 제 짝은 아니지만, 자신을 위해주고 도와주는 사람에게 자신을 맡기는 운이다.

세운 春蘭與秋蕙가 各自及時香이라
　　　 춘 란 여 추 혜　　　 각 자 급 시 향
봄 난초와 가을 난초가/ 각각 때에 따라 향기롭다
▪ 모든 것이 때가 있고 쓸모가 있기 마련이니, 때와 장소를 잘 가리면 좋게 되는 운이다.

2812

남명 強瀾旣四倒하니 地道有常經이라
　　　 강 란 기 사 도　　　 지 도 유 상 경
강한 물결이 이미 사방으로 흩어졌으니/ 땅의 길이 평상을 회복하게 되네
▪ 거센 풍파를 겪은 후에 오히려 풍요롭게 사는 운. 관리가 되어 여러 사람을 잘 다스리는 운.

여명 姻緣同比翼하니 風送上天去라
　　　 인 연 동 비 익　　　 풍 송 상 천 거
인연 맺어 나래를 나란히 하니/ 바람이 불어 하늘로 올려주네
▪ 좋은 배필을 만나 화락和樂하게 사는 운.

세운 雷聲纔出地하니 遠近自然驚이라
　　　 뇌 성 재 출 지　　　 원 근 자 연 경

우레 소리가 땅에서 잠깐 벗어나오니/ 멀고 가까운 데가 자연히 놀라네
- 훌륭한 자질과 덕으로 세상을 위엄있게 다스리는 운.

2913

남명 秋月照寒冰하고 飛雁落沙汀이라
　　　추 월 조 한 빙　　　비 안 낙 사 정

가을 달은 찬 얼음 비추고/ 나는 기러기는 물가 모래사장에 내려 앉네
- 춥고 한적한 때이지만 기러기에게는 제 철이니, 조금 걱정은 있을 지언정 길한 운이다.

여명 風吹香夢醒하니 天暝子規啼라
　　　풍 취 향 몽 성　　　천 명 자 규 제

바람 불어 향기로운 꿈 깨니/ 하늘은 어둡고 자규새는 우네
- 평화스럽게 살다가 이별의 운을 만나니, 외로움에 앞길이 안보이네.

세운 蕭何定律法하니 輕重自分明이라
　　　소 하 정 율 법　　　경 중 자 분 명

소하가 율법을 정하니/ 가볍고 무거운 것이 스스로 분명하네
- 중국 한漢나라 고조高祖 때, 승상인 소하蕭何가 고조를 도와서 진秦나라를 멸하였다. 이 때 백성들이 진나라의 가혹한 법률 때문에 고생하는 것을 알고, 단지 9장의 법률로 간략히 함으로써, 누구나 따르기 쉽게 하였으므로, 중국의 백성들이 모두 기뻐하며 복종하였다. 나라의 중요한 관리로서 혁신적이고도 큰 정책을 펴서 백성들을 기쁘게 하는 운.

3014

남명 鵲巢高樹上하니 風雨絶塵埃라
　　　작 소 고 수 상　　　풍 우 절 진 애

까치가 높은 나무 위에 집을 지으니/ 비바람이 티끌 먼지 없게 하네

■ 스스로 노력하여 높이 되고, 윗사람이 도와주어 자신의 일을 성공적으로 완수하는 운.

여명 冷淡是生涯니 何須花簇簇고
　　　　냉 담 시 생 애　　하 수 화 족 족
생애가 냉담하니/ 꽃 많이 피는 것 바랄 게 무엇있나?
■ 외롭고 쓸쓸한 생애로, 자식도 별로 없다.

세운 桃花三月景에 百草一齊新이라
　　　　도 화 삼 월 경　　백 초 일 제 신
복숭아 꽃 피는 삼월 햇빛에/ 백가지 풀이 일제히 새로워지네
■ 부귀를 얻는 좋은 때가 오니, 모든 사람이 한뜻으로 도와주는 운.

3115

남명 趙人兼晉璧하니 歡時起利心이라
　　　　조 인 겸 진 벽　　환 시 기 리 심
조나라 사람이 진나라 구슬을 아울러 가지니/ 기쁠 때 이욕의 마음 일어나네
■ 고생할 때는 고난을 타파하기 위해 서로 협조하다가, 상황이 나아지면 자만하여 해이해지고 옛동료들끼리 공과 권력을 다투게 되니, 얼마 안가서 자중지란自中之亂이 일어날 운이다.

여명 活計水中萍이요 姻緣風裏絮라
　　　　활 계 수 중 평　　인 연 풍 리 서
생활은 물속의 부평초이고/ 인연은 바람 속에 날리는 버들강아지일세
■ 이리저리 떠다니면서 그저 그렇게 사는 인생이다.

세운 登高復臨水하야 傳命探梅花라
　　　　등 고 부 임 수　　전 명 탐 매 화
높은 산 오르고 다시 물에 임해서/ 명령 전하여 매화를 구경하네
■ 역경을 헤치고 성공하여 여유롭게 사는 운이다.

3216

남명 梭擲錦機中하니 火紋隨後起라
　　　　사 척 금 기 중　　화 문 수 후 기

비단 베틀 속에 북 던지니/ 불 같은 무늬가 뒤 따라 일어나네
- 사업을 하여 성공하는 운이다.

여명 天長地久時니 只怕多風雨라
　　　　천 장 지 구 시　　지 파 다 풍 우

하늘은 길고 땅은 영구한 때니/ 다만 바람과 비 많은 것 두렵네
- 하늘은 길고 땅은 영구하다(天長地久)는 말은 노자의 『도덕경』에 나오는 말로, 천지가 영구해서 없어지지 않는 다는 뜻이다. 오래도록 수를 누리며 잘 사나, 다만 풍파와 기복이 많은 운이다.

세운 浮雲將蔽日이나 先暗後光明이라
　　　　부 운 장 폐 일　　선 암 후 광 명

뜬 구름이 장차 해를 가리나/ 먼저는 어둡다가 뒤에는 빛 밝을 것이네
- 구름이 해를 가리는 것은 잠깐이듯이, 잠시 막혔다가 곧 환하게 펼쳐질 운이다.

丑日

3307

남명 椿松在槐棘이요 月色染雲霓라
　　　　춘 송 재 괴 극　　월 색 염 운 예

참죽나무와 소나무가 느티나무와 가시나무 속에 있고/ 달빛은 구름과 아지랑이에 물들었네
- 소인들에게 가려 빛보기가 힘든 운.

여명 春閨人夢斷하니 明月又當前이라
　　　　춘 규 인 몽 단　　명 월 우 당 전
규방閨房에서 봄 꿈 깨니/ 밝은 달이 또 앞에 비추네
- 외롭게 독수공방 할 운. 혹 이혼했다가 재혼할 운.

세운 明鏡自當臺하니 何憂不昭燭가
　　　　명 경 자 당 대　　하 우 불 소 촉
밝은 거울(달)이 누대에 걸렸으니/ 밝게 비추지 않는 것 근심할 게 무엇 있나?
- 귀인이 가까이 있으니, 걱정하지 않아도 이끌어 줄 운.

2208

남명 木人逢此地하니 平步上青雲이라
　　　　목 인 봉 차 지　　평 보 상 청 운
목의 운명에 해당되는 사람이 이런 처지 만났으니/ 보통 걸음으로 푸른 구름(벼슬길)에 오르네
- 순탄하게 벼슬길에 올라 사람들을 이롭게 하는 운.

여명 雨餘天欲霽하니 江上好峰青이라
　　　　우 여 천 욕 제　　강 상 호 봉 청
비온 뒤에 하늘 개려 하니/ 강 위에 봉우리 푸르른 것 좋네
- 어렵고 힘든 끝에 즐거움이 찾아오는 운.

세운 藍橋玉壺春이요 鴛鴦解鳴雨라
　　　　남 교 옥 호 춘　　원 앙 해 명 우
쪽빛 다리에 좋은 술 즐기는 봄이고/ 원앙새는 빗 속에 노래하네
- 유유자적하며 부부가 화목하게 즐기는 운.

木부 축일

2309

남명 漏水自天漿하니 八方皆可去라
　　　　　누 수 자 천 장　　　팔 방 개 가 거

천장계로부터 물이 새니/ 팔방으로 다 갈 수 있네
■ 천장계天漿溪는 중국 하남성에서 발원한 물줄기이다. 중국 어디든지 다 가면서 물을 대주니, 이는 필시 만인을 이롭게 하는 관리의 운이다.

여명 玉盃出淸淡하니 龍蛇多爭室이라
　　　　　옥 배 출 청 담　　　용 사 다 쟁 실

옥배를 들며 한담을 하니/ 비범한 사람들 집안에서 다투네
■ 경국지색의 아름다운 여인으로 많은 남성들이 서로 탐하는 운이다.

세운 鑿井得甘泉하니 源源自流出이라
　　　　　착 정 득 감 천　　　원 원 자 류 출

우물을 파서 단 샘물 얻으니/ 끊이지 않고 스스로 흘러나오네
■ 한번 사업의 물꼬를 트면, 그로 인해 계속해서 풍요롭게 되는 운이다.

2410

남명 牧丹花影中에 走馬弓弦上이라
　　　　　모 단 화 영 중　　　주 마 궁 현 상

모란꽃 그림자 속에/ 활 잡고 말 달려 가네
■ 아름다운 처자를 집안에 두고, 전쟁터를 달릴 무장武將의 운이다.

여명 池中多汚泥나 忽出蓮花新이라
　　　　　지 중 다 오 니　　　홀 출 연 화 신

못 속에 더러운 것과 진흙 많으나/ 홀연히 연꽃 새롭게 피네
■ 연꽃은 더럽고 고여있는 물에서 잘 자란다. 더럽고 힘든 환경 속에서 꽃을 피우는 운이다.

세운 走馬過危橋하니 棚道成惆悵이라
　　　　　주 마 과 위 교　　　붕 도 성 추 창

말을 달려 위태한 다리 지나니/ 구름다리 길에 슬픈 일 일어나네
- 구름다리 길(棧道)은 산의 절벽과 절벽을 연결하는 위험한 다리이다. 조심조심 건너도 위태한 다리를 말을 달려 지나가니, 끊어지고 떨어져서 다칠 것이 뻔하다.

2511

남명 東山有八麥하야 生向雪霜中이라
　　　　동 산 유 팔 맥　　　생 향 설 상 중

동쪽 산에 보리(八麥)가 있어서/ 눈서리 속에서 자라나오네
- 어려움을 지나서 자신의 때에 맞게 활동하여 성공하는 운.

여명 高木蟬聲噪하니 安知紅樹秋아
　　　　고 목 선 성 조　　　안 지 홍 수 추

높은 나무에 매미 소리 시끄러우니/ 나뭇잎 붉어지는 가을 어찌 알까?
- 즐거움에 세월가는 줄 모르다가, 어느덧 쇠락衰落해지는 운.

세운 擧足蹈紫微하니 靑雲生平地라
　　　　거 족 도 자 미　　　청 운 생 평 지

발 들어 자미원을 밟으니/ 푸른 구름(높은 벼슬)이 평지에서 나네
- 자미원紫微垣은 천제天帝가 살고 있다는 하늘의 중심지이다. 중앙정부의 요직에 발탁되어 크게 출세할 운이다.

2612

남명 蠶營簇上繭하니 宛轉吐絲綸이라
　　　　잠 영 족 상 견　　　완 전 토 사 륜

누에가 더부룩한 가지 위에 고치를 지으니/ 구르면서 실 토해내네
- 사업을 경영하여 성공하는 운. 새로운 창작의 일을 하는 운.

여명 神仙不用求니 自有桃源路라
　　　　신 선 불 용 구　　　자 유 도 원 로

신선을 찾을 것 없으니/ 자연히 도원桃源의 길 있게 되네
■ 자연과 벗삼아 유유자적하며 사는 운.

세운 抱薪就火燃하니 謹愼當自主라
　　　　포 신 취 화 연　　근 신 당 자 주
섶을 지고 불 타는 데 나가니/ 마땅히 스스로 삼가고 지켜야 하네
■ 자신의 분수를 모르고 위험한 길로 뛰어드니, 조심하고 또 조심하며 스스로 자제해야 할 운.

2713

남명 掌火焚山澤하니 連天草木除라
　　　　장 화 분 산 택　　연 천 초 목 제
불을 잡고 산과 못을 사르니/ 하늘에 닿는 나무와 풀 모두 제거되네
■ 우禹임금이 9년홍수를 다스릴 때, 홍범洪範의 대법에 의해 치수治水를 하고, 하늘에 닿는 나무와 괴이한 짐승들을 불을 질러 태워버림으로써, 백성들이 안심하고 생업에 종사할 수 있게 하였다. 천명天命을 얻어 백성들을 위해 큰 일을 하는 임금 또는 정승의 운이다.

여명 白髮喜相逢하니 齊眉幷擧案이라
　　　　백 발 희 상 봉　　제 미 병 거 안
백발에 서로 만난 것 기뻐하니/ 밥상을 눈썹높이와 가지런히 하여 바치네
■ 후한後漢의 양백란梁伯鸞과 그의 아내인 맹광孟光은 서로 존경하여서, 밥상을 올릴 때도 눈썹높이까지 들어 올려서 드렸다는 거안제미擧案齊眉의 고사. 양홍은 자를 백란이라고 하는데, 가난하지만 절개를 지키는 선비였다. 같은 고을에 맹씨의 딸이 있었는데, 살찌고 얼굴은 검고 추하게 생겼지만 힘은 장사였다. 시집을 가라고 하여도 가지 않고 말하기를 "양백란같은 사람을 얻으려고 한다"고 하였다. 양백란이 그 소리를 듣고 장가를 들으며, 처자의 이름을 맹광이라고 짓고 자를 덕요라고 하였다. 맹광이 삯방아를 찧어주고 돈을 받아서 남편을 봉양하였는데, 항상 남편의 얼굴을 바로 쳐다보지 못하고 상을 자기의 눈높이까지 들어서 바쳤다고 한다.

■ 늦게서야 훌륭한 배필을 만나 서로 존경하며 사는 운.

세운 鶯籠纔得出하니 飛動有其時라
　　　　앵 롱 재 득 출　　비 동 유 기 시

꾀꼬리가 새장에서 겨우 벗어났으니/ 날아 움직이는 것 그 때가 있네

■ 새장에 잡혔다가 막 풀려난 격으로, 그동안 때를 많이 기다렸고, 날개가 제구실을 할 수 있도록 서서히 움직여야 하는 운.

2814

남명 萬籟淸風裏에 吹簫秋月明이라
　　　　만 뢰 청 풍 리　　취 소 추 월 명

만가지 소리나는 맑은 바람 속에/ 달 밝은 가을 밤 퉁소를 부네

■ 청풍명월을 즐기며 유유자적하게 사는 운.

여명 一聲秋夜雷요 明月落誰家오
　　　　일 성 추 야 뢰　　명 월 낙 수 가

한 소리의 가을 밤 우레이고/ 밝은 보름달은 뉘집에 떨어졌는가?

■ 소리만 요란하고 실속이 없는 운.

세운 雙燕巢梁間하야 呢喃自相語라
　　　　쌍 연 소 양 간　　니 남 자 상 어

한 쌍의 제비가 서까래 사이에 깃들어/ 지저귀며 서로 정답게 말하네

■ 자그마한 일이 성사되어 즐거움을 주는 운.

2915

남명 擧目仰天人하고 用除三伏暑라
　　　　거 목 앙 천 인　　용 제 삼 복 서

눈을 들어 하늘과 사람 쳐다보며/ 삼복 더위 제거하네

■ 정성을 다하여 부지런히 일해서 하늘의 재앙을 물리치는 운. 사람들의 힘을 하나로 모아 큰 일을 이루는 관리의 운이다.

여명 紅蓮初出水하니 春草怕飛霜이라
　　　　홍 련 초 출 수　　춘 초 파 비 상
붉은 연꽃이 처음 물에서 피어나니/ 봄 풀이 서리 날릴까 두려워하네
　■ 군계일학群鷄一鶴의 자태를 지녔으나, 다른 여인의 질시를 조심하여야 할 운.

세운 驪珠將照水하니 光輝自如然이라
　　　　이 주 장 조 수　　광 휘 자 여 연
검은 용의 구슬로 물을 비추니/ 빛이 자연히 환하게 되네
　■ 이룡지주驪龍之珠는 검은 용의 턱밑에 있는 값진 구슬로 여의주如意珠라고도 한다. 여의주를 사람이 얻기 위해서는 큰 모험이 필요하므로, 모험하여 큰 이익을 얻음에 비유하기도 한다. 모험 끝에 여의주를 얻어 모든 일이 부귀하고 뜻대로 되는 운.

3016

남명 水影照天文하니 森羅成萬象이라
　　　　수 영 조 천 문　　삼 라 성 만 상
물 속에 하늘의 그림자 비치니/ 삼삼하게 나열되어 만가지상을 이루었네
　■ 임금의 뜻을 잘 받들어 만백성을 다스리는 운.

여명 片雲天外飛하니 方見雲中月이라
　　　　편 운 천 외 비　　방 견 운 중 월
조각 구름 하늘 밖으로 날아 오르니/ 구름 속의 달 보게 되었네
　■ 방해자를 물리치고 임을 상봉하는 운.

세운 自牖看天心하니 咫尺天顏近이라
　　　　자 유 간 천 심　　지 척 천 안 근
창문 통해 하늘(임금)의 마음 보니/ 지척에서 임금 얼굴 보게 되었네

■ 임금과 아무런 사심과 격식없이 만나서, 서로의 흉금을 터놓고 나라를 위해 큰 정치를 펴는 운.

3117

남명 子産畜生魚하니 校人得烹食이라
　　　　자 산 휵 생 어　　　교 인 득 팽 식

자산이 고기를 기르니/ 공부한 사람들 삶은 고기 먹게 되었네
■ 유능한 사람이 하나 있음으로써, 다른 사람들이 그 덕을 보는 것으로, 유능하고 경제를 잘 아는 관리의 운이다.

여명 萬里白雲繞요 江南日暮春이라
　　　　만 리 백 운 요　　　강 남 일 모 춘

만리에 흰 구름 둘러있고/ 강 남쪽에 봄날이 저물었네
■ 임과 한번 이별한 후 늙도록 만나기 힘든 운.

세운 守株而待兎하니 空滯好光陰이라
　　　　수 주 이 대 토　　　공 체 호 광 음

그루터기 지키면서 토끼 기다리니/ 헛되이 좋은 세월 지체하네
■ 송宋나라 농부가 밭일을 하다가, 우연히 토끼가 그루터기에 부딪혀 죽는 것을 본 후, 또 그와 같은 일이 있을까 하여 그루터기만 지켜봤다는 고사(守株待兎)로, 헛된 요행을 바라다가 일을 망치는 운.

☙ 寅日 ☙

3309

남명 牛溲馬勃功은 不假金丹術이라
　　　　우 수 마 발 공　　　불 가 금 단 술

하잘 것 없는 공은/ 금단金丹의 술법 빌리지 않아도 되네

■ 평범하게 사는 운.

여명 此木非尋常하니 堪作高堂室이라
　　　　차 목 비 심 상　　감 작 고 당 실
이 나무 심상치 않으니/ 높은 집 지을 수 있네
■ 집안을 지탱하고 나라를 받들 큰 재목이 될 운.

세운 喜生不測處하니 枯木再逢春이라
　　　　희 생 불 측 처　　고 목 재 봉 춘
기쁨이 헤아리지 못할 곳에서 나오니/ 마른 나무 다시 봄을 만났네
■ 늘그막에 우연한 기회로 영화榮華를 누리는 운.

2210

남명 芳枝開月下하니 秋葉舞春風이라
　　　　방 지 개 월 하　　추 엽 무 춘 풍
꽃다운 가지가 달빛 아래 피어나니/ 떨어지는 잎이 봄바람에 춤을 추네
■ 남이 알아주지 않아도 모든 일을 즐겁게 생각하고, 또 순조롭게 되는 운.

여명 深園空夜月에 琴調幾知音고
　　　　심 원 공 야 월　　금 조 기 지 음
깊은 동산 인적 없는 달밤에/ 거문고 곡조 음율을 알아주는 이 얼마나 될까?
■ 자질과 능력을 갖추었으나, 알아 줄 사람을 만나지 못해 애태우는 운.

세운 流水與高山은 自有眞佳趣라
　　　　유 수 여 고 산　　자 유 진 가 취
흐르는 물과 높은 산은/ 스스로 참답고 아름다운 정취가 있네
■ 밖으로 자랑하고 나타내지 않아도 저절로 명성을 날리는 운.

2311

남명 當道雪中草에 青蛇用蔽身이라
　　　　당 도 설 중 초　　청 사 용 폐 신

길에 있는 눈속 풀더미에/ 푸른 뱀이 몸을 가리고 있네
- 눈속에 있는 뱀이니, 추워서 꼼짝을 못하고 생존조차 힘든 운이다.

여명 利器手中持하니 消息長無苦라
　　　　이 기 수 중 지　　소 식 장 무 고

유리한 기구 손 안에 가지고 있으니/ 생활에 괴로울 것 없네
- 다른 복은 없어도 아랫사람의 충성과 부유함을 잃지 않고, 손재주가 많은 운.

세운 車無輗與軏하니 何以行路아
　　　　거 무 예 여 월　　하 이 행 로

수레에 멍에와 머구리(수레의 쐐기)가 없으니/ 어떻게 길을 가겠는가?
- 일을 하려고 해도 준비가 안 되었으니, 일을 성사시킬 수 없는 운.

2412

남명 玉蕊凝絲竹이요 蟾宮火上山이라
　　　　옥 예 응 사 죽　　섬 궁 화 상 산

옥예화는 수염과 꽃술을 실과 대롱 같이 벌리었고/ 선녀의 궁전은 달빛 밝게 산 위에 비추네
- 음풍롱월吟風弄月하며 유유자적할 운.

여명 還解馨香祝하니 清虛度化生이라
　　　　환 해 형 향 축　　청 허 도 화 생

향기로운 향불 켜고 축원을 할 줄 아니/ 청허하게 중생을 제도하네
- 비구니가 되어 중생을 계도할 운.

세운 玉兎東方出하고 夕陽留彩紅이라
　　　　옥 토 동 방 출　　석 양 유 채 홍

옥토끼(달)는 동쪽으로 나오고/ 석양 빛은 붉은 노을 남겼네
- 하나의 운은 가고, 다른 하나의 운은 다가오는 때.

2513

남명 花蕖暗水流하니 出沒世難識이라
　　　　화 거 암 수 류　　출 몰 세 난 식

연꽃이 말없이 물에 흐르니/ 나왔다 들어갔다 해도 세상이 알기 어렵네
- 어려움 속에서도 많은 능력과 실력을 배양했으나, 세상에 쓰여지지 않는 운.

여명 風蒲美轉定하니 能化靑蛇劍이라
　　　　풍 포 미 전 정　　능 화 청 사 검

바람에 나부끼는 창포가 아름답게 번쩍이니/ 청사검靑蛇劍과 같이 되었네
- 청사검靑蛇劍은 보검의 이름이다. 아름다운 모발의 미인이나 성격이 깔끔하고 반듯하다.

세운 海岸繫孤舟하니 何須憂浪竭가
　　　　해 안 계 고 주　　하 수 우 랑 갈

바다 언덕에 외로운 배 매였으니/ 물 마르는 것 근심할 것 무엇 있나?
- 이미 안전한 곳으로 정착했으니, 지난 어려움을 잊고 사는 운.

2614

남명 攘臂取珊瑚요 擊破生鐵柱라
　　　　양 비 취 산 호　　격 파 생 철 주

팔로 잡아당겨 산호를 취했고/ 쇠기둥을 쳐서 부수네
- 힘이 장사라서 원하는 것을 모두 취하는 운.

여명 鸞鳳引雛飛하니 只緣多兒戲라
　　　　난 봉 인 추 비　　지 연 다 아 희

봉황새가 새끼 데리고 날아 오르니/ 새끼와 희롱 많이 하며 노네
- 훌륭한 자식 키우는 재미로 사는 운.

세운 涇渭分流處에 一濁一淸源이라
　　　　　경 위 분 류 처　　　일 탁 일 청 원

경수와 위수가 나뉘어 흐르는 곳에/ 하나는 흐리고 하나는 맑은 물줄기일세
- 중국의 강물 이름으로, 경수는 흐린 강물 이름이고, 위수는 맑은 강물 이름이다. 맑게 살 것인가, 탁하게 살 것인가의 갈림길에 놓여있는 운이다.

2715

남명 假山生柳桂하고 秋月散金花라
　　　　　가 산 생 류 계　　　추 월 산 금 화

만든 산에 버드나무 계수나무 나고/ 가을 달에 누런 꽃 흩어지네
- 진실성 없고 뿌리 없는 삶을 사는 운.

여명 種出無方藥하니 方知造化神이라
　　　　　종 출 무 방 약　　　방 지 조 화 신

약방문藥方文 없는 약을 심어 나오게 하니/ 조화의 신비함 알겠네
- 없는 곳에서 새로운 것을 창조하는 운. 혹은 아비없는 아이를 낳는 운.

세운 風雨栽培處하니 可待長萌芽라
　　　　　풍 우 재 배 처　　　가 대 장 맹 아

심고 가꾸는 곳에 바람 불고 비 오니/ 싹 돋아나는 것 기대해도 되네
- 약간의 풍파가 있지만 극복하고 나면 좋은 성과가 생기는 운.

2816

남명 冰霜得令節하니 以候判陰陽이라
　　　　　빙 상 득 령 절　　　이 후 판 음 양

얼음과 서리가 시절을 만났으니/ 기후로써 음양을 판단하네

■ 음이 설치는 시절이니, 자신이 옳다고 하여 함부로 나서서는 안되는 운이다.

여명 芳草正連天하니 那看黃梅雨아
　　　　방 초 정 연 천　　　나 간 황 매 우

아름다운 풀이 한참 하늘로 치솟으니/ 어찌 누런 매화꽃에 비 내리는 것 볼 수 있으랴?
■ 다른 젊은 여자들에게 남편을 빼앗기고, 신세를 한탄하는 운.

세운 倒把龍泉劍하고 叉手空相傷이라
　　　　도 파 용 천 검　　　차 수 공 상 상

거꾸로 용천검을 잡고/ 두 손을 어긋나게 잡아 공연히 서로 상하게 하네
■ 용천검龍泉劍은 보검의 이름이다. 보검을 좋은데 쓰지 않으면, 공연히 여러 사람을 다치게 하는 흉물이 될 뿐이다.

2917

남명 江上一犁雨하니 芳菲起淡烟이라
　　　　강 상 일 리 우　　　방 비 기 담 연

강 위에 하루 새벽비 내리니/ 풀 우거져 푸른 빛 일어나네
■ 한 번 세상을 위해 떨쳐 일어남에, 세상이 모두 생기가 나니, 큰 정치를 할 운이다.

여명 月兎夜光圓이요 向晩金烏出이라
　　　　월 토 야 광 원　　　향 만 금 오 출

달은 밤 낮이해서 둥글게 빛나고/ 해는 석양되어 서산에 넘어간다
■ 여자의 기세가 남자보다 뛰어난 운이다. 혹은 늙은 여자가 젊은 남자와 만날 운이다.

세운 風生浪不靜하니 未可息憂懷라
　　　　풍 생 랑 부 정　　　미 가 식 우 회

바람 일고 물결 고요하지 않으니/ 근심 걱정 쉴 새가 없네
■ 계속된 풍파로 인해 쉴 틈이 없는 운.

3018

남명 溪樣浮萍草가 流芳自吐奇라
　　　　계 양 부 평 초　　유 방 자 토 기

시냇물에 출렁이는 부평초가/ 아름다움 흘리며 스스로 기이한 것 토해내네
- 뿌리 없이 떠도는 인생이지만, 기이한 행적으로 세상에 이름이 남을 운.

여명 雞棲生鳳子하니 回首隔塵埃라
　　　　계 서 생 봉 자　　회 수 격 진 애

닭 우리에서 봉황의 새끼 나니/ 머리 돌려 홍진 세상을 떠나네
- 좋지 않은 환경에 뛰어난 인재가 태어나니, 세상에서는 용납되어 쓰이지 못하여 신선의 공부가 합당한 운.

세운 欲求魚與兎인덴 須用得筌蹄하라
　　　　욕 구 어 여 토　　수 용 득 전 제

고기와 토끼 잡으려면/ 통발과 덫을 쓰라
- 어떤 일이든지 준비를 철저히 해야지, 주먹구구로 하려고 해서는 안되는 운.

❧ 卯日 ❧

3311

남명 朔風從北起하니 冰鑒照靑天이라
　　　　삭 풍 종 북 기　　빙 감 조 청 천

삭풍이 북쪽으로부터 일어나니/ 얼음이 거울 같이 얼어 푸른 하늘 비추네
- 삭풍의 추운 바람이 세상을 꽁꽁 얼어 붙게 하듯이, 때를 만나지 못해 은둔하는 운이다.

여명 芝蘭出蓬島하니 莫染花間塵하라
　　　　지 란 출 봉 도　　막 염 화 간 진

지초와 난초가 봉래도에 났으니/ 꽃 사이가 티끌에 물들게 하지 마라
- 세상에 물들지 않고 도道를 공부하는 운이다.

세운 金堂步紫微하니 玉殿生芳草라
　　　　 금 당 보 자 미　　　　옥 전 생 방 초

금당金堂에서 자미원紫微垣으로 걸어가니/ 대궐에 아름다운 풀 자라네
- 임금의 곁에서 높은 벼슬을 하는 운이다. 천거되고 발탁된다.

2212

남명 分慶誕辰中하니 花下人相顧라
　　　　 분 경 탄 신 중　　　　화 하 인 상 고

생신의 경사를 축하하니/ 꽃 밑에서 사람들 서로 돌아보네
- 부귀영화를 누리며, 사람들이 그 공을 칭송하는 운.

여명 水邊多綠草하니 翠竹喜相逢이라
　　　　 수 변 다 녹 초　　　　취 죽 희 상 봉

물가에 푸른 풀이 많으니/ 푸른 대나무 서로 만나 기쁘네
- 서로 뜻을 아는 사람끼리 만나 절개를 지키며 사는 운.

세운 擧盃邀明月하니 花下人相覰라
　　　　 거 배 요 명 월　　　　화 하 인 상 처

술잔을 들고 밝은 달 맞으니/ 꽃 아래서 사람들 서로 엿보네
- 부귀영화를 누리며, 사람들이 그 공을 칭송하는 운.

2313

남명 禹門波浪急이요 冬月井中魚라
　　　　 우 문 파 랑 급　　　　동 월 정 중 어

우문하禹門河에 파도 급하고/ 겨울 달빛 우물 속의 고기일세

■ 우문禹門은 우임금이 9년 홍수를 다스릴 때, 이곳(우문)을 뚫음으로써 홍범에서 가르치는대로 오행치수五行治水가 되었다는 곳으로, 등용문登龍門을 뜻하기도 한다. 또 우문하의 파도와 물결은 변화가 급한 것을 말한다. 또 겨울에 우물 속의 물고기는 고달프기 마련이다. 혹 우물 정井자를 파자하면 '十십'자가 넷이 되므로 40살 전후해서 벼슬길에 나서는 운이다.

여명 日口任東風이나 女子貞不字라
　　　　 일 구 임 동 풍　　　여 자 정 부 자

날은 따스하고 봄바람은 온화하나/ 여자가 정조가 곧아서 짝이 아닌 곳에 시집가지 않네
■ 주변의 사람들이 도와주는 사람이 많으나, 자신의 배필이 아님을 알고 정조를 지키다가 늦게 시집가는 운.

세운 ○○○○○ ○○○○○
■ 흉운.

2414

남명 瓦冷霜華重하고 飛灰葭管中이라
　　　　 와 랭 상 화 중　　　비 회 가 관 중

기와 지붕 차니 서리꽃 무겁고/ 갈대속으로 불탄 재 날아드네
■ 얼어붙고 불탈 위험이 있으니, 험난한 운이다.

여명 豈料狂風惡이 花開落嫩紅가
　　　　 기 료 광 풍 악　　화 개 낙 눈 홍

미치고 나쁜 바람이/ 예쁘고 붉은 꽃 피자 마자 떨어지게 할 줄 어떻게 알랴!
■ 소녀가 성숙하자 마자, 좋지않은 변을 당하게 되는 운이다. 혹은 일찍 요절할 운이다.

세운 準定用權行하니 輕重當自取라
　　　　 준 정 용 권 행　　　경 중 당 자 취

저울대 고정시켜 저울추를 움직이니/ 가볍고 무거운 것 마땅히 스스

로 취하게 될 것이다
- 자신의 행동에 따라서, 화와 복이 결정되는 운이다.

2515

남명 騎牛逐麋鹿하니 前程路不迷라
　　　　기 우 축 미 록　　　전 정 로 불 미

소를 타고 사슴을 쫓으니/ 앞길이 혼미하지 않네
- 돌다리도 두드려 보며 가듯이 정권政權을 향해 나가니, 어려움에 빠지지 않고 성공하는 운이다.

여명 木非凡木比니 可用作門楣라
　　　　목 비 범 목 비　　가 용 작 문 미

나무가 범상한 나무에 비할 바 아니니/ 문의 상인방(門楣)을 만드는 데 쓸 수가 있네
- 중국 당나라 현종玄宗 때 양귀비楊貴妃가 총애를 받아 정권을 농락하자, 민간에서는 "남자를 낳았다고 기뻐하지 말고 여자를 낳았다고 슬퍼하지 마라/ 임금이 지금 여자를 보고 택해서 문의 상인방을 삼는구나(生男勿喜 女勿悲 君今看女作門楣)"는 노래가 유행하였다. 즉 여자가 남자보다 더 앞장서서 일을 처리하는 운이다.

세운 龍蛇爭一室하니 飛向百花叢이라
　　　　용 사 쟁 일 실　　　비 향 백 화 총

용과 뱀이 한 집을 다투어서/ 백가지 꽃있는 덩쿨속으로 날아가네
- 대권大權의 주도권을 놓고 한번 크게 다투어 볼만한 운이다.

2616

남명 斗秤皆均物이나 權衡有萬殊라
　　　　두 칭 개 균 물　　　권 형 유 만 수

말과 저울이 다 물건을 다는 것이나/ 저울대는 만 가지 다른 것을 측량하네

■ 권력을 쥐고 길흉화복을 주도하는 운. 또는 억울한 일을 당하는 운.

여명 流鶯語燕嬌나 日暮花飛雨라
　　　　유 앵 어 연 교　　　일 모 화 비 우

꾀꼬리 노래하고 제비 교태롭게 지저귀나/ 날은 저물고 비에 꽃 떨어지네
■ 아름다운 자태에 부귀를 누리나, 오래 지속하지는 못하는 운.

세운 風過大林中하니 草木皆迴偃이라
　　　　풍 과 대 림 중　　　초 목 개 회 언

바람이 큰 숲속을 지나니/ 풀과 나무가 다 쓰러지고 눕게 되네
■ 높은 자리에 올라 뜻대로 백성들을 다스리는 운. 혹은 자립하지 못하고 세파에 시달리는 운.

2717

남명 柳線繫春光이요 暮天色已定이라
　　　　유 선 계 춘 광　　　모 천 색 이 정

버드나무 가지는 봄빛을 붙들어 매었고/ 저녁 하늘에 석양빛 너울거리네
■ 부귀영화를 누리는 운.

여명 傳言桃李春은 爲惜桑樹是라
　　　　전 언 도 리 춘　　　위 석 상 수 시

복숭아꽃 오얏꽃 피는 봄소식을 전하는 것은/ 뽕나무를 아끼기 위함일세
■ 부귀를 약속하며 청혼하는 것은, 집안을 오랫동안 보존하기 위하여 좋은 짝을 얻고자 함이다.

세운 鵲噪喜白日하니 信通心更切이라
　　　　작 조 희 백 일　　　신 통 심 갱 절

까치 짖어 한낮에 기쁨이 오니/ 소식 듣게 되어 마음 다시 간절하다
■ 일이 오래지 않아 성사되어 즐거움을 얻는 운.

2818

남명 掌上握風雲하니 前生已先定이라
　　　　 장 상 악 풍 운　　　 전 생 이 선 정

손바닥 위에 풍운을 쥐고 있으니/ 전생에 이미 먼저 정해져 있네
- 풍파를 많이 만나고, 또 풍파를 많이 만드는 운.

여명 蘭房花正開나 門悵人如玉이라
　　　　 난 방 화 정 개　　　 문 창 인 여 옥

난초 향기 그윽한 방에 꽃이 한참 피었으나/ 문가에 옥 같은 사람 슬퍼하네
- 자식은 잘 되어 복이 있으나, 마음 한구석은 항상 허전한 운.

세운 閒人風送遠하니 正醒心自樂이라
　　　　 한 인 풍 송 원　　　 정 성 심 자 락

한가한 사람을 바람이 멀리 보내니/ 마음 스스로 즐거운 것 깨닫겠네
- 욕심을 버리고 유유자적하면 좋은 운.

2919

남명 駕屋橋梁上하니 依山又帶河라
　　　　 가 옥 교 량 상　　　 의 산 우 대 하

집을 다리 위에 지으니/ 산을 의지하고 하수가 또한 둘러쌌네
- 자연과 벗삼아 유유자적하는 운.

여명 寒人下秋天하니 連芳濕五彩라
　　　　 한 인 하 추 천　　　 연 방 습 오 채

가난한 사람이 가을 하늘에 내려오니/ 아름다운 일 연접되고 오색 빛에 젖게 되네
- 미천한 신분에서 부귀영화를 누리게 되는 운.

세운 月白與風清하니 因斯知有待라
　　　　 월 백 여 풍 청　　　 인 사 지 유 대

달은 밝고 바람은 맑으니/ 이로 인해 기다릴 줄 알게 되네
■ 음풍롱월吟風弄月하며 때를 기다려야 하는 운.

辰日

3313

남명 景星依北陸하고 熒惑出南宮이라
　　　　경 성 의 북 륙　　형 혹 출 남 궁
샛별은 북쪽 대륙에 있고/ 형혹성熒惑星은 남궁朱鳥星에서 나오네
■ 샛별은 금성金星이고 형혹성은 화성火星이다. 두 별이 모두 재화와 병란의 징조를 띠고 있으니, 전쟁을 만나 고초를 겪을 운이다.

여명 雲雨歸何處오 巫山十二峰이라
　　　　운 우 귀 하 처　　무 산 십 이 봉
구름과 비는 어느 곳으로 돌아가는가?/ 무산의 열두 봉우리일세
■ 무산의 신녀神女는 아침에는 구름이 되고 저녁에는 비가 된다고 한다. 무산의 신녀가 초나라 양왕과의 정사情事를 마치고 다시 무산으로 돌아가면서 남긴 말이니, 인생의 즐거움을 다한 후에, 다시 신녀 본연의 모습으로 돌아가는 운이다.

세운 晝行人秉燭하고 直入洞房中이라
　　　　주 행 인 병 촉　　직 입 동 방 중
대낮에 행인이 촛불을 잡고/ 동방新房 속으로 들어가네
■ 비록 신방이라고 하나, 아직 어두워지지도 않았는데 너무 성급한 것이다. 특별히 잘못될 것은 없지만, 급함으로 인한 구설수에 오르는 운이다. 혹 동방은 신방新房 또는 부인이 거처하는 방이다. 대낮에 행인이 남의 규방에 들어가는 것은, 자기의 가장 귀한 것을 두 눈뜨고 빼앗긴다는 뜻이다.

2214

남명 牧丹花影中에 靈淸海棠溼이라
　　　　목 단 화 영 중　　영 청 해 당 습

목단꽃 그림자 속에/ 맑고 아담한 해당화가 비에 젖었네
- 실속없고 화려하기만 한 일에 눈이 어두워서, 실속있는 일을 뒷전에 두는 운.

여명 月之長大照하니 片人天外遮라
　　　　월 지 장 대 조　　편 인 천 외 차

달이 길고 크게 비추며 가니/ 한 조각 사람이 하늘 밖을 가렸네
- 서로간에 훌륭한 배필을 만나 뜻을 이루는 운.

세운 桂枝花下影에 秋月弄金風이라
　　　　계 지 화 하 영　　추 월 농 금 풍

계수나무 가지 꽃 그림자 밑에/ 가을 달이 가을 바람(金風)을 희롱하네
- 일을 성공하여 즐겁게 되는 운.

2315

남명 多少魚蝦出하니 波流天日紅이라
　　　　다 소 어 하 출　　파 류 천 일 홍

많고 적은 고기와 새우 나오니/ 파도는 흐르고 하늘의 해 붉어졌네
- 일생동안 크고 작은 많은 일을 성사시키는 운.

여명 紅梅映蒼竹하니 惟有歲寒情이라
　　　　홍 매 영 창 죽　　유 유 세 한 정

붉은 매화가 푸른 대나무를 비추니/ 오직 추운 계절 함께 한 정이 있네
- 부부간에 서로 어려움을 함께 나누며 집안을 일으키는 운.

세운 久晦遇晴明하니 已慰衆人望이라
　　　　구 회 우 청 명　　이 위 중 인 망

오랜 어둠에서 맑고 개임 만났으니/ 이미 뭇사람 소망 위로했네
- 오랫동안의 어둡고 위태함을 극복한 끝에, 뜻을 이뤄 여러 사람을 기쁘게 하는 운. 혹은 높은 직책의 관리가 되어 백성을 잘 다스리는 운.

2416

남명 金烏美出海하니 玉兎已先沈이라
　　　　금 오 미 출 해　　옥 토 이 선 침

금까마귀(해)가 아름답게 바다에서 떠오르니/ 옥토끼(달)는 이미 먼저 잠기었네
- 자연스럽게 정권을 교체하면서, 큰 명성을 떨치는 운.

여명 莫恨花飛急하라 枝頭子漸垂라
　　　　막 한 화 비 급　　지 두 자 점 수

꽃 급히 떨어진다고 한스러워 하지 마라/ 꽃가지 끝에 열매가 점차 커진다
- 자신의 젊음은 급히 가지만, 자신의 일과 자식은 흥성하게 되는 운.

세운 金烏拜玉兎하고 各自列東西라
　　　　금 오 배 옥 토　　각 자 열 동 서

금까마귀(해)가 옥토끼(달)에게 절을 하며/ 각각 스스로 동쪽 서쪽에 배열했네
- 자연스럽게 일을 성취하여 서로간에 크게 좋은 운. 아내 또는 아랫사람이 큰 소리 치는 운.

2517

남명 金魚溝內躍하고 風動紙鳶飛라
　　　　금 어 구 내 약　　풍 동 지 연 비

금빛 고기는 도랑 안에서 뛰놀고/ 바람은 소리개 연 날리네
- 고기는 물에서 뛰놀고 소리개는 하늘에서 나는 것(魚躍于淵 鳶飛戾天)은 자연스러운 이치이다. 따라서 큰 벼슬(金魚)을 얻어 자연의 순리대로 백성을 잘 다스

리는 운.

여명 玉雲荷盤裏에 瓊珠碎碎圓이라
    옥 운 하 반 리 경 주 쇄 쇄 원
옥구름같은 연꽃잎 소반 속에/ 구슬이 둥글게 부서지네
- 남편의 사랑을 받으며 부귀영화를 누리는 운.

세운 舟行望峰移하니 自生疑惑虎라
    주 행 망 봉 이 자 생 의 혹 호
배 가며 산봉우리 옮겨지는 것 바라보니/ 스스로 호랑이인가 의심하네
- 의심스러울 정도로 빠르게 성공하는 운.

2618

남명 身自携筐去하야 憂勤等採薇라
    신 자 휴 광 거 우 근 등 채 미
몸소 광우리 휴대하고 가서/ 근심걱정하며 부지런히 고사리 캐며 기다리네
- 세상일에 근심걱정하며 부지런히 사는 운.

여명 ○○○○○ ○○○○○
- 흉운.

세운 燈光夜結花하니 喜信必須得이라
    등 광 야 결 화 희 신 필 수 득
등불이 밤에 불꽃을 맺으니/ 기쁜 소식 반드시 얻게 되리라
- 조만간 일이 성사되어 좋게 되는 운.

2719

남명 夜寢游仙夢하니 通靈各有神이라
    야 침 유 선 몽 통 령 각 유 신

밤에 자다가 신선 노는 꿈꾸니/ 신선과 각각 영이 통함이 있네
- 신선공부를 하며 사는 운.

여명 江水映秋風하니 水落花去速이라
　　　　　강 수 영 추 풍　　　수 락 화 거 속

강물이 가을 바람 비추니/ 물은 마르고 꽃은 속히 떨어지네
- 부귀와 영화가 급하게 쇠해지는 운.

세운 穴居而野處하니 棟宇自接凉이라
　　　　　혈 거 이 야 처　　　동 우 자 접 량

굴에서 살고 들에 거처하니/ 집이 자연히 서늘한 곳과 접하네
- 자연과 벗삼으며 은둔해서 사는 운.

2820

남명 淸淡梧桐樹가 風搖金井間이라
　　　　　청 담 오 동 수　　　풍 요 금 정 간

맑고 깨끗한 오동나무가/ 가을우물 사이에서 바람에 흔들리네
- 목운木運을 얻어 태어난 사람이므로 가을에는 좋지 않다. 40살을 전후해서 절개와 지조가 유혹에 흔들리는 운.

여명 鶯花三月景에 天氣又重新이라
　　　　　앵 화 삼 월 경　　　천 기 우 중 신

꾀꼬리 울고 꽃 피는 삼월 햇빛에/ 하늘 기운이 또 한번 거듭 새로와지네
- 점점 더많은 부귀영화를 누리는 운. 혹 재혼하는 운.

세운 陸行如推車하니 是以常自苦라
　　　　　육 행 여 추 차　　　시 이 상 자 고

육로陸路로 가는데 차를 밀고 가니/ 항상 스스로 괴롭기만 하네
- 스스로 일을 만들고, 또 주변에서 말썽을 일으켜 괴롭고 힘든 운.

巳日

3315

남명 荏苒風霜至하니 竹梅花自開라
　　　임 염 풍 상 지　　죽 매 화 자 개

세월이 어느덧 가서 바람 서리 오게 되니/ 대나무와 매화의 꽃이 스스로 피었네
- 이리저리 세월을 보내다가 느지막하게 영화榮華롭게 되는 운.

여명 上林花正發하니 只恐起東風이라
　　　상 림 화 정 발　　지 공 기 동 풍

상림원에 꽃이 한참 피니/ 다만 동풍 일어날까 두렵네
- 높은 사람의 부인이 되어 잘 사나, 다만 시샘하는 자로 인한 풍파가 일어날 운.

세운 自我來西郊하니 密雲空不雨라
　　　자 아 래 서 교　　밀 운 공 불 우

내가 서쪽으로부터 오니/ 빽빽히 구름만 끼고 비는 안오네
- 일이 될듯하면서도 되지 않고, 공연히 애만 타는 운.

2216

남명 萬里桑麻地에 魚龍相約侵이라
　　　만 리 상 마 지　　어 룡 상 약 침

만리의 뽕나무 삼밭에/ 고기와 용이 서로 침범할 약속하네
- 뽕나무와 삼밭이 만리나 된다면 엄청나게 큰 땅인데, 이러한 땅에 물고기와 용이 침범한다는 것은 땅이 바다가 되지 않고는 불가능하다(桑田碧海). 따라서 큰 변화를 주도하는 사람의 운이다.

여명 春花太逼人하니 蝶向誰家宿고
　　　춘 화 태 핍 인　　접 향 수 가 숙

봄꽃이 너무 사람과 가깝게 있으니/ 나비가 어느 집으로 자러 갈까?

■ 너무 훌륭한 집안에서 보호를 받고 사는 까닭에, 다른 사람들이 곁에 올 엄두를 내지 못하니, 짝을 얻어 자식을 낳기가 어렵다.

세운 幸結殘花實이요 喜生枯樹枝라
　　　　행 결 잔 화 실　　　희 생 고 수 지

꽃 떨어진 데 열매 맺는 것 다행스럽고/ 마른 나무에 가지 나오는 것 기쁘다
■ 전화위복轉禍爲福이 되고, 생각지 않은 기쁨이 찾아오는 운이다.

2317

남명 江漾南山影이요 雁從雲外飛라
　　　　강 양 남 산 영　　　안 종 운 외 비

강은 남산 그림자 출렁이고/ 기러기는 구름 바깥으로 날아오르네
■ 좋은 동지를 만나 큰 포부를 펴는 운.

여명 姚黃幷魏紫가 相遇五更風이라
　　　　요 황 병 위 자　　　상 우 오 경 풍

요황과 위자가/ 오경 바람을 서로 만났네
■ 옛날 낙양성에 살던 요씨姚氏와 위씨魏氏의 집에서 모란 중에서도 제일 아름다운 꽃이 피었으므로, 모란 중에 훌륭한 꽃을 요황위자姚黃魏紫라고 한다. 이 두 미색을 자랑하는 꽃이 오경의 거센 바람을 맞았으니, 아름다움이 소용없게 되는 것이다.

세운 鴛鴦宿池塘하니 姻緣自相守라
　　　　원 앙 숙 지 당　　　인 연 자 상 수

원앙새가 못에서 자니/ 인연을 자연히 서로 지키네
■ 자신이 있을 곳을 지켜나가니, 저절로 도와줄 사람들이 오게 되는 운이다.

2418

남명 地軸天輪轉하니 壺中日月長이라
　　　　지 축 천 륜 전　　　호 중 일 월 장

땅의 축과 하늘의 바퀴가 돌아가니/ 술병 속에 해와 달이 길다
■ 자연과 벗삼아 유유자적하는 운.

여명 採蓮曲未終하니 扁舟空蕩漾이라
　　　　채 련 곡 미 종　　　편 주 공 탕 양

연 캐는 곡조(採蓮曲) 끝나지 않으니/ 조각배 공연히 출렁이기만 하네
■ 연 캐는 곡조(採蓮曲)는 남녀간에 서로 사랑을 생각하며 부르는 노래로 양무제 梁武帝가 지었다. 제대로 된 배필을 못만나 마음만 안타깝게 되는 운.

세운 紅芳看滿地하니 蜂蝶繞花叢이라
　　　　홍 방 간 만 지　　　봉 접 요 화 총

붉고 향기로운 것 땅에 가득히 보이니/ 벌과 나비가 꽃떨기를 둘러 쌌네
■ 크게 일을 성취하여 부귀영화를 누리는 운.

2519

남명 能開頃刻花나 結果不能食이라
　　　　능 개 경 각 화　　　결 과 불 능 식

잠깐 꽃은 필 수 있으나/ 열매 맺어 먹지는 못하네
■ 잠깐 동안의 운은 열리기도 하나, 결과가 없다.

여명 要祝花宜壽인덴 須求菊蕊仙하라
　　　　요 축 화 의 수　　　수 구 국 예 선

꽃이 오래가기를 빌려거든/ 국화꽃 신선을 찾아가라
■ 세속을 버리고 도를 닦는 운이다. 그렇지 않으면 요절한다.

세운 遇水得逢橋나 憂心摙什然이라
　　　　우 수 득 봉 교　　　우 심 면 십 연

물을 만나서 다리를 얻었으나/ 마음은 근심스럽고 몸은 비틀거리네
- 어려움을 만나 도와줄 사람을 얻었으나, 자신이 없는 상태다.

2620

남명 碧落出烏輪이요 衆星拱北斗라
　　　　벽 락 출 오 륜　　중 성 공 북 두

푸른 하늘에 해 나오고/ 뭇 별들이 북두성北斗星으로 조공하네
- 만인의 우러름을 받고 최고의 지위에 오를 운.

여명 難許自由身이니 是心難飛走라
　　　　난 허 자 유 신　　시 심 난 비 주

자유로운 몸으로 허락되기 어려우니/ 이 마음 날아가기 어렵네
- 마음에 없는 삶을 살아가는 운.

세운 ○○○○○ ○○○○○
- 흉운.

2721

남명 雷是震天鼓나 青天無片雲이라
　　　　뇌 시 진 천 고　　청 천 무 편 운

우레는 하늘을 진동시키는 북이나/ 푸른 하늘에 한 조각 구름도 없네
- 공연히 허장성세虛張聲勢만 있고, 아무런 실속도 없는 운.

여명 金盃休覆水하라 琴瑟再調絃이라
　　　　금 배 휴 복 수　　금 슬 재 조 현

금 술잔의 물을 쏟지 마라/ 금슬이 다시 좋아지게 되네
- 태공망姜子牙의 부인인 마씨馬氏가 무능한 태공망의 아내로 수십년을 살다가 참지 못해서 집을 나갔다. 후에 태공망이 주 무왕周武王을 도와 정승에 오르고, 제齊 땅에 봉지를 얻어 왕으로 부임해 가는 길에서, 집나간 초라한 행색의 노파

(전처)를 보았다. 그 노파가 "자신의 처지를 살펴달라"고 하자, 땅에 물을 붓고는 마씨보고 "주워담아 보라"고 하였다. 마씨부인이 "그것을 어떻게 담느냐?"고 하자, 태공망이 "당신과 나 사이도 이와같다"고 하면서 갈 길을 재촉했다는 고사가 있다. 한번 쏟아 부으면 다시는 담을 수 없으니, 생각대로 행동하지 말고, 한번만 더 참으면 금슬이 다시 좋아지게 되는 운이다.

세운 行人立渡頭나 待船空已久라
　　　　행 인 입 도 두　　대 선 공 이 구
행인이 나루터에 섰으나/ 배 기다린 지 부질없이 오래 되었네
▪ 기다리면 될 것 같지만, 애만 태우고 일에 진척이 없는 운.

午日

3317

남명 泉源幷土脈은 雨露作根基라
　　　　천 원 병 토 맥　　우 로 작 근 기
샘물의 근원과 수맥은/ 비와 이슬이 근본과 터전이 되네
▪ 만백성에게 은택을 내리는 높은 관리의 운.

여명 桂子落重川이요 菱花空谷響이라
　　　　계 자 낙 중 천　　능 화 공 곡 향
계수나무 열매는 깊은 내에 떨어지고/ 마름꽃은 빈 골짜기에서 소리나네
▪ 좋은 인연은 멀어지고, 좋지 않은 인연은 다가서는 운. 혹은 자식복이 없는 운이다.

세운 視形頻把鏡하니 內外不相同라
　　　　시 형 빈 파 경　　내 외 불 상 동
얼굴 보려고 자주 거울 잡으니/ 안과 밖이 서로 같지 않네
▪ 기회를 만드려고 노력은 하나, 능력이 안되는 운.

2218

남명 採山堪茹美나 釣水鼉魚藏이라
　　　　채 산 감 여 미　　조 수 악 어 장

산에서 캐면 아름다운 것 먹을 수 있으나/ 물에서 낚시질하면 악어가 숨어 있네

▪ 산림속에서 유유자적하면 좋고, 세상에 나와 벼슬하려고 하면 함정에 빠지는 운.

여명 斑扇重狂風하니 安知炎暑退아
　　　　반 선 중 광 풍　　안 지 염 서 퇴

아롱진 부채가 돌개 바람과 겹치니/ 불꽃 더위 물러나는 것 어찌 아랴?

▪ 젊어서 귀한 사람의 첩생활을 하나, 늙어지니 거들떠 보지도 않아 오갈데 없는 운.

세운 有矢恨無弓하니 先階後須放이라
　　　　유 시 한 무 궁　　선 계 후 수 방

화살은 있으나 활 없는 것 한스러우니/ 먼저 활쏘는 섬돌에 올랐으나 나중에 쏴야 하네

▪ 좋은 기회가 왔으나, 준비부족으로 다음 기회를 기다려야 하는 운.

2319

남명 水筆寫靑天하니 硯內龍蛇動이라
　　　　수 필 사 청 천　　연 내 용 사 동

물과 붓으로 푸른 하늘에 글씨 쓰니/ 벼루 안에 용과 뱀 움직이네

▪ 명필로 이름을 날릴 운.

여명 杏花須自紅이나 菶菲定不美라
　　　　행 화 수 자 홍　　봉 비 정 불 미

살구꽃은 스스로 붉어질 것이나/ 무우 싹은 아직 아름답지 못하네

▪ 부귀를 누리나 끝까지 좋기는 어려운 운.

세운 黃蜂採蜜成하니 久後誰甘苦가
　　　　황 봉 채 밀 성　　구 후 수 감 고

누런 벌이 꿀을 따서 이루었으니/ 오랜 뒤에 누가 단맛 쓴맛 볼 것인가?
- 기회가 왔는 데도 이를 이용하지 못하는 운. 혹은 일은 자신이 하고 영화는 다른 사람이 누리는 운.

2420

남명 仗劍斷鶩足하니 鴻飛荒野山이라
　　　　장 검 단 오 족　　홍 비 황 야 산

칼을 잡고 흉한 새의 다리 자르니/ 큰 기러기는 거친 들과 산으로 날아가네
- 흉한 새(鶩)란 털빛은 희고 부리는 붉은 큰 기러기 비슷한 흉조로, 그 새가 모이면 나라가 망한다고 한다. 나라를 혼란함 속에서 구하기 위해 병사를 동원하는 무장武將의 운.

여명 枝頭春玉李가 一朶綻先紅이라
　　　　지 두 춘 옥 리　　일 타 탄 선 홍

봄 오얏이 가지 끝에/ 한송이 붉은 꽃 먼저 터뜨리네
- 부귀영화를 누리는 운.

세운 箭射南山虎하고 仗劍斬龍蛇라
　　　　전 사 남 산 호　　장 검 참 용 사

화살로 남산의 호랑이 쏘고/ 칼을 잡아 용과 뱀 베네
- 유방(漢高祖)이 길을 가다가 커다란 흰 뱀이 길을 막는 것을 보고는 한칼에 베어 죽였다. 이 때 한 노파가 나타나 "적제赤帝의 아들(유방)이 백제白帝의 아들(진나라)을 죽였다"고 하며 울었는데, 후에 진秦나라를 멸망시키고 중국을 통일하여 황제가 되었다. 큰 기개와 용기를 갖고 무서운 호랑이나 용을 겁내지 않고 친다는 뜻이다. 큰 일을 하는 영웅의 운이다.

2521

남명 把扇作飛簾하니 糞塵咸席捲이라
　　　　파 선 작 비 렴　　분 진 함 석 권
부채를 잡고 드리운 발(簾)을 날리니/ 더러운 티끌이 모두 날아갔네
▪ 나라의 부정과 부패를 개혁하고 추방하는 정치가의 운.

여명 ○○○○○ ○○○○○
▪ 흉운.

세운 寶劍藏深匣이나 光芒不等閒이라
　　　　보 검 장 심 갑　　광 망 부 등 한
보검이 깊이 칼집에 숨겨져 있으나/ 그 빛이 범상하지 않네
▪ 장차 큰 일을 할 영웅이 그 기상을 감추고 때를 기다리는 운.

2622

남명 八荒惟我室이니 變動體無常이라
　　　　팔 황 유 아 실　　변 동 체 무 상
팔방이 오직 나의 집이니/ 변하고 움직이는 본체가 항상함이 없네
▪ 사방을 주유하며 변화무쌍하게 사는 운.

여명 娥眉月圓缺이요 桂子漫傳香이라
　　　　아 미 월 원 결　　계 자 만 전 향
아미산의 달은 둥글었다 이지러졌다 하고/ 계수나무는 질펀하게 부질없이 향기 전하네
▪ 부부간의 금슬은 좋지않아 근심걱정이 많으나, 자식은 영화롭게 되는 운.

세운 游魚戲新荷하니 在沼樂其樂이라
　　　　유 어 희 신 하　　재 소 낙 기 락
노니는 고기가 새로 핀 연꽃 희롱하니/ 못에 있으면서 그 즐거움을 즐기네
▪ 부귀를 누리며 편안히 사는 운.

木부 오 일

未日

3319

남명 萬里有循環하니 陰陽無久駐라
　　　　만 리 유 순 환　　음 양 무 구 주

만리에 순환됨이 있으니/ 음양이 오래 머무르지 않네
- 인생유전人生流轉을 경험하면서 인생의 여러가지 맛을 보는 운.

여명 錦繡靄春閨나 梧桐在金井이라
　　　　금 수 애 춘 규　　오 동 재 금 정

비단 수 놓아 봄 규방 성하게 꾸몄으나/ 오동나무는 가을 우물가에 있네
- 좋은 곳에 시집가서 부귀영화를 누리나, 40전후에 사별할 운.

세운 紅芳成艶色하니 俱起動花心이라
　　　　홍 방 성 염 색　　구 기 동 화 심

붉고 아름다워 예쁜 꽃 이루니/ 모두가 꽃 취하려는 마음 일으키네
- 다른 사람의 우러름을 받으며 사는 운.

2220

남명 惟斯屬木人이 水淸在陰地라
　　　　유 사 속 목 인　　수 청 재 음 지

오직 목에 속한 사람만이/ 물은 맑고 그늘진 곳에 있네
- 목운木運에 태어난 사람이 얻으면 크게 길한 운이다.

여명 雪裏出梅花하니 猶待春風至라
　　　　설 리 출 매 화　　유 대 춘 풍 지

눈 속에 매화가 피니/ 아직도 봄바람 오기만 기다리네
- 어렵고 힘든 곳에서도 꽃을 피우는 사람으로, 항상 희망을 잃지 않고 사는 운이다.

세운 錯節與盤根은 自然別利器라
　　　착 절 여 반 근　　자 연 별 이 기

엉킨 마디와 서린 뿌리는/ 자연히 예리한 연장 구별하게 되네
■ 어렵고 힘든 혼란시기이므로, 능력있고 총명한 협조자를 구해야 하는 운이다.

2321

남명 尋釣夢春澤하야 投身北海間이라
　　　심 조 몽 춘 택　　투 신 북 해 간

봄 못에 낚시질하는 꿈 찾아서/ 북해 사이에 몸을 던졌네
■ 자기의 큰 포부를 펴기 위해 큰 물로 나가서 활동하는 운.

여명 暮去更朝來하니 春花幾芳馥가
　　　모 거 갱 조 래　　춘 화 기 방 복

저녁이 가면 다시 아침이 오니/ 봄꽃이 몇번이나 아름답고 향기로왔는가?
■ 큰 기복은 없으나, 그 안에 좋고 나쁜 희비를 그리면서 영화를 누리는 운.

세운 花開向波心하니 天香施紅味라
　　　화 개 향 파 심　　천 향 시 홍 미

꽃 피어 물결 속으로 향하니/ 하늘의 향기가 붉은 맛을 베풀었네
■ 일이 순조롭게 되어 세상에 이름을 날리는 운.

2422

남명 東海植扶桑하고 西海載弱水라
　　　동 해 식 부 상　　서 해 재 약 수

동해에는 뽕나무가 심어져 있고/ 서해에는 약수가 실려 있네
■ 부상扶桑은 동해바다에 있는 신목神木으로 이곳에서 해가 뜬다. 또 약수는 신선이 살고있는 봉래도를 둘러싸고 있어 신선이 아닌 사람은 통과할 수 없는 물이다. 신선공부를 하며 사는 운이다. 또는 세상으로 나올 경우, 크게 부귀하게 되어 사람들에게 큰 혜택을 주는 운.

여명 天外雁聲孤하니 喚醒佳人夢이라
　　　　천 외 안 성 고　　　환 성 가 인 몽
하늘가에 기러기 소리 외로우니/ 아름다운 사람의 꿈 불러 깨게 하네
- 배필을 잃고 외롭게 홀로이 될 운.

세운 萬里迢迢路에 徑行不見踪이라
　　　　만 리 초 초 로　　　경 행 불 견 종
만리의 멀고 먼 길에/ 가고 자취는 보이지 않는다
- 모든 일이 다 기회를 놓쳐 다시 일어서기 어려운 운.

2523

남명 蛇鬪鄭門中이요 廣陵盟亦載라
　　　　사 투 정 문 중　　　광 릉 맹 역 재
뱀이 정문鄭門 가운데서 싸우고/ 광릉에서 맹서 또한 했네
- 권력의 주도권을 잡기 위해 합종연횡合縱連橫을 거듭하며 다투는 운.

여명 把鏡稱月影하니 朱顔渾未改라
　　　　파 경 칭 월 영　　　주 안 혼 미 개
거울을 잡고 달빛에 비춰보니/ 젊고 예쁜 얼굴 고쳐지지 않았네
- 젊고 아름다우나 남편의 사랑을 못받아 외로운 사람의 운.

세운 斛水用藏龍하니 淹回其雲氣라
　　　　곡 수 용 장 룡　　　엄 회 기 운 기
물을 길어다가 용을 숨기니/ 구름 기운을 머물게 하였네
- 큰 일을 도모하기 위해 능력과 재주를 충분히 준비하고 때만 기다리는 운. 사람들이 어렴풋이 인정하여 곧 흥성하게 될 운.

申日

3321

남명 井上有綠李하고 鹽梅氣味同이라
　　　　정 상 유 녹 리　　염 매 기 미 동

우물 위에 푸른 오얏나무 있고/ 소금과 매실의 맛 잘 조화되었네
- "소금과 매실의 맛 잘 조화되었네"는 소금과 매실을 적당히 배합하여 간을 잘 맞추었다는 말로, 신하가 임금을 도와 선정을 베풀게 하는 것을 비유한다. 높은 관리가 되어 임금을 보필하여 정사政事를 잘 하는 운.

여명 花開向春晚이요 花謝果還稀라
　　　　화 개 향 춘 만　　화 사 과 환 희

꽃 피니 늦은 봄 다가오고/ 꽃 떨어지니 열매는 도리어 드므네
- 모든 일에 늦어지고 결실이 적어 고달픈 운. 혹 늦게 결혼하여 자식 얻기가 어렵다.

세운 野猴啼夜月이요 衰草更逢春이라
　　　　야 후 제 야 월　　쇠 초 갱 봉 춘

들원숭이는 달밤에 울고/ 쇠잔한 풀은 다시 봄을 만났네
- 역경속에 새로운 삶을 만나는 운.

2222

남명 紅波推畫舫하니 綠棹逐蛇龍이라
　　　　홍 파 추 화 방　　녹 도 축 사 룡

붉은 물결이 용 무늬 배 밀어주니/ 푸른 노가 용과 뱀 따라가네
- 임금곁에서 높은 직책을 맡아 정사政事를 잘 베푸는 운.

여명 江上月淸明하니 金鞭何處去아
　　　　강 상 월 청 명　　금 편 하 처 거

강 위에 달이 맑고 밝은데/ 금채찍 가지고 어느 곳으로 가는가?

▪ 부부가 청풍명월清風明月을 즐기며 행복하게 살 수 있는데, 세속의 풍파가 그리워 밖으로 나서는 운.

세운 大廈與高堂에 燕雀在成就라
　　　　대 하 여 고 당　연 작 재 성 취
큰 집과 높은 당에/ 제비가 깃들어 즐겨하네
▪ 크게 사업을 일으켜 놓으니, 별 노력도 안한 소인배들이 즐거워하며 결실을 따 먹는 운.

2323

남명 三月無根柳가 空中舞柳花라
　　　　삼 월 무 근 류　공 중 무 류 화
삼월에 뿌리 없는 버들이/ 공중에서 버들꽃 춤추네
▪ 헛되이 지내다가, 때를 만나 새로운 개척을 하려는 운.

여명 梨花滿院香하니 莫收春帶雨하라
　　　　이 화 만 원 향　막 수 춘 대 우
배꽃이 집 가득히 향기로우니/ 봄비 적신 모습 거두지 마라
▪ 부귀영화와 자식복을 겸한 운. 혹 이별 운을 조심하라.

세운 陽春三月景에 柳絮滿天飛라
　　　　양 춘 삼 월 경　유 서 만 천 비
따스한 봄 삼월 경치에/ 버들 강아지 날리어 하늘에 가득하네
▪ 모든 일이 때를 만나 흥성하게 되는 운.

2424

남명 波中生日月이요 鏡底見乾坤이라
　　　　파 중 생 일 월　경 저 견 건 곤
물결 속에 해와 달 나오고/ 거울 안에 하늘과 땅 보이네
▪ 화려하기는 하나 실속이 없는 운.

여명 螺贏負螟蛉이요 新枝發舊花라
　　　　과 라 부 명 령　　신 지 발 구 화

나나니벌이 나방의 유충을 지고 가고/ 새 가지에 연꽃 다시 피네
* 재혼하여 남의 자식을 데리고 잘 사는 운.

세운 杏花雨濛濛하니 喜蘇人耞犁라
　　　　행 화 우 몽 몽　　희 소 인 사 리

살구꽃에 비가 몽몽하니/ 보습과 쟁기질하는 사람 보게 되어서 기쁘네
* 때를 만나 부지런히 일하여 성공하는 운.

酉日

3323

남명 將燈入洞坐하니 洞裏有輕風이라
　　　　장 등 입 동 좌　　동 리 유 경 풍

등불을 가지고 신선 마을에 들어가 앉으니/ 마을 속에서 가벼운 바람 부네
* 신선공부를 하며 사는 운.

여명 水畔插垂楊하니 孫陽黃金屋이라
　　　　수 반 삽 수 양　　손 양 황 금 옥

물가 언덕에 수양버들 꽂으니/ 황금 빛 나는 집에 햇빛 돋아난다
* 좋은 곳에 시집가서 잘 사는 운. 혹은 화류계에서 명성을 날리는 운.

세운 漾斷釣沈底하니 深嗟不已情이라
　　　　양 단 조 침 저　　심 차 불 이 정

출렁거리는 물에 낚싯줄 끊어져 낚시 가라앉으니/ 한탄스러운 마음 그치지 않네
* 준비도 덜 되었고 갑작스러운 변화도 감당하지 못해서 다 된 일을 망치는 운.

2224

남명 滹沱冰雪飛하니 足踪履冰跡이라
　　　　호 타 빙 설 비　　　족 종 이 빙 적

호타하滹沱河에 얼음 얼고 눈 날리니/ 얼음 밟고 지나가게 되네

■ 후한後漢의 광무제光武帝가 왕랑에게 쫓기어 호타하를 건너려 하는데, 왕패라는 신하가 먼저 살펴보니 강물이 얼지 않았다. 군사들의 사기를 생각하여 호타하가 얼었다고 거짓으로 말하고는 광무제를 모셔왔다. 이윽고 광무제를 비롯한 군사들이 강가에 도착하니, 때맞춘 추위로 얼음이 얼게 되어서 무사히 건너갔다는 고사가 있다. 어렵고 힘든 시련속에서도 하늘이 도와주어 무사하게 되는 운.

여명 鑿池通流水하고 開闢天外風이라
　　　　착 지 통 유 수　　　개 벽 천 외 풍

못을 파서 흐르는 물 통하게 하고/ 하늘 바람 통하게 활짝 열어놓았네

■ 집안을 혁신적으로 잘 다스려 크게 번창하게 하는 운.

세운 藍關逢雪擁하니 駿馬不能行이라
　　　　남 관 봉 설 옹　　　준 마 불 능 행

남관藍關에 눈이 쌓이니/ 준마가 가지 못하네

■ 남관藍關은 중국의 남전관藍田關을 말하며, 험준하고도 중요한 관문을 비유한다. 아무리 능력이 있어도 때가 도와주지 않아서, 일을 성사시키지 못하는 운.

2325

남명 蓮花隨步起요 風雨過池塘이라
　　　　연 화 수 보 기　　　풍 우 과 지 당

연꽃은 걸음 따라 일어나고/ 비바람은 연못 위를 지나네

■ 미인이 걸어가면 연꽃이 걸음 따라 피어난다고 하여 연보蓮步라고 한다. 가는 곳마다 칭송을 얻고, 혁신을 하는 운.

여명 芳草碧連天하니 塵襟臨絃索이라
　　　　방 초 벽 련 천　　　진 금 임 현 삭

꽃다운 풀이 푸르게 하늘에 연했으니/ 티끌 묻은 옷깃으로 거문고 줄 타고있네
- 남편의 사랑을 다른 사람에게 빼앗기고, 외로운 마음을 풍류로 달래는 운.

세운 **羝羊觸其角**하니 **何苦自傷殘**가
　　　　저 양 촉 기 각　　　하 고 자 상 잔

숫염소가 그 뿔을 박으니/ 어찌 괴롭게 스스로를 다치게 하는가?
- 행동이 생각보다 앞서고 지나쳐서 진퇴양난進退兩難에 빠지는 운.

戌日

3325

남명 **斧柄在我手**하니 **山行隨意行**이라
　　　　부 병 재 아 수　　　산 행 수 의 행

도끼 자루가 내 손에 있으니/ 산에 가는 것 뜻대로 하게 되네
- 재력과 수하에 부리는 사람들이 든든해서, 자신의 뜻을 이루는 운.

여명 **水邊佳會處**에 **休唱阿奴嬌**하라
　　　　수 변 가 회 처　　　휴 창 아 노 교

물가의 아름답게 모이는 곳에/ 아부하는 아리따운 종 부르지 마라
- 부부가 금슬좋게 부귀영화를 누리나, 다만 남편의 바람끼가 걱정된다.

세운 **駕箭與彎弓**하니 **偶射須百中**이라
　　　　가 전 여 만 궁　　　우 사 수 백 중

화살 매겨 활을 당기니/ 백 번을 쏘아서 백 번을 맞히네
- 능력이 탁월하고 때를 얻었으니, 포부를 펼쳐 볼 좋은 운.

2226

남명 四境風雲起하고 金烏照太空이라
　　　　사 경 풍 운 기　　금 오 조 태 공

사방에 바람과 구름 일어나고/ 태양은 높은 공중에서 비추네
- 급변하는 변화와 혼란을 극복하고 존귀하게 될 운.

여명 四野風烟暝하니 飛花落野泥라
　　　　사 야 풍 연 명　　비 화 낙 야 니

사방의 들에 바람과 연기 어두우니/ 꽃 날려 진흙 위에 떨어지네
- 혼란과 어두움 속에 묻혀 자신의 처신을 잘 못하는 운.

세운 斲輪將有就니 乘鸞在當時라
　　　　착 륜 장 유 취　　승 란 재 당 시

바퀴를 깎는 것이 성취할 때 있게 되니/ 이루어지면 봉황 무늬 수레를 타게 되리라
- 탁월한 능력을 갖고 있는 자로, 천하를 향해 기회를 엿보는 운.

亥日

3327

남명 地形接霄壤하니 在下有星辰이라
　　　　지 형 접 소 양　　재 하 유 성 신

지형이 하늘과 땅에 접했으니/ 그 아래에 별들이 있네
- 신선이 되거나, 세상에 나오면 크게 부귀영화를 누리는 운.

여명 風烟欲暝天이요 日暮江南樹라
　　　　풍 연 욕 명 천　　일 모 강 남 수

바람과 연기가 하늘을 어둡게 하고/ 강 남쪽 나무에 날이 저물었네
- 혼란과 어려움 속에서 반평생을 사는 운.

세운 ○○○○○ ○○○○○
- 흉운.

金部

■ 갑자·을축·임신·계유·경진·신사·갑오·을미·임인·계묘·경술·신해년에 해당

▧ 子日 ▧

3306

남명 鶴在白雲棲하니 鴟鴞不翔擧라
　　　학 재 백 운 서　　치 효 불 상 거

학이 흰구름 높이 깃들어 사니/ 소리개와 올빼미 날아들지 못하네
■ 학처럼 고고하게 세속의 풍진에 물들지 않고 사는 운.

여명 花開花上花요 風起風中絮라
　　　화 개 화 상 화　　풍 기 풍 중 서

꽃은 꽃 위에 꽃을 피우고/ 바람은 바람 속에 버들강아지 날린다
■ 유유상종하며 비슷한 사람끼리 서로 알아주고 어울리는 운.

세운 鴻鵠丈夫志를 豈能知燕雀아
　　　홍 곡 장 부 지　　기 능 지 연 작

큰 기러기와 고니(大鵬) 같은 장부의 뜻을/ 제비 같은 소인이 어찌 알랴?
■ 큰 뜻을 세워서 작은 일은 돌보지 않는 운. 다만 현재는 주변에서 우스개가 되고 있는 운.

2207

남명 白雲隨月出하니 引領拜丹墀라
　　　백 운 수 월 출　　인 령 배 단 지

흰 구름이 달을 따라 나오니/ 옷깃 여미고 붉은 뜰에 절하네

▪ 선비가 출세하여 높은 관직에 오르는 운.

여명 李桃貪結子하니 莫恨五更風하라
　　　이 도 탐 결 자　　막 한 오 경 풍

오얏과 복숭아가 열매 맺기를 탐내니/ 오경의 바람 한스러워 하지 마라
▪ 열매를 맺기 위해서는 꽃이 져야 하듯이, 자식을 낳기 위해서는 스스로를 희생해야 되는 운.

세운 日出自扶桑하니 衆人皆仰視라
　　　일 출 자 부 상　　중 인 개 앙 시

해가 동쪽으로부터 뜨니/ 뭇사람들이 다 우러러보네
▪ 큰 기회가 손안에 잡혀서 일을 성공하고 크게 존경을 받는 운.

2308

남명 大樹蚍蜉撼하니 精神百怪通이라
　　　대 수 비 부 감　　정 신 백 괴 통

왕개미가 큰 나무를 흔들려 하니/ 정신이 온전하지 못한 사람일세
▪ 비부감수蚍蜉撼樹: 왕개미와 같이 힘없는 자가 큰 나무를 움직이려 한다는 말로, 초학자가 대학자를 비난하는 것을 비유함. 능력 밖의 일을 하려고 갖은 수단을 다하다가 반미치광이 취급받는 운.

여명 銀燭照紅粧하니 莫遣佳人睡하라
　　　은 촉 조 홍 장　　막 견 가 인 수

은빛 촛불이 붉은 단장 비추니/ 아름다운 사람을 보내 졸게 하지 마라
▪ 뜻이 맞고 자신의 마음에 드는 사람을 자존심 때문에 멀리하는 운. 멀리하지 않으면 부귀영화를 같이 누릴 수 있다.

세운 燕雀兩間飛하니 一生遇一死라
　　　연 작 양 간 비　　일 생 우 일 사

제비가 하늘과 땅 사이로 날으나/ 하나는 살고 하나는 죽게 되네
▪ 제비는 국량이 좁은 소인을 비유한다. 현재 자신의 선택에 따라 살고 죽는 기로에 선 운이다.

2409

남명 花鈿委地中이나 沙暖見春雲이라
　　　　화 전 위 지 중　　사 난 견 춘 운
꽃비녀 땅속에 버렸으나/ 날 따뜻하니 봄 구름 보게 되네
- 한때 벼슬길을 버렸다가, 다시 때를 만나 벼슬길에 나서는 운.

여명 水面羣鷗浴하니 風來浪拍天이라
　　　　수 면 군 구 욕　　풍 래 랑 박 천
물 위에서 갈매기떼 목욕하는데/ 바람이 와서 물결이 하늘을 치네
- 평화롭게 살다가 모진 풍파를 만나는 운.

세운 枯木經春發하니 憂老遇孤霜이라
　　　　고 목 경 춘 발　　우 로 우 고 상
마른 나무가 봄을 지나서 피니/ 늙는 것 근심되고 외롭게 서리 만나게 되었네
- 때늦게 기회를 맞았으나 힘없고 도와주는 사람 없어서 실패하는 운.

2510

남명 梧桐金井上에 枝葉接松筠이라
　　　　오 동 금 정 상　　지 엽 접 송 균
오동나무가 가을 우물 위에서/ 가지와 잎새가 소나무 대나무와 연접하였네
- 때를 못 만나 초야에서 절개를 지키며 사는 운.

여명 生來在塵中이나 不作塵中人이라
　　　　생 래 재 진 중　　부 작 진 중 인
홍진 세상에서 살아왔으나/ 홍진 세상 사람 노릇하지 않았네
- 세상 사는 사람들과 똑같이 사나, 세속에 물들지 않고 고고함을 지키는 운.

세운 洞門無鎖鑰하니 便是一閒人이라
　　　　동 문 무 쇄 약　　변 시 일 한 인

동굴 같은 집이라 열쇠와 자물쇠가 없으니/ 이는 한가한 사람일세
▪ 부귀와 권력에는 상관없이 수도생활을 하거나 혹은 평범한 사람의 운.

2611

남명 鐘聲徹萬里하니 食後上樓敲라
　　　　종 성 철 만 리　　식 후 상 루 고

종소리가 만리를 뚫으니/ 밥 먹은 뒤에 누각에 올라 두드리네
▪ 유유자적하며 사는 운.

여명 人間喜夢覺하니 孤月又當空이라
　　　　인 간 희 몽 각　　고 월 우 당 공

인간 세상의 기쁜 꿈 깨니/ 외로운 달 또 공중에 떴네
▪ 남편이 있을 때 부귀영화를 누리다가, 홀로되어 외롭게 되는 운.

세운 琴瑟絃忽斷하니 難便正音傳이라
　　　　금 슬 현 홀 단　　난 변 정 음 전

금슬이 홀연히 줄 끊어지니/ 바른 소리 전하기 어렵게 되었네
▪ 윗사람과의 좋은 관계가 갑작스런 오해로 잘못되어 어렵게 되는 운. 혹은 배우자가 갑자기 죽어서 집안이 화락和樂하기 어려운 운.

2712

남명 下漏在軍門하니 日中留客飮이라
　　　　하 루 재 군 문　　일 중 유 객 음

군문軍門에 물시계의 물이 흘러 내려가니/ 한낮에 머무르는 손님이 술 마시네
▪ 물시계의 물이 흘러 내려간다는 것은, 자율이 지나쳐서 기강이 흩어졌다는 말이다. 군문에 대낮부터 술을 마시니, 패할 징조다.

여명 玉簫聲未斷하니 重結好姻緣이라
　　　　옥 소 성 미 단　　중 결 호 인 연

옥퉁소 소리 끊기지 않았으니/ 거듭 좋은 인연 맺게 되네
- 재혼하여 영화를 누리며 잘 살 운이다.

세운 籠鸚雖巧語나 猶自被羈縻라
　　　　농 앵 수 교 어　　유 자 피 기 미

조롱 속의 앵무새가 비록 말을 교묘히 하나/ 아직도 붙들어 매인 신세일세
- 능력있고 재주있다고 스스로 말하나, 결국은 남에게 매인 운이다. 또는 아직 때를 못 만나 뜻을 펴지 못하는 운이다.

2813

남명 井井浮陽氣하니 新田禾黍繁이라
　　　정 정 부 양 기　　신 전 화 서 번

따스한 양기가 끊임없이 솟아나니/ 새로 일군 밭에 벼와 기장 번성하네
- 힘과 능력을 잘 배양하니, 점점 더 길해져서 흥성해지는 운이다.

여명 夜雨滴梧桐하고 春風損桃李라
　　　야 우 적 오 동　　춘 풍 손 도 리

밤비에 오동나무잎 떨어지고/ 봄바람은 복숭아꽃 오얏꽃 떨어지게 하네
- 부귀와 영화를 누리나 오래 가지 못하는 운.

세운 當逢千尋木하니 折令遇其時라
　　　당 봉 천 심 목　　절 령 우 기 시

천길되는 나무를 만났으니/ 꺾고 베는 것이 그 때를 만났네
- 좋은 재목과 조건을 가지고 좋은 때를 만났으니, 한번 떨쳐서 성공하는 운.

2914

남명 上苑溝渠裏에 翩翩一點紅이라
　　　상 원 구 거 리　　편 편 일 점 홍

상림원 도랑 속에/ 한 점의 붉은 잎이 번쩍이네
- 상림원上林苑은 진시황秦始皇이 아방궁을 지어 놓고 즐긴 이후로 천자의 정원이 되었다. 이 도랑을 통해 붉은 잎에 시를 써서 보내고 받는 중에 인연을 맺게 되었으므로, 좋은 배필을 만나 잘 사는 운이다.

여명 紅葉有前緣하니 水流何太急가
　　　　홍 엽 유 전 연　　수 류 하 태 급

붉은 잎새에 전생의 인연 있으니/ 물 흐르는 것이 어찌 그리 급한가?
- 화부火部 '2446' 참조. 좋은 남자와 혼인하여 잘 사는 운.

세운 寒犬吠明月하니 空自假情懷라
　　　　한 견 폐 명 월　　공 자 가 정 회

추운 개가 밝은 달을 짖으니/ 공연히 스스로 정과 회포 못 이기네
- 때를 놓친 후에 옛일을 회상하며 외로워하는 운.

3015

남명 兩曜循天地하니 五星惟順纏이라
　　　　양 요 순 천 지　　오 성 유 순 전

해와 달이 하늘과 땅을 도니/ 오성이 오직 순하게 따라가네
- 높은 관직에서 정사政事를 베풂에, 다른 관리들이 모두 따르며 존경을 하는 운.

여명 黃菊有佳色하니 秋光何太遲아
　　　　황 국 유 가 색　　추 광 하 태 지

누런 국화가 아름다운 색 있는데/ 가을은 어찌 그리 더딘가?
- 자신의 능력과 자태를 나타내는데, 많은 기다림이 필요한 운.

세운 雷是震天鼓나 靑天無片雲이라
　　　　뇌 시 진 천 고　　청 천 무 편 운

우레는 하늘을 움직이는 북(鼓)이나/ 푸른 하늘에 한 조각 구름도 없네
- 공연히 헛기대만 요란하고 실속이 없는 운.

3116

남명 千駟馬弗視하고 甘心惟步行이라
　　　　천 사 마 불 시　　　감 심 유 보 행

천개의 사마駟馬를 보지 않고/ 오직 걸어가기만 마음 쓰고 있네

▪ 사마駟馬는 네 필의 말이 끄는 수레로 귀인이 타는 것이다. 천개의 사마라고 하면 말만 하여도 4000마리이다. 그런데 타고 갈 생각을 하지 않는 것이다.

여명 管絃醉春風하니 何如枯冷淡가
　　　　관 현 취 춘 풍　　　하 여 고 냉 담

관악기 현악기 타며 봄바람에 취했는데/ 어찌 메마르고 냉담하기만 하는가?

▪ 다른 사람은 인생을 즐기며 여유롭게 살지만 내 마음은 쓸쓸한 운

세운 舟行帆自捲하니 欲進路無由라
　　　　주 행 범 자 권　　　욕 진 로 무 유

배가 가려는데 돛이 스스로 걷히니/ 나가고자 하나 길이 없네

▪ 주변에서 도와주지 않아서 어찌 해볼 수 없는 운.

3217

남명 桑麻天地産하니 不必問耕桑하라
　　　　상 마 천 지 산　　　불 필 문 경 상

뽕나무와 삼(麻)은 천지로 생산되니/ 뽕나무 밭 가는 것 물을 필요 없네

▪ 의식이 풍족하여 여유롭게 사는 운.

여명 奈有仙風骨하야 壺中日月間가
　　　　내 유 선 풍 골　　　호 중 일 월 간

어찌 신선의 풍골 있으면서/ 날마다 술병 속에 사는가?

▪ 신선의 공부를 하면 뛰어날 사람이나, 세속에 매여 오히려 보통 사람보다 못하게 되는 운.

세운 一箭射胸中하니 萬事能假從가
　　　　일 전 사 흉 중　　　만 사 능 가 종

화살 하나로 가슴 속을 쏘아 맞추니/ 만 가지 일이 거짓으로 따라갈 수 있을까?
- 참되게 살아야지, 거짓되게만 해서는 오래 가지 못함을 알아야 하는 운.

◈ 丑日 ◈

3308

남명 草木年年改나 山河竟自如라
　　　초 목 년 년 개　　　산 하 경 자 여

풀과 나무는 해마다 다시 나나/ 산과 물은 항상 다름이 없네
- 세상은 바뀌어도 자신의 마음은 변치 않고 살아가는 운.

여명 枯柳生綠柳하니 雪裏自陽春이라
　　　고 류 생 녹 류　　　설 리 자 양 춘

마른 버들에 푸른 가지 나오니/ 눈속에 스스로 따스한 봄일세
- 늦게나마 어려움에서 벗어나 부귀를 누리는 운.

세운 針鏡未曾入하니 暫時生塵垢라
　　　침 경 미 증 입　　　잠 시 생 진 구

거울을 꿰매어 아직 넣지 못했으니/ 잠시 동안에 먼지와 때 묻었네
- 일의 뒷마무리를 제대로 못해 흠이 생기는 운.

2209

남명 金命旣如此하니 天花桂影風이라
　　　　금 명 기 여 차　　　천 화 계 영 풍

금의 운명이 이미 이와 같으니/ 하늘의 계수나무에 꽃 피고 바람 지나가네
▪ 부귀영화와 관련이 없는 운, 혹 높은 벼슬을 살아 부귀를 누리는 운.

여명 欲指神仙路하니 雲山幾萬里아
　　　　욕 지 신 선 로　　　운 산 기 만 리

선계로 가는 길 가르키고자 하니/ 구름과 산이 몇 만리나 되는고?
▪ 세속과 인연을 끊고 은둔해서 사는 운.

세운 冒暑去投林이나 當途風少息이라
　　　　모 서 거 투 림　　　당 도 풍 소 식

더위를 무릅쓰고 숲속으로 가나/ 가는 길이 바람 한점 없네
▪ 주변의 환경이 여의치 않아 어렵고 힘든 운.

2310

남명 擧箭射靑天하니 月淡風稀候라
　　　　거 전 사 청 천　　　월 담 풍 희 후

화살 들어 푸른 하늘 쏘니/ 달은 맑고 바람은 드문 기후일세
▪ 높은 벼슬을 하고자 하나 뜻대로 되지 않는 운.

여명 春日種梅花요 秋風生桂枝라
　　　　춘 일 종 매 화　　　추 풍 생 계 지

봄날에 매화꽃 심었고/ 가을 바람에 계수나무 가지 돋아났네
▪ 때늦게 일을 하여 모든 일이 어그러지는 운.

세운 月明與星稀하니 烏鵲南飛起라
　　　　월 명 여 성 희　　　오 작 남 비 기

달은 밝고 별은 드무니/ 까마귀와 까치가 남쪽으로 날아가네
▪ 중국 후한後漢말에 조조가 손권과 적벽대전을 벌일 때 자신의 부하들을 모아

놓고 달밤에 연회를 베풀었다. 이 때 조조가 까마귀와 까치가 남쪽으로 나는 것을 보고 "달은 밝고 별은 드문데 까마귀와 까치가 남쪽으로 날아간다/ 나무를 세번이나 돌지만 의지할 가지가 없다"는 시를 지었다. 이 시를 짓고 다음날 대패하여 간신히 목숨만 살아 쫓겨가게 된다. 크게 흉해 목숨마저 위태롭게 되는 운이다.

2411

남명 酒罷醉和風하니 蛾眉山上色이라
　　　　주 파 취 화 풍　　　아 미 산 상 색

술을 파하고 온화한 바람에 취해 있으니/ 아미산 위의 경치가 빛나네
- 크게 일을 성공하고 한가로움을 즐기는 운.

여명 福祿從天降하니 不求保自生이라
　　　　복 록 종 천 강　　　불 구 보 자 생

복록이 하늘로부터 내려오니/ 구하지 않아도 자기의 생활 보호할 수 있네
- 하늘이 도와 크게 복록을 누리는 운.

세운 遨遊成秀地에 不覺日平西라
　　　　오 유 성 수 지　　　불 각 일 평 서

분주하게 왕래하며 놀고 즐기는 좋은 땅에/ 해 서쪽으로 넘어가는 줄 모르네
- 너무 좋은 운에 겨워 방비를 게을리 하는 격.

2512

남명 丹崖萬仞高나 中有蜉蝣上이라
　　　　단 애 만 인 고　　　중 유 부 유 상

붉은 절벽이 만길이나 높으나/ 가운데 하루살이 올라가고 있네
- 아무리 위엄있고 높은 자라도, 하찮은 사람에 의해 무너지기가 쉽다는 것을 염두에 두어야 한다.

여명 秋風動桂枝하니 桂子應難有라
　　　　추 풍 동 계 지　　　계 자 응 난 유

가을 바람이 계수나무 가지 움직이니/ 계수나무 열매 있기 어렵네
▪ 귀하게 되나 자식을 두기 어려운 운.

세운 停帆遇順風하니 千里終須到라
　　　　정 범 우 순 풍　　　천 리 종 수 도

멈춘 돛에 순풍을 만났으니/ 천리 길을 마침내 이르게 되었네
▪ 막혀 있다가 여러 도움을 받아 뜻을 이루는 운.

2613

남명 麾蓋漾虛空이요 白雲深處出이라
　　　　휘 개 양 허 공　　　백 운 심 처 출

대장의 깃발과 일산은 허공에 펄럭이고/ 흰 구름은 깊은 곳에서 나오네
▪ 선비가 출세하여 높고 귀하게 되는 운.

여명 兎絲負女蘿하니 纏錦成一家라
　　　　토 사 부 녀 라　　　전 금 성 일 가

새삼 덩굴(兎絲)이 담쟁이를 등에 지고 있으니/ 얽켜서 한 집안을 이루었네
▪ 새삼 덩굴이 담쟁이 덩굴에 붙는다는 말로, 부부가 됨을 비유한다. 비슷한 사람들끼리 만나 오래도록 잘 사는 운이다.

세운 虎落在穽中하니 地隅難迴避라
　　　　호 락 재 정 중　　　지 우 난 회 피

호랑이가 함정 속에 빠졌으니/ 땅이 깊어 피하기 어렵네
▪ 아무리 힘이 세고 용맹스러워도, 한번 함정에 빠지면 흉운을 막을 길이 없는 것이다.

2714

남명 九河循故道하고 蚯蚓繞山行이라
　　　　구 하 순 고 도　　　구 인 요 산 행

구하九河가 옛길을 따라가고/ 지렁이가 산을 둘러서 가네
▪ 구하는 황하黃河가 아홉 갈래의 지류로 흐르고 있음을 말한다. 노력한 자는 평화롭게 옛사람의 길을 따라서 행하고, 용이 되지 못한 지렁이들은 산을 둘러가며 고생함을 뜻한다. 자신의 노력에 따라 귀천이 정해지는 운이다.

여명 桑麻深雨露요 桃李正芳菲라
　　　　상 마 심 우 로　　　도 리 정 방 비

뽕나무와 삼 밭에는 비와 이슬 깊고/ 복숭아꽃 오얏꽃은 한참 아름답고 무성하네
▪ 의식이 풍족하고, 부귀영화를 오랫동안 굳게 누리는 운이다.

세운 渴時須飮水나 臨井又無泉이라
　　　　갈 시 수 음 수　　　임 정 우 무 천

목마를 때 물 마시려 하나/ 우물에 임해도 샘물이 또한 없네
▪ 노력해도 되지 않고 도와주는 사람도 없는 운이다.

2815

남명 高枝投宿鳥요 廣廈上林燕이라
　　　　고 지 투 숙 조　　　광 하 상 림 연

높은 가지에 자는 새요/ 넓은 집 상림원의 제비일세
▪ 이상과 포부가 크고 높은 사람으로, 중앙 정부의 높은 관직을 지낼 운이다.

여명 風月宴年年하니 更闌人散後라
　　　　풍 월 연 년 년　　　갱 란 인 산 후

바람과 달이 해마다 편안하니/ 사람 흩어진 뒤에 더욱 한가하기만 하네
▪ 이렇다 할 나쁜 일도 없고 그렇다고 좋은 일도 없이, 태평하게 사는 운.

세운 曉日離雲陳하니 寒威漸漸分이라
　　　　효 일 이 운 진　　한 위 점 점 분
새벽 해가 구름 속에서 벗어나니/ 추위의 위력이 점차로 감소되네
▪ 점차 풀려가는 운.

2916

남명 扁舟過夏口하니 赤壁火燒天이라
　　　　편 주 과 하 구　　적 벽 화 소 천
조각배로 하구땅 지나가니/ 적벽강의 불이 하늘 사르네
▪ 후한 말 삼국시대에 유비劉備가 조조曹操에게 쫓기어 하구성에 주둔했다가, 남쪽의 손권孫權과 연합해서 조조의 대군을 적벽강에서 화공火攻을 써서 대파함. 이 때 유비의 군사軍師인 제갈량이 조각배를 타고 하구와 오나라를 오가며 계략을 피고, 전쟁의 뒷이익을 챙겼으며, 뒤에는 손권부대의 대도독인 주유의 문상까지 하게 된다. 큰 계책을 세워 천하의 운을 뒤바꾸는 사람의 운이다.

여명 君子期偕老하니 江山逝若川이라
　　　　군 자 기 해 로　　강 산 서 약 천
군자가 해로할 것을 약속하니/ 강산이 냇물 같이 가네
▪ 별 풍파없이 가정을 이루어서 백년해로할 운이다.

세운 子期逢伯牙하니 正是好知音이라
　　　　자 기 봉 백 아　　정 시 호 지 음
종자기鍾子期가 백아伯牙를 만나니/ 바로 좋은 지음知音일세
▪ 백아는 춘추전국시대 사람으로 거문고를 잘 타는 사람이고, 종자기는 그 음률을 잘 들어 거문고 소리에 들어 있는 악상樂想까지도 틀림없이 알아냈다고 한다. 지음知音은 바로 소리를 듣고 이해하는 사람을 뜻한다. 자신을 알아주는 벗을 만나 함께 인생의 도움을 주고받는 운이다.

3017

남명 桂林無雨露하고 山澤有雷風이라
　　　　계 림 무 우 로　　　산 택 유 뇌 풍

계수나무 숲에 비와 이슬 없고/ 산과 못에 우레와 바람 있네
▪ 벼슬길은 여의치 않고, 전원생활은 풍파가 있는 운이다.

여명 雙燕春風暖이요 孤鴻落日斜라
　　　　쌍 연 춘 풍 난　　　고 홍 낙 일 사

제비가 쌍으로 나니 봄바람 따스하고/ 외로운 기러기는 석양빛을 비껴가네
▪ 부부가 쌍을 이룰 때는 부귀롭고, 홀로 되어서는 외롭고 어렵게 되는 운.

세운 月被烏雲掩하니 光明暫一時라
　　　　월 피 오 운 엄　　　광 명 잠 일 시

달이 검은 구름에 가리니/ 빛나고 밝은 것이 잠시 한때일세
▪ 뜻하지 않은 방해꾼을 만나 일이 잘 안되는 운.

3118

남명 寶鏡當空照하니 光明人自知라
　　　　보 경 당 공 조　　　광 명 인 자 지

보배로운 거울이 하늘에서 비추니/ 빛나고 밝은 것을 사람들이 스스로 아네
▪ 명예롭고 부귀하게 되는 운.

여명 庭前有丹桂하니 肌膚帶天香이라
　　　　정 전 유 단 계　　　기 부 대 천 향

뜰 앞에 붉은 계수나무 있으니/ 가죽과 살에 하늘 향기 띠었네
▪ 평화롭게 부귀를 누리며 고상하게 살아가는 운. 훌륭한 자식이 있다.

세운 匈奴降蘇鉞이나 漢節不能屈이라
　　　　흉 노 강 소 월　　　한 절 불 능 굴

흉노가 소무의 도끼는 항복 받았으나/ 한나라의 깃발은 굽히지 못했네
■ 한무제漢武帝 때 소무가 흉노에게 사신으로 가자 항복할 것을 강요하였다. 19년동안 억류하며 목숨을 위협하고 굶기는 등 갖은 협박을 다하였으나, 쥐를 잡아먹고 눈(雪)을 먹으면서도 굽히지 않고 항시 한나라의 깃발을 갖고 다니며 버티었다. 그 고초가 얼마나 심했던지, 다시 국교가 정상화되어 억류에서 풀려날 때는, 청년으로 갔던 소무가 백발의 노인이 되었다고 한다. 갖은 고초를 지낸 끝에 명예를 날리는 운이다.

寅日

3310

남명 貓鼠崇墉上하니 安居備不虞하라
묘 서 숭 용 상   안 거 비 불 우

고양이와 쥐가 높은 담 위에 있으니/ 편안히 거처할 때 예측하지 못할 일 방비하라
■ 일촉즉발의 위태함속에 있으니, 항시 경계하고 준비할 것을 염두에 두어야 한다.

여명 青春花不發이요 冬嶺伴蒼松이라
청 춘 화 불 발   동 령 반 창 송

푸릇푸릇 싹 돋아나는 봄에 꽃을 피우지 않고/ 겨울 산마루에 푸른 소나무와 짝지어 있네
■ 절개와 지조를 지키며 살다가, 늦게서야 제 짝을 만나는 운.

세운 憂辱無所怨이나 安居且慮危하라
우 욕 무 소 원   안 거 차 려 위

근심하고 욕되어도 원망하는 바 없으나/ 편안히 거처할 때 또한 위태한 것 생각하라
■ 예측하지 못하게 일어날 일을 방비해야 하는 운.

2211

남명 重重又重重하니 好彈無絃琴이라
　　　중 중 우 중 중　　호 탄 무 현 금

거듭거듭하고 또 거듭거듭하니/ 줄없는 거문고 타기 좋아하네
- 천하의 문장가인 도연명陶淵明은 음률을 이해하지 못했으나, 거문고를 늘 가지고 다니면서 친구들과 술이 얼큰해지면 줄없는 거문고를 탔다고 한다. 풍류를 즐기고 친구들을 즐기는 운.

여명 鴛鴦飛水面이요 花落又花新이라
　　　원 앙 비 수 면　　화 락 우 화 신

원앙새는 물 위에 날고/ 꽃이 떨어지니 또 꽃이 새로이 피네
- 부부금슬이 좋고, 계속해서 부귀와 영화가 끊이지 않는 운. 혹 재혼하는 운.

세운 琴瑟忽斷弦하니 便不同音韻이라
　　　금 슬 홀 단 현　　변 부 동 음 운

금슬이 홀연히 줄 끊어지니/ 음운音韻이 바로 같지 않게 되네
- 같이 일하던 동지와 뜻을 달리하여 남보다 못한 사람이 되는 운. 혹은 가정이 평화롭지 못해서 부부가 이별할 운.

2312

남명 將火照明月하니 浮雲一點無라
　　　장 화 조 명 월　　부 운 일 점 무

불을 가지고 밝은 달 비춰보니/ 뜬 구름이 한점도 없네
- 막힘없이 훤하게 열리는 운.

여명 自有好姻緣하니 方識今日鏡이라
　　　자 유 호 인 연　　방 식 금 일 경

스스로 좋은 인연 있으니/ 이제서야 오늘의 거울 알겠네
- 옛날에 자신이 했던 일이 '오늘의 거울'이라는 말로, 과거에 잘했으면 좋은 인연 있고, 잘못했으면 나쁜 인연 있음을 말한다. 항시 좋은 일을 해왔으니, 복을 받고 부귀를 누리는 운.

세운 風吹水上萍하니 東西任來去라
　　　　풍 취 수 상 평　　　동 서 임 래 거
바람이 물 위의 마름에(부평초)에 부니/ 동쪽 서쪽으로 마음대로 왔다 갔다하네
바람부는 대로 운이 닿는대로 이리저리 뿌리없이 오가는 운.

2413

남명 都門千餘里에 城闕烟生塵이라
　　　　도 문 천 여 리　　　성 궐 연 생 진
도성문 천여리에/ 성과 대궐이 티끌과 연기만 나네
▪ 성과 대궐이 티끌과 연기만 나는 것으로 보이니 세속을 떠나는 운이다.

여명 東園花易開요 西園果先熟이라
　　　　동 원 화 이 개　　　서 원 과 선 숙
동쪽 동산에 꽃 쉽게 피고/ 서쪽 동산에 과일 먼저 익네
▪ 부귀와 영화를 누리는 운.

세운 投身向弱水하야 剖蚌取明珠라
　　　　투 신 향 약 수　　　부 방 취 명 주
몸을 약수弱水를 향해 던져서/ 조개를 갈라 밝은 구슬 취하네
▪ 세속을 떠나 신선 공부를 하러 가는 운.

2514

남명 蝴蝶在林中하니 採花爲麴蘖이라
　　　　호 접 재 임 중　　　채 화 위 국 얼
호랑나비가 숲속에 있으니/ 꽃을 채취해서 누룩을 만드네
▪ 음풍롱월吟風弄月하며 유유자적하는 운.

여명 吹簫人去後에 仙境又重登이라
　　　　취 소 인 거 후　　　선 경 우 중 등
퉁소 부는 사람 떠난 뒤에/ 신선의 경계를 또 거듭 오르네

■ 세속을 떠나 수도修道를 하며 사는 운.

세운 上陣長鎗遇하니 前途須我約이라
　　　　상 진 장 쟁 우　　전 도 수 아 약
전진戰陣에 올라 긴창 가진 사람 만나니/ 앞길을 내가 약속한 것일세
■ 전쟁터에서 싸우면서 고생하는 운.

2615

남명 嵬嵬數仞牆을 不得其門入이라
　　　　외 외 수 인 장　　부 득 기 문 입
높고 높은 두어 길의 담을/ 문으로 들어가지 못했네
■ 부귀의 운은 멀고, 산림山林에서 사는 운은 가까운 사람.

여명 當生金不多하니 誰知來路難가
　　　　당 생 금 부 다　　수 지 래 로 난
이생에 금전운 많지 않으니/ 누가 오는 길 어려운 것을 알랴?
■ 빈한하게 살며 수도를 해서 득도하는 운.

세운 木生毫末間하야 從微須至著라
　　　　목 생 호 말 간　　종 미 수 지 저
나무가 터럭끝만한 틈에서 나서/ 작은 것이 지극히 크게 되네
■ 안 좋은 환경에서 시작하여 크게 성공하는 운.

2716

남명 芝草穿珍珠요 玉堂高掛地라
　　　　지 초 천 진 주　　옥 당 고 괘 지

지초는 진귀한 구슬 꿰었고/ 옥당玉堂은 땅에 높이 걸려 있네
■ 옥당玉堂은 아름답고 화려한 전당으로, 송宋나라 이후는 한림원翰林院을 이름. 부귀영화를 누리는 운.

여명 並蔕雙蓮出하니 風光共一家라
　　　　병 체 쌍 연 출　　풍 광 공 일 가

한 꼭지에 연이 쌍으로 나오니/ 바람과 볕이 함께 한집을 이루었네
■ 쌍둥이로 태어나 한집으로 시집가는 운.

세운 織女未乘機하니 精神自頻緖라
　　　　직 녀 미 승 기　　정 신 자 빈 서

직녀가 베틀에 오르지 않으니/ 정신이 자연히 자주 감상에 젖네
■ 일을 할 엄두는 내지 못하고 미련만 많은 운.

2817

남명 藻芹離泮水하고 爐火爇明香이라
　　　　조 근 이 반 수　　노 화 설 명 향

미나리와 마름은 반수泮水를 떠나고/ 화롯불에는 명향明香을 사른다
■ 반수泮水는 제후들이 활쏘고 노는 궁전인 반궁을 둘러싸고 있는 호를 말한다. 『시경』노송편에 "반수에서 미나리를 캐며 즐긴다"는 시가 있는데, 부귀를 누리며 즐겁게 놀던 시절은 떠나고 도道를 닦으며 사는 운이다.

여명 着意栽桃李하니 須防困蒺藜라
　　　　착 의 재 도 리　　수 방 곤 질 려

마음 먹고 복숭아나무와 오얏나무 심으니/ 가시나무에 곤하게 되는 것 방비해야겠네
■ 인위적으로 부귀를 얻으려 하나, 시샘과 방해를 조심해야 하는 운.

세운 和風吹折柳하니 光景與天同이라
　　　　화 풍 취 절 류　　광 경 여 천 동

온화한 바람이 꺾여진 버드나무에 부니/ 빛과 경치가 하늘과 같이 푸르네

▪ 한번 실패하였으나, 다시 좋은 기회가 와서 성공하는 운.

2918

남명 日照雪中山이요 銀河波自起라
　　　　일 조 설 중 산　　은 하 파 자 기

해는 눈 속에 쌓인 산 비추고/ 은빛 하수河水에 파도 스스로 일어나네

▪ 모든 것이 새롭게 다시 시작하는 운.

여명 春花方競秀하니 夏日又成陰이라
　　　　춘 화 방 경 수　　하 일 우 성 음

봄 꽃이 예쁜 꽃 다투어 피우니/ 여름 해가 또 녹음을 이루게 하네

▪ 길이 길이 부귀영화를 누리는 운.

세운 寒鴉終夜噪하니 恍惚有驚疑라
　　　　한 아 종 야 조　　황 홀 유 경 의

추운 날 까마귀 밤새도록 우니/ 홀연히 놀라고 의심스러운 일 있게 되네

▪ 큰 변괴가 일어나 일이 어렵게 되는 운.

3019

남명 綺羅裁剪下하니 一線逐針行이라
　　　　기 라 재 전 하　　일 선 축 침 행

비단천을 재단해서 내려가니/ 실 하나가 바늘 따라 가네

▪ 임금과 한뜻이 되어 좋은 정치를 베푸는 운.

여명 更深玉漏殘하니 月裏嫦娥去라
　　　　경 심 옥 루 잔　　월 리 항 아 거
밤 시각 깊어 옥루수(물시계의 물) 다해가니/ 달속의 항아가 떠나네
■ 달속의 항아姮娥처럼 아리따운 용모도 운이 쇠해져서 어쩔 수 없는 운.

세운 大匠欲斲輪하니 勞費繩與尺이라
　　　　대 장 욕 착 륜　　노 비 승 여 척
큰 장인匠人이 수레바퀴 깎고자 하니/ 먹줄과 자가 수고롭게 되었네
■ 능력있고 재주있는 이가 큰 사업을 벌임에, 모든 사람이 바쁘고 즐겁게 되는 운.

卯日

3312

남명 孤軍臨大敵하니 剖竹可分符라
　　　　고 군 임 대 적　　부 죽 가 분 부
외로운 군대가 큰 적에 임하니/ 대나무 쪼개어 부절을 나누네
■ 항우가 대군을 만나 겁내는 자기편 군대에게 타고온 배를 모두 태우게 하며 배수진을 치고, 모두가 보는 앞에서 대나무를 쪼개며 적을 이렇게 일도양단한다고 했다. 혹은 간신히 목숨을 부지하여 훗날을 도모하는 운.

여명 寒梅空自白이요 芳草爲誰靑가
　　　　한 매 공 자 백　　방 초 위 수 청
추운 날 매화는 공연히 스스로 희게 피고/ 꽃다운 풀은 누굴 위해서 푸른고?
■ 제 배필을 만나지 못해 어렵고 힘들면서도, 스스로의 절개와 아름다움을 잃지 않는 운.

세운 和羹用鹽梅하고 苦旱用霖雨라
　　　　화 갱 용 염 매　　고 한 용 림 우
국 맛을 맞추는데는 소금과 매실을 쓰고/ 가뭄에 괴로운 데는 장마비를 써야 하네

■ 적재적소에 인재를 쓰면 크게 성공하는 운.

2213

남명 辰卯從革人하니 玉殿生芳草라
　　　　　진 묘 종 혁 인　　옥 전 생 방 초

진년 묘년에 개혁하는 사람 따르니/ 대궐에 꽃다운 풀 나네
■ 진년(진월, 진일)과 묘년(묘월, 묘일)에 사회를 위해 큰 개혁을 하여 높은 명예를 얻는 운.

여명 短長由自己나 苦樂在他人이라
　　　　　단 장 유 자 기　　고 락 재 타 인

짧고 긴 것은 자기에 달렸으나/ 괴롭고 즐거움은 다른 사람에게 있네
■ 부지런히 노력은 하나, 주변 사람과 운이 잘 맞지 않아 고생한다.

세운 水映千江月이요 山含萬木春이라
　　　　　수 영 천 강 월　　산 함 만 목 춘

물은 천강의 달을 비치게 하고/ 산은 만가지 나무의 봄을 머금었네
■ 세상을 위해 큰 덕택을 베푸는 운.

2314

남명 山上水仙花는 非是江河養이라
　　　　　산 상 수 선 화　　비 시 강 하 양

산 위의 수선화는/ 강과 하수에서 기른 것이 아닐세
■ 자수성가自手成家하는 운.

여명 蓮花綠木香하니 莫怨秋風早하라
　　　　　연 화 녹 목 향　　막 원 추 풍 조

연꽃과 푸른 나무가 향기로우니/ 가을 바람 이른 것 원망하지 마라
■ 부귀영화를 누리나, 오래 유지하기는 힘든 운.

세운 丹崖萬仞高나 中有蜉蝣上이라
　　　단 애 만 인 고　　중 유 부 유 상

붉은 절벽이 만길이나 높으나/ 가운데 하루살이가 올라가고 있네
▪ 아무리 위엄있고 높은 자라도, 하찮은 사람에 의해 무너지기가 쉽다는 것을 염두에 두어야 한다.

2415

남명 楓葉蘆花岸에 滿江秋月明이라
　　　풍 엽 로 화 안　　만 강 추 월 명

단풍잎과 갈대꽃이 핀 언덕에/ 가을 달이 강에 가득하게 밝았네
▪ 크게 성공하여 부귀영화를 누릴 운.

여명 嬌鶯細柳中이요 春暮多風雨라
　　　교 앵 세 류 중　　춘 모 다 풍 우

아리따운 꾀꼬리는 가는 버들 속에서 울고/ 봄은 저물어 비바람 많네
▪ 화려하게 사나 풍파가 많을 운.

세운 急浪自呼舟하니 求濟何時脫가
　　　급 랑 자 호 주　　구 제 하 시 탈

급한 물결에 스스로 배를 부르니/ 어느 때나 구제되어 벗어나게 될까?
▪ 때를 못 만나 어려운 운.

2516

남명 四方風一動하니 古木自縱橫이라
　　　사 방 풍 일 동　　고 목 자 종 횡

사방에서 바람이 한번 움직이니/ 고목이 스스로 종횡으로 흔들리네
▪ 능력과 힘없는 사람에게 풍파가 많은 운.

여명 綠柳正搖風이요 雪花飛天上이라
　　　녹 류 정 요 풍　　설 화 비 천 상

푸른 버들은 바람에 흔들리고/ 눈꽃은 하늘 위에서 나네
- 시련과 풍파가 많아 고생하는 운.

세운 東鄰殺牛時가 不如西禴祭라
　　　　동 린 살 우 시　　불 여 서 약 제

동쪽 이웃의 소 잡는 때가/ 서쪽 이웃의 간략한 제사지내는 것만 못하네
- 물질적인 풍요로 위하는 것이 정신적인 정성으로 위함만 못하고, 또 때가 변천하는 운임을 알아야 한다.

2617

남명 衣裳藏在笥하니 鎖鑰不相投라
　　　　의 상 장 재 사　　쇄 약 불 상 투

의상을 상자에 두니/ 열쇠와 자물쇠 필요하지 않네
- 소박하게 살면서 유유자적하는 운.

여명 紅葉手中持나 春殘花未開라
　　　　홍 엽 수 중 지　　춘 잔 화 미 개

붉은 잎새를 손 안에 가지고 있으나/ 봄은 저물고 꽃은 열리지 않았네
- 중매가 들어왔으나, 적극적으로 임하지 않아 세월만 흐르는 운.

세운 月內一蟾蜍가 影收光又散이라
　　　　월 내 일 섬 서　　영 수 광 우 산

달 속의 한마리 두꺼비가/ 그림자 걷히니 빛 또한 흩어지네
- 막혔던 일이 풀렸으나 좋은 일도 사라지는 운.

2718

남명 雨經風作緯하야 欲織一機羅라
　　　　우 경 풍 작 위　　욕 직 일 기 라

비는 날줄이 되고 바람은 씨줄이 되어/ 한 틀의 비단을 짜려 하네

■ 자연을 벗삼아 유유자적하게 사는 운.

여명 鳳飛鸞亦飛요 雞鳴子正和라
　　　　봉 비 난 역 비　　계 명 자 정 화

봉황새 나니 난새 또한 날고/ 닭이 우니 새끼가 화답하네
■ 부귀영화를 누리고 자식 또한 효도하는 운.

세운 急浪回晚棹하니 進退自徘徊라
　　　　급 랑 회 만 도　　진 퇴 자 배 회

급한 물결 속에 늦은 배 돌아오니/ 나가고 물러나며 스스로 배회하게 되네
■ 어렵고 힘든 시련속에 애로사항이 많은 운.

2819

남명 糞土築城牆하고 使人高數仞이라
　　　　분 토 축 성 장　　사 인 고 수 인

썩은 흙으로 성과 담 쌓고/ 사람 시켜 두어 길을 높이네
■ 쓸데없는 일을 하느라 자신뿐 아니라 여러 사람을 괴롭히는 운.

여명 明月逐人來하고 風塵隨馬去라
　　　　명 월 축 인 래　　풍 진 수 마 거

밝은 달은 사람 따라 오고/ 바람과 티끌은 말(馬) 따라 가네
■ 좋은 사람을 만나 시집가니, 액운이 가고 좋은 운이 오는 운.

세운 黃蜂作蜜後에 己苦別人話이라
　　　　황 봉 작 밀 후　　기 고 별 인 첨

누런 벌이 꿀을 만든 뒤에/ 다른 사람만 달게 한 것 괴롭네
■ 일은 혼자 다하고 공은 다른 사람이 차지하는 운.

2920

남명 井給奠西井이요 舟行載日光이라
　　　정 급 전 서 정　　　주 행 재 일 광

농장이 넉넉하니 서쪽 밭을 바치고/ 배가 가는데 햇빛 가득 싣고 가네
- 자신의 부富를 베풀어 크게 인심을 얻는 운.

여명 青繩曾係足하니 何事又伐柯오
　　　청 승 증 계 족　　　하 사 우 벌 가

푸른 끈이 일찍 발 매였으니/ 무엇 하러 중매쟁이 또 쓸까?
- 이미 배필이 정해졌는데도, 몰라보고 다른데서 찾으려 하면 오히려 좋지 않은 운.

세운 門其造處士나 取舍在人間이라
　　　문 기 조 처 사　　　취 사 재 인 간

가문에서 처사處士를 만드나/ 취하고 버리는 것은 인간 세상에 있네
- 여기에서 처사處士는 덕이 성한 사람으로 위인偉人을 말한다. 능력있고 덕있는 사람이지만, 운이 닿으면 세상에 쓰일 것이고 그렇지 않으면 쓰이지 못할 것이다.

辰日

3314

남명 棹舟過滄海하니 風雲生八荒이라
　　　도 주 과 창 해　　　풍 운 생 팔 황

배를 노저어 큰 바다 지나가니/ 바람 구름이 팔방에서 나네
- 큰 일을 하는 것이라 풍파도 많지만, 잘 헤쳐 나가는 운.

여명 蕙蘭花一處나 各自逞馨香이라
　　　혜 란 화 일 처　　　각 자 령 형 향

난초가 혜초가 한곳에서 꽃 피나/ 각자가 스스로 꽃다운 향기 발하네
- 한 집안에 요조숙녀가 같이 태어나서 자라나, 각기 다른 부귀영화를 누리게 되는 운.

세운 蕙蘭花一處나 各自逞馨香이라
　　　　혜 란 화 일 처　　각 자 령 형 향

난초와 혜초가 한곳에서 꽃 피나/ 각자가 스스로 꽃다운 향기 발하네
■ 한 뿌리에서 성장하나, 각기 다른 길로 유명해지는 운.

2215

남명 青天江海流하니 前定事如是라
　　　　청 천 강 해 류　　전 정 사 여 시

푸른 하늘에 강과 바다 흐르니/ 미리 예정된 일 이와 같으리
■ 자연의 순리대로 큰 일을 펼쳐 나가는 운.

여명 斷雲殘雨後에 缺月又重輝라
　　　　단 운 잔 우 후　　결 월 우 중 휘

구름 끊어지고 비 그친 뒤에/ 이지러진 달이 또 거듭 빛나네
■ 한 차례 시련을 겪은 후에 다시 피어나 성공하는 운.

세운 無根三月柳가 花絮滿天飛라
　　　　무 근 삼 월 류　　화 서 만 천 비

뿌리 없는 삼월의 버드나무가/ 솜꽃이 하늘 가득 날리네
■ 현재는 뿌리를 내리지 못하여 허황한 면이 있으나, 머지않은 장래에 크게 흥성하게 될 운.

2316

남명 月明春水滿하니 四面八方流라
　　　　월 명 춘 수 만　　사 면 팔 방 류

달은 밝고 봄 물은 가득하니/ 사면과 팔방으로 흐르네
■ 갈고 닦은 실력을 온 세상에 크게 펼치는 운.

여명 飮泉風吹美하니 不覺浪花飜이라
　　　　음 천 풍 취 미　　불 각 랑 화 번

샘물에 아름다운 바람부니/ 물결꽃 날리는 것 깨닫지 못하네
- 저절로 아름다운 소문이나 유명해지는 운.

세운 玄豹變成虎하니 喜意自非常이라
　　　　　현 표 변 성 호　　　희 의 자 비 상

검은 표범이 변해서 호랑이를 이루니/ 기쁜 뜻이 스스로 보통이 아니네
- 혁신이라고 할 정도로 큰 진전을 보아 보람을 크게 느끼는 운.

2417

남명 金風疏落葉이나 趙璧保珊瑚라
　　　　금 풍 소 낙 엽　　　조 벽 보 산 호

가을 바람에 잎 떨어져 성글어지나/ 조나라 구슬과 산호를 보존하네
- 어려운 때를 만나나, 지혜롭게 처신하여 무난히 살아가는 운.

여명 萬木怛秋風이나 桂獨一枝花라
　　　　만 목 달 추 풍　　　계 독 일 지 화

만가지 나무가 가을 바람 슬퍼하나/ 계수나무 홀로 한줄기 가지에 꽃이 피네
- 고생끝에 늦게서야 자식을 보는 운.

세운 ○○○○○ ○○○○○
- 흉운.

2518

남명 因赴武陵約하야 桃花逐水流라
　　　　인 부 무 릉 약　　　도 화 축 수 류

무릉의 약속에 가기 위해서/ 복숭아꽃 물 따라 흐르네
- 신선 공부를 하기 위해 부귀영화를 버리는 운.

여명 繡帶綰春羅나 塵滿菱花鏡이라
　　　　수 대 관 춘 라　　진 만 릉 화 경

수 놓은 띠에 봄 비단 얽었으나/ 티끌이 마름꽃 무늬 거울에 가득하네

▪ 본래 귀한 집에 태어나 부귀하였으나, 세월이 흐르면서 몰락하는 운.

세운 呑釣魚上鉤하니 沈機大小淵이라
　　　　탄 조 어 상 구　　침 기 대 소 연

낚시 삼킨 고기 갈고리에 올라오니/ 크고 작은 못에 틀 담구어 놓았네

▪ 벼슬길에 올라 여러 벼슬을 거치는 운.

2619

남명 壺口孟津間에 冀州先載水라
　　　　호 구 맹 진 간　　기 주 선 재 수

호구와 맹진사이에/ 기주에서 물을 실어 내보냈다

▪ 우임금이 9년 홍수를 다스릴 때, 호구와 맹진의 사이를 뚫어서 물줄기를 돌림으로써 물줄기가 순조롭게 되었고, 그 공으로 임금의 자리를 물려받았다. 세상을 위해 혁명적이면서도 크게 도움이 되는 일을 하는 운.

여명 鏡裏花顔改나 枝頭果未圓이라
　　　　경 이 화 안 개　　지 두 과 미 원

거울 속의 꽃 같은 얼굴 바뀌었으나/ 가지 끝의 과일은 익지 않았네

▪ 나이 들어 꽃 같은 얼굴은 달라졌지만, 자식은 아직 장성하지 못한 운.

세운 祥日頻曉日에 輪轉有祥光이라
　　　　상 일 빈 효 일　　윤 전 유 상 광

상서로운 해 연이어 새는 날에/ 운명의 바퀴 굴러 상서로운 빛 있게 되네

▪ 운과 때가 맞아 크게 성공하는 운.

2720

남명 夜寢遊仙夢하니 通靈各有神이라
　　　　야 침 유 선 몽　　　통 령 각 유 신

밤에 자며 신선과 노는 꿈꾸니/ 신선과 각각 영이 통하네
▪ 당나라 현종때 구자국에서 베개(遊仙枕) 하나를 바쳤는데, 색이 마뇌옥 같고 따스하고 윤택하기가 옥같았다. 베고 자면 10개주洲 3도서島嶼 4해海 5호湖가 다 꿈속에서 보인다고 한다. 현세에서는 부귀를 누리고, 꿈속에서는 신선과 노니는 운.

여명 莫訝今朝景하고 修緣好間空하라
　　　　막 아 금 조 경　　　수 연 호 간 공

오늘 아침 경치 의심하지 말고/ 좋은 관계의 인연을 닦으라
▪ 현세가 어렵고 힘들지만, 좋은 일을 하며 덕을 쌓고 살아가는 운.

세운 有舟無棹處에 過渡有憂疑라
　　　　유 주 무 도 처　　　과 도 유 우 의

배는 있고 노가 없는 곳에/ 건너가는 것 근심되고 의심스럽네
▪ 아무도 도와줄 사람도 없고, 자신의 능력도 없어서 근심되고 걱정되는 운.

2821

남명 挾山超北海나 緣木以求魚라
　　　　협 산 초 북 해　　　연 목 이 구 어

산을 끼고 북해를 뛰어 건너나/ 나무에서 고기를 구하네
▪ 힘있고 용맹스러우나 지혜가 모자라, 연목구어緣木求魚 등 엉뚱한 일을 하는 운.

여명 昔日靑天上에 風光再主持라
　　　　석 일 청 천 상　　　풍 광 재 주 지

그 옛날 푸른 하늘 위에/ 바람과 빛을 다시 주재하네
▪ 몰락하는 가문을 다시 일으켜 부귀영화를 누리게 하는 운.

세운 雷光爍秋月하니 方寸自生疑라
　　　　뇌 광 삭 추 월　　　방 촌 자 생 의
우레 빛이 가을 달을 녹이니/ 마음에 스스로 의심이 나네
■ 갑작스런 변화가 너무 커서, 성사成事에 의심이 생기는 운.

巳日

3316

남명 斗柄橫雲漢하니 西山曉月侵이라
　　　　두 병 횡 운 한　　　서 산 효 월 침
북두성의 자루가 은하수를 가로지르니/ 서산에 새벽 달 떴네
■ 북두칠성의 자루는 시간과 그 때의 기운이 세지는 곳을 가리킨다. 어둠속의 시련을 끝내고 이제 밝은 빛이 시작하는 새벽이 오는 운.

여명 東風纔得意하니 夜月改梨花라
　　　　동 풍 재 득 의　　　야 월 개 이 화
동풍이 겨우 뜻을 얻으니/ 달밤에 배꽃이 다시 피네
■ 어렵던 시련에 좌절되었다가, 다시 일어서 부귀를 누리는 운.

세운 竹笋已抽簪하니 成林自有日이라
　　　　죽 순 이 추 잠　　　성 림 자 유 일
대나무 순이 이미 돋아났으니/ 숲 되는 것 얼마 남지 않았네
■ 오래도록 기다리던 때가 무르익어 번창하게 되는 운.

2217

남명 細柳新蒲綠이요 夕陽流彩紅이라
　　　　세 류 신 포 록　　　석 양 류 채 홍
가을 버들과 새 창포는 푸르고/ 석양은 붉은 노을 흘리네

■ 부귀와 영화를 누리며 사는 운.

여명 兼織迴紋錦하니 重圓月影光이라
　　　　겸 직 회 문 금　　　중 원 월 영 광

회문금을 겸해서 짜니/ 다시 둥글어진 달빛 빛나네
　■ 회문금자시迴紋錦字詩:전진前秦의 안남장군 두도가 첩 조양대를 총애하여 따로 집을 구해서 숨겨 놓았는데, 본처 소씨가 찾아와서 종아리를 치는 등 심한 욕을 보였다. 두도가 이를 알고 양양을 지키러 갈 때, 첩만 데리고 가고 본처 소씨는 떼어놓고 소식도 전하지 않았다. 소씨가 뉘우치고 슬퍼해서, 비단에 가로로 보나 세로로 보나 다 문장이 되는 회문시 200자를 짜서는 '선기도'라고 이름지어서 남편에게 보냈다. 두도가 그 글을 보고는 감격해서, 수레를 보내 소씨를 다시 맞아들였다는 고사. 한번 헤어졌다가 다시 만나 백년해로하는 운.

세운 蜂蝶競爭雄이나 可存芳樹上이라
　　　　봉 접 경 쟁 웅　　　가 존 방 수 상

벌과 나비가 서로 앞을 다투나/ 꽃나무 위에는 같이 있을 수 있네
　■ 같은 목적을 가져서 서로 이익을 다투나, 다 같이 살기 위해서는 공존을 추구해야 하는 운.

2318

남명 斗牛星會處에 蘭麝自馨香이라
　　　　두 우 성 회 처　　난 사 자 형 향

두성斗星과 우성牛星이 모이는 곳에/ 난초와 사향이 스스로 아름답고 향기롭네
　■ 두성은 나라를 다스리는 정승에 해당하고 우성은 종묘에 제사를 드리는 재관에 해당하니, 나라의 중책을 받든 신하를 비유한다. 나라를 위해 높은 직책에서 좋은 정사政事를 베푸는 운이다.

여명 紫穗吐奇芳하니 光陰逐流水라
　　　　자 수 토 기 방　　　광 음 축 유 수

붉은 이삭이 기이한 꽃 토해내니/ 세월이 물 따라 흐르네
　■ 훌륭한 자식을 낳고 부귀영화를 누리는 운.

세운 魚潛水上藻하니 思躍有其時라
　　　　어 잠 수 상 조　　사 약 유 기 시

고기가 물 위의 마름 밑에 잠겨 있으니/ 뛰는 것 생각하나 그 때가 있네
　▣ 현재 놓여 있는 상태가 편안하고, 또 실력을 배양할 만한 자리이므로, 잘 지켜서 실력을 기르는 운.

2419

남명 魚鳧在虎穴하고 鸞鳳宿花叢이라
　　　　어 부 재 호 혈　　난 봉 숙 화 총

고기와 오리가 호랑이 굴에 있고/ 난새와 봉황새가 꽃떨기에 잔다
　▣ 고기와 오리는 물에 있어야 좋고, 난새와 봉황새는 오동나무같이 큰 나무에 깃들어야 좋다. 그런데 있어서는 안될 곳에 있는 것이니, 위태하고 허물이 되는 운이다.

여명 嫩笋出階前이나 楊花飛滿院이라
　　　　눈 순 출 계 전　　양 화 비 만 원

연한 대순은 뜰 앞에서 났으나/ 버들꽃은 집안에 가득하게 날리네
　▣ 절개있고 청순한 여자이나, 방해자가 있어 앞길이 어지럽고 험하다. 버들꽃은 화류계를 상징한다.

세운 鎔金欲鑄印하니 成用有其時라
　　　　용 금 욕 주 인　　성 용 유 기 시

쇠를 녹여 도장을 주조하고자 하니/ 쓰이는 것이 그 때가 있네
　▣ 각자의 맡은 일이 있고 쓰일 때가 있으니, 각자의 위치에서 열심히 하면 흥하고 그렇지 못하면 망하게 된다.

2520

남명 輟來不耕莘이나 行車遇霖雨라
　　　　철 래 불 경 신　　행 거 우 림 우

신 땅에서 농사짓는 일 그만 두었으나/ 수레가 가다가 장마비 만나네
- 우禹임금이 처음에 신 땅에서 농사짓다가 발탁되어 9년 홍수를 다스리는 일을 하였다. 성인聖人이 농사짓는 일도 능력에 비해 맞지 않는 일이지만, 벼슬길에 올라서 장마비 만난 것은 능력에 비해 너무도 큰 일이다. 그러나 이러한 시련을 잘 극복하여 임금의 자리를 물려받는 큰 인물이 된 것이다.

[여명] 前定四時春이나 只恒東風惡이라
　　　　　전 정 사 시 춘　　지 달 동 풍 악
사시의 봄 정해졌으나/ 단지 동풍이 나쁜 것 슬프네
- 좋은 배필을 만나서 잘 살게 되었으나, 거센 풍파가 있는 것이 흠인 운이다.

[세운] 旅食在他鄕하니 何時歸本地아
　　　　　여 식 재 타 향　　하 시 귀 본 지
타향에서 나그네로 먹으니/ 어느 때에 고향에 돌아갈까?
- 타향에서 기약없이 나그네로 사는 운.

2621

[남명] 明堂空谷中하니 不納三伏暑라
　　　　　명 당 공 곡 중　　불 납 삼 복 서
빈 골짜기 가운데 명당明堂을 지으니/ 삼복 더위 들어오지 않네
- 명당明堂은 임금이 정사政事를 보는 곳이다. 나라의 큰 일을 맡아 좋은 정치를 베푸는 운이다.

[여명] 斷橋流水急하니 準擬上扁舟라
　　　　　단 교 유 수 급　　준 의 상 편 주
끊어진 다리에 흐르는 물 급하니/ 헤아려보고 조각배에 오르네
- 배필을 잃고 마음은 급하나, 잘 헤아려 보고 다른 배필을 구해야 하는 운.

[세운] 苦求藥用之하니 於人又何咎아
　　　　　고 구 약 용 지　　어 인 우 하 구
애써 구해서 약으로 쓰니/ 사람에 또 무슨 허물 있을까?

■ 정성과 노력을 들여서 허물이 없게 되는 운.

2722

남명 舟下急流中하니 山陰不可去라
　　　　주 하 급 류 중　　산 음 불 가 거

배가 급류 가운데로 내려가니/ 산기슭을 갈 수 없네
■ 급하게 변화하며 흘러가는 일이라서 쉴틈이 없는 운.

여명 屏間金孔雀은 那個是前緣가
　　　　병 간 금 공 작　　나 개 시 전 연

병풍 사이의 금공작은/ 어느 것이 전생의 인연인가?
■ 황실皇室에서는 병풍에 금공작을 그려 놓고 감상하였는데, 여자로서 크게 귀하게 되는 운이다.

세운 刀箭旣相怨하니 此心懷一快라
　　　　도 전 기 상 원　　차 심 회 일 쾌

칼과 화살로 이미 서로를 원망하니/ 이 마음 하나의 날카로움 품었네
■ 서로 원수지간이 되어 다투니 위태하고 어려운 운이다.

午日

3318

남명 織女機上梭가 往來同日月이라
　　　　직 녀 기 상 사　　왕 래 동 일 월

베짜는 여인의 베틀 위의 북이/ 해와 달 같이 왔다갔다 하네
■ 높은 자리에 앉아 베틀의 씨줄과 날줄같이 움직이며 세상을 경륜하는 운.

여명 雖不是丁蘭이나 刻木也成形이라
　　　　수 불 시 정 란　　　각 목 야 성 형

비록 정향丁香과 난초蘭草는 아니나/ 나무를 깎아 모형을 만들 수 있네

■ 크게 부귀영화를 누리지는 못하나, 노력으로 인해 어느 정도는 누릴 수 있는 운. 혹은 아름답고 고상하지는 않지만, 집안살림을 잘하여 가정을 원만하게 이루는 운.

세운 高堂懷棟梁하니 架椽無所斳이라
　　　　고 당 회 동 량　　　가 연 무 소 근

높은 집이 기둥과 대들보 품고 있으니/ 서까래 깎을 것 없네

■ 대략 중요한 것은 구비되었으나, 근본적인 것이 미비해서 일을 하지 못하는 운.

2219

남명 神仙居洞府하니 欲活爛柯棋라
　　　　신 선 거 동 부　　　욕 활 난 가 기

신선이 동부洞府에 거처하니/ 생활하려고 보니 도끼자루 썩었네

■ 음풍롱월吟風弄月하며 세상 변하는 것 모르고 사는 운.

여명 玄裳誰搗就오 只恐又姻緣이라
　　　　현 상 수 도 취　　　지 공 우 인 연

검은 치마를 누가 다듬이질 하는가?/ 또한 인연될까 두렵네

■ 혹 홀로 될 운이다.

세운 斗牛星會處에 蘭麝自馨香이라
　　　　두 우 성 회 처　　　난 사 자 형 향

두성과 우성이 모이는 곳에/ 난초와 사향 스스로 아름답고 향기롭네

■ 두성은 나라를 다스리는 정승에 해당하고 우성은 종묘에 제사를 드리는 재관에 해당하니, 나라의 중책을 받든 신하를 비유한다. 나라를 위해 높은 직책에서 좋은 정사政事를 베푸는 운이다.

2320

남명 竹影連山影이요 松聲澗水聲이라
　　　　죽 영 연 산 영　　　송 성 간 수 성

대나무 그늘은 산 그림자와 연결되었고/ 소나무 소리는 계곡 물소리 사이로 들리네

- 음풍롱월吟風弄月하며 산림山林에 숨어사는 운.

여명 芙蓉秋夜花가 莫怨東風錯하라
　　　　부 용 추 야 화　　막 원 동 풍 착

가을 밤 연꽃이/ 동풍 어긋났다고 원망하지 마라

- 때를 얻지 못해 안타까워하는 운.

세운 明月三杯酒요 淸風一曲琴이라
　　　　명 월 삼 배 주　　청 풍 일 곡 금

밝은 달에 술이 석잔이요/ 맑은 바람에 거문고 한 곡조일세

- 음풍롱월吟風弄月하며 세월을 즐기는 운.

2421

남명 靑天蜀道難하니 背劍跳雲棧이라
　　　　청 천 촉 도 난　　배 검 도 운 잔

하늘은 푸르고 촉나라 길은 험하니/ 칼을 등에 지고 구름다리 기어 오르네

- 어렵고 험한 일을 이겨나가서 명성을 얻는 운.

여명 祿馬度前橋터니 須還跳井口라
　　　　녹 마 도 전 교　　수 환 도 정 구

녹마祿馬가 앞 다리 건너더니/ 돌아와 샘가에서 뛰네

- 부귀가 떠나갔다가 40 전후해서 다시 돌아오는 운.

세운 劍斬長橋蛟하고 箭射白額虎라
　　　　검 참 장 교 교　　전 사 백 액 호

칼로 긴 다리(長橋) 위에 있는 이무기 베고/ 화살로 이마 흰 호랑이 쏘았네
- 용과 호랑이를 차례로 물리치고 큰 대업을 완성하는 운.

2522

남명 靑天如水淨이나 旱魃化雲霓라
　　　청 천 여 수 정　　　한 발 화 운 예
푸른 하늘이 물 같이 깨끗하나/ 한발이 구름과 무지개 되었네
- 가뭄 끝에 단비 오듯이, 고생 끝에 낙이 오는 운. 한발은 황제씨의 딸로 가뭄을 주재한다.

여명 水面宿鴛鴦하니 凰鳳那時出가
　　　수 면 숙 원 앙　　　황 봉 나 시 출
물 위에 원앙새 자니/ 봉황새 언제나 나올까?
- 금슬좋은 부부사이에서 훌륭한 자식이 나오는 운.

세운 大旱望雲霓하니 沛然天下雨라
　　　대 한 망 운 예　　　패 연 천 하 우
크게 가문데 구름과 무지개 바라보니/ 어느덧 많은 비 쏟아지네
- 오랜 고생 끝에 기다리고 기다리던 바람이 이루어지는 운.

2623

남명 心是無星秤이나 均同一氣形이라
　　　심 시 무 성 칭　　　균 동 일 기 형
마음은 눈금없는 저울이나/ 모두가 하나의 기운과 형체일세
- 높은 관직에 있으면서 공평무사한 정사政事를 베푸는 운.

여명 箕箒自相當이나 瓦璋猶未定이라
　　　기 추 자 상 당　　　와 장 유 미 정
키질하고 비질하는 것은 할 수 있으나/ 집과 아들은 아직 정해지지

않았네
- 부부의 금슬은 좋으나 자식이 없는 운.

세운 多禽見鷹鸇하니 不測自刑傷이라
　　　　　다 금 견 응 전　　불 측 자 형 상
많은 새가 새매를 보게 되니/ 다치고 상하는 것 예측할 수 없네
- 위태함 속에서 빨리 피하지 않고 운수에만 맡기는 운.

未日

3320

남명 松柏悉茲漫하니 丹靑石上生이라
　　　　　송 백 실 자 만　　단 청 석 상 생
소나무 잣나무가 다 무성하니/ 단청이 돌 위에서 생기네
- 지조와 절개가 있는 장부의 운. 혹은 좋은 재목으로 큰 토목사업을 벌이는 운.

여명 綠顔流水急하니 誰念百花新가
　　　　　녹 안 유 수 급　　수 념 백 화 신
새파란 얼굴에 세월 급히 흐르니/ 누가 백가지 꽃 새로 피는 것 생각하나?
- 일에 쫓겨 정신없이 살다가 많은 자손을 보는 운.

세운 大冶可陶金이니 必定成金器라
　　　　　대 야 가 도 금　　필 정 성 금 기
큰 대장장이 쇠를 다룰 수 있으니/ 반드시 쇠그릇 이룰 것이네
- 능력과 재주가 뛰어나 성공하는 운.

2221

남명 積雪遇和日하니 池塘春草生이라
　　　　　적 설 우 화 일　　　지 당 춘 초 생
쌓인 눈이 온화한 날 만나니/ 못가에 봄 풀이 나네
▪ 어렵고 힘든 시련 끝에 새로운 삶을 영위하는 운.

여명 可惜花開處에 風光嘆不常이라
　　　　　가 석 화 개 처　　　풍 광 탄 불 상
꽃 피는 곳에/ 바람과 빛이 항상하지 않은 것 한탄스럽네
▪ 부귀영화를 누리나 풍파가 많은 운.

세운 臨春花柳香하니 好逐迫遊世라
　　　　　임 춘 화 류 향　　　호 축 박 유 세
봄을 당해서 꽃과 버들 향기로우니/ 노는 세상 서둘러 따라가기 좋네
▪ 노는 즐거움과 꾀임에 빠져 일을 그르치기 쉬운 운.

2322

남명 揚竿釣渭水하고 忍恥向淮陰이라
　　　　　양 간 조 위 수　　　인 치 향 회 음
낚싯대 휘둘러 위수에 낚시질하고/ 부끄러움 참고 회음으로 향한다
▪ 강태공姜太公은 위수에서 곧은 낚시(고기를 잡지 않으려고 낚시바늘을 구부리지 않고 곧게 함)를 하며 때를 기다렸고, 한신(韓信:淮陰侯)은 시장 부랑자의 가랑이 밑을 기어가는 모욕을 당하면서도 때를 기다렸다. 영웅은 작은 이익과 명예는 중히 여기지 않는 것이다. 혹은 강등되는 운.

여명 種樹於途邊하니 行人受綠陰이라
　　　　　종 수 어 도 변　　　행 인 수 녹 음
길가에 나무 심으니/ 행인이 푸른 그늘 받게 되네
▪ 남을 위해 즐거움을 주는 운. 혹 기생의 운.

세운 白頭爲釣叟하니 晩節遇文王이라
　　　　백 두 위 조 수　　　만 절 우 문 왕

흰머리에 낚시질하는 늙은이(강태공) 되니/ 늦게야 문왕文王 만났네
▪ 늙도록 온갖 고생을 하면서도 자신을 알아주는 사람을 만날 때까지 기다렸다가, 드디어 그 사람을 만나니 부귀와 영화가 눈앞에 다가오는 운.

2423

남명 金風西嶺月이요 光燄射楊花라
　　　　금 풍 서 영 월　　　광 염 사 양 화

가을 바람에 서쪽 고갯마루 달이요/ 뜨거운 햇빛은 버들꽃을 쪼이네
▪ 어렵고 힘든 시련속을 헤쳐나가는 운.

여명 天地無憑準하니 空餘燕子樓라
　　　　천 지 무 빙 준　　　공 여 연 자 루

천지에 의지할 데 없으니/ 공연히 연자루燕子樓만 남아 있네
▪ 연자루燕子樓는 당나라 사람 장봉건의 애첩 혜혜가 10년간 수절하다가 굶어 죽은 누각이다. 짝을 잃고 홀로되어 외롭게 살다가 죽는 운.

세운 烏江不可渡니 患害豈非常가
　　　　오 강 불 가 도　　　환 해 기 비 상

오강烏江을 건널 수 없으니/ 근심과 해로움이 어찌 비상한 때가 아닌가?
▪ 오강烏江은 항우가 유방에게 패전한 끝에 고향인 강동으로 가려다가, 자신과 같이 건너온 사람들은 다 죽은 것을 생각하고는 건너지 않고 자살한 강이름이다. 차마 인정과 의리가 자신만 살겠다고 할 수 없으니, 근심은 많고 목숨이 경각에 달린 운이다.

2524

남명 圭田如玉潔하니 一點不生塵이라
　　　　규 전 여 옥 결　　　일 점 불 생 진

규전圭田이 옥 같이 깨끗하니/ 한점의 티끌도 나지 않네
- 규전圭田에서 얻은 수확으로 봉제사奉祭祀를 하게 된다. 제사를 잘 받들어 복을 받는 운이다. 또한 일생을 깨끗하게 사는 선비의 운.

여명 自得操持手하니 何須男子爲아
자 득 조 지 수   하 수 남 자 위

스스로 지조를 지키는 마음 가지고 있으니/ 어찌 남자를 위해서만이겠는가?
- 지조를 지키면서 가문과 나라를 지키는 운.

세운 於斯有美玉하니 求善價沽諸라
어 사 유 미 옥   구 선 가 고 저

여기에 아름다운 옥 있으니/ 구하려면 좋은 값 주고 사야 하네
- 좋은 자질과 재주가 있으니, 아무한테나 몸을 맡기지 말고, 반드시 훌륭한 주인을 만난 후에 충성을 다해야 한다. 자신을 알아주는 사람을 위해 충성을 다하는 운.

☙ 申日 ☙

3322

남명 天河玉浪起하니 爭奮鴻雁飛라
천 하 옥 랑 기   쟁 분 홍 안 비

은하수에 옥 물결 일어나니/ 큰 기러기 작은 기러기 뽐내며 다투어 나네
- 때를 만나서 자신의 능력을 발휘해 보는 운.

여명 天台劉阮遇하니 時景又雲飛라
천 태 유 원 우   시 경 우 운 비

천태산天台山에서 유신劉晨과 완조阮肇를 만나니/ 이때의 경치 또한 구름만 날리네

■ 후한의 명제 5년에 임현이라는 고을에 나무를 하러 갔던 두 사람이 길을 잃고 헤매다가 천도복숭아를 따먹고 배추잎이 떠내려오는 것을 보고는 따라 올라갔다가, 여자 2명을 만나 6개월을 꿈같이 지내다가 내려와 보니, 알던 사람은 다 죽고 어떤 사람이 "자신의 7대조가 산속에서 행방불명되었다"는 이야기를 하였다. 세상 모르고 신선처럼 노닐다가 허무함을 깨닫는 운.

세운 莫望紅塵遠하라 出門天地寬이라
막 망 홍 진 원　　출 문 천 지 관

홍진 먼곳 바라보지 마라/ 문을 나오니 천지가 여유롭다
■ 음풍롱월하며 은둔해서 신선 공부하는 운.

2223

남명 擊柝重門外요 機邊看錦花라
격 탁 중 문 외　　기 변 간 금 화

거듭된 문밖에 목탁을 치고/ 베틀가에는 비단 꽃 보게 되네
■ 도적을 막는 경계를 잘 하여 백성들을 편안하게 하는 운. 혹은 환난을 미리미리 방비해서 가정이 화목하게 되는 운.

여명 佳人天上月이 圓缺照誰家오
가 인 천 상 월　　원 결 조 수 가

아름다운 이 있는 하늘 위의 달은/ 둥글었다 이지러졌다 하며 뉘집 비추는가?
■ 배필의 마음이 때에 따라 바뀌는 것을 안타깝게 여기며 그리워하는 운.

세운 錦機梭過處에 隨卽起波紋이라
금 기 사 과 처　　수 즉 기 파 문

비단 베틀의 북 지나는 곳에/ 따라가며 곧 아름다운 무늬 나오네
■ 세상을 향해 자신의 경륜과 포부를 펴서 성공하는 운.

2324

남명 假山中草木이 鳥獸豈容藏가
　　　　가 산 중 초 목　　조 수 기 용 장
가짜 산 속의 풀과 나무가/ 새와 짐승을 수용하고 숨길 수 있나?
- 허황되고 거짓 된 삶으로 결과가 없는 운.

여명 天邊有明月하니 何處照人間가
　　　　천 변 유 명 월　　하 처 조 인 간
하늘가에 밝은 달 있으니/ 어느 곳에서 인간 세상 비추는가?
- 바라고 원하던 임을 찾지 못해 애태우는 운.

세운 春水初泮處에 任便戲新魚라
　　　　춘 수 초 반 처　　임 변 희 신 어
봄물 처음 풀린 곳에/ 자유롭게 어린 고기 노니네
- 그동안 막히고 어려웠던 일이 풀려 점차 나아지는 운.

2425

남명 大道藏無極하니 鴻濛隱八維라
　　　　대 도 장 무 극　　홍 몽 은 팔 유
큰 도道가 무극에 숨으니/ 팔방이 홍몽鴻濛에 묻혀 있네
- 모든 일이 처음의 혼란함 속으로 돌아가서 예측하기 힘든 운.

여명 金多必有傷이니 及早修緣事하라
　　　　금 다 필 유 상　　급 조 수 연 사
쇠가 많으면 반드시 다치게 되니/ 일찍 인연의 일 닦으라
- 사주의 운에 금기운金氣運이 많으면 상하게 되므로, 공덕을 많이 쌓고 수도하는 생활이 좋은 운.

세운 殺雞煩鼠終하니 忠信自無疑라
　　　　살 계 번 서 종　　충 신 자 무 의
닭을 해치는 번거로운 쥐(煩鼠)가 죽으니/ 충성되고 신실한 사람 스

스로 의심 없게 되네
▪ 번거로운 쥐(煩鼠)는 간사한 무리들을 비유한 말이다. 이 때까지 이간질하고 괴롭히던 자가 없어지니, 사람들이 모두 화합하여 새로운 삶을 영위하는 운.

酉日

3324

남명 月華透梅雪이요 水淨見山陰이라
　　　　월 화 투 매 설　　수 정 견 산 음
달이 빛나니 매화와 눈 선명하고/ 물이 깨끗하니 산 그림자 보이네
▪ 깨끗하고 조촐하게 사는 선비의 운. 또는 세상을 등지고 평화롭게 사는 운.

여명 殘燈半空月이 爭奈五更長이라
　　　　잔 등 반 공 월　　쟁 내 오 경 장
쇠잔한 등불과 공중의 반달이/ 오경 긴 밤을 다투네
▪ 외롭게 홀로되어 독수공방하는 운.

세운 花渠暗水流하니 出沒世難測이라
　　　　화 거 암 수 류　　출 몰 세 난 측
꽃 핀 개울가에 물이 속으로 흐르니/ 나왔다 들어갔다 세상이 헤아리기 어렵네
▪ 진실이 있지만 드러나지 않으니, 관망하며 기다려야 하는 운.

2225

남명 形畫麒麟閣하니 毫端爭一莖이라
　　　　형 화 기 린 각　　호 단 쟁 일 경
기린각麒麟閣에 얼굴을 그리니/ 붓끝이 한치를 다투네

▪ 기린각麒麟閣은 후한後漢의 광무제光武帝가 공신들의 영정을 그려서 모신 집을 말한다. 나라를 위해 큰 공을 세워 오래도록 기림을 받는 운.

여명 孤猿枝上啼하고 明月空中落이라
　　　　고 원 지 상 제　　명 월 공 중 락
외로운 원숭이는 가지 위에서 울고/ 밝은 달은 공중에서 떨어지네
▪ 독수공방하고 임 그리워 하며 외로이 사는 운.

세운 陽氣喜初生하니 萌芽將復展이라
　　　　양 기 희 초 생　　맹 아 장 부 전
양기가 처음 난 것 기쁘니/ 싹 돋아 장차 퍼질 것이네
▪ 막히고 힘들었던 때에 희망의 빛이 보이기 시작하는 운.

2326

남명 牽牛過堂下하니 問是梁惠王이라
　　　　견 우 과 당 하　　문 시 양 혜 왕
소를 끌고 집 아래로 지나가니/ 묻는 것이 양혜왕일세
▪ 『맹자』의 양혜왕편에, 양혜왕이 소가 제물로 끌려 가면서 두려움에 떠는 것을 보고 불쌍히 여겨, 소대신 양을 제물로 삼게 했다는 내용으로, 죽음 직전에서 구원을 받는 운이다.

여명 仙壇與佛塔에 功果好修爲라
　　　　선 단 여 불 탑　　공 과 호 수 위
선단과 불탑에/ 공적의 열매(功果)를 잘 닦고 있네
▪ 신선공부 또는 불교에 귀의하여 수도하는 운.

세운 大旱望雲霓하니 靑天空霹靂이라
　　　　대 한 망 운 예　　청 천 공 벽 력
크게 가문데 구름과 무지개 바라보니/ 푸른 하늘에 마른 벼락 치네
▪ 여태껏 어렵고 힘들었지만, 차츰 좋아질 기미가 보이는 운.

戌日

3326

남명 風行江上去하니 松竹竟爭春이라
　　　　풍 행 강 상 거　　송 죽 경 쟁 춘
바람이 강 위로 부니/ 소나무와 대나무가 서로 봄을 다투네
- 임금이 선정을 베푸니, 절개있는 선비들이 앞다투어 벼슬하러 나오는 운.

여명 古稱朱陳村은 只恐花難老라
　　　　고 칭 주 진 촌　　지 공 화 난 로
옛날부터 주씨와 진씨촌朱陳村은/ 꽃이 늙기 어렵다고 말하네
- 주씨와 진씨촌朱陳村:백거이의 주진촌시에 나오는 마을로, 큰 고을에서 100여 리 떨어진 한적한 곳에 주씨와 진씨만이 모여 사는 마을이다. 혼인도 주씨와 진씨 끼리만 하고, 그 마을을 벗어나 살지 않으며, 병역도 면제되는 태평한 마을을 말한다. 평화롭게 살면서 여생을 보내는 운.

세운 ○○○○○ ○○○○○
- 흉운.

2227

남명 吾身何踐履오 天外有烟霞라
　　　　오 신 하 천 리　　천 외 유 연 하
내 몸이 어디를 밟고 가야 하나?/ 하늘 밖에 연기와 노을 있다네
- 산야에 묻혀 수도를 하는 운.

여명 畫堂春正濃하니 楊柳輕飄絮라
　　　　화 당 춘 정 농　　양 류 경 표 서
그림으로 치장된 집에는 봄이 한참 무르익으니/ 버들가지에 버들강아지 가볍게 날리네
- 영화榮華를 누리며 사는 운. 혹은 남자들을 즐겁게 해주며 사는 운.

세운 社燕自營巢하니 不安期得便이라
　　　　사 연 자 영 소　　불 안 기 득 변

제비가 스스로 집을 지으니/ 불안하던 것이 편안함을 얻게 되었네
▪ 열심히 노력한 덕에 안정을 찾게 되는 운.

亥日

3328

남명 草作擎天柱하니 難當盛暑風이라
　　　　초 작 경 천 주　　난 당 성 서 풍

풀로 하늘 받치는 기둥 만드니/ 한여름 더운 바람 감당할 수 없네
▪ 능력도 없이 큰 일을 하려고 하니, 그 고초는 물론이고 이룰 수도 없는 운이다.

여명 望月伴嫦娥하니 只空浮雲翳라
　　　　망 월 반 항 아　　지 공 부 운 예

달을 바라보며 항아와 짝을 하려 하니/ 공중에 뜬 구름이 달을 가리네
▪ 방해자가 있어 좋은 배필을 만나기 어려운 운이다.

세운 淡雲來掩日하고 殘雲暫收光이라
　　　　담 운 래 엄 일　　잔 운 잠 수 광

맑은 구름이 와서 해 가리고/ 쇠잔한 구름이 잠시 빛을 거두었네
▪ 방해자가 있어서 성사를 앞두고 어려워하는 운.

土部

■ 경오·신미·무인·기묘·병술·정해·경자·신축·무신·기유·병진·정사년에 해당

☙ 子日 ☙

3357

남명 蜘蛛結網羅하니 箭射空中雨라
지 주 결 망 라　　　전 사 공 중 우
거미가 그물을 치니/ 공중에서 비가 화살 쏘듯 내리네
■ 공들여 고생을 하였으나, 불의의 변란으로 성공하지 못하는 운.

여명 天邊有彩鸞하니 風擧乘雲路라
천 변 유 채 란　　　풍 거 승 운 로
하늘가에 색채 아름다운 봉황새 있으니/ 바람에 날리어 구름길에 오르네
■ 크게 부귀를 누리는 운.

세운 臨淵空羨魚하니 取舍難爲事라
임 연 공 선 어　　　취 사 난 위 사
깊은 못에 임해서 공연히 물고기를 잡고 싶으니/ 놓았다 취했다만 하며 일하기 어렵네
■ 너무 어려운 일에 소원을 거니, 엄두가 안나 일을 진행시키기 어려운 운.

2258

남명 蓬蒿棲鳳凰하야 瞻望隨隄柳라
봉 호 서 봉 황　　　첨 망 수 제 류

쑥대 위에 봉황새 깃들어서/ 언덕 위의 버드나무 바라보며 따라가네
▪ 자신의 포부나 능력보다 훨씬 못한 것을 욕심내어 따라가는 운.

여명 臘日消殘雪하니 紅杏又着花라
　　　　납 일 소 잔 설　　　홍 행 우 착 화

납평일臘平日에 남은 눈 녹으니/ 살구나무꽃 또한 붉게 피었네
▪ 납평일臘平日은 동지 뒤 셋째 술일戌日이나 섣달을 일컬음. 음력 섣달 초 여드렛날에 북을 울리는 풍속이 있는데, 이를 납고臘鼓라 하고, 납고가 울리면 봄풀이 돋아난다고 한다. 어렵고 힘든 시련 끝에 밝게 피어나는 운.

세운 凉風幷水閣하니 散髮又披襟이라
　　　　양 풍 병 수 각　　　산 발 우 피 금

물가의 누각에 서늘한 바람 부니/ 머리를 흩트리고 옷깃 또한 헤쳤네
▪ 자연속에서 풍류를 즐기는 것은 좋으나, 다른 일은 뜻같이 되지 는 않는 운.

2359

남명 龍門舟未出하니 蚯蚓載坤輿라
　　　　용 문 주 미 출　　　구 인 재 곤 여

등용문에 배 나오지 못하니/ 지렁이만 땅 위에 가득하네
▪ 등용문을 통과하지 못하니, 용이 되지 못한 지렁이만 가득하다는 말로, 포부는 컸으나 뜻대로 되지 못하는 운.

여명 紫燕營新巢하니 呢喃又無水라
　　　　자 연 영 신 소　　　니 남 우 무 수

붉은 제비가 새 집을 지으니/ 기뻐서 지저귀나 또한 물이 없네
▪ 하나를 얻으면 하나가 부족한 운이다.

세운 梨園遇猴宿하니 果熟不能存이라
　　　　이 원 우 후 숙　　　과 숙 불 능 존

배나무 동산에 원숭이가 자고 있으니/ 과일이 익어도 남아 있지 못하네

■ 먹을 입은 많고 버는 것은 적은 운. 또는 중간에 심술궂은 방해꾼이 있어서 제대로 수확하지 못하는 운.

2460

남명 桃李浮瓜景에 廣寒宮似冰이라
　　　　도 리 부 과 경　　광 한 궁 사 빙

비 많아 복숭아와 오얏 오이가 물에 떠내려 가니/ 광한궁廣寒宮은 얼음과 같네
■ 광한궁廣寒宮은 달의 궁전으로 춥고 습기가 차 있다고 한다. 생각지 않은 변란으로 어려움을 겪는 운.

여명 孤帆太湖遠하니 休上望夫山하라
　　　　고 범 태 호 원　　휴 상 망 부 산

외로운 돛에 태호太湖는 머니/ 망부산에 오르지 마라
■ 멀리 간 임이 돌아오지 않아 애태우는 운.

세운 再磨龍劍用하니 銳氣徹靑空이라
　　　　재 마 용 검 용　　예 기 철 청 공

다시 용검龍劍을 갈아서 쓰니/ 날카로운 기운이 푸른 공중을 꿰뚫네
■ 다시 전쟁터에 나가 공을 세우는 운.

2561

남명 投身向弱水하야 剖蚌取明珠라
　　　　투 신 향 약 수　　부 방 취 명 주

몸을 약수를 향해 던져서/ 조개를 갈라 밝은 구슬 취하네
■ 세속을 떠나 신선 공부를 하러가는 운.

여명 柳絮舞春風이요 晴雲翻暮雨라
　　　　류 서 무 춘 풍　　청 운 번 모 우

버들강아지는 봄바람에 춤추고/ 날은 맑다가 구름 끼어 저녁에는 비

오네
▪ 한때의 사랑을 평생의 추억으로 삼는 운. 혹은 뭇남성들과 많은 교제를 하나 만년에 고생하는 운.

세운 春柳發萌芽하니 濃陰堪待暑라
　　　　춘 류 발 맹 아　　농 음 감 대 서
봄버들이 싹을 틔우니/ 짙게 그늘져서 더위를 피할 수 있네
▪ 일이 순조롭게 잘 풀리는 운.

2662

남명 置郵符馹使하야 傳命折梅花라
　　　　치 우 부 일 사　　전 명 절 매 화
역참을 두고 역마 탄 사자에게 때 맞추어/ 명령을 전해서 매화를 꺾어오게 하네
▪ 때를 잃지 않고 노력하여 성공하는 운.

여명 莫待塵緣結하라 皈依好向空이라
　　　　막 대 진 연 결　　귀 의 호 향 공
홍진 세상 인연 맺을 때 기다리지 마라/ 불법에 귀의하려면 공空으로 향하는 것이 좋네
▪ 결혼하기 전에 불법佛法에 귀의하는 운.

세운 旅懷千里遠하니 日暮急奔程이라
　　　　여 회 천 리 원　　일 모 급 분 정
나그네의 회포가 천리길 머니/ 날이 저물어도 급하게 길을 가네
▪ 길은 멀고 날은 저문 상태로, 마음만 급하여 근심걱정하는 운.

2763

남명 廣寒宮枕簟이 內有風雪生이라
　　　　광 한 궁 침 점　　내 유 풍 설 생

광한궁의 베개와 댓자리가/ 안에서 눈바람 나네
- 광한궁廣寒宮은 달의 궁전으로 춥고 습기가 차 있다고 한다. 생각지 않은 변란으로 어려움을 겪는 운.

여명 藤蘿引高松하니 陰陽調呂律이라
　　　　등 라 인 고 송　　음 양 조 여 률

등나무 넝쿨이 높은 소나무를 감으니/ 음양이 조화되어 음악 소리 나네
- 기개 높은 남자를 만나서 화락하게 가정을 이루고, 남녀간의 정을 나누는 운.

세운 彎弓兼得箭하니 際遇莫踟躕하라
　　　　만 궁 겸 득 전　　제 우 막 지 주

활을 당기는데 화살을 얻었으니/ 기회를 만나면 주저하지 마라
- 모든 조건과 실력을 갖추고 때가 오기를 기다리는 운.

2864

남명 蝴蝶夢方回하니 尋花天上去라
　　　　호 접 몽 방 회　　심 화 천 상 거

나비의 꿈 방금 깨니/ 꽃을 찾아 하늘 위로 가네
- 나비의 꿈(蝴蝶夢)은 『장자』 제물편에 장주가 꿈에 나비가 되어 펄펄 날아다니다가 깨서는, 자신이 꿈에 나비가 된 것인지, 나비가 꿈을 꾸어 자신이 된 것인지 모르겠다고 한 말에서 연유한다. 인생을 일장춘몽이라고 생각하니, 신선공부하며 수도하는 운이다.

여명 玉女逢佳偶하니 天風吹珮環이라
　　　　옥 녀 봉 가 우　　천 풍 취 패 환

옥녀가 아름다운 짝을 만나니/ 하늘 바람이 옥패와 반지에 부네
- 좋은 배필을 만나 부귀영화를 누리며 백년해로하는 운.

[세운] 築壇來拜將하니 萬世好名揚이라
　　　　　축 단 래 배 장　　 만 세 호 명 양
단을 쌓아 장수를 배拜하니/ 만세에 이름 좋게 날리네
▪ 유방이 이름없는 장수 한신을 대장군으로 봉할 때처럼, 미천한 출신이나 능력있는 사람을 장수로 삼을 때는, 위엄있는 격식을 갖추어야 아랫사람들을 통솔할 수 있게 된다. 훌륭한 장수가 되어 이름을 후대에 까지 날리는 운.

2965

[남명] 牆外生斑竹하니 莖長接上蒼이라
　　　　　장 외 생 반 죽　　 경 장 접 상 창
담장 밖에 아롱진 대나무(斑竹) 나니/ 줄기가 커서 푸른 하늘과 연접했네
▪ 아롱진 대나무(斑竹)는 소상강에 나는 대나무로, 엽전만한 이끼색의 무늬가 있는데, 물에 담갔다가 풀로 무늬를 닦아내면 붉은 무늬가 아름답게 나타난다고 한다. 선인 공부하여 그 명성이 하늘까지 닿을 운이다. 혹은 절개와 지조가 높은 사람으로, 명성을 날리고 영화롭게 사는 운.

[여명] 換葉移根樹가 花開子未圓이라
　　　　　환 엽 이 근 수　　 화 개 자 미 원
바뀐 잎새와 뿌리 옮긴 나무가/ 꽃은 피었으나 씨 맺지 않았네
▪ 팔자를 고쳐서 부귀는 누리나, 자식을 낳지는 못하는 운.

[세운] 陽春三月景에 桃李自芬芳이라
　　　　　양 춘 삼 월 경　　 도 리 자 분 방
따스한 봄 삼월 볕에/ 복숭아와 오얏이 스스로 아름답네
▪ 복숭아꽃과 오얏꽃은 부귀의 상징이다. 따스한 삼월(음력) 볕에 있으니, 한참 피어날 때이므로, 고관高官이 되어 만백성을 다스릴 운이다.

3066

남명 魚鹽版築人이 心志自先苦라
　　　　어 염 판 축 인　　심 지 자 선 고

고기 잡고 소금 굽고 담장 쌓는 사람이/ 마음과 뜻이 스스로 먼저 괴롭네
- 건설 현장이나 공장의 노동자로 마음고생도 하면서 사는 운.

여명 一疋紅綾好하니 春風幾度求아
　　　　일 필 홍 릉 호　　춘 풍 기 도 구

한 필의 붉은 비단 좋으니/ 봄바람이 몇번이나 찾았는가?
- 부귀영화를 누리면서 사는 미녀의 운.

세운 曲木轉形影하니 運動影隨身이라
　　　　곡 목 전 형 영　　운 동 영 수 신

굽은 나무가 형체와 그림자 굴리니/ 움직이는 그림자가 몸을 따르네
- 자신의 아랫사람은 다 자신이 하는 것을 본받는 것인데, 스스로가 잘못되어 있으니, 어찌 다른 사람이 바르길 바라겠는가?

3167

남명 山徑之蹊間이나 介然而成路라
　　　　산 경 지 혜 간　　개 연 이 성 로

산길이 좁은 사이로 가나/ 확실하게 길이 나있네
- 비록 험하고 힘들기는 하나, 막히지는 않는 운.

여명 香草出河邊하니 寂寞春歸晚이라
　　　　향 초 출 하 변　　적 막 춘 귀 만

향기로운 풀이 물가에 나니/ 고요한 가운데 봄이 늦게 돌아오네
- 훌륭한 자질과 자태가 있으니, 비록 처음에는 알아주는 사람을 못만나 외롭지만, 늦게라도 부귀를 누리는 운.

세운 鵲巢鳩打破하니 有始却無終이라
　　　　　작 소 구 타 파　　　유 시 각 무 종

까치집(鵲巢)을 비둘기가 부수니/ 처음은 있으나 마침이 없네

▪ 『시경』 소남편의 작소鵲巢시에, "까치의 집이었건만 비둘기가 산다"고 하고, 그 주석에 "비둘기는 집을 짓지 않고 까치집에 산다. 비둘기가 까치집에 사는 것이 부인이 남편의 집에 사는 것과 같다"고 했다. 여기서 까치집을 비둘기가 부순다는 것은, 남편의 집을 아내가 부순다는 뜻으로, 서로 믿고 의지해서 살아가야할 사람이 오히려 해악을 끼치는 운이다.

3268

남명 河洛出圖書나 伏羲不再劃이라
　　　　　하 락 출 도 서　　복 희 불 재 획

하수와 낙수에서 하도와 낙서가 나왔으나/ 복희씨가 다시 팔괘 긋지 않네

▪ 우주의 생성소멸의 원리인 하도와 낙서가 나왔으나, 이를 활용해 팔괘(주역)를 그은 복희씨가 백성을 위해 또 팔괘를 긋지는 않는다는 말이다. 세상의 일 보다는 자연에 귀의해서 신선의 공부를 하는 운이다.

여명 春光沸管絃이요 秋風換羅綺라
　　　　　춘 광 비 관 현　　추 풍 환 라 기

봄 빛은 관현악을 뿜어내고/ 가을 바람은 비단천을 바꾸네

▪ 부귀영화를 크게 누리는 운.

세운 笙歌頻聒聒하니 自可樂歡顔이라
　　　　　생 가 빈 괄 괄　　자 가 낙 환 안

생황의 노래소리 자주 떠들썩하니/ 스스로 즐거운 얼굴 할 수 있네

▪ 계속해서 경사가 이어지는 운.

丑日

3359

남명 萬里長城去나 黃河猶舊流라
　　　　만 리 장 성 거　　황 하 유 구 류

만리장성은 퇴색해지고 있으나/ 황하는 아직도 옛 흐름일세
■ 인위적으로 만든 것은 오래지 않아 무너지고, 자연의 이법대로 만든 것은 오래 가는 것이다. 꾸준히 자기 일을 열심히 수행하며, 큰 변동없이 살아가는 사람의 운.

여명 香盟於山嶽이나 未信晴雲輕이라
　　　　향 맹 어 산 악　　미 신 청 운 경

산악에 좋은 맹서했으나/ 날이 개어 구름 가벼워 지는 것 믿지 않네
■ 천지신명께 백년가약을 맹서했으나, 어렵고 힘들어서 앞으로 좋게 되는 것을 믿지 못하는 운.

세운 梨園遇猴宿하니 果熟不能存이라
　　　　이 원 우 후 숙　　과 숙 불 능 존

배나무 동산에 원숭이 자고 있으니/ 과일이 익어도 남아 있지 못하네
■ 먹을 입은 많고 버는 것은 적은 운. 또는 중간에 심술궂은 방해꾼이 있어서 제대로 수확하지 못하는 운.

2260

남명 大旱望雲霓하니 清霽隔風阻라
　　　　대 한 망 운 예　　청 제 격 풍 조

큰 가뭄에 구름과 아지랑이 바라는데/ 맑게 개인데다 바람도 막혔네
■ 크게 막혀서 어렵고 힘든데, 해결될 기미가 보이지 않는 운.

여명 風烟隔明鏡하니 膏沐爲誰容가
　　　　풍 연 격 명 경　　고 목 위 수 용

바람과 연기가 밝은 거울 막았으니/ 기름 바르고 목욕하며 누굴 위해 치장하나?
- 참소와 질시로 인해 배필이 멀리하여 외롭게 되는 운.

세운 萬物原於天이나 密雲渾不雨라
　　　　　만 물 원 어 천　　　밀 운 혼 불 우
만물이 하늘에 근원하나/ 빽빽히 구름 끼어 흐리지만 비 오지 않네
- 모든 일이 곧 될 듯 하면서도 안되어 애만 태우는 운.

2361

남명 風吹海水動하니 巨蟹四方游라
　　　　　풍 취 해 수 동　　　거 해 사 방 유
바람 불어 바닷물 움직이니/ 큰 게가 사방으로 노니네
- 때를 만나 활개치며 즐기는 운.

여명 桃花人面去요 黃菊又三秋라
　　　　　도 화 인 면 거　　　황 국 우 삼 추
복숭아꽃 같은 얼굴은 가고/ 누런 국화는 또한 가을일세
- 청춘은 한 일 없이 가고, 만년에는 우아하고 고상하게 지내는 운.

세운 寒光有重焰하니 從此再回生이라
　　　　　한 광 유 중 염　　　종 차 재 회 생
찬 빛에 뜨거운 불꽃 있으니/ 지금부터 다시 회생하게 되네
- 과거에 한번 실패했지만, 지혜와 정열로 다시 도전해서 성공하는 운.

2462

남명 四海塵埃起하야 隨風蔽九天이라
　　　　　사 해 진 애 기　　　수 풍 폐 구 천
온 세상(四海)에 티끌이 일어나/ 바람 따라서 높은 하늘 가리네
- 크게 어지럽고 혼란한 때를 살아갈 운.

[여명] 花落東流水요 高堂望杏紅이라
　　　화 락 동 류 수　　고 당 망 행 홍

꽃은 떨어져 물에 흘러 동쪽으로 가고/ 높은 집에서 살구꽃 붉어지는 것 바라보네
▪ 부귀를 누리나 어딘가 허전해 하는 운.

[세운] ○○○○○ ○○○○○
▪ 흉운.

2563

[남명] 對月登樓望하니 風生星斗移라
　　　대 월 등 루 망　　풍 생 성 두 이

달을 대해서 누각에 올라 바라보니/ 바람은 불기 시작하고 별들은 옮겨 가네
▪ 평화스럽다가 큰 혼란과 기후의 변괴를 맞으며 살아갈 운.

[여명] 妙手連環解하니 姻緣事不由라
　　　묘 수 연 환 해　　인 연 사 불 유

묘한 수단으로 맺힌 고리를 푸니/ 인연의 일 맺지 않았네
▪ 윤회의 고리를 푸는 수도修道를 하며 사는 운. 혹은 독신으로 세속에 얽매이지 않고 사는 운.

[세운] 日暮强奔程하니 狂走途還失이라
　　　일 모 강 분 정　　광 주 도 환 실

날 저문데 억지로 길을 가니/ 미친듯이 달아나다가 도리어 길 잃었네
▪ 때도 맞지 않고 능력도 없는데, 욕심만으로 일을 강행해서 헤매기만 하는 운.

2664

남명 壺頭山上鼓하니 終日伏波聞이라
　　　　호 두 산 상 고　　　종 일 복 파 문

호두산壺頭山 위에서 북을 두드리니/ 종일토록 복파장군伏波將軍이 듣고 있네

▪ 후한後漢 때 복파장군 마원馬援이 변방을 정벌하러 갈 때, 변방의 오랑캐가 호두산에서 북을 쳐 기세를 올리면서 진을 치고 있었다. 복파장군이 이를 치려고 하였으나, 물도 없고 너무나 험준한 곳이라서 올라갈 수가 없었다. 그래서 횟병에다 풍토병을 앓으며 죽어갔다는 고사를 말한다. 때도 맞지 않고 능력도 모자라는데, 의욕만으로 일을 강행해서 망치는 운.

여명 氣味芝蘭美요 光陰日月行이라
　　　　기 미 지 란 미　　 광 음 일 월 행

지초와 난초의 기미氣味가 아름답고/ 빛나고 그늘지며 해와 달이 가네
▪ 부귀영화를 크게 누리는 운.

세운 龍吟深大澤하니 逸樂有其之라
　　　　용 음 심 대 택　　　일 락 유 기 지

용이 깊고 큰 못에서 읊조리니/ 편안하고 즐거워 가는 데가 있네
▪ 안분자족安分自足하며 인생을 즐기는 운. 또는 편안히 제 분수를 지키며 때를 기다리는 운.

2765

남명 獨舞菖蒲劍하니 三軍不可當이라
　　　　독 무 창 포 검　　　삼 군 불 가 당

혼자 창포검菖蒲劍으로 춤추니/ 삼군이 당할 수 없네
▪ 의기와 용맹이 출중하여, 어지럽고 혼란함 속에서도 주인을 잘 보필하고 나라를 구하는 무장의 운.

여명 風山花零落이요 春風趁馬蹄라
　　　　풍 산 화 영 락　　　춘 풍 진 마 제

바람부는 산에는 꽃 떨어지고/ 봄바람은 말발굽 스쳐가네
■ 혼란과 어려운 세상에서 풍파를 겪으며 사는 운.

세운 雄雞齊唱曉나 曙色未分明이라
　　　　웅 계 제 창 효　　서 색 미 분 명
수탉이 일제히 새벽을 알리나/ 새벽 빛이 아직 밝지 않았네
■ 전국시대에 맹상군孟嘗君이 진秦나라에 재상으로 추천되었다가 모함을 받아 죽게 되었다. 평소 그를 따르던 식객들의 기지로 진나라를 탈출하다가, 마지막으로 함곡관에 이르렀다. 함곡관은 닭이 울어야 문을 열어주게 되어있는 천혜의 요새이고, 뒤로는 추격병이 뒤따르고 있었다. 이 때 그의 식객 중에 소리를 잘 내는 사람이 닭우는 소리를 내자, 주변의 수탉들이 모두 훼를 치며 울어댔고, 성문을 지키던 병사는 문을 열어주어 무사히 진나라를 탈출했다는 고사. 절대절명의 위기이지만, 평소 덕을 베풀고 지혜가 있다면 이를 벗어날 수 있는 운이다.

2866

남명 燕期秋社中하니 遙指神仙路라
　　　　연 기 추 사 중　　요 지 신 선 로
제비가 가을 사일社日에 떠나니/ 멀리 신선의 길 가리키며 가네
■ 가을 사일은 입추후 다섯번째 무일戊日로, 춘사일과 더불어 사직신에게 제사를 지내는 날이며, 이 날이 되면 제비가 강남으로 떠난다. 새로운 희망을 찾아 먼길 떠나는 운.

여명 月中丹桂子가 開時待秋風이라
　　　　월 중 단 계 자　　개 시 대 추 풍
달 가운데 붉은 계수나무 열매가/ 가을 바람 기다려 열리네
■ 높은 벼슬을 하는 훌륭한 자식을 낳는 운.

세운 大寒將索裘나 已失先期備라
　　　　대 한 장 색 구　　이 실 선 기 비
큰 추위에 가죽옷 구하려 하나/ 먼저 구해놓은 것 이미 잃었네
■ 유비무환有備無患인 것을, 평소에 관리를 제대로 못해 낭패를 보는 운.

2967

남명 身在靑雲裏하니 天街我獨行이라
　　　　　신 재 청 운 리　　　천 가 아 독 행

몸이 푸른 구름 속에 있으니/ 하늘의 거리를 나 혼자 가네
■ 높은 벼슬을 하여 부귀영화를 누리는 운.

여명 天地春風裏요 江山夕照中이라
　　　　　천 지 춘 풍 리　　　강 산 석 조 중

하늘과·땅은 봄바람 속이요/ 강산은 저녁빛 노을 가운데 있네
■ 부귀영화를 누리는 운.

세운 春遊時得喜하니 駿馬自馳驅라
　　　　　춘 유 시 득 희　　　준 마 자 치 구

봄놀이 때 만나 기쁘니/ 준마 타고 스스로 달리네
■ 일이 잘 풀려 속이 다 시원한 운.

3068

남명 旱天逢雨集하니 溝澮自皆盈이라
　　　　　한 천 봉 우 집　　　구 회 자 개 영

가문 하늘에 비 많이 오니/ 도랑과 보가 모두 찼네
■ 어렵고 힘들었던 것을 한꺼번에 극복하고 크게 길하게 되는 운.

여명 ○○○○○ ○○○○○
■ 흉운.

세운 虎鹿圖一雀하니 一悲還一喜라
　　　　　호 록 도 일 작　　　일 비 환 일 희

호랑이와 사슴이 새 한마리를 잡으려 하니/ 하나가 슬퍼하면 하나는 도리어 기뻐하네
■ 두 경쟁자가 사력을 다해 한 가지 이익을 다투니, 하나가 얻으면 하나는 잃게 되는 운.

3169

남명 衆逐虎負嵎하니 攘臂下車搏이라
　　　　중 축 호 부 우　　　양 비 하 차 박

여러 사람이 쫓는데 호랑이가 산모퉁이 등지고 있으니/ 소매를 걷어 올리고 수레에서 내려서 호랑이를 치고 있네

■ 진나라 사람 풍부가 손으로 범을 때려잡기를 잘하더니, 마침내 좋은 선비가 되었다. 그런데 여러 사람이 범을 쫓다가 범이 산모퉁이를 의지하자 감히 가까이 가지 못했다. 사람들이 풍부를 발견하고는 반겨 맞이하자, 풍부가 팔을 걷어 부치고 수레에서 내려서 범을 잡았다. 그렇지만 선비들은 풍부가 아직도 범이나 때려잡는 버릇을 못 버렸다고 비웃었다. 자신의 과거 습관을 못 버려서 비웃음을 받는 운.

여명 重重天色晚하니 何處彩雲飛아
　　　　중 중 천 색 만　　　하 처 채 운 비

거듭거듭 하늘 색이 저무니/ 어느 곳에서 오색 구름 나는가?

■ 처음에는 부귀했다가 점점 더 쇠운으로 들어 섬.

세운 猛虎依平林하니 收威幷失勢라
　　　　맹 호 의 평 림　　　수 위 병 실 세

맹호가 야산에 의지해 있으니/ 위엄도 없고 세도 잃었네

■ 주변에서 도와주는 사람이 변변치 않아서, 위엄과 세력이 모두 꺾여나가는 운.

寅日

3361

남명 江心秋月色하니 魚隱在心中이라
　　　　강 심 추 월 색　　　어 은 재 심 중

강 속에 가을 달 빛나니/ 물고기가 그 속에 숨어있네

■ 늦게서야 큰 벼슬을 하는 운.

여명 竊香人去後에 月色又黃昏이라
　　　　절 향 인 거 후　　월 색 우 황 혼

향 훔친 사람이 간 뒤에/ 달빛이 또한 황혼일세
- 우연한 기회에 정조를 빼앗기고, 늦도록 영화를 보기 어렵게 되는 운.

세운 猛虎居山巖하니 前凶而後吉이라
　　　　맹 호 거 산 암　　전 흉 이 후 길

사나운 호랑이가 산 바위 위에 거처하니/ 먼저는 흉하나 뒤에는 길하네
- 용맹하고 힘센 자가 좋은 자리를 차지해서 앞을 막으나, 결국은 그를 물리치고 길하게 되는 운.

2262

남명 竹叢蜂蝶聚요 落葉露珠傾이라
　　　　죽 총 봉 접 취　　낙 엽 노 주 경

대나무 숲에 벌과 나비 모이고/ 떨어지는 잎새에 이슬 방울 기울었네
- 기울어지는 운을 만나 절개를 지키다가 잘못되는 운.

여명 暴虎馮河婦가 如何樂濟剛가
　　　　폭 호 빙 하 부　　여 하 낙 제 강

호랑이를 잡고 하수河水 같이 험한 물을 건너는 부인이/ 어째서 강하게 하는 것만 즐겨하는가?
- 용맹하고 힘센 여인이 강하게만 하여 일을 그르치는 운.

세운 正當駿馬時하니 情懷難自掩이라
　　　　정 당 준 마 시　　정 회 난 자 엄

바로 준마타고 갈 때를 당했으니/ 정의 회포를 스스로 감추기 어렵네
- 큰 일을 하기 위해 자잘한 정을 끊어야 하는 운.

2363

남명 白日片雲收하니 青天一點雪이라
　　　　백 일 편 운 수　　　청 천 일 점 설

밝은 날에 조각 구름이 걷히니/ 푸른 하늘에 한점의 눈일세
- 한가지 일을 해결하면 다음 일이 기다려 어렵게 하지만 헤쳐나갈 수 있는 운.

여명 薰風吹石榴하니 秋風破酸子라
　　　　훈 풍 취 석 류　　　추 풍 파 산 자

뜨거운 바람이 석류 가지에 부니/ 가을 바람이 신맛나는 열매 터뜨리게 하네
- 힘든 고통 끝에 좋은 결과를 얻는 운.

세운 田獵而獲禽하니 自知得如願이라
　　　　전 렵 이 획 금　　　자 지 득 여 원

사냥해서 새를 잡으니/ 스스로 원하는 것 얻은 줄 알고 있네
- 노력 끝에 원하는 것을 얻는 운.

2464

남명 蔓草與長松이 遠看同一色이라
　　　　만 초 여 장 송　　원 간 동 일 색

덩굴풀과 긴 소나무가/ 멀리서 보니 같은 색이네
- 덩굴풀은 쓸모없이 성하고 아무 나무에나 달라붙어 귀찮게 하는 존재이고, 소나무는 절개를 지키는 좋은 나무이다. 그러나 멀리서 볼 때는 같은 색이니, 좋고 나쁨이 외견상 구별 안된다는 말이다.

여명 姻緣竟若無하니 浮雲落流水라
　　　　인 연 경 약 무　　　부 운 낙 유 수

인연이 결국 없는 것과 같으니/ 뜬 구름이 흐르는 물에 떨어지네
- 결혼을 잘못하여 일생동안 고독하고 외롭게 떠다니는 운.

세운 瑞雲飛出洞하니 聚散不爲常이라
　　　　서 운 비 출 동　　취 산 불 위 상

상서로운 구름이 날아서 동구 밖으로 나오니/ 모이고 흩어지는 것이 항상하지 않네

▪ 항상 좋은 운이 오는 것이 아니므로, 기회를 잘 포착하여 일을 성사시켜야 하는 운.

2565

남명 正當三伏暑나 晝寢覆靑氈이라
　　　　정 당 삼 복 서　　주 침 복 청 전

삼복 더위를 바로 당했으나/ 낮에 자는데 푸른 담요(靑氈)를 덮었네

▪ 중국 진晉나라 왕현지가 집에 누워서 자는데 도적이 들었다. 그런데 도적질 해 갈 것이 없었다. 왕현지가 천천히 말하기를 "푸른 담요(靑氈)는 우리집 대대로 내려오는 오래된 물건이니 놓고 가라"고 하였다. 도적이 다 해진 담요를 보다가 그냥 도망갔다고 하는데, 집이 너무 가난한 것을 말한다. 청빈하게 사는 운.

여명 目斷楚天空하니 星河何處覓가
　　　　목 단 초 천 공　　성 하 하 처 멱

쓸쓸한 가을 하늘 훤히 뚫렸으니/ 은하수를 어디가서 찾을까?

▪ 독수공방하는 운.

세운 杏花紅十里에 歸去馬如飛라
　　　　행 화 홍 십 리　　귀 거 마 여 비

살구 꽃 붉은 십리 길에/ 돌아오는 말이 나는 듯하네

▪ 원했던 바를 얻어 금의환향錦衣還鄕 하는 운.

2666

남명 豫州城似鐵하니 强弩不能穿이라
　　　　예 주 성 사 철　　강 노 불 능 천

예주성이 쇠 같이 굳으니/ 강한 활로도 뚫지 못하네

▫ 강한 충성심으로 목숨을 바쳐 자신의 책무를 다하는 운.

여명 汀蘭竝岸芷가 泛宅奉浮家라
　　　　정 란 병 안 지　　범 택 봉 부 가

물가에 난초와 언덕 위에 지초의 물결이/ 집을 띄우고 받치고 있네
▫ 많은 자식들이 가문을 일으켜 세우는 운.

세운 大廈要扶持인덴 誠然非一本이라
　　　　대 하 요 부 지　　성 연 비 일 본

큰 집을 붙들어 지탱하려면/ 하나의 기둥으로는 되지 않네
▫ 여러 사람이 힘을 합해서 난국을 타개하는 운.

2767

남명 天漢彩雲橫하고 斗牛星不動이라
　　　　천 한 채 운 횡　　두 우 성 부 동

은하수에는 채색구름 비껴있고/ 두우성은 움직이지 않네
▫ 부귀와 영화를 오래도록 누리는 운.

여명 花開幾度春가 日月應難光이라
　　　　화 개 기 도 춘　　일 월 응 난 광

봄에 꽃이 몇 번이나 피었는가?/ 해와 달이 함께 빛나기 어렵네
▫ 여인이 정조관념이 없으니, 남편과의 사이가 좋게 될 리가 없는 운.

세운 衆棹若扶持면 一時須得渡라
　　　　중 도 약 부 지　　일 시 수 득 도

여러 노가 만약 붙들어 지탱시키면/ 일시에 물 건널 수 있네
▫ 여러 사람이 힘을 합하면, 일시에 난국을 타개할 수 있는 운.

2868

남명 南畝金城外에 一鞭風月淸이라
　　　　남 무 금 성 외　　일 편 풍 월 청

남쪽 밭 이랑 견고한 성 밖에/ 바람 맑고 달 밝은데 혼자 말타고 가네
- 무장이 되어 변경을 지키는 사람의 운.

여명 龍鳳喜同巢하니 乾坤風景異라
　　　　용 봉 희 동 소　　건 곤 풍 경 이

용과 봉황새 같이 깃들어 기쁘니/ 하늘과 땅에 풍경이 달라지네
- 훌륭한 배필과 좋은 자식을 낳고 크게 부귀영화를 누리는 운.

세운 蜂蝶戲春園하니 先益而後損이라
　　　　봉 접 희 춘 원　　선 익 이 후 손

벌과 나비가 봄 동산을 희롱하니/ 먼저는 이익이나 뒤에는 손해일세
- 좋은 운을 즐기고 방비를 안하다가, 오래지 않아 쇠락하는 운.

2969

남명 三月淸明節이요 桃源不老春라
　　　　삼 월 청 명 절　　도 원 불 로 춘

삼월의 청명절이요/ 도원桃源의 늙지 않는 봄일세
- 신선의 즐거움을 누리며 사는 운. 세속에 있을 경우 크게 부귀하게 되는 운.

여명 黃鶯出空谷하고 燕採落花泥라
　　　　황 앵 출 공 곡　　연 채 낙 화 니

누런 꾀꼬리는 빈 골짜기에서 나오고/ 제비는 꽃잎 떨어진 진흙을 물어오네
- 좋은 배필을 얻어 집안을 일으키며 사는 운.

세운 擧足傾天河하야 用除三伏暑라
　　　　거 족 경 천 하　　용 제 삼 복 서

발을 들어 하늘의 은하수를 기울여서/ 삼복 더위 제거하네
■ 큰 토목공사를 하여 많은 사람을 이롭게 하는 운.

3070

남명 王事不敢廢니 抽矢扣車輪라
　　　　왕 사 불 감 폐　　추 시 구 거 륜

왕의 일은 폐할 수 없으니/ 화살을 빼어 수레바퀴를 두드리네
■ 『맹자』 이루장구 하에 나오는 말로, 정鄭나라에서 자탁유자子濯孺子를 앞세워 위衛나라를 침략했다. 위나라에서는 유공 사(庚公之斯)로 하여금 이를 막게 하였다. 마침 자탁유자는 병이 나서 활을 쏠 수가 없었으므로, 이제 나는 죽었구나 하고 생각했다. 그러나 상대방 장수가 유공 사인 것을 알고는 "아! 이제 살았구나"했다. 이를 이상히 여긴 부하가 묻자, 유공 사는 "윤공 타(尹公之他)에게 활쏘는 법을 배웠고, 윤공 타는 나에게서 활쏘는 법을 배웠다. 윤공 타는 바른 사람이니, 바른 사람을 키웠을 것이다."고 했다. 과연 유공 사가 추격해 와서 묻기를 "선생님께서는 왜 활을 안잡으십니까?"하니, 자탁유자가 사실대로 말하였다. 그러자 유공 사가 "나는 차마 선생님의 기술로 선생님을 해칠 수는 없습니다. 그러나 오늘은 국가의 일이니, 제가 감히 그만 둘 수 없습니다" 하고는, 화살을 뽑아 수레바퀴에 두들겨 살촉을 빼버리고, 네개의 화살을 발사한 뒤에 돌아갔다는 고사. 공적인 의리와 사적인 의리를 구별하지 못하는 사람이나, 나름대로 자신의 의리를 세워 살려고 노력하는 운. 혹은 장수가 되어 이름을 날릴 운이다.

여명 桃花逐水流하니 空鎖武陵春이라
　　　　도 화 축 수 류　　공 쇄 무 릉 춘

복숭아꽃이 물 따라 흐르니/ 공연히 무릉도원의 봄을 잠궜네
■ 신선 공부를 하며 수도를 해야 할 사람이, 세속에서 부귀를 탐했으나 별무소득 別無所得인 운.

세운 春天喜勝遊요 冬日眞可愛라
　　　　춘 천 희 승 유　　동 일 진 가 애

봄날에 활기있게 노는 것 기쁘고/ 겨울 햇빛 참으로 사랑스럽네
■ 유유자적하며 자연과 벗삼아 즐거이 지내는 운.

卯日

3363

남명 九穗嘉禾起하고 吳江風月淸이라
　　　　구 수 가 화 기　　오 강 풍 월 청

이삭이 아홉 달린 아름다운 벼가 일어나고/ 남쪽의 오나라 강(吳江)에는 바람과 달이 맑네
- 성군聖君이 좋은 정치를 하니, 기후와 인심이 좋아져 풍년이 되는 운. 높은 벼슬을 하여 백성에게 풍요로움을 주는 운.

여명 南國有佳人하니 花影空中霧라
　　　　남 국 유 가 인　　화 영 공 중 무

남쪽 나라에 아름다운 사람 있으니/ 꽃같은 그림자와 공중의 안개일세
- 부귀영화도 일장춘몽一場春夢과 같이 허황스럽게 되는 운.

세운 魚龍在釣餌하니 志樂在其中이라
　　　　어 룡 재 조 이　　지 락 재 기 중

고기와 용이 낚시의 미끼에 걸리니/ 뜻하고 즐거워하는 것이 그 가운데 있네
- 크게 존귀하게 되어 부귀와 영화를 누리는 운.

2264

남명 古道多芳草요 武陵花自紅이라
　　　　고 도 다 방 초　　무 릉 화 자 홍

옛길에는 꽃다운 풀 많고/ 무릉도원에는 꽃이 스스로 붉네
- 산림에서 유유자적하며 인생을 즐기는 운.

여명 芙蓉不怕霜하니 霜裏好開花라
　　　　부 용 불 파 상　　상 리 호 개 화

연꽃이 서리를 두려워하지 않으니/ 서리 속에서 좋게 꽃이 피네
■ 어렵고 힘든 풍파 속에서도, 굴하지 않고 이겨내어 좋은 결실을 보는 운.

세운 夜光流星落하니 中心亦可憂라
　　　　야 광 유 성 락　　　중 심 역 가 우
밤에 흐르는 별 빛내며 떨어지니/ 마음이 또한 근심스럽네
■ 주변의 귀한 사람이 크게 다치거나 죽을 운.

2365

남명 虹霓射日光하니 五彩空中散이라
　　　　홍 예 사 일 광　　　오 채 공 중 산
무지개와 아지랑이가 햇빛에 쏘이니/ 오색의 색채가 공중에 흩어지네
■ 크게 명예가 있게 되는 운.

여명 一曲神仙引하니 風吹別調聞이라
　　　　일 곡 신 선 인　　　풍 취 별 조 문
한 곡조 신선의 음악 연주하니/ 바람에 날리어 특별한 곡조 들리네
■ 세속에서는 독수공방하고, 세속을 버리고 수도생활을 하면 마음의 안정을 찾는 운.

세운 青天當午日하니 迤邐有藏雲이라
　　　　청 천 당 오 일　　　이 리 유 장 운
푸른 하늘이 오일을 맞으니/ 장마비가 구름 속에 숨어있네
■ 예기치 않은 변란을 조심해야 하는 운.

2466

남명 身登竹葉舟하니 更不假蒿楫이라
　　　　신 등 죽 엽 주　　　갱 불 가 호 즙
몸이 대나무잎 배에 오르니/ 다시 쑥대 돛 빌릴 것 없네

■ 세속을 떠나 물결치는 대로 세월 따라 자유롭게 사는 운.

여명 機錦織成花나 未許金刀翦이라
　　　　기 금 직 성 화　　미 허 금 도 전

비단을 짜서 꽃무늬 이루었으나/ 금도金刀로 자르는 것 허락 않았네
■ 금도金刀는 화폐의 이름 또는 금으로 장식한 비싼 칼을 말한다. 자신의 마음과 몸을 부귀에 팔지 않고, 정조와 사랑을 지키며 사는 운.

세운 子房遇黃石하니 受履顯光榮이라
　　　　자 방 우 황 석　　수 리 현 광 영

자방(張良)이 황석공을 만나니/ 신을 받아 높이 되고 빛나며 영화롭게 되네
■ 장량이 쫓겨다닐 때 진흙다리에서 황석공을 만나서 『소서:素書』를 얻음으로써, 천하를 통일할 책략과 지략을 배웠다. 이 때 황석공이 장량의 됨됨이를 시험하느라, 다리 밑으로 신발을 세 번이나 던져서 주워오라고 시켰는데, 황석공이 공손하게 모두 주어서 그 발에 다시 신겨준 고사. 우연히 귀인을 만나 세상을 경륜하고 부귀와 영화를 누리는 운.

2567

남명 高山雨露深이나 一人騎虎至라
　　　　고 산 우 로 심　　일 인 기 호 지

높은 산에는 비와 이슬 많으나/ 한 사람이 호랑이를 타고 오네
■ 고난과 풍파를 많이 만나나, 귀인의 가르침을 받는 운.

여명 賞花人散後에 金勒馬嘶風이라
　　　　상 화 인 산 후　　금 륵 마 시 풍

꽃 구경하는 사람 흩어진 뒤에/ 금굴레한 말이 바람에 우네
■ 부귀영화를 누리다가, 남편이 먼저 사별하여 외롭게 되는 운.

세운 春遊知得意하니 信步自忘勞라
　　　　춘 유 지 득 의　　신 보 자 망 로

봄놀이가 마음에 즐거우니/ 천천히 걸으며 스스로 피로함 잊네

▪ 자연과 벗삼아 유유자적하며 즐기는 운.

2668

남명 白日靑天裏에 東方出五星이라
　　　　백 일 청 천 리　　동 방 출 오 성

밝은 날 푸른 하늘 속에/ 동방에 다섯 별이 나오네
▪ 큰 성인聖人이 나와 세상을 구제 하는 운.

여명 春光媚華堂이요 秋月照穹空이라
　　　　춘 광 미 화 당　　추 월 조 궁 공

봄빛은 꽃 피는 집에 아름답고/ 가을 달은 하늘과 공중을 비추네
▪ 크게 부귀영화를 누리는 운.

세운 未雨時先雷하고 陰雲空密佈라
　　　　미 우 시 선 뢰　　음 운 공 밀 포

비는 오지 않고 때때로 우레만 먼저 치고/ 어두운 구름은 공연히 빽빽하게 퍼져있네
▪ 모든 일이 곧 될 듯 싶으면서도 되지 않아 애만 태우는 운.

2769

남명 桃浪江深處에 蛇從螃蟹行이라
　　　　도 랑 강 심 처　　사 종 방 해 행

복숭아꽃 떨어지는 물결의 강 깊은 곳에/ 뱀이 방게를 따라가네
▪ 뱀이 옆으로 움직이는 방게를 따라가서 잡아먹을 수도 없고, 방게의 집을 취해 살 수도 없다. 세속의 부귀영화를 따라가나 별 소득이 없는 운.

여명 霜風似刀劍하야 斫斷飛鴛侶라
　　　　상 풍 사 도 검　　작 단 비 원 려

서리 바람이 칼과 같아서/ 원앙새 짝 끊어서 날아가게 하네
▪ 모진 풍파에 부부가 이별할 운.

세운 傳獵出無心하니 捕禽而得兎라
　　　　전 렵 출 무 심　　포 금 이 득 토

무심히 사냥을 하니/ 새를 잡고 토끼도 잡았네

▪ 아무런 욕심없이 행동하면 저절로 복이 오는 운.

2870

남명 歲寒知松柏이나 猶自藹柔芽라
　　　　세 한 지 송 백　　유 자 애 유 아

날이 추워지면 소나무와 잣나무를 알 것이나/ 아직도 부드러운 싹 무성하네

▪ 날이 추워지면 무성했던 다른 나무들의 잎은 지고, 오직 소나무와 잣나무의 잎만은 푸르름을 잃지 않는다. 절조있는 충신과 아부하는 간신은 나라가 어지러워져야 구별이 되는 법인데, 아직 평화시기이므로 그 구별을 못하고 있다. 때를 못만나 자신의 포부를 밖으로 펴지 못하는 운.

여명 ○○○○○　○○○○○
▪ 흉운.

세운 初生新出月이 皎白有明時라
　　　　초 생 신 출 월　　교 백 유 명 시

초사흘 처음 나온 달이/ 희고 밝을 때가 있네

▪ 지금은 크게 성공하지 못했으나 앞으로 가능성이 높은 운. 또는 성공한 것처럼 보이는 운.

2971

남명 嫦娥會月宮하니 鏡照紅顔改라
　　　　항 아 회 월 궁　　경 조 홍 안 개

항아가 달 궁전에 모이니/ 거울 비추며 붉은 얼굴 고치네

▪ 항아는 달의 정령이자 절세의 미인이다. 자신의 강점이 있더라도 자만하지 않고, 이를 더욱 더 조심하고 열심히 하여 성공하는 운.

여명 絶代有佳人하야 青鏡朱顔改라
　　　　절 대 유 가 인　　　청 경 주 안 개

절색의 아름다운 사람 있어서/ 맑고 빛나는 거울(青鏡)에 붉은 얼굴 고치네
* 부귀에 부귀를 더하는 운.

세운 琴瑟不調和하니 其弦急可整이라
　　　　금 슬 부 조 화　　　기 현 급 가 정

거문고와 비파가 조화되지 못했으니/ 그 줄을 급히 조정해야 되네
* 부부의 금슬이 안 좋아지려고 하니, 무엇보다 먼저 서로간의 마음을 조화시켜야 하는 운.

辰日

3365

남명 泰山添土壤하니 春草自鋪煌이라
　　　　태 산 첨 토 양　　　춘 초 자 포 황

태산에 흙이 더해지니/ 봄 풀이 자연히 빛나게 퍼지네
* 금상첨화錦上添花로 크게 부귀하게 되는 운.

여명 一曲醉金巵하니 野烟生碧樹라
　　　　일 곡 취 금 치　　　야 연 생 벽 수

한 곡조로 금 술잔에 취하니/ 들의 나무들 푸른색 어울렸네
* 부귀와 영화를 누리는 운.

세운 方澤水溶溶하니 魚龍俱得勢라
　　　　방 택 수 용 용　　　어 룡 구 득 세

네모진 못에 물이 풍성하니/ 고기와 용이 모두 세勢를 얻었네
* 높은 벼슬길에 올라 위엄과 권세를 부리는 운.

2266

남명 嫦娥伴玉兎하야 醉倒桂花叢이라
　　　　항 아 반 옥 토　　　취 도 계 화 총

항아嫦娥가 옥토끼와 짝해서/ 취하여 계수나무 떨기에 쓰러졌네
- 항아의 남편은 활의 명인인 예羿다. 예가 서왕모西王母에게 부탁해서 불사약을 얻었는데, 항아가 이를 훔쳐 먹고 신선이 되어 달로 도망갔다. 신선이 되었으나 마음은 편치 않은 운. 혹은 다른 사람은 아랑곳없이 부귀영화에 도취되어 사는 운.

여명 嫦娥在月窟하니 三五圓又缺이라
　　　　항 아 재 월 굴　　　삼 오 원 우 결

항아가 달속에 있으니/ 보름되어 둥글었다가 또 기우네
- 부귀영화를 누리다가 쇠락하는 운.

세운 彎弓弦忽改하니 悵望獨咨嗟라
　　　　만 궁 현 홀 개　　　창 망 독 자 차

활을 당기다가 홀연히 줄 고치니/ 슬프게 바라보며 홀로 탄식하네
- 예는 지상에 홀로 남아 아내인 항아를 원망하여 활로 쏘려고 하다가, 그래도 한때 자신이 사랑했던 여인인 것을 생각하며, 마음을 고쳐먹고 탄식하다가 죽었다. 일의 기밀을 누설하여 성공하지 못한 것을 탄식하는 운.

2367

남명 龍脫初生骨하고 飛潛花苑中이라
　　　　용 탈 초 생 골　　　비 잠 화 원 중

용이 처음 난 뼈를 바꾸고/ 꽃동산 속으로 날아서 숨네
- 큰 일을 할 영웅이 실력을 기르고 있는 운.

여명 籬菊綻金錢이요 玉露生秋草라
　　　　리 국 탄 금 전　　　옥 로 생 추 초

울타리의 국화는 누런 돈 같이 피어나고/ 옥 같은 이슬은 가을 풀에 맺히네
- 부귀영화를 누리는 운.

세운 浮雲迷皎月하니 暫時處朦朧이라
　　　　부 운 미 교 월　　　잠 시 처 몽 롱
뜬 구름이 밝은 달을 덮으니/ 잠시동안 몽롱하게 되었네
- 갑작스런 방해꾼이 나타나, 잠시 막히게 되는 운.

2468

남명 山中有一道나 不露神仙跡이라
　　　　산 중 유 일 도　　　불 로 신 선 적
산중에 도사 하나 있으나/ 신선의 자취 드러내지 않네
- 산림속에 은거하여 도를 즐기며 사는 운.

여명 綠蟻共佳人하니 巫山連楚夢이라
　　　　녹 의 공 가 인　　　무 산 연 초 몽
좋은 술(綠蟻)과 아름다운 사람이 있으니/ 무산巫山에서 초나라 꿈 연이어 꾸네
- 초楚나라 양왕이 고당高唐에서 노닐 때, 꿈에 무산의 신녀神女와 만나 남녀의 즐거움을 같이 누렸다. 신녀가 떠나면서 "나는 무산의 남쪽 높은 언덕에 사는데, 아침에는 구름이 되고 저녁에는 비가 된다고 하였다." 이에 초왕은 사당까지 지어주었는데, 이로 인해 남녀간의 교정交情을 무산지몽巫山之夢 또는 운우지정雲雨之情이라고 한다. 따라서 덧없는 인생의 즐거움을 떠나, 산림山林에 묻혀 사는 운이다. 정혼한 사람은 아니지만, 사랑하는 사람이 있어 남녀간의 운우지락雲雨之樂을 즐기며 사는 운.

세운 病人遇良醫하고 貴人相提挈이라
　　　　병 인 우 양 의　　　귀 인 상 제 설
병든 사람이 좋은 의원 만나고/ 귀인이 서로 이끌어 주네
- 오랜 어려움 끝에, 자신을 도와주는 귀한 사람을 만나 성공하는 운.

2569

남명 珠履騰空去하고 一雙鳧上天이라
　　　　 주 리 등 공 거　　　 일 쌍 부 상 천

구슬 장식한 신을 신고 하늘로 날아오르고/ 오리 한쌍이 하늘로 올라가네
- 부부가 함께 부귀영화를 누리며, 그 명성이 온 세상에 가득한 운.

여명 要看枝上花인덴 却看花稍月하라
　　　　 요 간 지 상 화　　　 각 간 화 초 월

가지 위의 꽃을 보려거든/ 꽃가지 위의 달을 보아라
- 훌륭한 자식을 낳으려면, 배우자를 잘 선택해서 사귀어야 하는 운.

세운 流水下高山하니 誰能相止遏가
　　　　 유 수 하 고 산　　　 수 능 상 지 알

흐르는 물이 높은 산에서 내려오니/ 누가 그치게 하고 막을 수 있을까?
- 욱일승천旭日昇天하는 좋은 운.

2670

남명 英雄一上將이 來作負荊人이라
　　　　 영 웅 일 상 장　　　 래 작 부 형 인

영웅스러운 한 장군이 와서/ 나무 지는 사람 되었네
- 한때 누렸던 세속의 부귀영화를 잊고, 산림에 묻혀 자연과 함께 살아가는 운.

여명 春草暗連山하니 王孫應恨別이라
　　　　 춘 초 암 연 산　　　 왕 손 응 한 별

봄 풀이 가만히 산에 푸르니/ 왕손이 응당히 이별을 한탄하네
- 이태백의 시에 "봄풀은 해마다 푸르른데/ 왕손(공자)은 가더니 오지 않네"가 있는데, 귀한 임과 이별할 때를 생각하며 외로워하는 운.

세운 珍珠俱已成하니 何須多草艾아
　　　　진 주 구 이 성　　　하 수 다 초 애
아름다운 구슬이 이미 모두 이루어졌으니/ 풀과 쑥이 많을 필요가 무엇 있나?
■ 좋은 벼슬길에 올라서, 초야에 묻혀 살던 일은 잊어버리는 운.

2771

남명 畵屛堂半開하고 上有丹靑筆이라
　　　　화 병 당 반 개　　　상 유 단 청 필
그림 병풍의 집이 반쯤 열렸고/ 위에는 단청을 했네
■ 신선 공부를 해서 반 정도 공을 이루는 운.

여명 ○○○○○ ○○○○○
■ 흉운.

세운 舜日得升空하니 堅冰須盡什이라
　　　　순 일 득 승 공　　　견 빙 수 진 십
순임금의 해가 공중에 올랐으니/ 굳은 얼음이 다 녹게 되었네
■ 순임금처럼 성인聖人의 정치를 펴서, 세상의 백성들을 살기 좋게 하는 운.

2872

남명 江漢源流水가 同來井路中이라
　　　　강 한 원 류 수　　　동 래 정 로 중
강과 한수漢水의 근원되는 물이/ 샘물 길로 같이 오네
■ 동료와 같이 40세가 되어서야 벼슬길에 오르는 운.

여명 月烟夜光圓이나 向曉金烏出이라
　　　　월 연 야 광 원　　　향 효 금 오 출
뿌연 달빛이 밤에 빛나고 둥글었으나/ 새벽되니 해가 나오네
■ 초창기에는 여인의 공으로, 후반기에는 남편의 공으로 부귀하게 사는 운.

세운 黃鶯聲百囀하니 其可樂春遲라
　　　　황 앵 성 백 전　　기 가 락 춘 지
누런 꾀꼬리가 백가지 소리로 노래하니/ 더딘 봄 즐길 수 있네
▪ 자연과 벗하며 즐겁게 사는 운.

巳日

3367

남명 廟堂知重器는 寶鼎玉居先이라
　　　　묘 당 지 중 기　　보 정 옥 거 선
사당의 중요한 그릇은/ 보배스러운 솥과 옥고리가 제일 먼저일세
▪ 집안과 나라를 위해 가장 귀한 사람이 되어 잘 다스리는 운.

여명 春樹發新條하니 風光喜戀新이라
　　　　춘 수 발 신 조　　풍 광 희 연 신
봄 나무에 새 가지가 나오니/ 바람과 빛이 새로운 것 기뻐하고 연모하네
▪ 부귀영화를 늦도록 누리는 운.

세운 旅況在窮途하니 得薪又無火라
　　　　여 황 재 궁 도　　득 신 우 무 화
나그네의 형편이 궁하게 되니/ 나무를 얻었으나 또한 불이 없네
▪ 하나를 얻으면 하나가 모자라는 궁핍한 운.

2268

남명 採薇除蔓草하니 蜂蝶在紅塵이라
　　　　채 미 제 만 초　　봉 접 재 홍 진
고사리를 캐고 덩굴과 풀을 제거하니/ 벌과 나비가 먼지 속에 있네
▪ 공연한 일을 해서 주변을 괴롭히는 운, 또는 뜻하지 않게 생활터전을 잃어서 고

생하는 운.

여명 鸞鳳乘何遠고 熊羆夢已回라
　　　　난 봉 승 하 원　　웅 비 몽 이 회

난새와 봉황새를 타는 것이 어찌 그리 먼가?/ 곰의 꿈(熊羆夢)이 이미 돌아왔네
▪ 곰의 꿈(熊羆夢)은 아들을 잉태하는 꿈이다. 훌륭한 자식을 낳아 잘 기르는 운.

세운 荒田多野草하니 空自負耕犁라
　　　　황 전 다 야 초　　공 자 부 경 리

거치른 밭에 들풀이 많으니/ 공연히 밭가는 보습 지고 가네
▪ 작게 처리할 일을 크게 만들어 고생하는 운.

2369

남명 當塗白日虎가 草下現其身이라
　　　　당 도 백 일 호　　초 하 현 기 신

대낮에 호랑이가 길에 나와서/ 풀 밑에 그 몸을 나타내었네
▪ 나서지 않을 곳에 나서고, 있지 않을 곳에 있음으로 인해서 화를 당하는 운.

여명 好花臨水畔하니 風雨隔前林이라
　　　　호 화 임 수 반　　풍 우 격 전 림

좋은 꽃이 물가에 임하니/ 바람과 비가 앞 숲에 막혔네
▪ 주변에서 도와주어 부귀영화를 누리는 운.

세운 葉落爲辭樹나 正不爲幹枝라
　　　　엽 락 위 사 수　　정 불 위 간 지

나뭇잎이 나무에서 떨어지나/ 가지와 줄기를 위하지는 않네
▪ 주변에서 희생하는 것 같이 행동하나, 도와주기 위한 것은 아닌 운.

2470

남명 聚沙爲五嶽하니 一簣豈容虧아
　　　　취 사 위 오 악　　　일 궤 기 용 휴

모래를 모아 오악五嶽을 만드니/ 한 삼태기 모자라게 해서 허물어지게야 할 수 있는가?
- 노력과 정성으로 큰 일을 성취하나, 마지막까지 열심히 해야 하는 운.

여명 自是閨門好나 須防半疾殃이라
　　　　자 시 규 문 호　　　수 방 반 질 앙

지금부터 여자는 좋아지나/ 병과 재앙을 막아야 하네
- 부귀를 누리기는 하나, 질병과 예기치 못한 재앙을 방비해야 하는 운.

세운 柏樹長高崗하니 喬校須出羣이라
　　　　백 수 장 고 강　　　교 교 수 출 군

잣나무가 높은 산에 자라니/ 크고 높아서 무리에 뛰어나네
- 군계일학群鷄一鶴으로 무리를 대표하는 운.

2571

남명 陽春三月景에 杜鵑花正開라
　　　　양 춘 삼 월 경　　　두 견 화 정 개

따스한 봄 삼월 볕에/ 두견화 한참 피었네
- 두견화가 때를 만났으니, 부귀영화를 누릴 운이다.

여명 名園花果香이나 春風皆吹暝이라
　　　　명 원 화 과 향　　　춘 풍 개 취 명

이름난 동산에 꽃과 과일 향기로우나/ 봄바람이 불어서 모두 쓸쓸하게 되었네
- 부귀영화를 누리고 자식도 번성했으나, 한 순간에 모두 떠나가 버리는 운.

세운 良劃惟歸去나 志存楊柳間이라
　　　　양 획 유 귀 거　　　지 존 양 류 간

좋은 계획은 오직 돌아가는 것이나/ 뜻이 버드나무 사이에만 있네
▪ 귀향해서 자연과 벗삼아 살면 좋은 운인데, 화류계의 여성에 욕심을 내서 좋지 않게 되는 운.

2672

남명 卽墨得神仙하니 飛鳥悉翔舞라
　　　　즉 묵 득 신 선　　　비 조 실 상 무

즉묵卽墨에서 신선을 얻으니/ 나는 새 다 와서 춤을 추네
▪ 즉묵卽墨은 벼루를 뜻한다. 글씨를 잘 써서 새가 와서 춤을 출 정도니, 명필名筆의 운이다. 혹은 즉묵대부처럼 정치를 잘해서 큰 명성을 날릴 운이다.

여명 嫦娥在月宮이나 秋光共誰處오
　　　　항 아 재 월 궁　　　추 광 공 수 처

항아가 달의 궁전에 있으나/ 가을 빛은 누구와 같이 할까?
▪ 항아는 신선이 되려고, 남편인 예羿를 속이고 불사약을 훔쳐먹고는 달로 도망간 미인이다. 이별하여 멀리 떨어져 살 운이다.

세운 二將競爭功하니 一得須一失이라
　　　　이 장 경 쟁 공　　　일 득 수 일 실

두 장수가 공을 서로 다투어 겨루니/ 하나가 얻으면 하나는 잃게 되네
▪ 전쟁터에 나가 고생할 운이다. 노력에 따라 길흉이 바뀌는 운.

2773

남명 松筠侵日月이요 星斗見長天이라
　　　　송 균 침 일 월　　　성 두 견 장 천

소나무와 대나무는 해와 달을 침범하고/ 두성斗星은 긴 하늘에 보이네
▪ 대쪽같은 절개로 정승을 지내는 운.

여명 芍藥花開遍하니 淸和轉夏天이라
　　　　작 약 화 개 편　　 청 화 전 하 천
작약꽃이 두루 열리니/ 맑고 온화해서 여름날로 변했네
▪ 크게 번창하여 부귀영화를 누리는 운.

세운 水由地中行이요 江漢朝宗海라
　　　　수 유 지 중 행　　 강 한 조 종 해
물은 땅 속으로 흐르고/ 강과 한수는 바다로 모여드네
▪ 큰 포부를 감추고 실력을 배양하는 운.

☙ 午日 ☙

3369

남명 飛雲隨水起하고 燕雀語花陰이라
　　　　비 운 수 수 기　　 연 작 어 화 음
나는 구름은 물 따라 일어나고/ 제비는 꽃 그늘에서 지저귄다
▪ 풍파가 일어나고, 소인의 참소로 인해 고초를 겪는 운.

여명 浮雲蔽白日하니 彷彿見參商이라
　　　　부 운 폐 백 일　　 방 불 견 삼 상
뜬 구름이 밝은 해 가리니/ 삼성參星과 상성商星 같이 서로 보지 못하네
▪ 삼성參星은 서남방의 신申자리에, 상성商星은 동쪽의 묘卯자리에 있는 별로, 서로 반대방향으로 멀리 떨어져 있어서 동시에 볼 수 없다. 그래서 헤어진 후 서로 볼 수 없거나, 형제사이가 화목하지 못한 것을 비유하는 말이다. 방해자가 사랑하는 사이를 가려 못만나게 하니, 생이별을 하여 만나지 못하는 운이다.

세운 風動水中萍하니 往來無定處라
　　　　풍 동 수 중 평　　 왕 래 무 정 처
바람이 물 속의 마름을 움직이니/ 왔다 갔다 정한 곳이 없네

■ 부평초의 신세로 풍파에 따라 정처없이 헤매는 운.

2270

남명 修行下螻蟻가 銜泥疊太山이라
　　　　수 행 하 루 의　　함 니 첩 태 산
길 닦으며 가는 땅속 개미가/ 진흙을 물어다가 태산 같이 쌓았네
■ 부지런히 일해서 큰 공을 쌓는 운.

여명 牧丹花半開나 春色無留意라
　　　　목 단 화 반 개　　춘 색 무 유 의
모란꽃이 반쯤 피었으나/ 봄빛이 머물 뜻 없네
■ 배필이 없고, 피기도 전에 시들게 되는 운.

세운 兩兩忽交鋒하니 自當宜謹愼이라
　　　　양 량 홀 교 봉　　자 당 의 근 신
둘씩 둘씩 홀연히 칼날 맞대니/ 마땅히 스스로 근신해야 하네
■ 서로 적대감에 싸여 상해를 입히는 운.

2371

남명 橫池龜曳尾하야 入水散淸波라
　　　　횡 지 구 예 미　　입 수 산 청 파
못을 가로질러 거북이가 꼬리를 끌고가서/ 물에 들어가니 맑은 물결 흩어지네
■ 일을 함으로써 오히려 일을 망치는 운.

여명 姻緣此日兼이나 只恐姻緣阻라
　　　　인 연 차 일 겸　　지 공 인 연 조
인연이 이 날에 겸했으나/ 다만 인연이 막힐까 두렵네
■ 배필의 인연이 있으나, 방해가 있을까 늘 걱정되는 운.

세운 痴心問人影이면 否泰出何心가
　　　　치 심 문 인 영　　　비 태 출 하 심

어리석은 마음으로 사람의 운명을 묻는다면/ 비색하고 태평함이 어떤 마음에서 나오랴?

▪ 모든 일을 현명하게 판단하고 노력해야 하는 운.

2472

남명 白水對靑山이요 玉衡齊七政이라
　　　　백 수 대 청 산　　　옥 형 제 칠 정

흰 물이 푸른 산을 대하고/ 옥형玉衡이 칠정七政을 가지런히 하네

▪ 옥형玉衡은 옥으로 만든 천문관측기구이고, 칠정七政은 해와 달 및 수·화·목·금·토성을 말한다. 정승의 높은 직책에 올라 백성을 취해 책력을 다스리는 등 큰 업적을 쌓는 운.

여명 春色天涯遠이니 燕歸人亦歸라
　　　　춘 색 천 애 원　　　연 귀 인 역 귀

봄빛에 하늘이 멀어졌으니/ 제비가 돌아오고 사람 또한 돌아오네

▪ 화창한 봄날이 맑아졌으니, 오랫동안 헤어졌던 사람이 돌아와 기쁜 운.

세운 田欲成秀苗인덴 必先除草芥라
　　　　전 욕 성 수 묘　　　필 선 제 초 개

밭의 곡식이 빼어나게 되려면/ 반드시 먼저 풀들을 제거해야 하네

▪ 주변의 소인을 잘 다스리면 크게 성공하는 운.

2573

남명 柳岸春風處에 波紋漾碧天이라
　　　　류 안 춘 풍 처　　　파 문 양 벽 천

버드나무 언덕 봄바람 부는 곳에/ 물결치는 무늬가 푸른 하늘에 출렁이네

▪ 크게 부귀영화를 누리는 운.

여명 寶鏡畫堂前에 莫遣靑鸞舞하라
　　　　보 경 화 당 전　　막 견 청 난 무

보배로운 거울과 그림으로 단장한 집 앞에서/ 푸른 난새 춤추는 것을 보내지 마라
■ 높은 신분의 사람에게 자신을 자랑하여 화를 입는 운.

세운 路遙頻馬往하니 心困與神疲라
　　　　로 요 빈 마 왕　　심 곤 여 신 피

길은 먼데 자주 말 타고 가니/ 마음 곤하고 정신은 피로하네
■ 갈 길이 멀다고 급히 서두르고, 갈 길이 험하다고 중도에서 포기하면, 오히려 어렵고 힘들게 되는 운.

2674

남명 義兵不用詐니 背水戰何因가
　　　　의 병 불 용 사　　배 수 전 하 인

의로운 군사는 속임수를 쓰지 않는데/ 물을 등지고 싸우는 것은 어째서인가?
■ 의義를 위해서 죽기로 싸워서 명예를 후세에 날리는 운.

여명 灼灼枝上花가 春時天又雨라
　　　　작 작 지 상 화　　춘 시 천 우 우

활짝 핀 가지 위의 꽃이/ 봄을 주고 또 비를 주네
■ 부귀영화를 누리나 오래가지는 못하는 운.

세운 喬松方出土나 難得生嫩枝라
　　　　교 송 방 출 토　　난 득 생 눈 지

크게 될 소나무(喬松)가 방금 흙에서 나왔으나/ 연한 가지 나오기 어렵네
■ 자질과 능력은 있으나, 주변환경이 여의치 않아 어려움을 겪는 운.

未日

3371

남명 博浪沙中立하니 海濱車駕行이라
　　　　박 랑 사 중 립　　해 빈 거 가 행

박랑사의 가운데 섰으니/ 바닷가로 임금의 수레 가네

▪ 전국시대 한韓의 유신遺臣인 장량張良은 자신의 나라를 멸망시킨 진 시황秦始皇에게 복수하기 위해, 모든 가산을 털어 동쪽으로 창해군滄海君을 찾아뵙고 역사力士를 구한후 120근의 철추를 만들어서는, 박랑사의 모래사장에서 진 시황을 저격하였다. 그러나 실수하여 진 시황에게 쫓겨다니다가, 후에 유방을 도와 한漢 나라를 세우게 된다. 큰 의리를 지키기 위해 작은 의리를 생각지 않으니, 당장에는 어렵고 괴롭더라도 훗날 크게 될 운이다.

여명 天生連理枝하니 莫遣風霜苦하라
　　　　천 생 연 리 지　　막 견 풍 상 고

하늘이 연결된 가지(連理枝)를 냈으니/ 바람과 서리의 괴로움 보내지 마라

▪ 한漢나라 채옹이 성품이 성실하고 효성이 지극해서, 어머니가 병든 3년동안, 계절이 변할 때가 아니면 옷깃과 허리띠를 풀고 지내지 않았으며, 어머니가 돌아가시자 시묘살이를 하는데 모든 언행이 예의 범절에 어긋남이 없었다. 근처에 있는 산토끼가 길들여져서 요란스럽게 하지 않고, 시묘살이 집 옆에 있는 나무가지가 서로 연결되어 집같이 되니, 가까운데서는 물론이고 멀리서도 사람들이 와서 구경하고 배웠다고 한다. 성실하고도 하늘이 알아주는 효성이 지극한 사람의 운이다.

세운 有金無火煉이면 作器恐無期라
　　　　유 금 무 화 련　　작 기 공 무 기

쇠는 있는데 불로 단련하지 않는다면/ 그릇 만들 기약 없을까 두렵네

▪ 자질이 보이면 이를 잘 갈고 닦아야 큰 인물이 되는데, 그렇지 않으면 오히려 볼품없이 되는 운이다.

2272

남명 隨山刊古木이요 鮮食奠山川이라
　　　　수 산 천 고 목　　　선 식 전 산 천
산을 따라 고목나무 깎아내고/ 날고기로 산천에 제사지내네
▪ 부귀영화를 버리고 은둔하여 훗날을 기약하는 운.

여명 緣分宜嬌客이나 難教桂丁香이라
　　　　연 분 의 교 객　　　난 교 계 정 향
연분은 아리따운 손(客)이 마땅하나/ 계수나무 향이나 정향을 본받기 힘드네
▪ 서로 아름다운 짝이나, 부귀를 누리기는 어려운 운.

세운 明珠生蚌內하니 方寸自然光이라
　　　　명 주 생 방 내　　　방 촌 자 연 광
밝은 구슬이 조개 안에서 생겼으니/ 사방이 자연히 빛나네
▪ 오랫동안 고통속에 덕과 실력을 쌓으니, 저절로 그 소문이 나는 운.

2373

남명 上陽宮裏人이 相伴白雲宿이라
　　　　상 양 궁 이 인　　　상 반 백 운 숙
상양궁上陽宮의 사람이/ 서로 짝을 지어 흰 구름 속에서 자네
▪ 양귀비楊貴妃가 현종의 사랑을 독차지할 욕심으로, 상양궁上陽宮에 현종玄宗의 사랑을 받던 미인들을 한꺼번에 몰아서 가두고, 다른 사람의 접근을 금하였다. 한때의 부귀는 모두 사라지고, 한숨으로 세월을 보내는 운.

여명 天外彩雲飛하야 化作白雲去라
　　　　천 외 채 운 비　　　화 작 백 운 거
하늘 바깥에 채색 구름 날아서/ 흰구름으로 화해서 가네
▪ 한때의 부귀는 사라지고, 근심걱정으로 살아가는 운.

세운 工師得大木하니 以勝棟梁材라
공 사 득 대 목　　이 승 동 량 재

목수가 큰 나무를 얻으니／ 기둥과 대들보 재목으로 다듬네
■ 스승이 자질이 훌륭한 제자를 만나는 등, 재주 있는 사람이 좋은 재목을 얻어 대들보를 만드는 운.

2474

남명 庭月射花影하니 散作五更怨이라
정 월 사 화 영　　산 작 오 경 원

뜰에 비친 달이 꽃 그림자를 드리우게 하니／ 갑자기 흩어져 오경五更을 원망하네
■ 달빛에 꽃이 더욱 화사해지나 오경이 되어 곧 달이 지게되니, 자신의 능력과 자질을 알아주는 사람이 곧 사라지게 되는 것이 안타까운 것이다.

여명 雖是好羅裙이나 猶同紗帽裏라
수 시 호 라 군　　유 동 사 모 리

비록 좋은 비단 치마이나／ 사모와 같이 입었네
■ 사모紗帽는 관복을 입을 때 받쳐쓰는 모자다. 따라서 비단치마와는 어울리지 않는다. 어울리지 않는 사람과 짝이 되어 사는 운이다.

세운 廣大置車輪하니 行雖由正路라
광 대 치 거 륜　　행 수 유 정 로

수레 바퀴가 넓고 크니／ 다니는 것 바른 길로 가야 하네
■ 큰 포부를 지닌 영웅은 작은 의리나 이익에 곁눈질해서는 안되는 법이다.

2575

남명 馬陵書大字하니 鬪志有孫龐이라
마 릉 서 대 자　　투 지 유 손 방

마릉에 큰 글자를 썼으니／ 손빈과 방연이 싸우는 뜻 있네
■ 같은 스승 밑에서 배웠으나, 재주를 시기해 손빈을 괴롭힌 위나라 장군 방연과,

제나라의 군사軍師인 손빈과의 마릉전투를 말함. 손빈이 거짓후퇴를 계속하다가, 길이 협소하고 양쪽으로 험한 산이 많은 마릉에 군사를 매복해 놓고는, 큰 나무의 껍질을 벗겨내고 "방연은 이 나무 아래에서 죽을 것이다"라는 글을 써 놓았다. 그리고는 활을 잘 쏘는 정예군사 10,000명을 매복하고, "저녁에 불빛이 밝혀지는 것을 보는 즉시 일제히 활을 쏘아라"하고 명했다. 방연이 제나라 군사를 급히 추격하여 마릉에 도착하자, 어둠속에서도 흰 나무에 글이 써져 있는 것이 보였다. 그래서 횃불을 밝혀 읽으려 하자, 일제히 화살이 날아와 위나라 군사를 궤멸시켰다. 방연이 "네 녀석의 명성을 떨치게 만들었구나"하며 스스로 자결해 죽은 고사. 지혜롭게 해서 명성을 얻고 원수도 갚는 운. 혹은 의리를 저버리는 행동을 하다가 오히려 상대방에게 해를 입는 운.

여명 鶯花春世界에 咫尺近春逢이라
　　　　앵 화 춘 세 계 　　지 척 근 춘 봉
꾀꼬리 울고 꽃 피는 봄세계에/ 지척에서 봄 가까이 만났네
▪ 부귀영화를 누리는 운.

세운 春魚方跳躍하니 得勢漫東流라
　　　　춘 어 방 도 약 　　득 세 만 동 류
봄에 고기가 막 뛰어오르니/ 세를 얻어 한가히 동쪽으로 흐르네
벼슬길에 올라 순조롭게 출세하는 운.

申日

3373

남명 象取斗中氣하니 天上柳絮飛라
　　　　상 취 두 중 기 　　천 상 류 서 비
만상萬象이 북두北斗의 기운 받게 되니/ 하늘 위에 버들강아지 나네
▪ 북두성은 생명과 오행의 조화를 관장한다. 높은 벼슬에 올라 만백성을 잘 다스리는 운.

여명 樓上有神仙하니 人間無去客이라
　　　　루 상 유 신 선　　　인 간 무 거 객
누각 위에 신선이 있으니/ 인간 세상 가는 손님 없네
▪ 속세를 떠나 신선공부 하는 운.

세운 鞭生庭下長하니 養竹自萌芽라
　　　　편 생 정 하 장　　　양 죽 자 맹 아
대뿌리가 뜰 아래서 자라니/ 대를 길러 스스로 싹이 돋았네
▪ 자신의 몸과 마음을 굳건히 갈고 닦으니, 자식들이 저절로 본받아 잘 되는 운. 혹은 항구한 마음을 가지고 자기의 본분을 다하니, 자연히 모든 일이 번창하게 되는 운.

2274

남명 用缶納自牖하니 泥途中得興이라
　　　　용 부 납 자 유　　　니 도 중 득 흥
소박한 성심을 쓰고 밝은 창으로부터 드리니/ 진흙탕 길이 중흥함을 얻었네
▪ 임금과 신하가 마음을 트고 나라의 일에 대해 같이 의논하니, 어렵고 힘든 것이 다 풀리는 운이다. 임금의 사랑을 받는 측신으로 나라를 잘 다스리는 운. 감괘坎卦 육사효의 운.

여명 冰骨玉肌膚가 夏日當炎暑라
　　　　빙 골 옥 기 부　　　하 일 당 염 서
얼음 같은 골격에 옥 같은 피부가/ 여름날에 타는 더위 만났네
▪ 부귀로운 집에서 고생 모르고 자라서, 모진 풍파를 만나 고생하는 운.

세운 一刀還兩段하니 過意卽分明이라
　　　　일 도 환 양 단　　　과 의 즉 분 명
한 칼로 두 조각을 내니/ 마음에 거쳐가는 것은 곧 분명해지네
▪ 자신의 의지를 분명히 밝혀서, 둘 중의 하나를 택하는 운.

2375

남명 金燈對月華요 燕疊畫梁巢라
　　　　　금 등 대 월 화　　연 첩 화 량 소

누런 등이 달빛을 마주하고/ 제비가 그림 그린 대들보에 겹겹으로 집을 지었네
- 부유롭게 고대광실을 짓지만, 완전히 자기 것이 되지는 않는 운.

여명 紅顔對明鏡하니 幾度揷花新가
　　　　　홍 안 대 명 경　　기 도 삽 화 신

젊고 아름다운 얼굴이 밝은 거울 대했으니/ 몇번이나 새로 꽃을 꽂았는가?
- 여러 남자를 즐겁게 하며 사는 운.

세운 男兒衣綠好요 女子命還危라
　　　　　남 아 의 록 호　　여 자 명 환 위

남자는 의식과 녹이 좋고/ 여자는 운명이 도리어 위태하네
- 남자는 부귀를 누리고, 여자는 지금의 자리마저 위태해지는 운.

2476

남명 水由地中行이요 江漢朝宗海라
　　　　　수 유 지 중 행　　강 한 조 종 해

물은 땅 속으로 가고/ 강과 한수는 바다로 모여드네
- 큰 포부를 감추고 실력을 배양하는 운.

여명 結髮望齊眉하니 莫負恩與愛하라
　　　　　결 발 망 제 미　　막 부 은 여 애

머리를 땋고 시집가려하니/ 은혜와 사랑 등지지 마라
- 목부木部 '2713' 참조. 항상 남편을 존경하여 그 얼굴을 바로 쳐다보지 못하고 상을 자기의 눈높이까지 들어서 바친 고사. 늦게서야 훌륭한 배필을 만나 서로 존경하며 사는 운.

세운 酩酊見銜盃나 性眞正自在라
　　　　명 정 견 함 배　　성 진 정 자 재

술잔을 머금고 비틀거리나/ 참된 성품은 잃지 않았네
▪ 현재는 때가 오지 않아 취한척 비틀거리나, 속으로는 포부를 품고 있는 사람의 운.

酉日

3375

남명 東山烟霧佈요 木棹入扁舟라
　　　　동 산 연 무 포　　목 도 입 편 주

동쪽 산에는 연기와 안개 퍼지는데/ 나무 노를 가지고 조각배로 들어가네
▪ 험난한 역경을 홀로 어렵게 헤쳐나가는 운.

여명 風動玉欄杆하니 驚醒花間夢이라
　　　　풍 동 옥 란 간　　경 성 화 간 몽

바람이 옥난간을 움직이니/ 꽃 속의 꿈 놀라서 깨네
▪ 부귀로운 집에서 고생 모르고 지내다, 풍파를 만나 고생을 하는 운.

세운 戰馬得金聲하니 雄心期便振이라
　　　　전 마 득 금 성　　웅 심 기 변 진

싸우는 말이 징치는 소리 들으니/ 싸우려는 마음 다시 떨치기를 기약하네
▪ 다투다가 잠시 돌아서서 휴식하는 운.

2276

남명 鴻鵠竟飛鳴이나 深居而簡出이라
　　　　홍 곡 경 비 명　　심 거 이 간 출

기러기와 고니가 마침내 다투어 날 것이나/ 깊이 숨어서 나오는 것 줄이네
▪ 앞으로 영웅호걸이 많이 나올 것이나, 현재는 적게 보이고 감추어서 때를 기다리는 운.

여명 夏木黃鸝語하니 梧桐葉早秋라
　　　　하 목 황 리 어　　오 동 엽 조 추

여름 나무 위에 누런 꾀꼬리 노래하니/ 오동나무 잎이 벌써 가을일세
▪ 부귀영화를 누리다가 말년에 조금 쇠락하는 운.

세운 聲傳空谷中이요 影浸淸波下라
　　　　성 전 공 곡 중　　영 침 청 파 하

소리는 빈 골짜기 속에 전하고/ 그림자는 맑은 파도 밑에 잠겼네
▪ 모든 다툼을 멀리하고 숨어 지내는 운.

2377

남명 天涯一望中이요 燕雀任來往이라
　　　　천 애 일 망 중　　연 작 임 래 왕

하늘가 멀리 바라보이는 가운데/ 제비가 마음대로 왔다 갔다 하네
▪ 자유로이 왕래하며 그리움 없이 사는 운. 혹은 무역업을 할 운.

여명 一花雙結子나 惟恐到頭難이라
　　　　일 화 쌍 결 자　　유 공 도 두 난

한 꽃에 두 열매 맺으나/ 오직 가는 곳 마다 어려울까 두렵네
▪ 두 아들을 얻는 운이나, 아들이 잘못될까 근심하는 운.

세운 石上磨玉簪하니 不測中有折이라
　　　　석 상 마 옥 잠　　　불 측 중 유 절
돌 위에 옥비녀 가니/ 갈다가 부러지는 것 예측하지 못하네
- 공들여 쌓은 탑이 무너지는 운.

戌日

3377

남명 雷聲震天地하니 草木絶其根이라
　　　　뇌 성 진 천 지　　　초 목 절 기 근
우레 소리가 천지를 진동하니/ 풀과 나무가 그 뿌리가 끊기네
- 갑작스런 급변에 생명조차 부지하기 힘든 운. 산천에 제를 지내라.

여명 晝夕掩重門하고 虛空久寂寞이라
　　　　주 석 엄 중 문　　　허 공 구 적 막
낮밤으로 거듭된 문 가리고/ 텅빈 곳에 오래 고요하기만 하네
- 커다란 집에 홀로이 독수공방하는 운.

세운 固壘池深處에 隄防有不虞하라
　　　　고 루 지 심 처　　　제 방 유 불 우
진자리 굳게 하고 못 깊게 파놓은 곳에/ 예측하지 못할 일 있는 것 방비하라
- 함정과 비방이 많아 언제 어떻게 잘못될지 모르는 운.

2278

남명 乘槎浮海上하니 四面任風吹라
　　　　승 사 부 해 상　　사 면 임 풍 취
뗏목을 바다 위에 띄웠으니/ 사방으로 바람 부는대로 가고 있네
▪ 포부는 크나 그를 뒷받침할 능력이 없어 고생하는 운.

여명 骨肉前緣定하니 修持好閒空이라
　　　　골 육 전 연 정　　수 지 호 한 공
골육의 인연 미리 정해졌으니/ 수련하고 몸가짐을 한가히 하고 빈 마음을 가지는 것이 좋다
▪ 다른 형제들이 잘 산다고 부러워하지 말고, 욕심내지 않으면서 자신의 분수대로 평범하게 살아야 하는 운.

세운 遊舟入水中이나 進退不由己라
　　　　유 주 입 수 중　　진 퇴 불 유 기
노는 배가 물 가운데 들어갔으나/ 나가고 물러나는 것 마음대로 하지 못하네
▪ 하는 일 없이 다니다가 낭패를 보는 운.

亥日

3379

남명 八尺長燈檠하니 淸光射白晝라
　　　　팔 척 장 등 경　　청 광 사 백 주
등잔대가 여덟자로 길고도 크니/ 대낮인데도 맑은 빛이 환하게 비쳐오네
▪ 남다른 능력과 덕으로 다른 사람을 이롭게 하는 운.

여명 長檠照珠翠하니 燭影怕風吹라
　　　　장 경 조 주 취　　촉 영 파 풍 취
긴 등잔으로 푸른 구슬 비추니/ 촛불 그림자가 바람불까 두렵네
▪ 부귀영화를 누리기는 하나, 항상 근심걱정이 따르는 운.

세운 塞翁須失馬나 反禍又成福이라
　　　　새 옹 수 실 마　　반 화 우 성 복
새옹이 말을 잃어버렸으나/ 화가 도리어 복이 되었네
▪ 새옹지마塞翁之馬의 교훈대로, 여태까지 화가 되었던 일이 오히려 복으로 되는 운(轉禍爲福).

2869

陰陽皆失位하니 無極自失宜라
음 양 개 실 위　　무 극 자 실 의
음양이 다 자리를 잃었으니/ 무극이 자연히 마땅함을 잃었네

流年如遇火면 一死復何疑아
유 년 여 우 화　　일 사 부 하 의
유년운이 화를 만났다면/ 죽는 것 다시 의심할 것 무엇 있나?
▪ 위의 시 2수는 내일수內一數라는 제목하에 있다. 그러나 이 2수는 앞의 시와 관련성이 없는 것 같고, 또 토부에는 2,869라는 수가 나올 수도 없으므로 연문衍文 이라고 생각된다. 그러나 혹여 다른 뜻이 있을까하여 여기에 그대로 싣는다.

부록 원저자 약력

진단(陳搏 : ?~989)

중국 5대五代말엽부터 북송北宋의 초기 사람으로, 하남성河南省 직원直源 출신. 자는 도남圖南, 호는 부요자扶搖子·청허처사淸虛處士·목암도인木巖道人 등이고, 송의 태조太祖가 희이선생希夷先生이라고 시호를 내렸다.

유儒·불佛·도道의 삼교를 하나로 조화시키고, 특히 송사宋史에 "그가 역을 읽기를 좋아해서 손에서 책을 놓지 않았다"고 할 정도로, 역易을 깊이 연구하여 역학에 도서상수학파圖書象數學派를 창시했다. 역의 문자만 전하고 뜻이 전해지지 않는 것을 안타깝게 여겨서, 문자를 도식으로 대체하는 등 역의 본뜻을 살리고 아울러 실질적인 활용을 펴는데 주력하였다. 그가 역학에 미치는 영향은 지대해서, 역학사에도 찬란한 송나라 역을 형성하는데 기초를 다졌다. 조정에서 불러도 벼슬하지 않으며, 무당산武當山과 화산華山에서 수십년을 거처하면서 도를 닦았다.

저작으로는 감☵·리☲의 괘상과 오행의 상을 조화시킨 무극도无極圖와, 천지수天地數의 변화와 조화를 표시한 용도龍圖, 팔괘의 상과 음양의 변화를 도수화한 선천태극도先天太極圖가 유명하다. 그외에 『지현편:指玄篇』·『삼봉우언:三峯寓言』·『고양집:高陽集』·『조담집:釣潭集』 등이 있다.

소옹邵翁 : 1011~1077

중국 북송北宋의 성리학자性理學者며 상수학자象數學者. 자는 요부堯夫, 자호自號는 안락安樂·백천百泉, 시호는 강절康節. 공성共城:지금의 河北省 範陽縣 출신. 청년시절에 사방을 주유周遊하다가 북해北海의 이지재李之才:이지재는 穆脩의 제자이고, 목수는 진희이의 제자이다에게서 선천상수학先天象數學을 전수받았다. 신종神宗때 저작랑著作郎으로 부름을 받기도 했으나 평생 관직에 나아가지 않았다.

주역은 상과 수로 귀결되며, 상수학으로서 우주가 발생하고 자연이 이루어진다고 하였으며, 우주만물의 발생순서를 상수에 의하여 연역演繹하는 원리를 선천학이라고 하였다. 저서에 『황극경세서:皇極經世書』,『관물외편:觀物外篇』외에 시집詩集인 『이천격양집:伊川擊壤集이 있다.

※ 도서상수학파
한漢나라의 도서학圖書學은 진단陳希夷에게 전해지고, 이를 전수받은 충방은 목수·이개 등에게 전수하여 4전제자이개의 3전제자인 유목은 황려헌黃黎獻의 『약례은결:略例隱訣』, 오비吳秘의 『통신:通神』, 정대창鄭大昌의 『역원:易原』, 주진朱震의 『한상역괘:漢上易卦圖』에 영향을 주었다.

소옹邵康節의 도서상수학은 송나라 유학의 거유巨儒인 정자 주자에게 영향을 줌은 물론, 『주역통변:周易通變, 황극경세주:皇極經世注』 등을 지은 장행성張行成에게 큰 영향을 미쳤다.

특히 채원정蔡元定은 진단의 학설을 근거로 하도가 10수이고 낙서는 9수라는 것을 주장하여 주자朱子에게 영향을 주었다.*

　오인걸吳仁傑 주원승朱元昇 등 도서상수학파는 물론, 주돈이周惇頤 정이程子 주희朱子 등 이학파理學派에도 영향을 줌으로써 송대宋代의 양대산맥인 도서상수학파와 이학파를 탄생 발전시키는데 지대한 공헌을 하였다. 예를 들어 주자는 『역학계몽:易學啓蒙』과 『주역본의:周易本義』를 지으면서 선천도가 진단으로부터 전해져서 소옹에게 귀결된다고 하였고, 호일계胡一桂 동해董楷 오징吳澄 등이 이에 따랐다.

도서상수학파 계보도圖書象數學派系譜圖

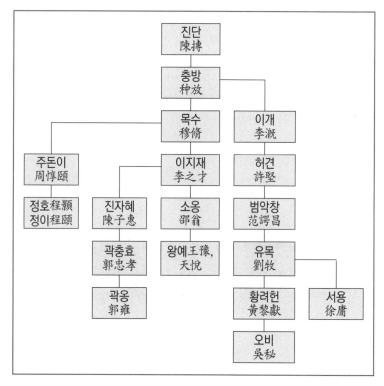

---

* 이때까지만 해도 하도는 9수이고 낙서는 10수라는 등, 하도와 낙서를 서로 바꿔서 부르기도 하였다.

【1】 천간에 수를 붙이는 법

천간	갑	을	병	정	무	기	경	신	임	계	중앙
수	6	2	8	7	1	9	3	4	6	2	5

【2】 지지에 수를 붙이는 법

지지	자	축	인	묘	진	사	오	미	신	유	술	해
수	1·6	5·10	3·8	3·8	5·10	2·7	2·7	5·10	4·9	4·9	5·10	1·6

【3】 소성괘를 짓는 법

(1) 일반적인 수 1·2·3·4·6·7·8·9

수	6	2	8	7	1	9	3	4	6	2	5
괘	건	곤	간	태	감	리	진	손	건	곤	·

(2) 중앙수 5

삼원	상원	중원	하원	상원	중원	하원	상원	중원	하원
년도	1504~1563	1564~1623	1624~1683	1684~1743	1744~1803	1804~1863	1864~1923	1924~1983	1984~2043
양남	간	간	리	간	간	리	간	간	리
음남	간	곤	리	간	곤	리	간	곤	리
양녀	곤	곤	태	곤	곤	태	곤	곤	태
음녀	곤	간	태	곤	간	태	곤	간	태

【4】 대성괘를 짓는 법

양명의 男 · 음명의 女	천수···상괘	지수···하괘
음명의 男 · 양명의 女	지수···상괘	천수···하괘

11	지천태(地天泰)	· 186
12	천지비(天地否)	· 204
13	천화동인(天火同人)	· 222
14	화천대유(火天大有)	· 240
15	지산겸(地山謙)	· 258
16	뇌지예(雷地豫)	· 275
17	택뢰수(澤雷隨)	· 292
18	산풍고(山風蠱)	· 309
19	지택림(地澤臨)	· 327
20	풍지관(風地觀)	· 344

21	화뢰서합(火雷噬嗑)	· 361
22	산화비(山火賁)	· 378
23	산지박(山地剝)	· 396
24	지뢰복(地雷復)	· 413
25	천뢰무망(天雷无妄)	· 429
26	산천대축(山天大畜)	· 446
27	산뢰이(山雷頤)	· 462
28	택풍대과(澤風大過)	· 478
29	중수감(重水坎)	· 494
30	중화리(重火離)	· 510
31	택산함(澤山咸)	· 526
32	뇌풍항(雷風恒)	· 542

36	지화명이(地火明夷)	· 56
37	풍화가인(風火家人)	· 73
38	화택규(火澤睽)	· 89
39	수산건(水山蹇)	· 107
40	뇌수해(雷水解)	· 126

41	산택손(山澤損)	· 143
42	풍뢰익(風雷益)	· 161
43	택천쾌(澤天夬)	· 179
44	천풍구(天風姤)	· 197
45	택지취(澤地萃)	· 214
46	지풍승(地風升)	· 231
47	택수곤(澤水困)	· 247
48	수풍정(水風井)	· 264
49	택화혁(澤火革)	· 281
50	화풍정(火風鼎)	· 299

51	중뢰진(重雷震)	· 317
52	중산간(重山艮)	· 334
53	풍산점(風山漸)	· 350
54	뇌택귀매(雷澤歸妹)	· 367
55	뇌화풍(雷火豐)	· 384
56	화산려(火山旅)	· 402
57	중풍손(重風巽)	· 419
58	중택태(重澤兌)	· 437
59	풍수환(風水渙)	· 454
60	수택절(水澤節)	· 472

61	풍택중부(風澤中孚)	· 489
62	뇌산소과(雷山小過)	· 507
63	수화기제(水火旣濟)	· 524
64	화수미제(火水未濟)	· 542

하락리수 하 권

33	천산돈(天山遯)	· 5
34	뇌천대장(雷天大壯)	· 22
35	화지진(火地晉)	· 39

2022
하락리수 쉽게보기

일러두기

『하락리수 쉽게보기』는 『하락리수』를 구입하신 독자분들의 편의를 위해서 만들어진 책입니다. 『하락리수』를 출간하고 나서 괘를 짓고 해석하는 도표를 부록으로 따로 만들었으면 좋았으리라는 충고를 많이 들었습니다. 그래서 우선 작은 책으로 요약집을 만들어, 독자 여러분께 무료로 나누어 드리오니 많은 활용을 바랍니다. 앞으로도 대유학당에서 출간된 책은, 독자와의 대화를 통해 철저한 사후관리를 할 예정입니다.

이 책은 크게 다섯 부분으로 나뉘어 있습니다.

① 「평생괘를 짓는 법」은 하락리수로 자신의 운을 보는 가장 기초적인 바탕이 됩니다. 이 책의 순서대로 매 단락마다 있는 네가지씩의 예를 풀어보면, 누구나 쉽게 자신의 평생괘와 원당효를 얻을 수 있으리라고 생각됩니다.

② 「가상례」를 두었습니다. 본책에도 몇 가지의 가상례를 두었지만, 이 별책에서 한 예를 더 둠으로써 한번더 복습할 기회를 가졌습니다. 평생괘와 원당효를 얻은 다음에는, 해당하는 괘효를 찾아가기만 하면 9년 또는 6년의 대운(대상운)부터, 해마다의 운인 년운, 그리고 달마다의 운인 월운과 일마다의 운인 일운을 기계적으로 알 수 있습니다. 「평생괘를 짓는 법」의 끝부분부터 「가상례」에 걸쳐 운을 찾는 풍부한 예문이 자세히 나왔으니 참조바랍니다. 또

운명을 한눈에 보고 판단하는 자료인 「하락리수 명운표」를 만들고, 이를 작성하는 예를 「가상례」의 끝부분에 두었으니 참고바랍니다.

③ 「도표모음」난을 두었습니다. 평생괘와 원당효를 뽑는데 필요한 도표를 한자리에 모아놓음으로써, 도표의 순서대로 진행해 나가다 보면 자신의 운을 쉽게 뽑을 수 있도록 하였습니다.[1]

④ 「괘를 해석하는 법」을 두었습니다. 본 책에서 풀이해 놓은 내용만 가지고도 7~80%는 자신의 운을 확인할 수 있지만, 보다 중요한 사안이나 자세히 알고 싶을 때는 「괘를 해석하는 법」에 나오는 12가지 조건을 면밀히 분석해 보아야 합니다. 특히 화공과 원기의 조건은 일을 성사시키고 순조롭게 하는 중요한 조건입니다. 이 조건들 역시 별책에 적어놓은 순서대로 ○와 ×를 하다 보면 자연스럽게 분석되리라고 생각합니다.

이렇게 분석된 운에 따라 적극적으로 할 때는 적극적으로 하고, 조심해야 할 때는 조심해서 나간다면, 여러분의 앞날에 길한 것은 더욱 길하게 할 수 있고, 흉한 것은 줄여나갈 수 있을 것입니다.

⑤ 「참평비결 쉽게보기」를 실었습니다.

---

[1] 「1. 평생괘를 짓는 법」과 「2. 가상례」에 익숙해지면, 「3. 도표모음」과 「4. 괘를 해석하는 법」의 둘만 보고 괘를 짓고 풀이하면 간편합니다. 여기에서 본책이라고 하면 『하락리수』를, 별책이라고 하면 『하락리수 쉽게보기』를 뜻합니다.

목차

1. 평생괘를 짓는 법 ——————— 6
　① 생년월일로 사주를 뽑는다　7
　② 사주에 수를 붙인다　10
　③ 홀수만 합하여 천수라고 하고, 짝수만 합하여 지수라고 한다 - 12
　④ 천수와 지수에서 각기 나머지수를 얻는다　14
　⑤ 천수와 지수에서 얻은 나머지수로 괘를 짓는다　15
　⑥ 양음남녀를 가려서 상괘와 하괘를 정하고 평생괘를 얻는다　17
　⑦ 상육시와 하육시, 양효와 음효를 세어서 원당효를 잡는다　19
　⑧ 선천~후천괘를 얻고, 대상운, 년운~일운을 알아낸다　20

2. 가상례 ——————————— 31
　① 1969년 8월 21일 오전 4시에 태어난 남자의 운은?
　※ 하락리수 명운표(예)　43
　※ 하락리수 명운표를 작성하는 요령　44

3. 도표모음 —————————— 46
　① 시간 지지 숫자 환산표　46
　② 시 일으키는 법　46
　③ 절기표　47
　④ 천간의 숫자 환산표　47
　⑤ 지지의 숫자 환산표　47
　⑥ 나머지 수로 괘를 짓는 법　48

7 양음남녀를 가려서 상괘와 하괘를 정하고 평생괘를 얻는 법   48
8 64괘 환산표   49
9 원당효 잡는 법   50
  ① 상육시에 태어난 사람의 납갑 및 원당효   50
  ② 하육시에 태어난 사람의 납갑 및 원당효   54

4. 괘를 해석하는 법 ──────────── 58

1 12가지 조건에 맞추어 평생의 운을 알아낸다   58
  ※ 월괘표(8궁괘차도 참조)   60
  ※ 후괘표(候卦表)   61
  ※ 12월 소식괘(消息卦)와 천수지수의 길흉   63
  ※ 괘체(득체)   65
  ※ 원기·반원기표   66
  ※ 60갑자 납음오행   66
  ※ 화공·반화공표   67
2 선천~후천괘를 얻고, 대상운, 년운~일운을 알아낸다   69
3 선천괘와 후천괘는 물론, 대상괘 년괘 월괘 일괘 등에서도 화공과
   원기 등 12가지 조건을 맞춰서 자세한 운을 살핀다   69
4 운에 따른 피흉취길의 행동을 한다.   69
  ※ 정대체(배합괘)   70
  ※ 반대체(도전괘)   71
  ※ 하락리수 명운표   72

5. 참평비결 쉽게보기 ──────────── 73

1 수부   74   2 화부   75   3 목부   76
4 금부   77   5 토부   78

1장. 평생괘를 짓는 법

하락리수에서 평생괘를 짓는다고 함은, 자신의 생년월일을 음양오행에 따라 수치화하고, 이를 괘상으로 형상화하는 과정을 말하는 것으로, 태어날 때 부여받은 음양과 오행의 정도에 따른 자신의 운명을 주역적으로 해석하기 위한 방법이다.

자신의 평생괘를 앎으로써, 자신의 성격과 재주를 앎은 물론, 자신에게 길한 때와 불리한 때를 알아서 처세할 수 있는 방편이 생기는 것이다. 이러한 평생괘는 다음과 같은 일곱단계의 과정을 통해 구해진다.

1 생년월일로 사주를 뽑는다.
2 사주에 수를 붙인다.
3 홀수만 합하여 천수라고 하고, 짝수만 합하여 지수라고 한다.
4 천수와 지수에서 각기 나머지수를 얻는다.
5 천수와 지수에서 얻은 나머지수로 괘를 짓는다.
6 양음남녀를 가려서 상괘와 하괘를 정하고 평생괘(대성괘)를 얻는다.
7 상육시와 하육시, 양효와 음효를 세어서 원당효를 잡는다.

1 생년월일로 사주를 뽑는다.

　사주 중에서 년주 월주 일주는 만세력에서 쉽게 구할 수 있다. 문제가 되는 것은 시주時柱인데, 시주에서 천간은 일주에 따라 바뀌므로 「시 일으키는 법」 도표를 참조해서 구한다.
　하락리수에서는 월계산을 절기력에 의한다(태음태양력을 쓴다). 즉 1월달은 입춘부터 경칩전까지, 2월달은 경칩부터 청명전까지, …, 12월달은 소한부터 입춘전까지 등으로 보는 것이다. 또 일부 명리학에서 "신하는 바꾸어도 임금은 바꾸지 않는다"고 하여 1월의 절기인 입춘이 들어오기 전이라도 음력으로 1월 1일부터 해가 바뀌는 것으로 간주하는 것을 허용하지 않는다. 즉 입춘부터 새해가 시작되는 것으로 보는 것이다.

(1) 생시의 지지는 아래의 도표에 의한다

※ 시간 지지地支 숫자 환산표

숫자	1	2	3	4	5	6	7	8	9	10	11	12
시간	23~1	1~3	3~5	5~7	7~9	9~11	11~13	13~15	15~17	17~19	19~21	21~23
지지	자	축	인	묘	진	사	오	미	신	유	술	해	2)

---

2) 우리나라는 동경 135도를 기준으로 표준시를 정하고 있다. 그러나 서울을 기준으로 볼 때 동경 127도 30분이 맞는데, 동경 135도와는 7도 30분이 차이가 난다. 1도에 4분 정도의 차이가 있으므로 30분을 빨리 정한 셈이다. 그래서 위의 도표도 30분씩 늦춰 봐서, 자시는 23시 30분~1시 30분, 축시는 1시 30분~3시 30분, …, 해시는 21시 30분~23시 30분으로 봐야 맞다는 설이 제기되고, 실제로도 그렇게 사용하는 사람이 많다. 여기에 썸머타임(Summer time)까지

(2) 생시의 천간은 아래의 시 일으키는 법에 의해 붙인다

※ 시 일으키는 법[3]

시\일	子시	丑시	寅시	卯시	辰시	巳시	午시	未시	申시	酉시	戌시	亥시
甲·己일	갑자	을축	병인	정묘	무진	기사	경오	신미	임신	계유	갑술	을해
乙·庚일	병자	정축	무인	기묘	경진	신사	임오	계미	갑신	을유	병술	정해
丙·辛일	무자	기축	경인	신묘	임진	계사	갑오	을미	병신	정유	무술	기해
丁·壬일	경자	신축	임인	계묘	갑진	을사	병오	정미	무신	기유	경술	신해
戊·癸일	임자	계축	갑인	을묘	병진	정사	무오	기미	경신	신유	임술	계해

【예1】예를 들어 1984(甲子)년 2월 25일 진辰시에 태어난 남자를 만세력을 통해 보면, 년주年柱는 갑자甲子이고, 월주月柱는 정묘丁卯이며, 일주日柱는 경신庚申이다. 「시 일으키는 법」도표에 의하면, 일주가 경신庚申이므로, 을·경일에 태어난 사람에 해당한다. 이 날에 태어난 사람의 간지는 병자·정축·무인·기묘 등으로 나아가는데,

---

생각하면 더욱 복잡해진다. 이에 대해서는 현재 출판되고 있는 만세력을 참고하여, 자신에게 맞는 시간을 정하는 것이 옳다고 본다. 『하락리수』 원문에서도 시각을 정확히 모르는 사람은, 태어난 시간의 전후 시각을 대입해 봐서, 자신의 지나온 운과 맞춰봄으로써 정확하게 미래를 알 수 있다고 하였다.

3) 천간(갑·을·병·정·무·기·경·신·임·계)에서 각기 5번째 사이를 둔 천간을 짝으로 삼아 5쌍을 만들고(갑·기, 을·경, 병·신, 정·임, 무·계), 각 쌍이 되는 날에 홀수번째 천간(갑·병·무·경·임)을 차례대로 하루의 시작하는 천간으로 삼으며(갑자·병자·무자·경자·임자), 나머지 시의 천간은 순차대로 따라 붙인 것이 위의 도표이다.

진시에 태어났으므로 시주는 경진庚辰이 된다. 따라서 이 사람의 사주는 갑자甲子, 정묘丁卯, 경신庚申, 경진庚辰이다.

【예2】예를 들어 1977(丁巳)년 4월 28일 축丑시에 태어난 남자의 사주를 만세력을 통해 보면, 년주年柱는 정사丁巳이고, 월주月柱는 병오丙午이며, 일주日柱는 임인壬寅이다. 「시 일으키는 법」도표에 의하면, 일주가 임인壬寅이므로, 정·임일에 태어난 사람에 해당한다. 이 날에 태어난 사람의 간지는 경자·신축·임인·계묘 등으로 나아가는데, 축시에 태어났으므로 시주는 신축辛丑이 된다. 따라서 이 사람의 사주는 정사丁巳, 병오丙午, 임인壬寅, 신축辛丑이 된다.4)

【예3】예를 들어 1930(庚午)년 9월 5일 해亥시에 태어난 여자의 사주를 만세력을 통해 보면, 년주年柱는 경오庚午이고, 월주月柱는 병술丙戌이며, 일주日柱는 기유己酉이다. 「시 일으키는 법」도표에 의하면, 일주가 기유己酉이므로, 갑·기일에 태어난 사람에 해당한다. 이 날에 태어난 사람의 간지는 갑자·을축·병인·정묘·무진·기사·경오·신미·임신·계유·갑술·을해 등으로 나아가는데, 해시에 태어났으므로 시주는 을해乙亥가 된다. 따라서 이 사람의 사주는 경오庚午, 병술丙戌, 기유己酉, 을해乙亥가 된다.

---

4) 1977년 4월은 을사乙巳월이지만, 망종(4월 20일 寅正)부터 소서(5월 21일 未正)가 절기상으로 5월에 해당하므로 5월의 간지인 병오를 쓴다.
　이 때의 절기란 입춘·경칩·청명·입하·망종·소서·입추·백로·한로·입동·대설·소한 등의 12절기節氣를 말하는 것이고, 우수·춘분 등 12중기(中氣)는 쓰지 않는다.

【예4】 예를 들어 1963(癸卯)년 10월 22일 미未시에 태어난 여자의 사주를 만세력을 통해 보면, 년주年柱는 계묘癸卯이고, 월주月柱는 계해癸亥이며, 일주日柱는 갑신甲申이다. 「시 일으키는 법」도표에 의하면, 일주가 갑신甲申이므로, 갑·기일에 태어난 사람에 해당한다. 이 날에 태어난 사람의 간지는 갑자·을축·병인·정묘·무진·기사·경오·신미 등으로 나아가는데, 미시에 태어났으므로 시주는 신미辛未가 된다. 따라서 이 사람의 사주는 계묘癸卯, 계해癸亥, 갑신甲申, 신미辛未가 된다.5)

---

② **사주에 수를 붙인다.**

(1) **천간수(天干數)**

천간	갑	을	병	정	무	기	경	신	임	계	중앙
수	6	2	8	7	1	9	3	4	6	2	5

---

5) 위의 예에서 음력으로 1963년 10월은 만세력에서 계해癸亥월이다. 절기상으로 입동(9월 23일 未初)부터 대설(10월 23일 卯初)이 10월에 해당하므로, 10월의 간지를 그대로 쓴다.

신 4	기 9	을·계 2
경 3	中央 5	정 7
병 8	무 1	임·갑 6

천간수는 낙서洛書의 수(후천팔괘의 수)에 천간을 배당한 것으로, 무는 1이고 을과 계는 2이며, 경은 3이고, 신은 4이며, 임과 갑은 6이 되고, 정은 7이며, 병은 8이고, 기는 9이며, 중앙은 5이다.

(2) 지지수(地支數)

지지	자	축	인	묘	진	사	오	미	신	유	술	해
수	1 6	5 10	3 8	3 8	5 10	2 7	2 7	5 10	4 9	4 9	5 10	1 6

	사·오 2·7	
8·3 묘·인	진 미 5·10 축 술	4·9 유·신
	1·6 자·해	

지지수는 하도河圖의 수에 지지를 배당한 것으로, 해와 자는 1·6이고, 인과 묘는 3·8이며, 사와 오는 2·7이고, 신과 유는 4·9이며, 진·술·축·미는 5·10이다.[6]

---

6) 엄밀히 말하면, 자는 1이고 해는 6이며, 인은 3이고 묘는 8이며, 사는 2이고 오는 7이며, 유는 4이고 신은 9이며, 진과 술은 5이고 축과 미는 10이다. 그러나 하락리수에서는 자와 해를 같은 오행(水)으로 보아, 모두 1과 6이 같이 붙어 있는 수로 본다. 나머지 오행에 있어서도 마찬가지로 본다. 즉 1·6(水), 3·8(木), 2·7(火), 4·9(金), 5·10(土)의 숫자 등은, 천간의 형이상적 작용과는 달리, 보다 실질적인 형체를 띠기 위한 지지의 작용이므로, 두 숫자가 합하여야 비로소 오행의 역할을 한다고 보는 것이다.

3 홀수만 합하여 천수라고 하고, 짝수만 합하여 지수라고 한다.

사주의 간지를 수로 환산한 다음, 홀수의 합이 천수가 되고, 짝수를 합한 것이 지수가 된다.

【예1】 앞의 예에서 갑자년 정묘월 경신일 경진시에 태어난 남자를, 「천간의 숫자환산표」와 「지지의 숫자 환산표」에 의해서 수를 배당하면 아래의 도표와 같이 된다.

時		日		月		年	
庚	3	庚	3	丁	7	甲	6
辰	5·10	申	4·9	卯	3·8	子	1·6

男命

※ 천수(홀수의 합) : 3+3+7+5+9+3+1=31
　지수(짝수의 합) : 6+10+4+8+6=34

【예2】 앞의 예에서 정사년 병오월 임인일 신축시에 태어난 남자를, 「천간의 숫자환산표」와 「지지의 숫자 환산표」에 의해서 수를 배당하면 아래의 도표와 같이 된다.

時		日		月		年	
辛	4	壬	6	丙	8	丁	7
丑	5·10	寅	3·8	午	2·7	巳	2·7

男命

※ 천수(홀수의 합) : 7+5+3+7+7=29
　지수(짝수의 합) : 4+6+8+10+8+2+2=40

【예3】 앞의 예에서 경오년 병술월 기유일 을해시에 태어난 여자를, 「천간의 숫자환산표」와 「지지의 숫자 환산표」에 의해서 수를 배당하면 아래의 도표와 같이 된다.

時		日		月		年		
乙	2	己	9	丙	8	庚	3	
亥	1·6	酉	4·9	戌	5·10	午	2·7	女命

※ 천수(홀수의 합) : 9+3+1+9+5+7=34
　지수(짝수의 합) : 2+8+6+4+10+2=32

【예4】 앞의 예에서 계묘년 계해월 갑신일 신미시에 태어난 여자를, 「천간의 숫자환산표」와 「지지의 숫자 환산표」에 의해서 수를 배당하면 아래의 도표와 같이 된다.

時		日		月		年		
辛	4	甲	6	癸	2	癸	2	
未	5·10	申	4·9	亥	1·6	卯	3·8	女命

※ 천수(홀수의 합) : 5+9+1+3=18
　지수(짝수의 합) : 4+6+2+2+10+4+6+8=42

4 천수와 지수에서 각기 나머지수를 얻는다.

(1) 천수

기준수인 25보다 많은 경우는 먼저 천수의 기준수인 25를 뺀 후에, ㉠10자리는 쓰지 않고 단자리수만을 쓰되, 단자리수가 0인 경우는 10자리수를 쓴다. 25보다 적은 경우는 그대로 ㉠의 방법대로 한다.[7]

※ 위의 방법대로 하여 천수로 괘를 만들면 아래의 예와 같이 된다.

천수	4	7	18	19	20	21	25	26	30	45	55
나머지수	4	7	8	9	2	1	5	1	5	2	3
괘상	손 ☴	태 ☱	간 ☶	리 ☲	곤 ☷	감 ☵	·	감 ☵	·	곤 ☷	진 ☳

(2) 지수

지수로 계산되는 짝수를 합산해서, 지수의 기준수인 30을 뺀 나머지수로 괘를 삼는다. ㉠30을 뺀 나머지 숫자에서 10자리수는 버리고 단자리수만을 나머지수로 쓴다. 단자리수가 0인 경우는 10자리

---

[7] 일반적으로 끝의 수가 0이 아니면, 10단위수를 무시하고 단단위수를 쓴다. 천수와 지수에서 끝의 수가 0으로 끝나면 버리고 쓰지 않는데, 이렇게 하는 것을 「끝의 수가 0이면 버리고 쓰지 않는 법」이라고 한다. 즉 천수의 합이 10일 경우는 앞의 수인 1만을 쓰고, 35일 경우 25를 빼면 10이 남는데, 이 때도 앞의 수인 1만을 쓴다. 마찬가지로 지수의 합이 10일 경우는 0을 버리고, 10의 앞수인 1만을 쓰며, 20일 경우는 앞의 수인 2를 쓰며, 30일 경우는 앞의 수인 3만을 쓰는 것이다. 또 40일 경우는 지수의 기준수인 30을 뺀 10에서 앞의 수인 1만을 쓰게 된다.

수를 나머지수로 쓴다.

짝수의 합이 30이 못되는 경우는 30을 뺄 필요없이 ㉠의 방법대로 한다.

※ 위의 방법대로 하여 천수로 괘를 만들면 아래의 예와 같이 된다.

지수	8	9	10	17	20	21	30	34	40	46	55
나머지수	8	9	1	7	2	1	3	4	1	6	5[8]
괘상	간 ☶	리 ☲	감 ☵	태 ☱	곤 ☷	감 ☵	진 ☳	손 ☴	감 ☵	건 ☰	·

5 천수와 지수에서 얻은 나머지수로 괘를 짓는다.

천수와 지수에서 얻은 나머지수로 괘를 지으면 아래의 도표와 같다.

(1) 일반적인 수(1,2,3,4,6,7,8,9)

수	1	2	3	4	5	6	7	8	9
괘	감 ☵	곤 ☷	진 ☳	손 ☴	·	건 ☰	태 ☱	간 ☶	리 ☲

---

[8] 천수 또는 지수에 있어서 나머지가 5일 경우는 중궁(中宮)에 기거하게 된다. 왜냐하면 5와 10은 팔방에 속하지 않는데다, 5와 10은 해당하는 괘가 없는 까닭에, 단지 1·2·3·4·6·7·8·9만을 쓰는 것이다.

(2) 중앙수(5)

다만 5가 나머지수로 나왔을 때는 아래의 도표에서와 같이 상원·중원·하원 및 음양남녀를 가려서 곤괘(☷)·간괘(☶)·태괘(☱)·리괘(☲) 중에 하나를 정한다.

삼원	상원	중원	하원	상원	중원	하원	상원	중원	하원
년도	1504~1563	1564~1623	1624~1683	1684~1743	1744~1803	1804~1863	1864~1923	1924~1983	1984~2043
양남	간괘	간괘	리괘	간괘	간괘	리괘	간괘	간괘	리괘
음남	간괘	곤괘	리괘	간괘	곤괘	리괘	간괘	곤괘	리괘
양녀	곤괘	곤괘	태괘	곤괘	곤괘	태괘	곤괘	곤괘	태괘
음녀	곤괘	간괘	태괘	곤괘	간괘	태괘	곤괘	간괘	태괘

예를 들어 1970년(경술년)에 태어난 남자가 천수의 나머지수로 5를 얻었다면, 중원에 태어났고(1924~1983년), 양명의 남자(경술년은 홀수번째 간지임)이므로, 상괘로 간괘(☶)를 얻는다.

또 1991년(신미년)에 태어난 여자가 지수의 나머지수로 5를 얻었다면, 하원에 태어났고(1984~2043년), 음명의 여자(신미년은 짝수번째 간지임)이므로, 하괘로 태괘(☱)를 얻는다.

또 1919년(기미년)에 태어난 남자가 천수의 나머지수로 5를 얻었다면, 상원에 태어났고(1864~1923년), 음명의 남자(기미년은 짝수번째 간지임)이므로, 하괘로 간괘(☶)를 얻는다.

6 양음남녀를 가려서 상괘와 하괘를 정하고 평생괘(대성괘)를 얻는다.

  양명의 남자 또는 음명의 여자는 천수로 얻은 괘를 상괘로 삼고, 지수로 얻은 괘를 하괘로 삼는다. 이와는 달리 음명의 남자 또는 양명의 여자는 천수로 얻은 괘를 하괘로 삼고, 지수로 얻은 괘를 상괘로 삼는다. 주역의 괘상에 익숙하지 않은 사람은 뒤에 제시한 64괘 환산표(49쪽 참조)에 의하여 괘명卦名 및 괘서卦序를 찾는다.

| 양명의 男 • 음명의 女 | 천수→상괘 | 지수→하괘 |
| 음명의 男 • 양명의 女 | 지수→상괘 | 천수→하괘 |

【예1】 앞의 예에서 갑자년 정묘월 경신일 경진시의 남자는 천수는 31이고, 지수는 34이다. 천수인 31에서 25를 빼면(천수가 천수의 기준수인 25를 넘는다) 6이 남으므로, 천수로 건괘(☰)를 얻는다. 지수인 34에서 30을 빼면(지수가 지수의 기준수인 30을 넘는다) 4가 남으므로, 지수로 손괘(☴)를 얻는다.
이사람이 태어난 해인 갑자년은 양년(陽年:홀수번째 간지)이므로, 양명의 남자가 된다. 양명의 남자는 천수로 얻은 괘가 상괘가 되고, 지수로 얻은 괘가 하괘가 되므로, 64괘 환산표에 의하여 천풍구괘(䷪)를 얻는다.9)

---

9) 주역의 괘상에 익숙한 사람은 굳이 64괘 환산표를 볼 필요는 없다(이하 다른 예도 같음).
  64괘 환산표에서 상괘난인 가로로 건(6)을 찾고, 하괘난인 세로로 손(4)을 찾아 그 교차점인 「구·44」를 얻는다. 여기서 「구」는 괘명이고, 44는 64괘 중에 구괘가 44번째라는 뜻이다.

【예2】 앞의 예에서 정사년 병오월 임인일 신축시에 태어난 남자는 천수는 29이고, 지수는 40이다. 천수인 29에서 25를 빼면(천수가 기준수인 25를 넘는다) 4가 남으므로, 천수로 손괘(☴)를 얻는다. 지수인 40에서 30을 빼면(지수가 기준수인 30을 넘는다) 10이 남으므로, 지수로 감괘(☵)를 얻는다(10은 단단위 수가 없으므로 10단위 수인 1을 쓴다). 이사람이 태어난 해인 정사년은 음년(陰年:짝수번째 간지)이므로, 음명의 남자가 된다. 음명의 남자는 천수로 얻은 괘가 하괘가 되고, 지수로 얻은 괘가 상괘가 되므로, 64괘 환산표에 의하여 수풍정괘(☴)를 얻는다.10)

【예3】 앞의 예에서 경오년 병술월 기유일 을해시에 태어난 여자는 천수는 34이고, 지수는 32이다. 천수인 34에서 25를 빼면(천수가 기준수인 25를 넘는다) 9가 남으므로, 천수로 리괘(☲)를 얻는다. 지수인 32에서 30을 빼면(지수가 기준수인 30을 넘는다) 2가 남으므로, 지수로 곤괘(☷)를 얻는다. 이사람이 태어난 해인 경오년은 양년(陽年:홀수번째 간지)이므로, 양명의 여자가 된다. 양명의 여자는 천수로 얻은 괘가 하괘가 되고, 지수로 얻은 괘가 상괘가 되므로, 64괘 환산표에 의하여 지화명이괘(☷)를 얻는다.11)

---

10) 64괘 환산표에서 상괘난인 가로로 감(1)을 찾고, 하괘난인 세로로 손(4)을 찾아 그 교차점인 「정·48」을 얻는다. 여기서 「정」은 괘명이고, 48은 64괘 중에 정괘가 48번째라는 뜻이다.

11) 64괘 환산표에서 상괘난인 가로로 곤(2)을 찾고, 하괘난인 세로로 리(9)를 찾아 그 교차점인 「명이·36」을 얻는다. 여기서 「명이」는 괘명이고, 36은 64괘 중에 명이괘가 36번째라는 뜻이다.

【예4】 앞의 예에서 계묘년 계해월 갑신일 신미시에 태어난 여자는 천수는 18이고, 지수는 42이다. 천수인 18은 25가 못되므로, 단 단위 수인 8이 나머지수가 되니, 천수로 간괘(☶)를 얻는다. 지수인 42에서 30을 빼면(지수가 기준수인 30을 넘는다) 12가 남으므로, 지수로 곤괘(☷)를 얻는다. 이사람이 태어난 해인 계묘년은 음년(陰年:짝수번째 간지)이므로, 음명의 여자가 된다. 음명의 여자는 천수로 얻은 괘가 상괘가 되고, 지수로 얻은 괘가 하괘가 되므로, 64괘 환산표에 의하여 산지박괘(䷖)를 얻는다.12)

⑦ **상육시와 하육시, 양효와 음효를 세어서 원당효를 잡는다.**

원당효를 잡는 방법은 이 책의 50~58쪽에 자세히 설명되어 있다. 『하락리수 上』에는 67쪽에 나와 있다.

---

12) 64괘 환산표에서 상괘난인 가로로 간(8)을 찾고, 하괘난인 세로로 곤(2)을 찾아 그 교차점인 「박·23」을 얻는다. 여기서 「박」은 괘명이고, 23은 64괘 중에 박괘가 23번째라는 뜻이다.

⑧ 선천괘와 후천괘를 얻고, 대상운을 알아내며, 년운 월운 일운을 알아낸다.

※『하락리수 上』67쪽부터 자세히 설명되어 있다.

【예1】앞의 예에서 갑자년 정묘월 경신일 경진시에 태어난 남자는 천풍구괘를 얻었다. 구괘는 양효(—)가 다섯이고 음효(- -)가 하나인 괘인데, 태어난 시가 상육시(辰時)에 해당하므로 오양괘(五陽卦)의 원당효를 일으키는 법에 의해 상효에 원당이 있게 된다. 50쪽 참조.

상육시(자·축·인·묘·진·사시)에 태어났고 오양괘에 해당하므로, 밑에 있는 양효부터 위로 시지(時支)를 붙인후, 음효에 남은 시지를 붙인다.

① 평생운(선천괘와 후천괘)

44번째에 있는 천풍구괘를 찾아서, 제일 마지막효인 상구효난을 살펴보면 평생의 운을 알 수 있다. 즉『하락리수 下』212쪽을 찾아가면 다음과 같은 평생운에 대한 도표가 그려져 있다. 이 도표에서 '☯'무늬는 원당효를 가리킨다. 즉 이 사람의 선천운(1~51살)은 천풍구괘 상효를 보고, 후천운(52~99살)은 풍택중부괘 삼효를 찾아가되, 「총괄해서 판단하면」 중의 「운이 맞는 사람은, 운이 맞지 않는 사람은」으로 시작하는 내용 중에 자신에 맞는 것을 살피면 된다.

뒤에 나오는 「괘해석법」의 12가지 조건을 굳이 따지지 않더라도, 자신의 과거 경험을 살펴보면, 「운이 맞는 사람은, 운이 맞지 않는 사람은」의 내용 중에 선택할 수 있다. 그러나 중대한 사안이거나 자세히 알고 싶을 때는 12가지 조건을 분석하여 운의 길흉에 가감한다.

「세운을 만나면」으로 시작하는 내용은 '대상운, 년운, 월운, 일운' 등 작은 운을 살필 때 쓰는 내용이다. 「글귀로 판단하면」의 싯귀 내용은 큰 운 작은 운을 가리지 않고 공통적으로 참고한다.

여기에서 후천운이 99살까지 되어 있으나, 운이 안좋아 그 전에 죽을 수도 있다. 또 99살 보다 더 살 수도 있다. 하락리수 원문에는 후천운 보다 더 살 경우에 대해서 언급이 없으나, 더 살 경우에는 다시 운이 회복되어 선천괘의 운을 산다고 보는 것이 옳을 것이다.

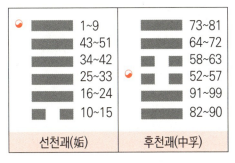

선천괘인 구괘를 원당효인 상구효부터 차례로 위로 나아가면서 운을 잡는다.
1살부터 51살까지를 마치면 52살부터는 후천괘인 중부괘로 운이 넘어간다.

② 대상운의 예

천풍구괘 상효운은 선천운을 나타내는 동시에 1~9살까지의 운도 나타낸다. 천풍구괘 상효를 찾아가 「세운을 만나면」으로 시작하는 내용이 바로 1~9살까지의 운이다.13) 또 43~51살까지는 천풍구괘 오효운이다. 또 중부괘 삼효운 역시 후천운을 나타내는 동시에, 52~57살까지의 운을 나타낸다.14)

③ 년운의 예

44살의 운은 천풍구괘 오효대상운에 속한다. 천풍구괘 오효는 양효이고, 양년(갑자년)생이므로 대상운이 시작되는 43살때도 간지상으로는 양년(갑·경·무·경·임년)을 맞는다. 『하락리수 下』 209쪽의 년운 도표 중에 「양년일 경우」의 도표를 본다.15)

구괘 오효는 43살, 돈괘 이효는 44살, …, 림괘 사효는 50살, 절괘 오효는 51살의 운이 된다. 따라서 33번째 괘인 돈괘를 찾아가 이효(『하락리수 下』 10~12쪽)의 「세운을 만나면」을 읽으면 44살의 운이 된다.16)

---

13) 도표를 볼 때에 주의할 점은, 대상운을 보려고 괘효를 찾아갔을 때는 대상운, 즉 9년 또는 6년짜리 년운만 본다는 것이다. 대상운 도표의 위에 있는 선천괘와 후천괘 도표는 상관이 없다.

14) 9살 이하일 때는 양년 음년을 가리지 않고 「양년일 경우」의 도표를 활용한다. 『하락리수 上』 125쪽에 자세한 설명이 있다.
『하락리수 下』 212쪽에 있는 년괘 도표의 아래에 있는 월괘 도표는, 년운이 천풍구괘 상효일 때의 월운을 나타낸다. 또 월괘 도표의 아래에 있는 일괘 도표는 월운이 천풍구괘 상효일 때의 일운을 나타낸다.

15) 도표를 볼 때에 주의할 점은, 년운을 보려고 괘효를 찾아갔을 때는 년운 도표만 본다는 것이다. 즉 선천괘와 후천괘 운의 도표는 상관이 없다. 또 그 밑에 있는 「월괘」는 년운이 구괘 오효일 때의 도표이고, 그 밑에 있는 「일괘」는 월운이 구괘 오효일 때의 도표이다.

16) 또 51살의 운을 알고 싶으면, 60번째 괘인 절괘를 찾아가 오효(下 484쪽)의 「세운을 만나면」을 읽으면 된다.

【예2】앞의 예에서 정사년 병오월 임인일 신축시에 태어난 남자는 수풍정괘를 얻었다. 수풍정괘는 양효(▬)가 셋이고 음효(▬▬)가 셋인 괘인데, 태어난 시가 상육시(丑時)에 해당하므로 삼양괘(三陽卦)의 원당효를 일으키는 법에 의해 삼효에 원당이 있게 된다.

상육시(자·축·인·묘·진·사시)에 태어났고 삼양괘에 해당하므로, 밑에 있는 양효부터 위로 시지(時支)를 붙인후, 다시 한번 왕복하며 시지를 붙인다.

① 평생운(선천괘와 후천괘)

48번째에 있는 수풍정괘를 찾아서, 세 번째 효인 구삼효난을 살펴보면 평생의 운을 알 수 있다. 즉 『하락리수 下』 271쪽을 찾아가면 다음과 같은 평생운을 나타내는 도표가 있다.

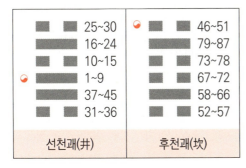

선천괘인 정괘를 원당효인 구삼효부터 차례로 위로 나아가면서 운을 잡는다.
1살부터 45살까지를 마치면 46살부터는 후천괘인 감괘로 운이 넘어간다.

수풍정괘 삼효가 선천의 운(1~45살)이고, 중수감괘 상효가 후천의 운(46~87살)이다.

② 대상운의 예

　　1~9살까지는 수풍정괘 삼효운이다.17)
　　37~45살까지는 수풍정괘 이효운이다.18)
　　46~51살까지는 중수감괘 상효운이다.19) 20)

③ 년운의 예

　60살의 운은 중수감괘 이효대상운에 속한다. 중수감괘 이효는 양효이고, 음년(정사년)생이므로 대상운이 시작되는 58살때는 간지상으로 양년(갑·경·무·경·임년)을 맞는다. 『하락리수 中』 498쪽의 년운 도표 중에 「양년일 경우」의 도표를 본다.

　감괘 이효는 58살, 사괘 오효는 59살, …, 동인괘 초효는 65살, 건괘 이효는 66살의 운이 된다. 따라서 64괘 중에 2번째 괘인 곤

---

17) 271쪽의 년운 도표 중에 「양년일 경우」의 도표를 활용한다. 왜냐하면 대상운이 들어오는 1살 때의 간지가 양년이기 때문이다.
18) 269쪽의 년운 도표 중에 「음년일 경우」의 도표를 활용한다. 왜냐하면 대상운이 들어오는 37살 때의 간지가 음년이기 때문이다.
19) 278쪽의 년운 도표 「양년 음년 똑같음」의 도표를 활용한다. 왜냐하면 중수감괘 상효는 음효이기 때문에 양년 음년을 가리지 않는다.
20) 태어난 해가 양년이면 홀수 나이 때는 모두 양년이 되고, 짝수 나이 때는 음년이 된다. 또 태어난 해가 음년이면 홀수 나이 때는 모두 음년이 되고, 짝수 나이 때는 양년이 된다.
　『하락리수 下』 271쪽의 「양년일 경우」 또는 「음년일 경우」의 도표는 대상운이 수풍정괘 구삼효일 경우의 년운을 나타내고, 그 아래에 있는 월괘 도표는 년운이 수풍정괘 구삼효일 경우의 월운이며, 그 아래에 있는 일괘 도표는 월운이 수풍정괘 구삼효일 경우의 일운이다.

괘 이효(『하락리수 中』 30~33쪽)를 찾아가 「세운을 만나면」을 읽으면 60살의 운이 된다.[21]

---

21) 32쪽에 있는 월괘 도표는 년운이 곤괘 이효일 경우의 월운을 나타내고, 그 밑에 있는 일괘 도표는 월운이 곤괘 이효일 경우의 일운을 나타낸다.

【예3】 앞의 예에서 경오년 병술월 기유일 을해시에 태어난 여자는 지화명이괘를 얻었다. 지화명이괘는 양효(━)가 둘이고 음효(╍)가 넷인 괘인데, 태어난 시가 하육시(亥時)에 해당하므로 사음괘(四陰卦)의 원당효를 일으키는 법에 의해 삼효에 원당이 있게 된다.

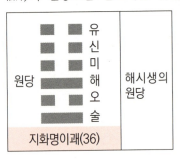

하육시(오·미·신·유·술·해시)에 태어났고 사음괘에 해당하므로, 밑에 있는 음효부터 위로 시지(時支)를 붙인후, 남은 시지를 양효에 붙인다.

① 평생운(선천괘와 후천괘)

36번째에 있는 지화명이괘를 찾아서, 세 번째 효인 구삼효난을 살펴보면 평생의 운을 알 수 있다. 즉 『하락리수 下』 64쪽을 찾아가면 다음과 같은 평생운을 나타내는 도표가 있다.

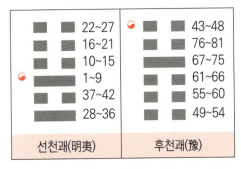

선천괘인 명이괘를 원당효인 구삼효부터 차례로 위로 나아가면서 운을 잡는다.
1살부터 42살까지를 마치면 43부터는 후천괘인 예괘로 운이 넘어간다.

지화명이괘 삼효가 선천의 운(1~42살)이고, 뇌지예괘 상효가 후천의 운(43~81살)이다.

② 년운의 예

60살의 운은 뇌지예괘 이효대상운에 속한다. 뇌지예괘 이효는 음효이므로, 양년생 음년생을 가릴 필요없이 『하락리수 中』 280쪽에 있는 「양년 음년 똑같음」의 도표를 본다(양효일 때만 양년 음년을 나누어 본다).

해괘 이효는 55살, 항괘 삼효는 56살, …, 손괘 상효는 59살, 소축괘 초효는 60살의 운이 된다. 따라서 64괘 중에 9번째 괘인 소축괘 초효(153~155쪽)를 찾아가 「세운을 만나면 33쪽」을 읽으면 60살의 운이 된다.

③ 월운의 예

60살의 년운은 소축괘 초효이다. 그러므로 60살의 8월운은 소축괘 초효의 도표 중에 『하락리수 中』 154쪽에 있는 「월괘」도표를 참조하면 된다. 8월달의 괘는 대장괘 삼효에 해당하므로, 대장괘 삼효난을 찾아 「세운을 만나면」을 참조하면 된다. 단 여기서 말하는 8월은 절기력 상으로 볼 때의 8월이므로, 백로부터 한로의 직전까지를 의미한다.22)

---

22) 대장괘 삼효의 「세운을 만나면」은 『하락리수 下』 31쪽에 있다.

【예4】 앞의 예에서 계묘년 계해월 갑신일 신미시에 태어난 여자는 산지박괘를 얻었다. 산지박괘는 양효(━)가 하나이고 음효(- -)가 다섯인 괘인데, 태어난 시가 하육시(未時)에 해당하므로 오음괘(五陰卦)의 원당효를 일으키는 법에 의해 이효에 원당이 있게 된다.

하육시(오·미·신·유·술·해시)에 태어났고 오음괘에 해당하므로, 밑에 있는 음효부터 위로 시지(時支)를 붙인후, 남은 시지를 양효에 붙인다.

① 평생운(선천괘와 후천괘)

23번째에 있는 산지박괘를 찾아서, 두 번째 효인 육이효난을 살펴보면 평생의 운을 알 수 있다. 즉 『하락리수 中』 401쪽을 찾아가면 다음과 같은 평생운을 나타내는 도표가 있다.

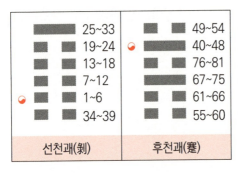

선천괘인 박괘를 원당효인 육이효부터 차례로 위로 나아가면서 운을 잡는다.
1살부터 39살까지를 마치면 40살부터는 후천괘인 건괘로 운이 넘어간다.

산지박괘 이효가 선천의 운(1~39살)이고, 수산건괘 오효가 후천의 운(40~81살)이다.

② 년운의 예

60살의 운은 수산건괘 초효대상운에 속한다. 수산건괘 초효는 음효이므로, 양년생 음년생을 가릴 필요없이 『하락리수 下』 110쪽에 있는 「양년 음년 똑같음」의 도표를 본다(양효일 때만 양년 음년을 나누어 본다). 기제괘 초효는 55살, 수괘 이효는 56살, …, 귀매괘 오효는 59살, 규괘 상효는 60살의 운이 된다. 따라서 64괘 중에 38번째 괘인 규괘 상효(104~106쪽)를 찾아가 「세운을 만나면」을 읽으면 60살의 운이 된다.

③ 월운의 예

60살의 2월달 운은 규괘 상효에 속한다. 그러므로 규괘 상효의 도표 중에 105쪽에 있는 「월괘」도표를 참조하면 된다. 2월달의 괘는 몽괘 4효에 해당하므로, 몽괘 4효난을 찾아 「세운을 만나면」을 참조하면 된다. 단 여기서 말하는 2월은 절기력 상으로 볼 때의 2월이므로, 경칩부터 청명의 직전까지를 의미한다.

④ 일운의 예

60살의 음력 2월 5일의 운은 몽괘 사효에 속한다. 그러므로 몽괘 사효의 도표 중에 『하락리수 中』 75쪽에 있는 「일괘」도표를 활용한다.
60살은 2022년(임인년)에 해당하고, 2월의 절기인 경칩은 양력 3

월 5일 0시에 들어오며, 3월의 절기인 청명은 양력 4월 5일 4시에 들어오므로, 그 기간이 748시간(31일×24+4시간)이다. 이를 30효로 나누면 한 효당 약 24.93(=24시 56분)시간을 맡게 된다.

따라서 환괘 초효는 3월 5일 0시부터 6일 56분까지를 맡고, 환괘 2효는 6일 57분부터 7일 1시 52분까지를 맡으며, 환괘 3효는 7일 1시 52분부터 8일 2시 48분까지를 맡고,…. 음력 2월 5일은 양력으로 3월 7일에 해당하므로, 환괘 2효의 끝과 환괘 3효를 다 마치기 전의 운에 해당한다.[23]

---

[23] 대유학당에 의뢰하면 1년의 일운(년운 월운 포함)을 담은 개인운세력을 구매할 수 있다(가격 30,000원).

2장. 가상례

☐ 1969년 8월 21일 오전 4시에 태어난 홍길동(남자)의 운은?

(1) 사주를 얻고 천수와 지수를 얻음

만세력에 의해 사주를 뽑아보면, 1969년은 기유己酉년이고, 8월은 계유癸酉(생월이 8월의 절기인 백로와 9월의 절기인 한로 사이에 있음)이며, 21일은 경술庚戌일이고, 4시는 시 일으키는 표에 의하면 무인戊寅이 된다. 이를 도표로 하면 다음과 같다.

時		日		月		年	
戊	1	庚	3	癸	2	己	9
寅	3·8	戌	5·10	酉	4·9	酉	4·9

※ 천수:1+3+9+3+5+9+9=39 지수:2+8+10+4+4=28

(2) 천수와 지수로 괘를 지음

천수는 39이므로 기준수인 25를 빼면 14가 되고, 다시 앞의 10자리 수 1을 빼면 4가 남는다. 지수는 28이므로 앞의 10자리수 2를 빼면 8이 남는다.

남자가 기유년(음년)에 태어났으므로 음남이다. 따라서 지수로 얻은 간(8艮)이 상괘가 되고, 천수로 얻은 손(4巽)이 하괘가 된다. 「64괘 환산표」에 의하여 「고·18」을 얻는다.

(3) 원당효를 얻는다

고괘(䷑)는 양효(━)가 셋이고 음효(╍)가 셋인 괘인데, 태어난 시가 상육시에 해당하므로 삼양괘(三陽卦)의 원당효를 일으키는 법에 의해 상효에 원당이 있게 된다.

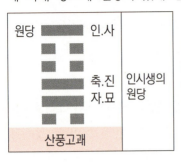

양시(자·축·인·묘·진·사시)에 태어났고 삼양괘에 해당하므로, 이효부터 위로 양효에 시지(時支)를 붙인후 다시 한번더 반복하여 시지를 붙인다.

(4) 대상운을 알기 위해 선천괘와 후천괘를 구한다.

이미 고괘 상효를 원당으로 하는 선천괘는 구해졌다. 후천괘로 바뀌는 법에 의해 해도 좋지만, 본 책을 활용하면 더욱 쉽게 구할 수 있다. 즉 18번째 괘인 고괘를 목차에서 찾아 상효항의 선천괘·후천괘 도표를 찾아 읽으면 된다.

선천괘인 고괘 상구효부터 차례로 위로 나아가면서 운을 잡는다.
1살부터 45살까지를 마치면 46살부터는 후천괘인 관괘로 운이 넘어간다.

이렇게 찾으면 후천괘는 관괘이고, 원당효는 삼효에서 시작한다는 것을 알 수 있다. 또 대상운도 각 효마다 자세히 나와있는 것을 참조하며 운을 풀어갈 수 있다.

(5) 운명을 판단하는 12개의 기준에 맞춰본다.
① 괘명이 길한가? △

고괘는 안정된 것이 무너지고 혼란기의 일이 많이 생기는 괘로, 일을 잘 처리하면 혼란과 고통을 겪은 뒤에 영광이 찾아오지만, 그렇지 못한 경우 많은 고생과 혼란을 겪어야 하므로, 그렇게 좋은 괘로는 볼 수 없다.24)

② 효의 자리가 길한가? ×

중을 얻은 오효나 이효도 아니고, 크게 활동하는 삼효나 사효도 아니므로 좋은 편은 아니다.

③ 효사가 길한가? ○

효사에는 명예보다는 실질적인 일을 더 좋아하고, 자신에게 오는 칭송과 공로는 멀리한다고 하였으니, 뜻이 있고 덕이 있는 사람에게는 길하다.25)

④ 때를 얻었는가? ×

8월은 관괘(䷓)에 해당하고, 8월의 월괘에도 해당하지 않으며, 후

---

24) 본책(『하락리수 中』)에서는 309쪽부터 고괘가 설명되어 있다.

25) 고괘 상효 324~326쪽 참조.

괘에도 해당하지 않는다. (이 책의 60~61쪽 참조)

⑤ 응원하는 효가 있는가? △

원당효가 있는 상효는 양효인데, 그 응효인 삼효도 양효이므로 응원지를 못한다. 다만 고괘는, 『하락리수 中』310쪽에 "※ 손궁의 귀혼괘로 삼공에 해당한다. 구삼효(삼공)가 세효(世爻)가 되고, 종묘에 해당하는 상구효는 응효가 된다. 응효인 상구효는 양효가 음자리에 있어 제자리가 아닌데다, 구삼효와 음양으로 응하지도 못하고 있으므로 어렵고 막힘이 많게 된다. 그러나 구삼효의 지지인 유(酉金)가 상구효의 지지인 인(寅木)을 극하여 바르게 만들면 좋게 되는 뜻이 있다. 따라서 이 괘는 처음에는 힘들고 어렵다가 나중에는 풀리게 되는 괘상이다."라고 설명이 되어 있듯이 처음에는 어렵고 힘들지만, 자신의 마음을 고쳐먹고 심신을 깊이 수양하는 고통끝에 풀리는 뜻이 있다.

⑥ 수가 때에 순한가? ×

천수는 39이고 지수는 28이다. 천수와 지수의 관계에 있어서 천수는 많고 지수는 적어야 좋게 되나, 8월에 태어난 사람이므로 천수는 18~25(18정도가 좋음)가 적당하고, 지수는 31~42(40정도가 좋음)가 적당하다. 그런데 거꾸로 천수가 많고 지수가 적으니 때에 순한 것은 아니다.

⑦ 괘체를 얻었는가? ○

일주가 경술庚戌일이므로, 천간인 경은 금체金體에 속하는데 간과 손을 얻었으므로 득체한 것이 아니며(『하락리수 上』 158~162쪽 참조), 지지인 술戌은 토체土體에 속하는데 상괘에 간을 얻었으니, 득체한 것이 된다. 운이 상괘를 행할 때 특히 좋다.

⑧ 자리가 마땅한가(當位)? ×

8월생이므로 음령(하지부터 동지 사이)에 태어난 것이다. 원당효가 양효에 있으므로 당위는 아니다.

⑨ 이치에 합당한가(원기)? ×

㉠ 기유년에 태어난 사람은 리괘(己:☲)와 태괘(酉:☱)가 원기인데, 내호괘에 태괘가 하나 있고, 오히려 반원기인 상괘 간(☶)을 얻었으므로 천원기와 지원기를 얻었다고 볼 수 없다.

※ 蠱卦 납갑표

㉡ 고괘의 납갑은 옆의 도표와 같은데, 태어난 해의 간지인 기유년이 납갑에 없으므로 서로 합치되지는 않는다.
㉢ 생년의 간지를 육십갑자 납음오행으로 보면 토(大驛土)인데 상괘는 토(☶)로 같은 기운이지만, 하괘는 목(☴)으로 오히려 극한다(木克土). ㉠㉡㉢ 중에 하나만 얻어도 원기가 있다고 보는데, 하나도 얻지 못했으므로 원기가 없는 것이다.

⑩ 이치에 합당한가(화공)? ×

추분부터 동지 사이는 태(☱)가 화공인데, 내호괘에 태가 있으므로, 미약하나마 화공이 있다. 그러나 하괘에 반화공인 손(☴)이 있으므로 큰 역할을 하지 못한다. 가끔씩 도움이 있더라도, 이를 방해하는 힘이 더 크다고 볼 수 있다.

⑪ **중종(衆宗)효인가? △**

고괘에는 중종효衆宗爻도 중질효衆疾爻도 없으므로 해당이 안된다.

⑫ **태어난 달이 양령일 때 천수의 나머지수가 홀수인가? 음령일 때 지수의 나머지 수가 짝수인가? ○**[26]

천수의 나머지수가 짝수(4)이므로 좋지 않으나, 태어난 달인 8월은 음령에 해당하므로 상관이 없다. 반면에 지수의 나머지수는 음령일 때 짝수(8)이므로 좋다.

이상의 12가지 질문에서 3가지를 얻고, 6가지는 얻지 못했으며, 3가지는 길하지도 흉하지도 않게 되었으니, 귀한 운이라고 할 수는 없다. 더욱이 천원기와 지원기가 없고, 화공을 얻지 못했으며, 천수와 지수도 때를 얻지 못했으므로 크게 잘되기는 어렵다. 다만 원당이 있는 상효는 큰 욕심을 부리지 않는 효에 해당하므로, 순리에 자신을 맡기고 결과를 빨리 보려고 하지 않으면 그런대로 살 운이다.

이상이 선천괘로 본 운명의 대강이다.

---

26) 태어난 달이 양령일 때 천수의 나머지수가 짝수이거나, 음령일 때 지수의 나머지수가 홀수이면 좋지 않게 본다.

(6) 유년괘의 운을 살핀다.

예를 들어 29살(1997년)의 운을 알고자 한다면, 25~33살까지는 고괘(선천괘)의 삼효운에 해당한다.

본 책에서 고괘 삼효항을 찾아가면, 효사에 "구삼은 아버지의 일을 주관함이니, 조금 뉘우침이 있으나 큰 허물은 없으리라. 상에 말하기를 '아버지의 일을 주관함'은 마침내 허물이 없느니라."고 하였고, 세운을 만나면 "세운을 만나면 벼슬한 사람은 너무 지나치게 새로운 것을 세우고 주장하는 허물이 있고, 일반인과 선비는 어긋나고 조급함으로 인한 실수를 잘 고쳐야 한다. 대개 왕도(王道)를 힘써 행하고, 간사한 말을 믿지 않아야 후회를 면할 수 있다."고 하였으니, 자신의 주장을 너무피거나 성급히 결단함을 피하고, 잘 실피고 신중히 생각한 후에 일처리하는 습관을 길러야 한다.

※ 이상의 내용은 25~33살까지의 대상운이다.

다시 더 세분하여 29살의 운을 살피려면, 25살되는 해가 음년(음년에 태어났으므로, 홀수살에 음년을 맞게 된다)이므로, 년운을 말하는 두 도표 중에 음년일 경우의 도표를 활용한다.

◆ 음년(을·정·기·신·계년)일 경우

몽(4)	사(7)	승(46)	항(32)	대과(28)	구(44)	건(1)	동인(13)	무망(25)
1	2	3	4	5	6	7	8	9

위의 도표에서 보듯이 25살이 몽괘 삼효운, 26살이 사괘 상효운, 27살이 승괘 삼효운, 28살이 항괘 사효운, 29살이 대과괘 오

효운이 된다. 대과괘는 64괘 중 28번째 괘이므로, 앞의 목차에서 대과괘를 찾아 오효항을 보면 29살의 운을 알 수 있다.

대과괘 구오 효사에 "구오는 마른 버들이 꽃을 피우며 늙은 지어미가 젊은 지아비를 얻음이니, 허물이 없으나 명예도 없으리라. 상에 말하기를 '마른 버들이 꽃을 핀 것'이 어찌 오래갈 수 있으며, '늙은 지어미와 젊은 지아비'도 또한 추한 것이다"고 하였다. 따라서 새로이 생기는 것(특히 결혼 운)이 있어 좋으나, 썩 마음에 내키는 것은 아닌 운이다. 또 원기와 화공이 서로 상반되므로, 길함과 흉함이 반복되는 형상이 된다.

(7) 년운 중 월운을 살핀다

29살의 운은 대과괘 구오효인데, 29살의 운 중에서 10월달의 운을 알고 싶을 때는 다시 대과괘 구오효 항의 「◆ 월괘」 항을 살펴보면 된다.

◆ 월괘

구·44	송·6	건·1	소축·3	동인·13	리·30	무망·25	수·16	익·42	관·20	이·27	손·41
1월	2월	3월	4월	5월	6월	7월	8월	9월	10월	11월	12월

즉 위의 도표에서 10월의 운은 관괘(☷) 초효임을 알 수 있다. 효사에 "초육은 어린 아이의 봄이니, 소인은 허물이 없고 군자는 인색하리라. 상에 말하기를 초육의 '어린 아이의 봄'은 소인의 도이다."고 하였으며, 세운을 만나면(『하락리수 中』 348쪽)에 "벼슬

한 사람은 운신폭이 좁고 지위를 유지하기 어렵다. 선비는 등용이 계속 지연되며, 일반인은 급하게 일을 꾀하나 결과는 늦게 오니, 기교를 부리다가 잘못되게 된다. 몽매해서 제대로 살피지 못하는 어린애와 같으니, 소인의 어리석은 일처리를 방비해야 한다."고 하였으니, 좀더 신중한 결정을 할 필요가 있다.

더욱이 상괘인 손(☴)은 반화공과 반원기에 해당하니, 지난 일이 잘못되지 않도록 방비하면서, 새로운 일을 벌이지 않는 것이 좋다.

(8) 월운 중 일운을 살핀다

29살의 10월달 운은 관괘 초효이다. 이를 더 세분해서 일운을 알고 싶으면, 「◆ 일괘」항(347쪽)을 살펴보면 된다.

(9) 후천괘의 운을 살핀다

앞서 살폈듯이 46살부터는 후천괘로 운이 넘어간다. 「길흉판단 12가지 기준표」에 맞춰보면,

① 괘명이 길한가? △

관괘는 모든 것을 남의 위에서 잘 살펴보는 괘로, 학문과 명예 등을 성취하여 우러름을 받게 된다. 이사람은 선천괘에서 고괘를 받았으므로, 어렵고 혼란스러운 과정을 겪고 성취를 이루는 운이 된다.

② 효의 자리가 길한가? ○

중을 얻은 오효나 이효는 아니지만, 크게 활동하는 삼효나 사효에 속하며, 특히 선천괘에서는 크게 활동하지 못하는 상효(宗廟자리)에 있다가, 후천괘로 와서 삼공의 자리로 높게 되었으니 크게 좋게 된 것이다. 다만 양효가 음효로 된 것이 흠이지만, 태어난 때가 음월령에 해당하므로 오히려 당위가 된다.

③ 효사가 길한가? △

괘사는 여러 사람의 위에서 잘 살펴는 서 일처리를 하는 괘라고 하였고, 효사에는 "육삼은 나의 생김새(행동 및 치적)를 관찰해서 나아가고 물러나도. 상에 말하기를 '나의 생긴 것을 봐서 진퇴'하니 도를 잃지 않은 것이다."고 하였으니, 자신의 능력과 처지를 잘 살펴서 분수에 맞게 행동하는 운이 된다.

④ 때를 얻었는가? ○

8월은 관괘(☷)에 해당하는데, 같은 관괘를 얻었으므로, 때를 얻은 것이다.

⑤ 응원하는 효가 있는가? ○

원당효가 있는 삼효가 음효인데, 그 응효인 상효는 양효이므로 응원하는 효가 있다.

⑥ 수가 때에 순한가? ×

선천괘와 같다.

⑦ 괘체를 얻었는가? ○

일주가 경술(庚戌)일이므로, 천간인 경은 금체(金體)에 속하고 하괘인 곤(☷)을 얻었으니, 득체(得體)한 것이 되어 복과 경사가 있으며, 지지인 술은 토체(土體)에 속하고 하괘인 곤을 얻었으니, 득체한 것이 되어 두터운 덕으로 만물을 기르고 키우는 일에 좋게 된다.

⑧ 자리가 마땅한가(當位)? ○

8월생이므로 하지 이후에 태어난 것이다. 하지부터 동지까지는 음령인데, 원당효가 음효에 있으므로 당위가 된다.

⑨ 이치에 합당한가(원기)? ×

㉠ 기유년에 태어난 사람은 리(☲)와 태(☱)가 원기인데(천원기:己가 離를 얻음, 지원기:酉가 兌를 얻음), 본괘에는 원기가 없다. 오히려 상괘에 반원기인 손(☴)이 있으므로 좋지 않은 것이다.

※ 觀卦 납갑표

㉡ 관괘의 납갑은 옆의 도표와 같은데, 태어난 해의 간지인 기유년이 납갑에 없으므로 서로 합치되지는 않는다.

㉢ 생년의 간지를 육십갑자 납음오행으로 보면 토(大驛土)인데 상괘에 손(☴)이 있어서 오히려 생년의 간지를 극하므로(木克土) 좋지 않다.

⑩ 이치에 합당한가(화공)? ×

추분부터 하지 사이는 태(☱)가 화공인데, 오히려 상괘인 손이 반 화공으로 있다.

⑪ **중종(衆宗)효인가? △**
관괘에는 중종효衆宗爻도 중질효衆疾爻도 없으므로 해당이 안된다.

⑫ **태어난 달이 양령일 때 천수의 나머지수가 홀수인가? 음령일 때 지수의 나머지 수가 짝수인가? ○**
※ 선천괘와 같다.

이상의 12가지 질문에서 6가지를 얻고, 3가지는 얻지 못했으며, 3가지는 길하지도 흉하지도 않게 되었으니, 길한 운이라고 할 수 있다. 다만 원기와 화공이 없어서 크게 떨쳐 일어나지는 못한다. 특히 선천괘에 비해서 효의 자리 및 이치가 크게 길해졌으므로, 모든 일에 원만함과 경륜을 쌓은 힘이 붙는다고 볼 수 있다.

이상의 내용을 「하락리수 명운표」를 이용하여 요약해 놓으면, 한눈에 쉽게 운을 판단할 수 있다. 위의 예를 「하락리수 명운표」에 기록하면 다음과 같다.

하락리수 명운표

성명	홍길동	납음명	大驛土	√음 양	√남 녀

	時		日		月		年			합	나머지	괘	적당한수
戊	1	庚	3	癸	2	己	9	천수	39	4		18
寅	3·8	戌	5·10	酉	4·9	酉	4·9	지수	28	8		40

선천괘(고) / 후천괘(관)

명	괘	나이	명	괘	나이
●		1~9			67~75
		40~45			58~66
		34~39			52~57
		25~33	●		46~51
		16~24			82~87
		10~15			76~81

도천괘 / 배합괘 / 도전괘 / 배합괘

화공( ), 원기(,), 가유 (,)

12조건	선천			후천		
	O	△	×	O	△	×
1 괘명(괘사)		O			O	
2 효의 자리				O	O	
3 효사	O				O	
4 득시(得時)				O	O	
5 응원효		O			O	
6 때에 순한가			O			O
7 괘체	O				O	
8 당위(當位)				O	O	
9 원기			O			O
10 화눙			O			O
11 증증효		O			O	
12 나머지수	O			O		
합계	3	3	6	6	3	3

대상괘 / 유년괘

괘(고)	몽(4)	사(7)	승(46)	항(32)	대과(28)	구(44)	건(1)	동인(13)	무망(25)
나이(25~33)	25	26	27	28	29	30	31	32	33

년괘 / 월괘

괘(대과)	구·44	송·6	간·1	소축·9	둔·13	리·30	무망·25	수·17	익·42	관·20	이·27	손·41
29살	1월	2월	3월	4월	5월	6월	7월	8월	9월	10월	11월	12월

2장 가상례

「하락리수 명운표」를 작성하는 요령은 다음과 같다.

① **납음명** : 60간지 납음오행에서 자신이 태어난 해의 간지를 찾아 적는다(원기의 유무를 결정할 때 필요하다).

② **음양남녀** : 태어난 해의 간지가 음 또는 양인가를 가리고, 남녀를 구분해서 표시한다(괘의 상하를 가릴 때, 그리고 대상운의 음양을 가릴 때 쓰인다).

③ **년월일시** : 사주를 뽑고 그에 맞는 숫자를 쓴다(종합한 수는 괘를 지을 때, 년주는 원기를 판단할 때, 월주는 화공을 판단할 때, 일주는 괘체를 판단할 때, 시주는 원당을 잡을 때 등에 쓰인다).

④ **천수와 지수** : 괘를 지을 때 필요하다(또 천수와 지수의 합은 적당한 수와 더불어 때에 순한가를 판단할 때, 나머지수는 나머지수를 판단할 때 쓰인다).

⑤ **선천괘와 후천괘** : 가장 중요한 난으로, 평생의 운을 알 수 있다(원당효부터 운이 시작하여 각 나이에 해당하는 운을 알 수 있으며, 원당효를 활용하여 '효의자리, 효사, 응원효, 당위'등을 판단한다. 괘를 보고 화공 및 원기의 유무를 알고, 아울러 도전괘와 배합괘를 알아낸다).

⑥ **12조건** : 선천괘와 후천괘의 조건을 분석함으로써, 평생의 운이 순탄 또는 어려울 것인가의 여부를 판단한다. (6번과 12번 조건은 선

천괘와 후천괘가 같다).

⑦ **대상괘와 유년괘** : 선천괘와 후천괘 중에서 현재 알고싶은 나이대의 운을 판별하는데 쓰인다(양효는 9년, 음효는 6년운으로 구성되며, 해당하는 년괘의 구성을 보고 9년 또는 6년운의 흐름을 판별한다).

⑧ **년괘와 월괘** : 대상운 중에서 현재 알고 싶은 나이의 운을 판별하는데 쓰인다(1년은 12개월로 구성되며, 1월 2월… 등은 모두 절기력으로 본 것이다. 1년의 운이 각 해당하는 달마다 어떻게 전개될 것인지를 알 수 있다).

특히 화공과 원기, 도전괘와 배합괘 등은, 선천괘와 후천괘는 물론이고, 대상괘 년괘 월괘 일괘 등과도 관련여부를 따져서 운의 길흉여부를 결정한다.

중요한 일이 있을 경우에는, 해당하는 년월일에 대한 여러 조건(특히 화공과 원기)을 모두 따져서 판단하여야 정확한 운을 알 수 있다.

그 외에는 해당하는 괘의 「세운을 만나면」의 글귀만으로 판별하여도 큰 상관이 없다.

3장. 도표모음

☐ 사주를 뽑는다.

※ 시간 지지(地支) 숫자 환산표

숫자	1	2	3	4	5	6	7	8	9	10	11	12
시간	23~1	1~3	3~5	5~7	7~9	9~11	11~13	13~15	15~17	17~19	19~21	21~23
지지	자	축	인	묘	진	사	오	미	신	유	술	해

※ 시 일으키는 법

시 / 일	子시	丑시	寅시	卯시	辰시	巳시	午시	未시	申시	酉시	戌시	亥시
甲·己일	갑자	을축	병인	정묘	무진	기사	경오	신미	임신	계유	갑술	을해
乙·庚일	병자	정축	무인	기묘	경진	신사	임오	계미	갑신	을유	병술	정해
丙·辛일	무자	기축	경인	신묘	임진	계사	갑오	을미	병신	정유	무술	기해
丁·壬일	경자	신축	임인	계묘	갑진	을사	병오	정미	무신	기유	경술	신해
戊·癸일	임자	계축	갑인	을묘	병진	정사	무오	기미	경신	신유	임술	계해

※ 절기표

월	절기	계월(四季)	월	절기	계월(四季)
정월(寅)	입춘~경칩		7월(申)	입추~백로	
2월(卯)	경칩~청명		8월(酉)	백로~한로	
3월(辰)	청명~입하	입하전 18일	9월(戌)	한로~입동	입동전 18일
4월(巳)	입하~망종		10월(亥)	입동~대설	
5월(午)	망종~소서		11월(子)	대설~소한	
6월(未)	소서~입추	입추전 18일	12월(丑)	소한~입춘	입춘전 18일

2 사주에 수를 붙인다.

(1) 천간수(天干數)

※ 천간의 숫자 환산표

천간	갑	을	병	정	무	기	경	신	임	계	중앙
수	6	2	8	7	1	9	3	4	6	2	5

(2) 지지수(地支數)

※ 지지의 숫자 환산표

지지	자	축	인	묘	진	사	오	미	신	유	술	해
수	1 6	5 10	3 8	3 8	5 10	2 7	2 7	5 10	4 9	4 9	5 10	1 6

3장 도표모음

③ 천수와 지수에서 얻은 나머지수로 괘를 짓는다

① 일반적인 수(1,2,3,4,6,7,8,9)

수	1	2	3	4	5	6	7	8	9
괘	감	곤	진	손	·	건	태	간	리

② 중앙수(5)

다만 5가 나머지수로 나왔을 때는 아래의 도표에서와 같이 상원·중원·하원 및 음양남녀를 가려서 곤괘(☷)·간괘(☶)·태괘(☱)·리괘(☲) 중에 하나를 정한다.

삼원	상원	중원	하원	상원	중원	하원	상원	중원	하원
년도	1504~1563	1564~1623	1624~1683	1684~1743	1744~1803	1804~1863	1864~1923	1924~1983	1984~2043
양남	간괘	간괘	리괘	간괘	간괘	리괘	간괘	간괘	리괘
음남	간괘	곤괘	리괘	간괘	곤괘	리괘	간괘	곤괘	리괘
양녀	곤괘	곤괘	태괘	곤괘	곤괘	태괘	곤괘	곤괘	태괘
음녀	곤괘	간괘	태괘	곤괘	간괘	태괘	곤괘	간괘	태괘

④ 양음남녀를 가려서 상괘와 하괘를 정하고 평생괘(대성괘)를 얻는다.

양명의 男 • 음명의 女	천수→상괘	지수→하괘
음명의 男 • 양명의 女	지수→상괘	천수→하괘

※ 64괘 환산표(괘명 옆에 있는 숫자는 괘의 순서이다)

상괘 하괘	1 坎	2 坤	3 震	4 巽	6 乾	7 兌	8 艮	9 離
1坎	감·29	사·7	해·40	환·59	송·6	곤·47	몽·4	미제·64
2坤	비·8	곤·2	예·16	관·20	비·12	취·45	박·23	진·35
3震	둔·3	복·24	진·51	익·42	무망·25	수·17	이·27	서합·21
4巽	정·48	승·46	항·32	손·57	구·44	대과·28	고·18	정·50
6乾	수·5	태·11	대장·34	소축·9	건·1	쾌·43	대축·26	대유·14
7兌	절·60	림·19	귀매·54	중부·61	리·10	태·58	손·41	규·38
8艮	건·39	겸·15	소과·62	점·53	돈·33	함·31	간·52	려·56
9離	기제·63	명이·36	풍·55	가인·37	동인·13	혁·49	비·22	리·30

3장 도표모음

5 평생괘에 원당효를 정한다.

① 상육시(자·축·인·묘·진·사)에 태어난 사람의 납갑 및 원당효

㉠ 일양괘(一陽卦)를 얻었을 경우의 예

일양괘는 양효가 하나이므로, 양효에 자·축이 기거하고, 제일 아래에 있는 음효부터 인·묘·진·사가 차례로 기거한다.
-* 인시생은 초효, 묘시생은 삼효, 진시생은 사효, 사시생은 오효가 원당이다.

㉡ 이양괘(二陽卦)를 얻었을 경우

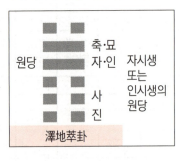

이양괘는 양효가 둘이므로 둘 사이를 자·축·인·묘의 네 시가 차례로 왕복한 후, 제일 아래에 있는 음효부터 위로 올라가며 진시와 사시가 기거한다.
* 축시 또는 묘시생은 오효, 진시생은 초효, 사시생은 이효가 원당이다.

ⓒ 삼양괘(三陽卦)를 얻었을 경우

삼양괘는 단지 양효만 왕래하고 음효에 기거하지는 않는다.
* 축시 또는 진시생은 사효, 인시 또는 사시생은 상효가 원당이다.

ⓔ 사양괘(四陽卦)를 얻었을 경우

사양괘는 먼저 양효부터 완전히 행한 다음에 음효에 기거한다.
* 축시생은 삼효, 인시생은 오효, 묘시생은 상효, 진시생은 초효, 사시생은 사효가 원당이다.

ⓜ 오양괘(五陽卦)를 얻었을 경우

오양괘 역시 먼저 양효를 완전히 행한 다음에 음효에 기거한다.
* 축시생은 삼효, 인시생은 사효, 묘시생은 오효, 진시생은 상효, 사시생은 이효가 원당이다.

㈏ 육양괘(六陽卦:純陽卦)를 얻었을 경우

※ 남자가 얻었을 경우 ⋯▶ 상육시에 태어난 사람

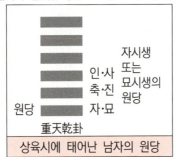

남자가 중천건괘를 얻고, 상육시(자·축·인·묘·진·사)에 태어난 사람은, 하괘를 아래로부터 위로 중복되게 원당이 있게 된다.
* 축시 또는 진시생은 이효, 인시 또는 사시생은 삼효가 원당이다.

※ 남자가 얻었을 경우 ⋯▶ 하육시에 태어난 사람

남자가 중천건괘를 얻고, 하육시(오·미·신·유·술·해)에 태어난 사람은, 상괘를 아래로부터 위로 중복되게 원당이 있게 된다.
* 미시 또는 술시생은 오효, 신시 또는 해시생은 상효가 원당이다.

※ 여자가 얻었을 경우 ⋯ 동지부터 하지의 사이에 태어난 사람

만약 여자가 육양괘(중천건괘)를 얻었는데, 동지부터 하지의 사이라면, 위로부터 아래로 내려오며 원당이 기거한다.

단 상육시(자·축·인·묘·진·사)에 태어난 여자는 상괘를 중복해서 위로부터 아래로 내려오고, 하육시(오·미·신·유·술·해)에 태어난 여자라면 하괘를 중복해서 위로부터 아래로 내려오며 원당이 있게 된다.

※ 여자가 얻었을 경우 ⋯ 하지부터 동지의 사이에 태어난 사람

만약 육양괘를 얻은 여자가 하지부터 동지사이에 태어났다면, 반대로 아래로부터 위로 올라가며 원당이 기거한다.

즉 상육시(자·축·인·묘·진·사)에 태어난 여자는 하괘를 중복해서 아래로부터 위로 올라가고, 하육시(오·미·신·유·술·해)에 태어난 여자는 상괘를 중복해서 아래로부터 위로 올라가며 원당이 있게 된다.

② 하육시(오미신유술해)에 태어난 사람의 납갑 및 원당효

㉠ 일음괘(一陰卦)를 얻었을 경우의 예

일음괘에서는 오·미의 두 시를 함께 음효자리에 두고, 신시부터 제일 아래에 있는 양효부터 차례로 양효자리에 기거한다.
* 신시생은 초효, 유시생은 이효, 술시생은 삼효, 해시생은 오효가 원당이다.

㉡ 이음괘(二陰卦)를 얻었을 경우

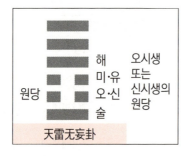

이음괘는 음효가 둘이므로 두 효 사이를 오·미·신·유시가 차례로 왕복한 후, 제일 아래에 있는 양효부터 술시와 해시가 차례로 기거한다.
* 미시 또는 유시생은 삼효, 술시생은 초효, 해시생은 사효가 원당이다.

㉢ 삼음괘(三陰卦)를 얻었을 경우

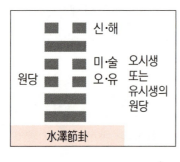

삼음괘는 단지 음효만 왕래하고 양효에는 기거하지 않는다.
* 미시 또는 술시생은 사효, 신시 또는 해시생은 상효가 원당이다.

㉣ 사음괘(四陰卦)를 얻었을 경우

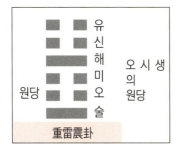

사음괘는 먼저 음효부터 완전히 행한 다음에 양효에 기거하게 된다.
* 미시생은 삼효, 신시생은 오효, 유시생은 상효, 술시생은 초효, 해시생은 사효가 원당이다.

㉤ 오음괘(五陰卦)를 얻었을 경우

오음괘 역시 먼저 음효를 완전히 행한 다음에 양효에 기거한다.
* 미시생은 이효, 신시생은 삼효, 유시생은 오효, 술시생은 상효, 해시생은 사효가 원당이다.

ⓑ 육음괘(六陰卦:純陰卦)를 얻었을 경우

※ 여자가 얻었을 경우 … ▶ 상육시에 태어난 사람
　여자가 중지곤괘를 얻고, 상육시(자·축·인·묘·진·사)에 태어났다면, 하괘를 아래로부터 위로 중복되게 왕래하면서 원당이 있게 된다.

重地坤卦 (원당·축·진·인·사·자·묘)	자·묘시생의 원당. 축·진시생은 이효, 인·사시생은 삼효가 원당이다.	重地坤卦 (원당·인·사·축·진·자·묘)	축·진시생의 원당. 자·묘시생은 초효, 인·사시생은 삼효가 원당이다.
상육시에 태어난 여자의 원당		상육시에 태어난 여자의 원당	

※ 여자가 얻었을 경우 … ▶ 하육시에 태어난 사람
　여자가 중지곤괘를 얻고, 하육시(오·미·신·유·술·해)에 태어났다면, 상괘를 아래로부터 위로 중복되게 왕래하면서 원당이 있게 된다.

重地坤卦 (원당·신·해·미·술·오·유)	오·유시생의 원당. 미·술시생은 오효, 신·해시생은 상효가 원당이다.	重地坤卦 (원당·오·유·미·술·신·해)	미·술시생의 원당. 신·해시생은 상효, 오·유시생은 사효가 원당이다.
하육시에 태어난 여자의 원당		하육시에 태어난 여자의 원당	

※ 남자가 얻었을 경우 … 하지부터 동지사이에 태어난 사람

남자가 육음괘(중지곤괘)를 얻고, 하지부터 동지사이에 태어났다면, 위로부터 아래로 내려가며 원당이 있게 된다.

단 상육시(자·축·인·묘·진·사)에 태어난 남자는 상괘를 위로부터 아래로 중복되게 왕래하면서 원당이 있고, 하육시(오·미·신·유·술·해)에 태어난 남자는 하괘를 중복하며 왕래하면서 위로부터 아래로 원당이 있게 된다.

상육시에 태어난 남자의 원당	하육시에 태어난 남자의 원당
원당 ▪▪ 자·묘 자시 또는 ▪▪ 축·진 묘시생의 ▪▪ 인·사 원당. ▪▪ 축·진시생은 ▪▪ 오효가, ▪▪ 인·사시생은 重地坤卦 사효가 원당이다	▪▪ 오시 또는 ▪▪ 유시생의 ▪▪ 원당. 원당 ▪▪ 오·유 미·술시생은 ▪▪ 미·술 이효가, ▪▪ 신·해 신·해시생은 重地坤卦 초효가 원당이다

※ 남자가 얻었을 경우 … 동지부터 하지사이에 태어난 사람

남자가 육음괘를 얻고 동지부터 하지사이에 태어났다면, 먼저번 여자의 예에서처럼 아래로부터 위로 올라가며 원당이 있게 된다.

즉 상육시(자·축·인·묘·진·사)에 태어난 남자는 하괘를 아래로부터 위로 중복되게 왕래하면서 원당이 있고, 하육시(오·미·신·유·술·해)에 태어난 남자는 상괘를 중복하며 왕래하면서 아래로부터 위로 원당이 있게 된다.

상육시에 태어난 남자의 원당	하육시에 태어난 남자의 원당
▪▪ 자시 또는 ▪▪ 묘시생의 ▪▪ 원당. ▪▪ 인·사 축·진시생 ▪▪ 축·진 은 이효가, 원당 ▪▪ 자·묘 인·사시생 重地坤卦 은 삼효가 원당이다.	▪▪ 신·해 오시 또는 ▪▪ 미·술 유시생의 원당 ▪▪ 오·유 원당. ▪▪ 미·술시생은 ▪▪ 오효가, ▪▪ 신·해시생은 重地坤卦 상효가 원당이다.

4장. 괘를 해석하는 법

① 12가지 조건에 맞추어 평생의 운을 알아낸다.

② 선천괘와 후천괘를 얻고, 대상운을 알아내며, 년운 월운 일운을 알아낸다.

③ 선천괘와 후천괘는 물론, 대상괘 년괘 월괘 일괘 등에서도 화공과 원기 등 12가지 조건을 맞춰서 자세한 운을 살핀다.

④ 운에 따른 피흉취길의 행동을 한다.

① 12가지 조건에 맞추어 평생의 운을 알아낸다

① 괘명(괘사)이 길한가?

괘명 또는 괘사로 판단하되, 각 괘의 괘명부터 초효의 효사 직전까지의 글로써 그 좋고 나쁨을 결정한다. 예를 들어 수지비괘(8)의 경우에는 『하락리수 中』 134쪽부터 150쪽까지의 내용으로 결정한다.

② 효의 자리가 길한가?

임금자리인 오효, 또는 신하자리 중에서도 중을 잡은 이효는 길하고, 삼효나 사효는 중간이며, 초효나 상효는 좋지 않다. 『하락리수 上』 143쪽부터 146쪽에 설명되어 있음.

③ 효사가 길한가?

효사의 내용으로 좋고 나쁨을 나눔. 잘 판단이 서지 않을 경우는 각 효를 설명하는 글 중에서 「총괄해서 판단하면」의 내용(특히 '세운을 만나면'의 내용을 중시한다)과 「글귀로 판단하면」의 내용을 참조한다.

예를 들어 수지비괘 초효인 경우는 『하락리수 中』 136쪽부터 138쪽의 내용을 살피되, 138쪽 중에 '세운을 만나면(10째줄부터)'의 항목을 중시하여 살핀다.

④ 때를 얻었는가(得時)?

㉠12월 소식괘 또는 ㉡월괘(月卦)를 얻음. 예를 들어 9월에 박괘를 얻음, 11월에 복괘를 얻음. 『하락리수 上』 129쪽(월괘) 또는 192쪽부터(12월 소식괘 및 후괘)에 설명이 되어 있다. 뒤의 월괘표 및 후괘표 참조.

월괘를 얻은 것에는, 생월이 ㉢후괘와 일치하는 사람도 포함한다.
태어난 달과 월괘가 합치되는 사람은, 월괘를 얻었다 하며, 부귀와 공명을 누린다. 예를 들어 3월에 태어난 사람의 평생괘가 리(10)·쾌(43)·정(48)·환(59)괘 중에 하나이면 월괘를 얻었다 한다.

4장 괘를 해석하는 법

※ 월괘표(8궁괘차도 참조)

태어난 달	괘월
1월(입춘)	태(11)·동인(13)·대유(14)·고(18)·함(31)·항(32)·점(53)·기제(63)
2월(경칩)	송(6)·무망(25)·대과(28)·대장(34)·진(35)·규(38)·혁(49)·소과(62)
3월(청명)	리(10)·쾌(43)·정(48)·환(59)
4월(입하)	건(1)·리(30)·간(52)·손(57)
5월(망종)	예(16)·구(44)·곤(47)·려(56)
6월(소서)	둔(3)·돈(33)·가인(37)·취(45)
7월(입추)	사(7)·비(8)·비(12)·수(17)·손(41)·익(42)·귀매(54)·미제(64)
8월(백로)	몽(4)·수(5)·관(20)·이(27)·명이(36)·건(39)·승(46)·중부(61)
9월(한로)	겸(15)·서합(21)·박(23)·풍(55)
10월(입동)	곤(2)·감(29)·진(51)·태(58)
11월(대설)	소축(9)·비(22)·복(24)·절(60)
12월(소한)	림(19)·대축(26)·해(40)·정(50)

태어난 달과 월괘가 합치되는 사람은, 월괘를 얻었다 하며, 부귀와 공명을 누린다. 예를 들어 3월에 태어난 사람의 평생괘가 리(10)·쾌(43)·정(48)·환(59)괘 중에 하나이면 월괘를 얻었다 한다.

※ 후괘표(候卦表)
61~62쪽의 도표 참조

4節卦	12월괘	월	절기	60候卦	시작효
坎	復	11월	동지	頤·27	육사
				中孚·61	초구
				復·24	초구
	臨	12월	소한	屯·3	초구
				謙·15	초육
			대한	睽·39	초구
				升·46	초육
				臨·19	초구
	泰	1월	입춘	小過·62	초육
				蒙·4	초육
			우수	益·42	초구
				漸·53	초육
				泰·11	초구
震	大壯	2월	경칩	需·5	초구
				隨·17	초구
			춘분	晉·35	초육
				解·40	초육
				大壯·34	초구
	夬	3월	청명	豫·16	초육
				訟·6	초육
			곡우	蠱·18	초육
				革·49	초구
				夬·43	초구
	乾	4월	입하	旅·56	초육
				師·7	초육
			소만	比·8	초육
				小畜·9	초구
				乾·1	초구
	姤	5월	망종	大有·14	초구
				家人·37	초구

4장 괘를 해석하는 법

4節卦	12월괘	월	절기	60候卦	시작효
離	姤	5월	하지	井·48	초육
				咸·31	초육
				姤·44	초육
	遯	6월	소서	鼎·50	초육
				豊·55	초구
			대서	渙·59	초육
				履·10	초구
				遯·33	초육
	否	7월	입추	恒·32	초육
				節·60	초구
			처서	同人·13	초구
				損·41	초구
				否·12	초육
兌	觀	8월	백로	巽·57	초구
				萃·45	초육
			추분	大畜·26	초구
				賁·22	초구
				觀·20	초육
	剝	9월	한로	歸妹·54	초구
				无妄·25	초구
			상강	明夷·36	초구
				困·47	초육
				剝·23	초육
	坤	10월	입동	艮·52	초구
				旣濟·63	초육
			소설	噬嗑·21	초구
				大過·28	초육
				坤·2	초육
	復	11월	대설	未濟·64	초육
				蹇·39	초육

⑤ 응원하는 효가 있는가?

원당효가 음효인데 응하는 효가 양효이거나, 원당효가 양효인데 응하는 효가 음효인 경우. 『하락리수 上』144쪽부터 145쪽에 설명되어 있음.

⑥ 수가 때에 순한가?

천수와 지수의 합에 있어서, 음은 적고 양이 많아야 마땅하고, 음이 많고 양이 적더라도 때에 순해야 좋게 된다.
12월 소식괘(消息卦)와 천수지수의 길흉 참조. 본책에서는 192쪽부터 설명이 되어 있다. 특히 12월 소식괘(消息卦)와 천수지수의 길흉은 아래의 도표에 따른다.

※ 12월 소식괘(消息卦)와 천수지수의 길흉

월	괘	12월 소식괘와 천수지수의 길흉
정월		1월달에 태어난 사람은, 천수(양수)가 천수의 기준수 25와 합치되는 것이 가장 좋다. 지수는 30~36이 좋다.
2월		2월달에 태어난 사람은, 천수(양수)가 음수보다 9·10을 더 많지 않고, 또한 천수의 기준수인 25를 9·10이상 넘지 않는 것(26~35)이 좋다. 지수는 기준수인 30내외가 좋다.
3월		3월달에 태어난 사람은, 천수(양수)가 25이상 특히 36~45인 것이 좋다. 지수는 30~24가 좋다.
4월		4월달에 태어난 사람은, 천수(양수)가 25이상 특히 36이상의 태과한 수가 좋다. 지수는 30미만이 좋고, 13미만이 좋다.
5월		5월에 태어난 사람은, 지수(음수)가 13부터 18인 것이 좋으며, 13이하라도 그렇게 나쁘지는 않다. 천수는 25이상 태과한 수라도 좋다.
6월		6월에 태어난 사람은, 지수(음수)가 19부터 29인 것이 좋다. 천수는 26~35가 좋으며, 태과한 수라도 나쁘지 않다.

7월		7월에 태어난 사람은, 지수(음수)가 30인 것이 좋다. 천수는 25~30이 좋다.
8월		8월에 태어난 사람은, 지수(음수)가 31이상 42인 것이 좋다. 천수는 18~25가 좋다.
9월		9월달에 태어난 사람은, 지수(음수)가 31이상 특히 42~48인 것이 좋다. 천수는 10~180이 좋다.
10월		10월 달에 태어난 사람은, 지수(음수)가 31이상 특히 42이상인 것이 좋다. 천수는 25미만이 좋으며, 9이하라도 그렇게 나쁘지는 않다.
11월		11월달에 태어난 사람은 천수(양수)가 4부터 8~12(17까지도 좋다)까지가 득중한 수가 된다. 지수는 30이상부터 48까지의 태과한 수라도 좋다.
12월		12월달에 태어난 사람은 천수(양수)가 13부터 24까지가 득중한 수가 된다. 지수는 30이상 42까지가 좋다.

⑦ 괘체를 얻었는가?

평생괘와 일주와의 관계로, 토(土)기운의 사람이 간괘(☶)·리괘(☲)·곤괘(☷) 등을 얻었다면, 체를 얻었다고 판단한다. 『하락리수 上』158쪽부터 설명이 되어 있다. 간단히 아래에 있는 「괘체」도표를 활용하면 된다.

오행	일주의 천간과 지지		득체괘
	천간	지지	
금(金)	경(庚)·신(辛)	신(申)·유(酉)	건괘(☰)·진괘(☳)·곤괘(☷)
목(木)	갑(甲)·을(乙)	인(寅)·묘(卯)	감괘(☵)·간괘(☶:봄과 여름일 경우만)·진괘(☳)
수(水)	임(壬)·계(癸)	해(亥)·자(子)	건괘(☰)·곤괘(☷)·태괘(☱)
화(火)	병(丙)·정(丁)	사(巳)·오(午)	건괘(☰)·손괘(☴)·곤괘(☷)
토(土)	무(戊)·기(己)	진(辰)·술(戌) 축(丑)·미(未)	간괘(☶)·리괘(☲)·곤괘(☷)

⑧ 자리가 마땅한가(當位)?

양령에 태어난 사람에게 원당이 양효인 경우와, 음령에 태어난 사람에게 원당이 음효에 있을 때를 말함. 『하락리수 上』 145쪽에 설명되어 있음.

⑨ 이치에 합당한가(원기)?

㉠ 생년의 간지와 해당괘: 예를 들어 경(庚)년에 태어난 사람이 진괘(☳)를 얻음(천원기를 얻음), 또는 유(酉)년에 태어난 사람이 태괘(☱)를 얻음(지원기를 얻음). ㉠ 원기표 참조.

※1 원기표(생년의 간지와 해당괘)

천간	갑·임	을·계	병	정	무	기	경	신
지지	술·해	미·신	축·인	유	자	오	묘	진·사
원기(괘)	건 ☰	곤 ☷	간 ☶	태 ☱	감 ☵	리 ☲	진 ☳	손 ☴

※2 반원기표(생년의 간지와 해당괘)

천간	갑·임	을·계	병	기	정	무	신	경
지지	술·해	미·신	축·인	오	유	자	진·사	묘
원기(괘)	곤 ☷	건 ☰	태 ☱	감 ☵	간 ☶	리 ☲	진 ☳	손 ☴

ⓛ 팔괘의 납갑표(생년의 간지가 납갑과 하나라도 일치하는가?):생년의 간지가 괘에 속한 납갑과 일치하는 것이 있는가(득세)? 평생괘의 제일 첫머리에 그 괘에 대한 납갑이 표시되어 있다. 본책에서는 각 괘의 제일 앞에 그 괘에 해당하는 납갑표가 그려져 있다.

※ 60갑자 납음오행

六甲	갑자	을축	병인	정묘	무진	기사	경오	신미	임신	계유
납음오행	海中金		爐中火		大林木		路中土		劒鋒金	
六甲	갑술	을해	병자	정축	무인	기묘	경진	신사	임오	계미
납음오행	山頭火		澗下水		城頭土		白鑞金		陽柳木	
六甲	갑신	을유	병술	정해	무자	기축	경인	신묘	임진	계사
납음오행	泉中水		屋上土		霹靂火		松柏木		長流水	
六甲	갑오	을미	병신	정유	무술	기해	경자	신축	임인	계묘
납음오행	沙中金		山下火		平地木		壁上土		金箔金	
六甲	갑진	을사	병오	정미	무신	기유	경술	신해	임자	계축
납음오행	覆燈火		天河水		大驛土		釵釧金		桑柘木	
六甲	갑인	을묘	병진	정사	무오	기미	경신	신유	임술	계해
납음오행	大溪水		沙中土		天上火		石榴木		大海水	

ⓒ 생년의 간지와 육십갑자 납음오행:생년의 간지를 육십갑자 납음오행에 맞춰 보았을 때, 평생괘의 소성괘가 납음오행(생년의 간지)을 상생하는가? 예를 들어 천화동인괘를 얻은 사람이 경오년(路中土)을 얻었을 경우 화생토 함(동인괘 하괘의 리화가 경오년의 노중토를 생함). 『하락리수 上』57쪽에는 60간지를

납음오행에 배당한 도표가 있음.

⑩ 이치에 합당한가(화공)?

평생괘와 절기와의 관계로, 절기와 화공표를 참조한다.

㉠ 절기와 화공표(태어난 달과 화공괘와의 관계)

절기	동지~ 춘분 전	춘분~ 하지 전	하지~ 추분 전	추분~ 동지 전	계월(季月)
화공(괘)	감(☵)	진(☳)	리(☲)	태(☱)	곤(☷)·간(☶)

㉡ 절기와 반화공표

절기	하지 ~추분 전	추분 ~동지 전	동지 ~춘분 전	춘분 ~하지 전	계월(季月)
화공(괘)	감(☵)	간(☶)	리(☲)	손(☴)	건(☰)·태(☱)

⑪ 중종(衆宗:종마루를 따름, 즉 다른 효들이 주효를 따름)효인가?

가령 오양일음괘에서 원당이 하나뿐인 음효에 있거나, 오음일양괘에서 원당이 하나뿐인 양효에 자리할 때를 중종이라고 한다. 쾌괘·구괘·박괘·복괘 등에서 이러한 예를 찾을 수 있다. 『하락리수 上』141쪽부터 설명되어 있음.

⑫ 태어난 달이 양령일 때 천수의 나머지수가 홀수인가? 음령일 때 지수의 나머지 수가 짝수인가?

태어난 달이 양령일 때 천수의 나머지수가 짝수이거나, 음령일 때 지수의 나머지수가 홀수이면 좋지않게 본다.

이 12가지 중에서 3~5개를 얻으면 고을의 책임자 정도의 운명이고, 6~8을 얻으면 도道를 깨치는 운명이며, 9~10을 얻으면 중앙의 고관이 되는 정도의 운명이고, 11~12를 얻으면 잘되면 대통령이고 못되어도 대장군이나 국무총리 이상의 고귀한 운명이다. 또 같은 기준이라도 원기나 화공이 있으면, 귀함이 더욱 귀하게 되고 어려운 가운데서도 도움이 있어 풀리는 운으로 본다.

위의 「길흉판단 12가지 기준표」는 선천괘나 후천괘 뿐만 아니라, 유년괘와 월괘 일괘에도 적용된다. 다만 선천괘와 후천괘운의 큰 테두리 안에서, 더 세분된 운들이 그때 그때의 길흉을 관장한다고 보면 되는 것이다. 물론 선천괘나 후천괘 운이 아무리 좋더라도, 유년괘의 운이 좋지 않으면 안좋은 운이 전개 되고, 몇 년 계속해서 좋지 않으면 선천괘나 후천괘 운을 다 마치기 전에 죽을 수도 있다. 또 선천괘나 후천괘의 운행에서 대상괘나 유년괘에 정대체나 반대체가 있으면 흉하게 본다.(이 책의 70, 71쪽의 정대체 반대체 도표 참조).

또 운을 판단함에 있어서, 효의 위치 등 효에 대한 내용이 좋으면 개인의 자질이 우수한 것이고, 수 또는 원기·화공 등은 주변에서 돕는 운을 말한다. 즉 아무리 자신의 능력이 뛰어나도, 주변과 융화를 못하고 또 안되는 쪽으로 일을 하게 된다. 반면에 자신의 능력이 모자라더라도 주변에서 도우면 일이 쉬워지는 것이다. 그러나 무엇보다도 중요한 것은 자신의 능력(효에 대한 이치)라고 할 것이다.

② 선천괘와 후천괘를 얻고, 대상운을 알아내며, 년운 월운 일운을 알아낸다.

③ 선천괘와 후천괘는 물론, 대상괘 년괘 월괘 일괘 등에서도 화공과 원기 등 12가지 조건을 맞춰서 자세한 운을 살핀다.

④ 운에 따른 피흉취길의 행동을 한다.

정대체(배합괘)							
건·1	곤·2	태·58	간·52	리·30	감·29	진·51	손·57
구·44	복·24	곤·47	비·22	려·56	절·60	예·16	소축·9
돈·33	림·19	취·45	대축·26	정·50	둔·3	해·40	가인·37
비·12	태·11	함·31	손·41	미제·64	기제·63	항·32	익·42
관·20	대장·34	건·39	규·38	몽·4	혁·49	승·46	무망·25
박·23	쾌·43	겸·15	리·10	환·59	풍·55	정·48	서합·21
진·35	수·5	소과·62	중부·61	송·6	명이·36	대과·28	이·27
대유·14	비·8	귀매·54	점·53	동인·13	사·7	수·17	고·18

반대체(도전괘)

둔·3	몽·4	수·5	송·6	사·7	비·8	소축·9	리·10
태·11	비·12	동인·13	대유·14	겸·15	예·16	수·17	고·18
림·19	관·20	서합·21	비·22	박·23	복·24	무망·25	대축·26
함·31	항·32	돈·33	대장·34	진·35	명이·36	가인·37	규·38
건·39	해·40	손·41	익·42	쾌·43	구·44	취·45	승·46
곤·47	정·48	혁·49	정·50	진·51	간·52	점·53	귀매·54
풍·55	려·56	손·57	태·58	환·59	절·60	기제·63	미제·64

4장 괘를 해석하는 법

하락리수 명운표

성명		납음명		음	양	남	녀

時	日	月	年

	합	나머지	괘	적당한수
천수				
지수				

선천괘( )

몸양	괘	나이	몸양	괘	나이
도전괘		배합괘	도전괘		배합괘

화공( ) 원기(, ,)

	선천			후천		
12조건	○	△	×	○	△	×
1	괘명(괘사)					
2	효의 자리					
3	효사					
4	득시(得時)					
5	응원효					
6	때에 순한가					
7	괘체					
8	당위(當位)					
9	원기					
10	화공					
11	중종효					
12	나머지수					
합계						

대상괘	유년괘									
괘										
나이										

년괘	월괘										
괘	1월	2월	3월	4월	5월	6월	7월	8월	9월	10월	11월	12월

5장. 참평비결 쉽게보기

(1) 평생운 찾는 법

먼저 하락리수 책에 나오는 도표(『하락리수 上』 303~312쪽)를 이용해서 자신의 순順과 역逆의 숫자를 찾으신 후, 아래 도표를 사용해서 숫자가 나와있는 페이지를 찾아보시면 됩니다.

반드시 자신의 납음오행과 같은 오행의 부部 안에서만 찾으시길 바랍니다. 예를 들어 병자년생은 수부水部, 경오년생은 토부土部만 보시면 됩니다.

(앞부분이 참평비결 숫자. 괄호(****) 안의 숫자는 『하락리수 上』의 페이지입니다.)

(2) 대운 찾는 법

시지의 지지를 대운의 지지로 바꾸어 찾는다.

(3) 년운 찾는 법

시지의 지지는 대운의 지지로, 일지의 지지는 해당년의 지지로 바꾸어 찾는다.

수부水部

병자 정축 갑신 을유 임진 계사 병오 정미 갑인 을묘 임술 계해년에 해당

2231 (313)	2350 (357)	2639 (330)	3039 (318)
2233 (321)	2433 (315)	2641 (336)	3041 (326)
2235 (328)	2435 (322)	2643 (341)	3043 (332)
2237 (333)	2437 (329)	2645 (346)	3140 (319)
2239 (338)	2439 (335)	2647 (350)	3142 (326)
2241 (343)	2441 (340)	2736 (316)	3241 (320)
2243 (348)	2443 (344)	2738 (324)	3330 (313)
2245 (351)	2445 (349)	2740 (330)	3332 (320)
2247 (354)	2447 (352)	2742 (336)	3334 (327)
2249 (357)	2449 (355)	2744 (341)	3336 (333)
2251 (359)	2534 (315)	2746 (346)	3338 (338)
2332 (314)	2536 (323)	2837 (317)	3340 (343)
2334 (322)	2538 (329)	2839 (324)	3342 (347)
2336 (328)	2540 (335)	2841 (331)	3344 (327)
2338 (334)	2542 (340)	2843 (337)	3346 (353)
2340 (339)	2544 (345)	2845 (342)	3348 (356)
2342 (344)	2546 (349)	2938 (318)	3350 (358)
2344 (348)	2548 (353)	2940 (325)	3352 (359)
2346 (352)	2635 (316)	2942 (332)	
2348 (355)	2637 (323)	2944 (337)	

화부火部

병인 정묘 갑술 을해 무자 기축 병신 정유 갑진 을사 무오 기미년에 해당

2232 (361)	2351 (407)	2640 (378)	3040 (366)
2234 (369)	2434 (363)	2642 (384)	3042 (374)
2236 (375)	2436 (370)	2644 (390)	3044 (380)
2238 (382)	2438 (377)	2646 (395)	3141 (367)
2240 (387)	2440 (383)	2648 (399)	3143 (374)
2242 (392)	2442 (388)	2737 (365)	3242 (368)
2244 (397)	2444 (393)	2739 (372)	3331 (361)
2246 (401)	2446 (398)	2741 (379)	3333 (368)
2248 (404)	2448 (402)	2743 (385)	3335 (375)
2250 (407)	2450 (405)	2745 (390)	3337 (381)
2252 (409)	2535 (363)	2747 (395)	3339 (387)
2333 (362)	2537 (399)	2838 (365)	3341 (392)
2335 (369)	2539 (377)	2840 (372)	3343 (396)
2337 (376)	2541 (384)	2842 (379)	3345 (400)
2339 (383)	2543 (389)	2844 (385)	3347 (404)
2341 (388)	2545 (394)	2846 (391)	3349 (406)
2343 (393)	2547 (399)	2939 (366)	3351 (408)
2345 (397)	2549 (403)	2941 (373)	3353 (409)
2347 (401)	2636 (364)	2943 (380)	
2349 (405)	2638 (371)	2945 (394)	

목부 木部

무진 기사 임오 계미 경인 신묘 무술 기해 임자 계축 경신 신유년에 해당

2206 (411)	2325 (456)	2614 (428)	3014 (416)
2208 (419)	2408 (413)	2616 (434)	3016 (424)
2210 (426)	2410 (420)	2618 (440)	3018 (431)
2212 (432)	2412 (427)	2620 (445)	3115 (417)
2214 (438)	2414 (433)	2622 (449)	3117 (425)
2216 (442)	2416 (439)	2711 (414)	3216 (442)
2218 (447)	2418 (444)	2713 (422)	3305 (411)
2220 (450)	2420 (448)	2715 (429)	3307 (418)
2222 (453)	2422 (451)	2717 (435)	3309 (425)
2224 (456)	2424 (454)	2719 (440)	3311 (431)
2226 (458)	2509 (413)	2721 (445)	3313 (437)
2307 (412)	2511 (421)	2812 (415)	3315 (442)
2309 (420)	2513 (428)	2814 (423)	3317 (446)
2311 (427)	2515 (434)	2816 (429)	3319 (450)
2313 (432)	2517 (439)	2818 (436)	3321 (453)
2315 (438)	2519 (444)	2820 (441)	3323 (455)
2317 (443)	2521 (449)	2913 (416)	3325 (457)
2319 (447)	2523 (452)	2915 (423)	3327 (458)
2321 (451)	2610 (414)	2917 (430)	
2323 (454)	2612 (421)	2919 (436)	

금부金部

갑자 을축 임신 계유 경진 신사 갑오 을미 임인 계묘 경술 신해년에 해당

2207 (460)	2326 (505)	2615 (477)	3015 (465)
2209 (468)	2409 (462)	2617 (483)	3017 (465)
2211 (475)	2411 (469)	2619 (488)	3019 (479)
2213 (481)	2413 (476)	2621 (489)	3116 (466)
2215 (486)	2415 (482)	2623 (497)	3118 (473)
2217 (490)	2417 (487)	2712 (463)	3217 (466)
2219 (495)	2419 (492)	2714 (471)	3306 (460)
2221 (499)	2421 (496)	2716 (478)	3308 (467)
2223 (502)	2423 (500)	2718 (483)	3310 (474)
2225 (504)	2425 (503)	2720 (489)	3312 (480)
2227 (506)	2510 (462)	2722 (494)	3314 (485)
2308 (461)	2512 (469)	2813 (464)	3316 (490)
2310 (468)	2514 (476)	2815 (471)	3318 (494)
2312 (475)	2516 (482)	2817 (478)	3320 (498)
2314 (481)	2518 (487)	2819 (488)	3322 (501)
2316 (486)	2520 (492)	2821 (489)	3324 (504)
2318 (491)	2522 (497)	2914 (464)	3326 (506)
2320 (496)	2524 (500)	2916 (472)	3328 (507)
2322 (499)	2611 (463)	2918 (479)	
2324 (503)	2613 (470)	2920 (484)	

토부土部

경오 신미 무인 기묘 병술 정해 경자 신축 무신 기유 병진 정사년에 해당

2258 (509)	2377 (554)	2666 (525)	3066 (514)
2260 (516)	2460 (510)	2668 (532)	3068 (521)
2262 (523)	2462 (517)	2670 (537)	3070 (528)
2264 (529)	2464 (524)	2672 (542)	3167 (514)
2266 (535)	2466 (530)	2674 (546)	3169 (522)
2268 (539)	2468 (536)	2763 (512)	3268 (515)
2270 (544)	2470 (541)	2765 (519)	3357 (508)
2272 (548)	2472 (545)	2767 (526)	3359 (516)
2274 (551)	2474 (549)	2769 (532)	3361 (522)
2276 (554)	2476 (552)	2771 (538)	3363 (529)
2278 (556)	2561 (510)	2773 (542)	3365 (534)
2359 (509)	2563 (518)	2864 (512)	3367 (539)
2361 (517)	2565 (525)	2866 (520)	3369 (543)
2363 (524)	2567 (531)	2868 (527)	3371 (547)
2365 (530)	2569 (537)	2870 (533)	3373 (550)
2367 (535)	2571 (541)	2872 (538)	3375 (553)
2369 (540)	2573 (545)	2965 (513)	3377 (555)
2371 (544)	2575 (549)	2967 (521)	3379 (556)
2373 (548)	2662 (511)	2969 (527)	
2375 (552)	2664 (519)	2971 (533)	

2022 河洛理數 쉽게보기

1997년 12월 22일	초판 발행
2022년 1월 20일	증보5쇄 발행
원역자	김수길·윤상철
발행인	윤상철
발행처	대유학당

등록 1993년 8월 2일 제 1-1561호

* 주소 서울 성동구 아차산로17길 48
  SK V1 센터 814호
* 전화 02-2249-5630
* 유튜브 대유학당 TV
* 도서구매 www.daeyou.or.kr

* 잘못된 책은 바꿔 드립니다.
비매품 (하락리수 별책부록)

하락리수 간편하게 CD로

2022 CD 하락리수 프로그램

생년월일시를 입력하면 사주 간지와 선천운 후천운을 즉시 확인함은 물론 12조건에 따른 길흉과, 하락리수 3권의 내용을 클릭 한 번으로 모두 살필 수 있습니다.

값 : 550,000원